Thomas Hansemann
Christof Hübner
Kay Böhnke

Gebäudeautomation

Kommunikationssysteme mit EIB/KNX, LON, BACnet und Funk

5. aktualisierte und erweiterte Auflage

HANSER

Über die Autoren:
Prof. Dipl.-Ing. Thomas Hansemann, Prof. Dr. Christof Hübner und Prof. Dr. Kay Böhnke sind alle an der Fakultät für Elektrotechnik der Technischen Hochschule Mannheim tätig.

MIX
Papier aus verantwortungsvollen Quellen
FSC® C083411

Print-ISBN: 978-3-446-48287-6
E-Book-ISBN: 978-3-446-48443-6

Die allgemein verwendeten Personenbezeichnungen gelten gleichermaßen für alle Geschlechter.

Bibliografische Information der Deutschen Nationalbibliothek:
Die Deutsche Nationalbibliothek verzeichnet diese Publikation in der Deutschen Nationalbibliografie; detaillierte bibliografische Daten sind im Internet unter http://dnb.d-nb.de abrufbar.

Kolbergerstraße 22 | 81679 München | info@hanser.de
www.hanser-fachbuch.de
Lektorat: Dipl.-Ing. Natalia Silakova-Herzberg
Herstellung: Frauke Schafft, Agnes Theml
Coverkonzept: Marc Müller-Bremer, www.rebranding.de, München
Covergestaltung: Thomas West
Titelmotiv: © ABB Group
Satz: Eberl & Kœsel Studio, Kempten
Druck: CPI Books GmbH, Leck
Printed in Germany

Inhalt

Vorwort zur 5. Auflage

In unserer modernen Industriegesellschaft werden immer mehr Abläufe und Prozesse automatisiert. Auch in Wohn- und Zweckgebäuden steigt weltweit der Grad der Automatisierung ständig an, weil sich die Bewohner und Betreiber immer mehr Komfort, Sicherheit und Wirtschaftlichkeit wünschen.

Die Gebäudeautomation hat sich dabei in den letzten Jahren beständig weiterentwickelt und bietet kundengerechte Lösungen für alle Arten von Gebäuden. Die hier eingesetzten Sensoren, Aktoren, Steuer- und Regelgeräte sowie Visualisierungen benötigen zur Abwicklung teils sehr komplexer Funktionen geeignete industrielle Kommunikationssysteme für den Datenaustausch untereinander und ggf. zu externen Systemen. Hierbei kommen insbesondere (Gebäude-)Feldbusse und Computernetze zum Einsatz.

Dieses Buch liefert neben einer Einführung in die Gebäudeautomation und die Gebäudesystemtechnik auch detaillierte Einblicke in folgende Themengebiete:

- Einsatz der DDC-Automationsgeräte und Energiemanagementfunktionen,
- Grundlagen der industriellen Kommunikationstechnik,
- Europäischer Installationsbus (KNX),
- Local Operating Network (LON),
- TCP/IP-Computernetze und das Kommunikationsprotokoll BACnet,
- Funksysteme in der Gebäudeautomation.

Für die konstruktiven Rückmeldungen zu den ersten vier Auflagen bedanken wir uns bei allen Leserinnen und Lesern sehr herzlich. So konnten wir erfahren, dass unser Buch auch weiterhin an vielen Schulen, Berufsschulen, Fachhochschulen und Universitäten seinen Einsatz findet. Hierüber haben wir uns sehr gefreut.

Die verwendete Technik in der Gebäudeautomation unterliegt einem ständigen technischen und auch marktwirtschaftlichen Wandel. Neben kleineren Ergänzungen wurden in der vorliegenden 5. Auflage eine umfangreiche Aktualisierung des Kapitels zum Europäischen Installationsbus (KNX) mit der Anpassung an die neueste ETS-Software sowie der Überarbeitung der Telegrammstrukturen vorgenommen und ein virtuelles Schulungsmodell eingeführt. Da Funktechnik im Bereich der verwendeten Bussysteme immer häufiger zu finden ist, wurde ein zusätzliches Kapitel zu den gebräuchlichsten Funksystemen in der Gebäudeautomation ergänzt.

Beim Verfassen der Texte wurde möglichst eine geschlechtsneutrale Sprache verwendet. Sollte dies einmal nicht der Fall sein, so sind mit der im Text verwendeten Form stets alle Geschlechter gemeint.

Auf der Internetseite *plus.hanser-fachbuch.de* stehen die Lösungen der Übungsaufgaben zum Herunterladen bereit.

Mannheim, im Juni 2025

Thomas Hansemann

Christof Hübner

Kay Böhnke

1 Einführung in die Gebäudeautomation

1.1 Bedeutung der Gebäudeautomation

Im privaten Wohnungsbau wie auch im Zweckbau nimmt der Automatisierungsgrad seit Jahren stetig zu. Dies hat seinen Grund zum einen im gesteigerten Komfortbedürfnis der Nutzer, zum anderen in der Bedeutung der Gebäudeautomation für die Energieeinsparung und das Energiemanagement. Im privaten Wohnungsbau kommt der Aspekt der Sicherheit hinzu, im Zweckbau wird eine große Flexibilität im Hinblick auf Nutzungsänderungen erwartet.

1.1.1 Automatisierungsfunktionen im privaten Wohnungsbau

Im privaten Wohnungsbau ist mittlerweile eine Vielzahl von Automatisierungsfunktionen beinahe unbemerkt zum Standard geworden. Eine Selbstverständlichkeit sind insbesondere in die Heizungsanlagen integrierte Regelungsfunktionen, die den Energieverbrauch optimieren. Wird heutzutage eine neue Anlage installiert, so gehören eine ausgeklügelte Brennersteuerung und eine optimierte Raumtemperaturregelung dazu. In die Komponenten zur Temperaturregelung werden üblicherweise ab Werk auch bereits Zeitschaltprogramme zur Nachtabsenkung integriert. Diese Programme sind zur Selbstverständlichkeit geworden, weil sie für einen Großteil der Anwendungen bereits mit der Erstinbetriebnahme ohne weiteren Aufwand funktionieren. Hierbei steht der Aspekt der Energieeinsparung im Vordergrund.

Als weiteres Beispiel für eine Automatisierungsfunktion im privaten Wohnungsbau kann man die automatische Lichtsteuerung heranziehen. In vielen Fällen schaltet sich die Außenbeleuchtung von Wohnanlagen durch installierte Bewegungsmelder selbsttätig ein. Hier wird die Wärmestrahlung einer sich nähernden Person von einem Sensor erfasst und mit den Signalen eines Helligkeitssensors so kombiniert, dass sich das Licht dann nur bei ausreichender Dunkelheit einschaltet. Auch wenn es sich hierbei um eine vergleichsweise einfache Automatisierungsfunktion handelt, so zeigt sich doch die Kombination einer sogenannten Ereignissteuerung und einer logischen Verknüpfung. Bei diesem Beispiel steht der Aspekt des Komforts an erster Stelle.

Eine weitaus kompliziertere Funktion ergibt sich, wenn im Wohnhaus die zentrale Ein- oder Ausschaltung der gesamten Beleuchtung gewünscht wird. Versucht man einmal, eine derartige Aufgabe mit einer konventionellen Elektroinstallation zu lösen, so ist dies nur mit einem sehr hohen Verkabelungsaufwand umsetzbar. Hier zeigt sich, dass der Einsatz von Bussystemen und die damit verbundene Kommunikation zwischen allen Licht-schaltenden Komponenten ganz neue Möglichkeiten eröffnen. Der Einsatz einer zentralen Einschaltfunktion vom Schlafzimmer aus lässt sich so im Sinne einer Panikschaltung bei nächtlichen Geräuschen im Wohnhaus mit vertretbarem Aufwand realisieren. Hierbei handelt es sich in erster Linie um eine Funktion zur Befriedigung des Sicherheitsbedürfnisses.

Zusammenfassend kann man feststellen, dass Automatisierungsfunktionen im privaten Wohnungsbau eine hohe Bedeutung in den Bereichen

- Wirtschaftlichkeit/Energieeinsparung,
- Komfort,
- Sicherheit

erlangt haben.

1.1.2 Automatisierungssysteme in Zweckbauten

Unter Zweckbauten versteht man Gebäude, die einen funktionalen Sinn erfüllen. Hierunter fallen beispielsweise Bürohäuser, Einkaufszentren, Krankenhäuser, Bahnhöfe, Flughafenterminals oder auch Tiefgaragen. Diese Art von Bauten steht daher im deutlichen Gegensatz zu den Gebäuden des privaten Wohnungsbaus. Insbesondere kann ein Zweckbau als ein Produkt verstanden werden.

In den heutigen Gebäuden findet man eine Vielzahl von Automatisierungssystemen. Neben Anlagen zur Wärmeerzeugung sind häufig auch Kälte- und Lüftungsanlagen installiert, siehe Bild 1.1.

Damit all diese Anlagen wirtschaftlich zu betreiben sind, werden sie mit aufwendigen Regelungssystemen ausgestattet. Diese gewährleisten den reibungslosen Betrieb der einzelnen Anlagen und sind in vielen Fällen untereinander vernetzt sowie mit einem Leitrechner (siehe Bild 1.4) verbunden. Die Kommunikation erfolgt hierbei über Bussysteme und Computernetze. Der Energieverbrauch wird optimiert, und ein wirtschaftlicher Einsatz des Betreuungspersonals wird ermöglicht.

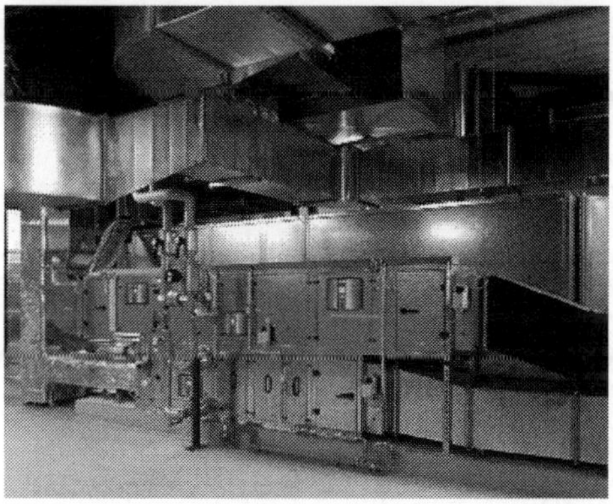

Bild 1.1
Lüftungsanlage in einem Zweckbau [ABB]

In Untersuchungen hat man festgestellt, dass die Leistungsfähigkeit von Mitarbeitern in einem behaglichen Umfeld am höchsten ist. Im Gegenzug sinkt die Leistungsfähigkeit erheblich, wenn die Mitarbeiter beispielsweise im Sommer zu hohen Temperaturen ausgesetzt sind. Dieses hat in neuen Zweckbauten dazu geführt, dass Büroräume immer häufiger mit einer Kühlung ausgestattet werden. Auch die Bedienung der Systeme im Büroraum hat sich zunehmend verändert. So lassen sich Jalousien oder Leuchten heutzutage auch direkt am Arbeitsplatz mithilfe eines Rechners bedienen. Beides steigert den Komfort und führt zu einer höheren Leistungsfähigkeit der Mitarbeiter [STAUB01].

Eine weitere Anforderung an die Systeme im Zweckbau ergibt sich aus dem Nutzerverhalten. Die Ansprüche an die Raumaufteilung können sich aufgrund von Umstrukturierungen innerhalb der Firma verändern. Beispielsweise kann sich ein Bedarf nach mehreren kleinen Büroräumen statt eines bisherigen großen Konferenzraums ergeben. Hier müssen sowohl die bauliche Substanz als auch die betriebstechnische Ausstattung diese Änderung ermöglichen. Die Zuordnung der Lichtschalter zu den Leuchten beispielsweise wird dann nicht mehr durch eine Änderung der elektrischen Verkabelung, sondern durch eine Umprogrammierung von intelligenten Komponenten angepasst. Hierbei steht der Aspekt einer hohen Flexibilität im Vordergrund.

Zusammenfassend kann man festhalten, dass Gebäudeautomationssysteme im Zweckbau eine hohe Bedeutung in den Bereichen

- Wirtschaftlichkeit und Energieeinsparung,
- Kommunikation über Bussysteme und Netze,
- Komfort,
- Flexibilität

erlangt haben.

1.2 Gebäudeautomation vs. Gebäudesystemtechnik

Wenn die Rede von Automatisierungsfunktionen in Gebäuden ist, so stellt man fest, dass sowohl der Begriff Gebäudeautomation als auch der Begriff Gebäudesystemtechnik verwendet werden. Diese Begriffe erscheinen auf den ersten Blick gleichbedeutend. Jedoch gibt es Unterscheidungen abhängig von der Branche der am Gebäude beteiligten Firmen.

Zur Klarstellung der Begriffe trägt die Definition der Gebäudeautomation nach VDI bei:

Unter Gebäudeautomation werden alle Maßnahmen, Einrichtungen, Prozesse, Software und Dienstleistungen zur automatischen Steuerung und Regelung, Überwachung, Optimierung und Bedienung sowie für das Management zum zielsetzungsgerechten Betrieb der Technischen Gebäudeausrüstung verstanden. Die Gebäudeautomation ist damit das zentrale Werkzeug zum energieeffizienten und sicheren Betrieb der Gebäude selbst [VDI19].

Hieraus kann man ableiten, dass Gebäudeautomation als Oberbegriff zu verstehen ist und somit die Gebäudesystemtechnik mit einschließt.

Historisch gesehen hat die Gebäudeautomation zuerst Einzug in die Zweckbauten gehalten, da dort Gebäudefunktionen automatisch ablaufen sollten. Es wurden auch die ersten aufwendigen Regelungen für Heizungs-, Kälte- und Lüftungsanlagen installiert. Die dabei eingesetzten, zentral angeordneten Regelbausteine (Bild 1.2) werden als DDC-Bausteine (DDC: Direct Digital Control) bezeichnet. Hier werden frei programmierbare Bausteine mit universellen Eingabe- und Ausgabefunktionen verwendet. Durch den Einsatz eines Leitrechners, auch Leitstand genannt, kann darüber hinaus die Bedienung und Überwachung vereinfacht sowie eine gewerkeübergreifende Vernetzung realisiert werden.

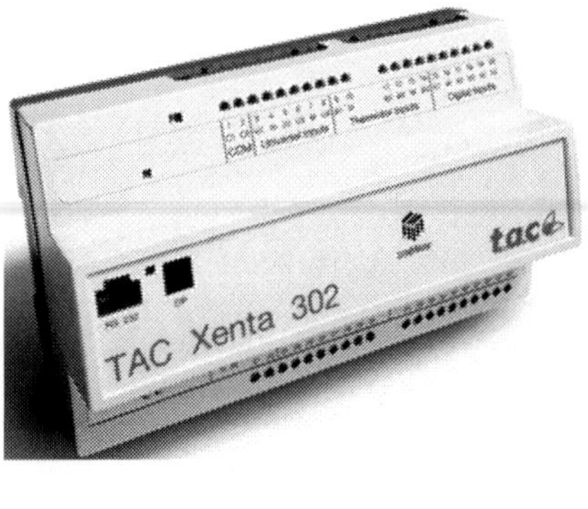

Bild 1.2
Ein typischer Regelbaustein (DDC-Baustein) [TAC02]

Die Gebäudesystemtechnik hingegen ist ein spezielles Teilgebiet der Gebäudeautomation, das sich vorrangig auf die Elektroinstallation bezieht, wie die Definition nach VDI klarstellt:

> Die Gebäudesystemtechnik beschreibt die Vernetzung von Systemkomponenten und Teilnehmern über einen Installationsbus zu einem auf die Elektroinstallation abgestimmten System, das Funktionen und Abläufe sowie deren Verknüpfung in einem Gebäude sicherstellt. Die Intelligenz ist auf die Komponenten verteilt. Der Informationsaustausch erfolgt direkt zwischen den Teilnehmern [VDI15].

Die Komponenten der Gebäudesystemtechnik, z. B. ein 4-fach-Jalousieaktor (Bild 1.3), haben ihren Einsatzort meist in Elektrounterverteilern, werden aber auch direkt neben den zu steuernden Baugruppen montiert.

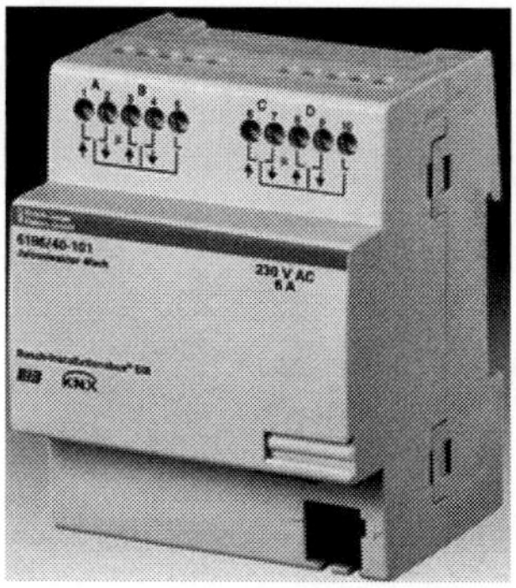

Bild 1.3 Jalousiesteuerungskomponente der Gebäudesystemtechnik zur Montage im Verteilerschrank [Busch-Jaeger Elektro]

Die Komponenten weisen hierbei einen ab Werk festgelegten, begrenzten Funktionsumfang auf. Alle verwendeten Komponenten ergeben mit ihren Einzelfunktionen dann das Gesamtsystem. In der Gebäudesystemtechnik werden üblicherweise keine zentralen DDC-Bausteine zur Abarbeitung der Steuer- und Regelfunktionen benötigt.

1.2.1 Gewerke in der Gebäudeautomation

In der technischen Gebäudeausrüstung findet sich eine Vielzahl von Anlagen, die zum Betrieb des Gebäudes benötigt wird. Zu den wichtigsten betriebstechnischen Anlagen (BTA) gehören solche für die Versorgung mit Wärme, Kälte, Frischluft, Wasser und elektrischer Energie. Darüber hinaus existieren aber auch Anlagen zur Entsorgung, z. B. Hebeanlagen für das Abwasser. Je nachdem, welche Handwerksbetriebe diese Anlagen installieren, werden die Anlagen einem bestimmten Gewerk zugeordnet. Als Gewerk bezeichnet man handwerkliche oder bautechnische Arbeiten. Klassische Gewerke sind z. B. Maurer-, Klempner- oder Elektroarbeiten.

Ein Überblick der in der Gebäudeautomation zusammengefassten Gewerke kann der Tabelle 1.1 entnommen werden.

Tabelle 1.1 Gewerke in der Gebäudeautomation (GA)

Gewerk	Üblicherweise in die GA integriert	Zunehmend in die GA integriert	Wahlweise mit DDC-Bausteinen oder Komponenten der Gebäudesystemtechnik gesteuert/geregelt
Heizung	x		x
Kälte	x		x
Lüftung	x		x
Elektroversorgung	x		
Lichtsteuerung	x		x
Beschattung/Jalousie	x		x
Sanitär	x		x
Brandmeldezentrale	x		
Einbruchmeldeanlage		x	
Zutrittskontrolle		x	
Videoüberwachung		x	
Netzwerktechnik		x	
Multimedia		x	
Aufzüge		x	
Telefonanlagen		x	
Wartungsmanagement		x	
Abrechnungssysteme		x	
Facility-Management		x	

Da heutzutage die Funktionsabläufe im Sinne der Wirtschaftlichkeit automatisch erfolgen sollen, sind Regel- und Steuerbausteine notwendig. Für einen Teil der Gewerke stellt der Lieferant die für die Gebäudeautomation erforderlichen DDC-Bausteine zur Verfügung. Er ist dann für die Mess-, Steuer- und Regeltechnik (MSR-Technik) dieser Gewerke verantwortlich. Vorrangig handelt es sich hierbei um Heizungs-, Kälte- und Lüftungsanlagen (HKL-Anlagen), die man häufig auch als MSR-Anlagen bezeichnet.

Die Gebäudeautomation übernimmt eine koordinierende und zusammenfassende Rolle. Die für eine informationstechnische Zusammenfassung nötige Einbindung der Gewerke kann dabei auf drei Arten erfolgen:

1. Die Gewerke werden über die für die Regelung eingesetzten DDC-Bausteine und Komponenten der Gebäudesystemtechnik eingebunden. Dies ist bei den Gewerken Heizung, Kälte und Lüftung wie auch der Licht- und Beschattungssteuerung üblich.

2. Die Einbindung kann über spezielle DDC-Bausteine ohne Regelungsfunktionen erfolgen. Hierbei handelt es sich um Bausteine, die nur Eingabe- und Ausgabefunktionen bereitstellen. Dies ist bei Gewerken üblich, die über eigene Automatisierungsmechanismen verfügen. Die Aufschaltung der Informationen aus den Gewerken Sanitär und Elektroversorgung wird in dieser Weise ausgeführt.

3. Es erfolgt eine direkte Kopplung zwischen dem betroffenen Gewerk und dem Leitrechner der Gebäudeautomation. Sind die zu übertragenden Informationen sehr umfangreich oder das aufzuschaltende Gewerk verfügt über einen eigenen Rechner, so bietet sich diese Möglichkeit an. Hierbei wird die Datenübertragung anstelle von vielen drahtgebundenen Einzelinformationen über ein Bussystem oder ein Netz hergestellt. Dies ist beispielsweise für die Aufschaltung von unterlagerten Videosystemen oder überlagerten Abrechnungssystemen üblich.

In jedem Fall ist es bei der Ausführung besonders wichtig, dass die Schnittstelle zwischen den betriebstechnischen Anlagen der einzelnen Gewerke sowohl datentechnisch als auch logistisch genau beschrieben wird.

Die Gebäudeautomation fügt dabei alle Gewerke informationstechnisch zusammen und ermöglicht eine zentrale Überwachung über einen in der Managementebene installierten Leitrechner (Bild 1.4), der mit den Geräten auf der Automationsebene und ggf. weiteren Rechnern auf der Managementebene in Verbindung steht. Bei älteren Systemen übernahm der Leitrechner dabei zusätzlich auch Regelfunktionen, die heute ausschließlich durch die DDC-Automationsgeräte abgedeckt werden. Derartige Ausführungen bezeichnete man mit dem Begriff Gebäudeleittechnik GLT.

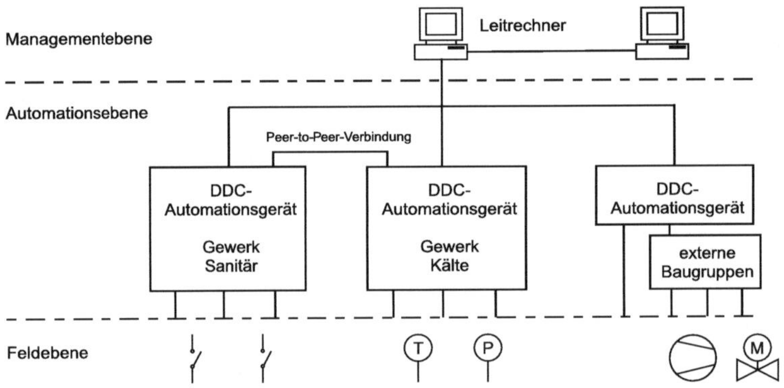

Bild 1.4 Informationstechnische Zusammenfassung der Gewerke in der Gebäudeautomation

Die örtliche Zusammenfassung gleicher Gewerke z. B. in einer Technikzentrale wird als Automationsschwerpunkt (ASP) oder Informationsschwerpunkt (ISP) bezeichnet.

Sollen auch zwischen den einzelnen Gewerken Informationen ausgetauscht werden, so erfolgt dies im Allgemeinen direkt auf der Automationsebene. Die nötigen Informationen werden über sogenannte Peer-to-Peer-Verbindungen bereitgestellt. Diese sind als logische Verknüpfungen zu verstehen; sie nutzen physikalisch die Bus- oder Netzverbindungen.

Eine weitere Besonderheit stellt die rechts unten gezeigte externe Baugruppe dar. Hier bleiben die regelungstechnischen Aufgaben im zugehörigen DDC-Automationsgerät erhalten, die angeschaltete Baugruppe arbeitet jedoch bereits einen Teil der Aufgabe selbstständig ab. Zu den Beispielen zählen die einem großen Ventilator vorgeschalteten Frequenzumrichter zur Drehzahlbeeinflussung des antreibenden Motors oder aber auch elektronische Zähler zur Erfassung von Energieverbräuchen. In jedem Fall erfolgt die Anbindung der externen Baugruppe an das DDC-Automationsgerät dann typischerweise über eine Busverbindung.

1.2.2 Gewerke in der Gebäudesystemtechnik

Die Gebäudesystemtechnik (GST) stellt einen kleinen Ausschnitt der Gebäudeautomation dar. Hierbei sind die Anwendungen vorrangig in der Ausstattung einzelner Räume zu finden und übernehmen dann die Funktion der sogenannten Raumautomation, siehe Tabelle 1.2.

Tabelle 1.2 Gewerke in der Gebäudesystemtechnik (GST)

Gewerk	Raumautomation mit Komponenten der GST möglich
Heizung, Kühlung, Lüftung	x
Lichtsteuerung	x
Beschattung/Jalousie	x

Es handelt sich um einen örtlich begrenzten Anwendungsfall, bei dem alle in einem Raum befindlichen Anwendungen automatisiert werden. Man spricht daher auch von einer Einzelraumregelung. Die Komponenten der GST stellen dabei im Verbund alle Funktionen sicher, die einen komfortablen und energiesparenden Aufenthalt im Raum ermöglichen. Durch die Verteilung der Funktionen auf die einzelnen Komponenten der GST sind bei dieser Lösung prinzipiell keine zentralen DDC-Bausteine für einen Raum nötig. Jeweils für den Anwendungsfall ab Werk vorprogrammierte Einzelkomponenten übernehmen eine spezielle Aufgabe. Beispielsweise wird die Erfassung der Tastersignale zum Lichteinschalten über einen intelligenten, prozessorgesteuerten Taster mit eigenem Busanschluss vorgenommen. Zur Befehlsausführung wird eine weitere Komponente verwendet, ein intelligenter, prozessorgesteuerter Schaltaktor (siehe z. B. Bild 1.5). Dieser wird wahlweise in unmittelbarer Nähe des Leuchtmittels oder in einem Verteilerschrank montiert.

Bild 1.5 GST-Schaltaktor zur Zwischendeckenmontage [ELKA]

Auch für die Ansteuerung von Raumheizkörpern gibt es derartige Systemkomponenten. Ein elektronischer Stellantrieb wird dabei am Heizkörper montiert und über das Bussystem mit dem in der Nähe der Tür angebrachten Temperatursensor verbunden. Die Besonderheit dieser Lösung liegt in der einfachen Verknüpfung der gewerkeübergreifenden Funktionen. So kann ein im Raum zusätzlich befestigter Präsenzmelder beim Verlassen des Raums durch den Nutzer sowohl die Beleuchtung ausschalten als auch die Raumtemperatur automatisch absenken. Die Abarbeitung der Automatisierungsfunktionen erfolgt dabei nicht durch einen zentralen DDC-Regelbaustein, sondern unmittelbar durch die GST-Komponenten.

Ein Überblick über die in einem Raum durch die Gebäudesystemtechnik zusammengefassten Gewerke kann Bild 1.6 entnommen werden.

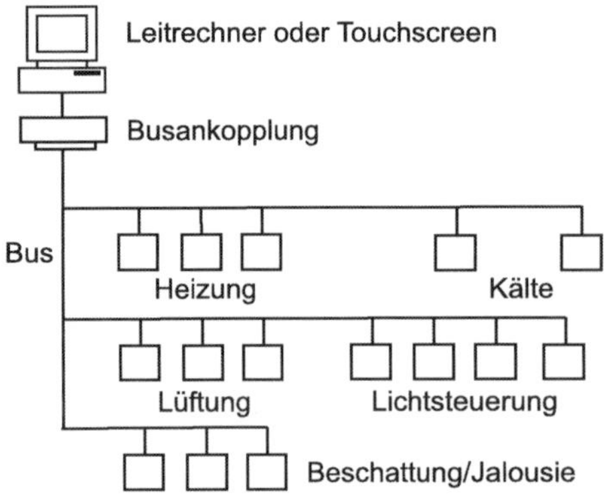

Bild 1.6 Gewerke eines Raums unter Berücksichtigung intelligenter Einzelkomponenten der Gebäudesystemtechnik

1.3 Strukturen

1.3.1 Hierarchische Struktur in der Gebäudeautomation

Bei Automatisierungssystemen sind die für die Abarbeitung von Steuer- und Regelfunktionen notwendigen Komponenten hierarchisch strukturiert. In Bild 1.7 ist eine in der Gebäudeautomation häufig anzutreffende Struktur dargestellt, welche aus fünf Ebenen besteht.

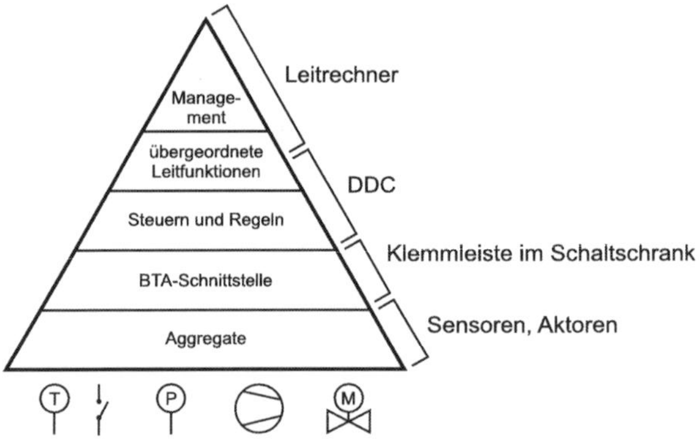

Bild 1.7 Hierarchische Struktur in der Gebäudeautomation (5-Ebenen-Modell)

In unmittelbarer Nähe zum Prozess finden sich die für die Erfassung der Systeminformationen notwendigen Sensoren. In der Gebäudeautomation können dies Temperatursensoren und Durchflussmesser, aber auch Geräte zur Zustandserfassung, wie z. B. Frostschutzwächter, sein. Darüber hinaus finden sich hier Aktoren, die der Regelung eine Befehlsausgabe an die betriebstechnischen Anlagen (BTA) ermöglichen. Bei einer

Lüftungsanlage wären es beispielsweise Ventile zur Regulierung der Durchflussmenge des Heizkreislaufs oder auch Stellantriebe zur Verstellung der Klappen für den Außenluftanteil. Die als Aggregate bezeichneten Sensoren und Aktoren sind, wie in Bild 1.8 dargestellt, unmittelbar an den Anlagen montiert.

Bild 1.8
Sensoren und Aktoren einer Lüftungsanlage [ABB]

Die Verbindung zu den zur Steuerung und Regelung eingesetzten DDC-Bausteinen erfolgt drahtgebunden. Einer Zustandsmeldung oder einem Sensorsignal entspricht jeweils ein Adernpaar. Der Montageort für die DDC-Bausteine befindet sich in einem Schaltschrank (Bild 1.9), der in unmittelbarer Nähe zu den betriebstechnischen Anlagen aufgestellt ist. Durch diese Nähe sollen die notwendigen Leitungslängen reduziert werden. Sie betragen allein bei einer üblichen Lüftungsanlage im Zweckbau insgesamt etwa 1,2 km für 40 notwendige Informationen von oder zu der Lüftungsanlage.

Im Schaltschrank befindet sich eine Klemmleiste zur Aufnahme der Leitungen. Diese Klemmleiste stellt die Verbindung zur betriebstechnischen Anlage (BTA) her, sie wird als BTA-Schnittstelle bezeichnet.

Bild 1.9
Klemmleiste und DDC-Bausteine im Schaltschrank [ABB]

Die im Schaltschrank montierten DDC-Bausteine stellen den automatischen Betrieb der Anlage sicher. Es werden alle Steuerungs- und Regelfunktionen autark abgearbeitet. Eine Verbindung zu einem übergeordneten Leitrechner ist prinzipiell nicht notwendig.

Bereits auf dieser Ebene sind in der Software der Regelbausteine Funktionen für einen energiesparenden Betrieb enthalten. So kann bei einer Lüftungsanlage z. B. eine optimale Stellung der Klappen für den Außenluftanteil in Abhängigkeit der Außentemperatur und der Anforderungen des zu belüftenden Raums eingestellt werden. Derartige Funktionen sind aber auf diese eine Anlage beschränkt. Sind zusätzliche Leitfunktionen für eine übergeordnete Steuerung gewünscht, so übernimmt ein für diesen speziellen Zweck optimierter DDC-Baustein die übergeordneten Leitfunktionen. Das bietet sich an, wenn alle zu steuernden Anlagen örtlich begrenzt beieinanderstehen und hierzu keine stetige Anpassung durch den Betreiber des Gebäudes notwendig ist.

Alternativ dazu ist die Abarbeitung der übergeordneten Leitfunktionen auch durch einen als Managementsystem eingesetzten Leitrechner möglich. Da hier die Informationen aus allen aufgeschalteten Gewerken zusammenlaufen, können auch gewerkeübergreifende Funktionen hinterlegt werden. Ein typisches Beispiel hierfür ist ein den Betriebszeiten des Gebäudes angepasstes Zeitschaltprogramm für das morgendliche Anfahren und das abendliche Abschalten aller Anlagen. Neben diesem Einsatzzweck stellt der Leitrechner alle zum Management des Gebäudes nötigen Programme bereit. Auf ihm sind sämtliche Ereignis- und Alarmprotokollierungen, Messwertarchivierungsfunktionen und grafischen Darstellungen der Zustände der betriebstechnischen Anlagen verfügbar (Bild 1.10).

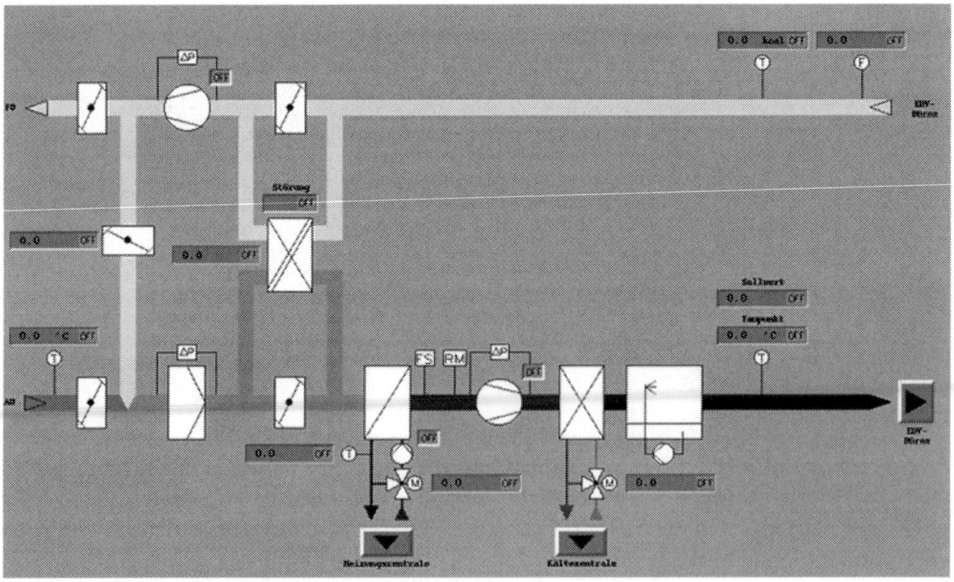

Bild 1.10 Darstellung einer Lüftungsanlage auf einem Leitrechner

Darüber hinaus kann auch die Weiterleitung von Informationen zu anderen Rechnersystemen erfolgen. So können beispielsweise Werte von Energie- und Verbrauchszählern an übergeordnete Abrechnungssysteme weitergegeben werden oder Wartungsinformationen an Facility-Managementsysteme.

1.3.2 Hierarchische Struktur in der Gebäudesystemtechnik

Beim Einsatz von Komponenten der Gebäudesystemtechnik ergibt sich eine besondere Situation: Durch die Kombination des eigentlichen Sensors in einem Gehäuse mit integriertem Prozessor und Busanschluss werden die unteren Ebenen des Gebäudeautomationsmodells (Bild 1.7) zu einer einzigen zusammengefasst, sodass eine hierarchische Struktur mit drei Ebenen entsteht (Bild 1.11).

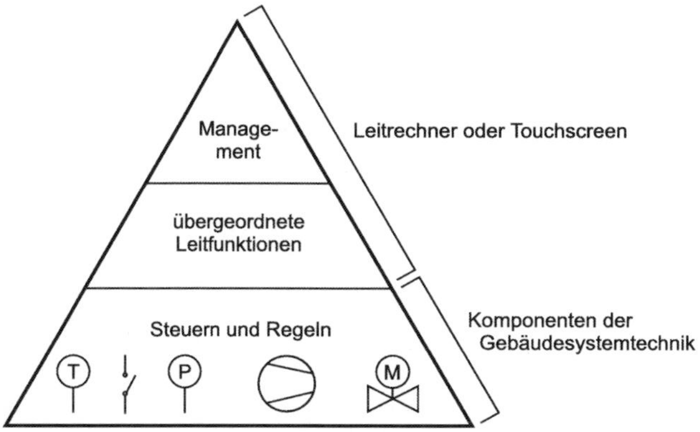

Bild 1.11 Besondere hierarchische Struktur in der Gebäudesystemtechnik (3-Ebenen-Modell)

Bei der in Bild 1.12 dargestellten Systemkomponente, einer Kombination aus 5-fach-Tastsensor und Raumtemperaturregler, befindet sich beispielsweise der Sensor unmittelbar im Gerät und gibt seinen Temperaturwert an den sich ebenfalls darin befindlichen Prozessor zur Bearbeitung weiter. Zusätzlich lässt sich ein programmierbarer Sollwert für die Raumtemperatur einstellen und beeinflussen. Der 5-fach-Tastsensor in Bild 1.12 kann z.B. Schalt-, Dimm-, Jalousie-, Wert- oder Lüftungstelegramme an Aktoren senden. Die oberen drei Wippen sind zur Bedienung des Raumtemperaturreglers vorgesehen. Die unteren beiden Wippen können optional zur Steuerung von Lichtszenen dienen. Im integrierten Display können folgende Informationen angezeigt werden: aktuelle Raumtemperatur, Sollwert, Betriebsart. Hierdurch ist die in Bild 1.7 gezeigte BTA-Schnittstelle nach außen nicht sichtbar. Weiterhin erfolgt die Steuer- und Regelfunktion unmittelbar durch den im Gerät eingebauten Mikrocontroller. Die Temperaturregelung geschieht sofort durch Vergleich mit dem eingestellten Sollwert, und das Ausgangssignal des Reglers wird über eine Busverbindung an den am Heizkörper montierten elektronischen Stellantrieb ausgegeben.

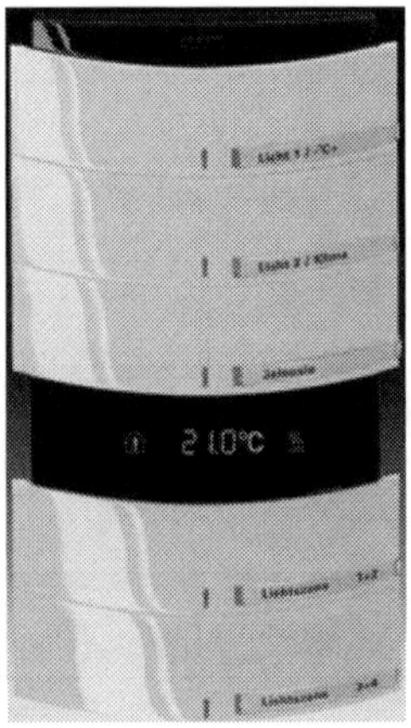

Bild 1.12
Temperatursensor mit Sollwertsteller und Regelungsfunktion (5-fach-Tastsensor und Raumtemperaturregler Busch-triton®) in der Gebäudesystemtechnik [Busch-Jaeger Elektro]

1.4 Einsatz der DDC-Automationsgeräte

In diesem Abschnitt werden die Ein-/Ausgabe-Funktionen der DDC-Automationsgeräte in der Gebäudeautomation im Einzelnen erläutert. Anhand einer Lüftungsanlage wird dann die Zuordnung des Gerätes zu einer betriebstechnischen Anlage exemplarisch dargestellt. Den Abschluss bildet eine Übersicht des bei einer schlüsselfertigen Anlage üblichen Lieferungs- und Leistungsumfangs.

1.4.1 Grundfunktionen der Gebäudeautomation

Die DDC-Automationsgeräte haben die Aufgabe, die in (siehe Abschnitt 1.2.1) aufgezeigten Gewerke eigenständig zu überwachen, zu steuern und zu regeln. Hierzu werden die Informationen aus dem Gewerk mittels Sensoren, Aktoren und Aggregaten, an die DDC angebunden. Diese Anbindung ist prinzipiell per Draht, man spricht dann von einer physikalischen Anbindung, oder per Bus, man spricht dann von einer kommunikativen Anbindung, möglich. Die benötigte Menge der erforderlichen Ein-/Ausgabe-Funktionen des DDC-Automationsgerätes ist stark abhängig von der Größe der anzubindenden betriebstechnischen Anlage. Andererseits sind die Sensoren und Aktoren sehr verschiedenartig, sodass auch eine Anpassung des Automationsgerätes an die unterschiedlichen Signalformen berücksichtigt werden muss.

Die Zuordnung dieser Funktionen und deren Anzahl zu den betriebstechnischen Anlagen erfolgt mittels der in Bild 1.13 gezeigten Funktionsliste nach VDI 3814 Blatt 4 bzw. EN ISO 16484. In der VDI 3814 finden sich auch ergänzende Angaben zur Struktur von Kennzeichnungs- und Adressierungssystemen sowie weitere Listen, die auch objektorientierten Verarbeitungen innerhalb der DDC-Automationsgeräte Rechnung tragen. Eine solche Funktionsliste wird auch als Informationsliste oder Datenpunktliste bezeichnet. Sie beschreibt in den Spalten 1–5 des Abschnitts 1, welche physikalischen Ein-/Ausgabefunktionen die erforderlichen DDC-Automationsgeräte aufweisen sollen. Die dort aufgeführten Funktionen bezeichnet man als Grundfunktionen. Die in Abschnitt 2 aufgeführten Funktionen beziehen sich darauf, dass die Anbindung der erforderlichen Sensoren und Aktoren nicht einzeln per Draht, sondern per Bus erfolgt. Aus Kostengründen erfolgt die Anbindung der einzelnen Signale meistens per Draht.

In den weiteren Spalten der Funktionsliste werden die in der DDC vorzusehenden Verarbeitungsfunktionen zur Überwachung, Steuerung, Regelung und Optimierung aufgeführt (Abschnitt 3 bis 6). In Abschnitt 6 finden sich beispielsweise viele der in Abschnitt 1.5 beschriebenen Energiemanagementfunktionen wieder. Den Abschluss bilden die hinteren Spalten für die Management- und Bedienfunktionen auf dem Leitrechner (Abschnitt 7 bis 8) [Balow12].

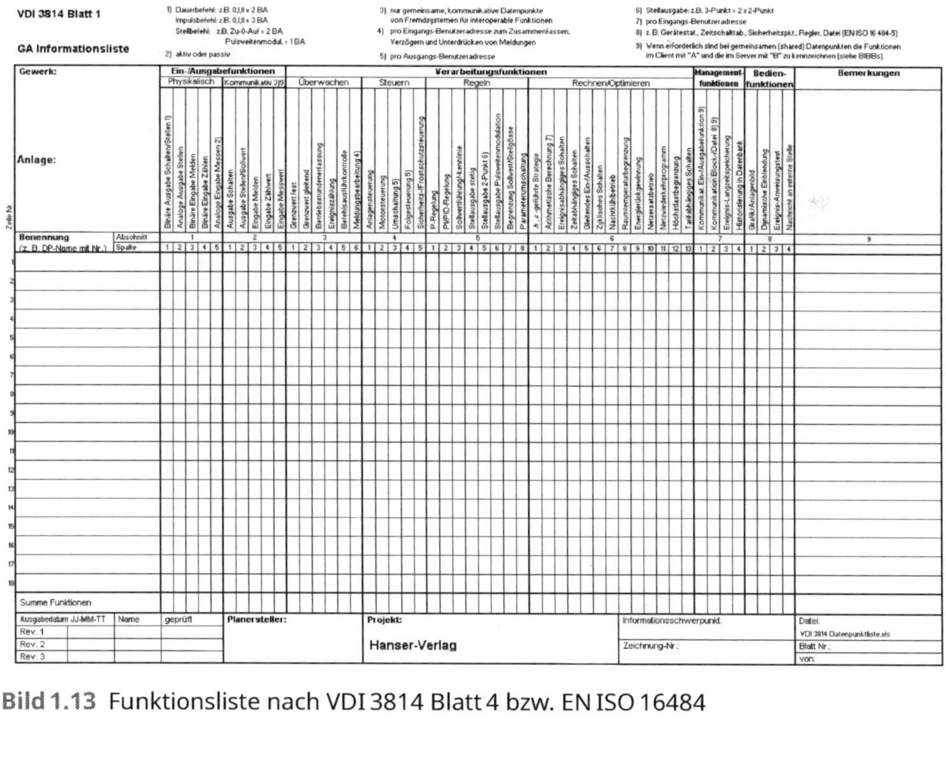
VDI 3814 Blatt 1

GA Informationsliste

1) Dauerbefehl: z.B. 0,I,II = 2 BA
Impulsbefehl: z.B. 0,I,II = 3 BA
Stellbefehl: z.B. Zu-0-Auf = 2 BA
Pulsweitenmodul. = 1 BA
2) aktiv oder passiv
3) nur gemeinsame, kommunikative Datenpunkte von Fremdsystemen für interoperable Funktionen
4) pro Eingangs-Benutzeradresse zum Zusammenfassen, Verzögern und Unterdrücken von Meldungen
5) pro Ausgangs-Benutzeradresse
6) Stellausgabe: z.B. 3-Punkt = 2 x 2-Punkt
7) pro Eingangs-Benutzeradresse
8) z. B. Gerätestat., Zeitschaltab., Sicherheitspkt., Regler, Datei (EN ISO 16 484-5)
9) Wenn erforderlich sind bei gemeinsamen (shared) Datenpunkten die Funktionen im Client mit "A" und die im Server mit "B" zu kennzeichnen (siehe BIBBs).

Gewerk:
Anlage:
Zeile Nr.
Benennung (z. B. DP-Name mit Nr.) – Abschnitt / Spalte

Abschnitt 1 – Ein-/Ausgabefunktionen, Physikalisch: 1 Binäre Ausgabe Schalten/Stellen 1); 2 Analoge Ausgabe Stellen; 3 Binäre Eingabe Melden; 4 Binäre Eingabe Zählen; 5 Analoge Eingabe Messen 2)
Abschnitt 2 – Ein-/Ausgabefunktionen, Kommunikativ 3) 9): 1 Ausgabe Schalten; 2 Ausgabe Stellen/Sollwert; 3 Eingabe Melden; 4 Eingabe Zählwert; 5 Eingabe Messwert
Abschnitt 3 – Verarbeitungsfunktionen, Überwachen: 1 Grenzwert fest; 2 Grenzwert gleitend; 3 Betriebsstundenerfassung; 4 Ereigniszählung; 5 Befehlsausführkontrolle; 6 Meldungsbearbeitung 4)
Abschnitt 4 – Verarbeitungsfunktionen, Steuern: 1 Anlagensteuerung; 2 Motorsteuerung; 3 Umschaltung 5); 4 Folgesteuerung 5); 5 Sicherheits-/Frostschutzsteuerung
Abschnitt 5 – Verarbeitungsfunktionen, Regeln: 1 P-Regelung; 2 PI/PID-Regelung; 3 Sollwertführung/-kennlinie; 4 Stellausgabe stetig; 5 Stellausgabe 2-Punkt 6); 6 Stellausgabe Pulsweitenmodulation; 7 Begrenzung Sollwert/Stellgösse; 8 Parameterumschaltung
Abschnitt 6 – Verarbeitungsfunktionen, Rechnen/Optimieren: 1 h, x -geführte Strategie; 2 Arithmetische Berechnung 7); 3 Ereignisabhängiges Schalten; 4 Zeitabhängiges Schalten; 5 Gleitendes Ein-/Ausschalten; 6 Zyklisches Schalten; 7 Nachtkühlbetrieb; 8 Raumtemperaturbegrenzung; 9 Energierückgewinnung; 10 Netzersatzbetrieb; 11 Netzwiederkehrprogramm; 12 Höchstlastbegrenzung; 13 Tarifabhängiges Schalten
Abschnitt 7 – Managementfunktionen: 1 Kommunikat. Ein-/Ausgabefunktion 9); 2 Kommunikation Block-/Datei 8) 9); 3 Ereignis-Langzeitspeicherung; 4 Historisierung in Datenbank
Abschnitt 8 – Bedienfunktionen: 1 Grafik/Anlagenbild; 2 Dynamische Einblendung; 3 Ereignis-Anweisungstext; 4 Nachricht an externe Stelle
Abschnitt 9 – Bemerkungen

Zeilen 1–18

Summe Funktionen

Ausgabedatum JJ-MM-TT		Name	geprüft	Planersteller:	Projekt:	Informationsschwerpunkt:	Datei: VDI 3814 Datenpunktliste.xls
Rev. 1					Hanser-Verlag	Zeichnung-Nr.:	Blatt Nr.:
Rev. 2							von:
Rev. 3							

Bild 1.13 Funktionsliste nach VDI 3814 Blatt 4 bzw. EN ISO 16484

1.4.1.1 Grundfunktion Melden

Die Grundfunktion Melden dient der Zustandserfassung von Informationen aus der betriebstechnischen Anlage. Die dazugehörigen Eingänge der DDC-Automationsgeräte werden wahlweise mit den Begriffen Binäreingang (BE), Digitaleingang (DE), Binary Input (BI) oder Digital Input (DI) abgekürzt.

Bei der Funktion Melden werden grundsätzlich zwei Arten von Meldungen unterschieden. Zustands- und Wartungsmeldungen werden mittels eines in Bild 1.14 gezeigten Schließer-Kontaktes erfasst. Da dieser Kontakt im Normalzustand geöffnet ist, bezeichnet man die Schaltung auch als normally open (n.o.).

Bild 1.14
Grundfunktion Melden mittels Schließer-Kontakt (*normally open*)

Besonders wichtige Informationen wie Störungs- und Alarmmeldungen werden mittels eines in Bild 1.15 gezeigten Öffner-Kontaktes erfasst. Da dieser Kontakt im Normalzustand geschlossen ist, bezeichnet man die Schaltung auch als normally closed (n.c.). Der Vorteil liegt hierbei in einer zusätzlichen Drahtbruchüberwachung, die dann ebenfalls zu einem Alarm führt.

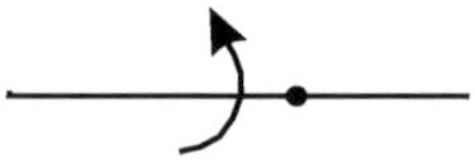

Bild 1.15
Grundfunktion Melden mittels Öffner-Kontakt (*normally closed*) zur Drahtbruchüberwachung

1.4.1.2 Grundfunktion Zählen

Die Grundfunktion Zählen dient der Erfassung von Zählwerten wie z.B. für elektrische Energiezähler, Wasserzähler oder auch Wärmemengenzähler. Bei den dazugehörigen Eingängen der DDC-Automationsgeräte handelt es sich um spezielle Binäreingänge, die geräteintern mit einer Umrechnungsfunktion ausgestattet sind. Hier werden die von den Zählern über potenzialfreie Kontakte bereitgestellten Impulse erfasst und in Energiewerte umgerechnet. Typische Elektrozähler liefern z.B. 9 Impulse je kWh, die dann zur Energieerfassung und zu Abrechnungszwecken weiter verarbeitet werden können.

Der Nachteil bei der Erfassung von Zählwerten durch eine physikalische Drahtverbindung liegt darin, dass bei einer Unterbrechung durch Drahtbruch eine Abweichung zwischen dem auf dem eigentlichen Zähler angezeigten Wert und dem durch die DDC erfassten Wert auftreten kann. In diesem Fall muss dann ein Abgleich innerhalb des DDC-Programms erfolgen. Daher wird die Grundfunktion Zählen meist über eine kommunikative Verbindung mittels elektronischer Zähler mit Busanschluss realisiert (vgl. Bild 1.4 unten rechts). Sollte es hierbei zu einer Unterbrechung des Signalweges kommen, so aktualisiert sich das System anschließend wieder selbstständig.

1.4.1.3 Grundfunktion Messen

Die Grundfunktion Messen dient der Erfassung stetiger, analoger Messsignale aus der betriebstechnischen Anlage. Die dazugehörigen Eingänge der DDC-Automationsgeräte werden wahlweise mit den Begriffen Analogeingang (AE) oder Analog Input (AI) abgekürzt.

Bei der Funktion Messen werden grundsätzlich zwei Arten von Messungen unterschieden. Zum einen gibt es Sensoren, die geräteintern elektronische Bauelemente zur Umsetzung der erfassten physikalischen Größen besitzen. Zu dieser Kategorie gehören beispielsweise Sensoren zur Erfassung der relativen Feuchte im Raum. Die relative Feuchtigkeit kann nicht direkt gemessen werden, daher beinhalten solche Sensoren Schwingkreise mit feuchteempfindlichen Kondensatoren. Dieses Signal wird dann in eine der relativen Feuchtigkeit entsprechende elektrische Größe umgerechnet. Das DDC-Automationsgerät verarbeitet die Ausgangssignale solcher Sensoren dann als aktive Signale.

Das Gerät ist in der Lage, die beiden aktiven Signale

- 0/4–20 mA und
- 0/2–10 V

zu verarbeiten. Die wählbare Wertebereichseinschränkung nach unten dient zur Überwachung von Drahtbrüchen. Der Messbereich 0/2–10 V ist in der Gebäudeautomation weit häufiger vertreten. Signale mit einem Messbereich von 0/4–20 mA sind eher in der Industrieautomation üblich.

Die häufigsten Messwerte in der Gebäudeautomation stellen jedoch die Temperaturwerte dar. Aufgrund der Vielzahl der dafür nötigen Sensoren wird diese Messgröße aus Kostengründen an den Eingängen der DDC-Automationsgeräte in Zweileitertechnik als passives Signal erfasst. Hierzu erfolgt durch das Automationsgerät eine Widerstandsmessung im Bereich von 0–2000 Ω mit geräteinterner Umrechnung in den entsprechenden Temperaturwert. Bei dem in der Gebäudeautomation am häufigsten eingesetzten Temperatursensor handelt es sich um einen Pt-1000-Sensor. Dieser Platin-Sensor hat bei 0 °C einen Widerstandswert von genau 1000 Ω. Bei Temperaturen oberhalb des Gefrierpunktes nimmt der Widerstandswert dann um 3,85 Ω je Kelvin zu, bei Temperaturen unterhalb des Gefrierpunktes nimmt er entsprechend ab.

Bei der Grundfunktion Messen erfolgt in der DDC automatisch eine Überwachung von Grenzwertverletzungen mit 2 oberen und 2 unteren einstellbaren Werten.

1.4.1.4 Grundfunktion Schalten

Die Grundfunktion Schalten dient der Ansteuerung von z. B. Motoren, Ventilatoren oder Pumpen in der betriebstechnischen Anlage. Die dazugehörigen Ausgänge der DDC-Automationsgeräte werden wahlweise mit den Begriffen Binärausgang (BA), Digitalausgang (DA), Binary Output (BO) oder Digital Output (DO) abgekürzt. Bei der Funktion Schalten werden grundsätzlich zwei Arten von Signalausgaben unterschieden.

Zum einen kann ein Aggregat per Impulsbefehl angesteuert werden. Hier wird dann ein Ausgangssignal zum Einschalten, ein weiteres Ausgangssignal zum Ausschalten des Aggregats verwendet. Zusätzlich ist innerhalb des Schaltschrankes noch eine Selbsthalteschaltung vorzusehen.

Zum anderen kann ein Aggregat per Dauerbefehl angesteuert werden. Solange der im DDC-Automationsgerät enthaltene Ausgangskontakt geschlossen ist, bleibt das zu schaltende Aggregat eingeschaltet; fällt das Ausgangssignal ab, so wird das Aggregat abgeschaltet. Diese Methode spart einen Ausgangskontakt sowie die sonst erforderliche Selbsthalteschaltung im Schaltschrank und wird daher meist bevorzugt.

Bei der Grundfunktion Schalten ist zu berücksichtigen, dass mit Ausnahme bei sehr kleinen Aggregaten zu jedem Schaltbefehl eine Rückmeldung zur Ausführungskontrolle sowie eine Störungsmeldung von z. B. der Motorschutzeinrichtung gehört.

1.4.1.5 Grundfunktion Stellen

Die Grundfunktion Stellen dient der Ausgabe von stetigen und nicht-stetigen Signalen.

Die Ausgabe von stetigen Signalen wird beispielsweise zur Ansteuerung von Heiz- und Kühlventilen oder auch stufenloser Motoren mittels Frequenzumrichter in der betriebstechnischen Anlage genutzt. Die dazugehörigen Ausgänge der DDC-Automationsgeräte werden wahlweise mit den Begriffen Analogausgang (AA) oder Analog Output (AO) abgekürzt. Hierzu können die Signale

- 0/4–20 mA und
- 0/2–10 V an den Anschlüssen des DDC-Gerätes ausgegeben werden.

Die in der Gebäudeautomation verwendeten Aktoren verarbeiten vorrangig das Spannungssignal.

Eine Besonderheit stellt die Ausgabe von nicht-stetigen Signalen dar. Diese Funktion wird beispielsweise zur Ansteuerung mehrstufiger Ventilatoren verwendet. Die Grundfunktion Stellen verwendet dazu die bereits bei der Grundfunktion Schalten vorgestellten Binärausgänge (BA). Für einen 2-stufigen Ventilator mit den Stufen 0-I-II sind dann bei einer Ansteuerung per Impulsbefehl insgesamt drei Binärausgänge nötig.

1.4.2 Automationsschema

Die planerische Zuordnung der Grundfunktionen zu den Gewerken erfolgt durch die Kombination aus der oben beschriebenen Funktionsliste sowie dem in Bild 1.16 gezeigten Automationsschema. Ein solches Schema wird auch als Regelschema oder Anlagen-Informations-Schema bezeichnet. In diesem Fall ist das Automationsschema einer Mischluft-Lüftungsanlage abgebildet. Die Informationen unterhalb der Doppellinie geben schematisch die Regelaufgaben für das DDC-Automationsgerät wieder, unten rechts ist zusätzlich die Regelsequenz des Temperaturreglers RE1 für die Raumtemperaturregelung abgebildet. Auf die dargestellten Aufgaben wird in Abschnitt 1.4.3 eingegangen.

Richtungspfeile, die nach oben in die betriebstechnische Anlage weisen, stellen Ausgangssignale dar. Richtungspfeile, die nach unten weisen, stellen Eingangssignale für das DDC-Automationsgerät dar. Die auf der Doppellinie abgebildeten Buchstaben sind in der Regelungstechnik gebräuchliche Abkürzungen für die Ein-/Ausgabe-Funktionen:

- Meldungen werden mit dem Buchstaben E,
- Messwerte werden mit dem Buchstaben X,
- Stellsignale werden mit dem Buchstaben Y und
- Schaltbefehle werden mit dem Buchstaben A versehen.

Das Stellsignal für das Erhitzerventil wird dann wie in der rechts unten zu erkennenden Regelsequenz mit Y_{Hz} gekennzeichnet.

Damit alle Ein-/Ausgabe-Funktionen den Aggregaten auch zugeordnet werden können, befinden sich neben den im Automationsschema eingezeichneten Sensoren und Aktoren jeweils eine fortlaufende Nummerierung. Diese findet ihre Entsprechung in den fortlaufenden Zeilen der Funktionsliste. Mit der Nummer 2 ist beispielsweise ein Meldekontakt beschriftet. Aus der Symbolik ist erkennbar, dass es sich hierbei um einen Schließerkontakt handelt, die vorrangige Informationsrichtung ist aus der betriebstechnischen Anlage heraus in das DDC-Automationsgerät. In diesem Fall handelt es sich um einen in der Anlage angebrachten Vorort-/Fern-Schalter, der einen Handbetrieb bei gleichzeitiger Abschaltung der automatischen Regelung z. B. bei Testläufen ermöglichen soll.

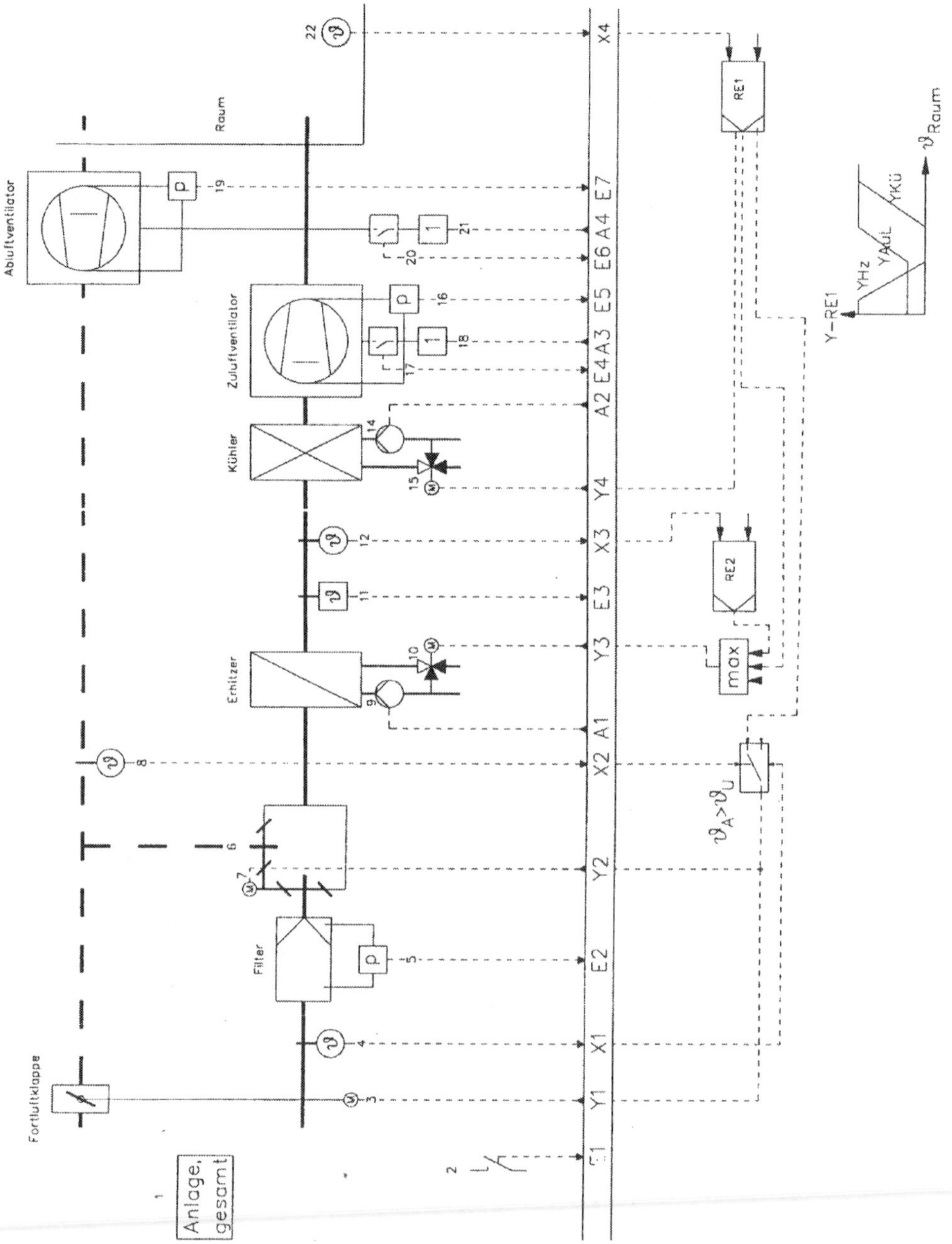

Bild 1.16 Automationsschema einer Mischluft-Lüftungsanlage

Die Doppellinie symbolisiert gleichzeitig die BTA-Schnittstelle. Hier werden alle Aggregate mittels der oben erläuterten Grundfunktionen an das DDC-Automationsgerät angebunden. Die kleinen Pfeile zeigen dabei die vorrangige Informationsrichtung an.

In Bild 1.17 und Bild 1.18 ist die vollständige Zuordnung der Grundfunktionen zu der gezeigten Mischluft-Lüftungsanlage zu entnehmen.

VDI 3814 Blatt 1

GA Informationsliste

1) Dauerbefehl: z.B. 0,I,II = 2 BA
Impulsbefehl: z.B. 0,I,II = 3 BA
Stellbefehl: z.B. Zu-0-Auf = 2 BA
Pulsweitenmodul. = 1 BA
2) aktiv oder passiv
3) nur gemeinsame, kommunikative Datenpunkte von Fremdsystemen für interoperable Funktionen
4) pro Eingangs-Benutzeradresse zum Zusammenfassen, Verzögern und Unterdrücken von Meldungen
5) pro Ausgangs-Benutzeradresse

Gewerk: Lüftung

Anlage: Mischluft-Lüftungsanlage

Zeile Nr.	Benennung (z. B. DP-Name mit Nr.)	1.1 Binäre Ausgabe Schalten/Stellen 1)	1.2 Analoge Ausgabe Stellen	1.3 Binäre Eingabe Melden	1.4 Binäre Eingabe Zählen	1.5 Analoge Eingabe Messen 2)	2.1 Ausgabe Schalten	2.2 Ausgabe Stellen/Sollwert	2.3 Eingabe Melden	2.4 Eingabe Zählwert	2.5 Eingabe Messwert	3.1 Grenzwert fest	3.2 Grenzwert gleitend	3.3 Betriebsstundenerfassung	3.4 Ereigniszählung	3.5 Befehlsausführkontrolle	3.6 Meldungsbearbeitung 4)	4.1 Anlagensteuerung	4.2 Motorsteuerung	4.3 Umschaltung 5)	4.4 Folgesteuerung 5)	4.5 Sicherheits-/Frostschutzsteuerung	5.1 P-Regelung	5.2 PI/PID-Regelung	5.3 Sollwertführung/-kennlinie	5.4 Stellausgabe stetig	5.5 Stellausgabe 2-Punkt 6)	5.6 Stellausgabe Pulsweitenmodulation	5.7 Begrenzung Sollwert/Stellgösse	5.8 Parameterumschaltung	6.1 „Ä“-geführte Strategie	6.2 Arithmetische Berechnung 7)	6.3 Ereignisabhängiges Schalten	6.4 Zeitabhängiges Schalten	6.5 Gleitendes Ein-/Ausschalten	6.6 Zyklisches Schalten	6.7 Nachtkühlbetrieb
		Ein-/Ausgabefunktionen: Physikalisch					Kommunikativ 3)9)					Verarbeitungsfunktionen: Überwachen						Steuern					Regeln								Rechnen/Op						
1	**Anlagenbefehl**						1						**per Bus angebunden**																								
2	**Vorort-/Fern-Schalter**			1																																	
3	**Fortluftklappe**		1																																		
4	**Aussentemperatur**					1																															
5	**Filterwächter**			1																																	
6	**Rückmeldung Mischluftklappe**					1																															
7	**Aussenluftklappe**		1																																		
8	**Ablufttemperatur**					1																															
9	**Erhitzerpumpe**	1		2									**incl. Rück- und Störmeldung**																								
10	**Erhitzerventil**		1																																		
11	**Frostschutzwächter**			1																																	
12	**Vorbeugender Frostschutz**					1																															
13	**nicht belegt**																																				
14	**Kühlerpumpe**	1		2									**incl. Rück- und Störmeldung**																								
15	**Kühlerventil**		1																																		
16	**Keilriemenwächter Zuluftventilator**			1																																	
17	**Reparaturschalter Zuluftventilator**			1																																	
18	**Zuluftventilator, einstufig**	1		2									**incl. Rück- und Störmeldung**																								
	Summe Funktionen	3	4	11		4	1																														

Ausgabedatum JJ-MM-T	Name	geprüft	Planersteller:	Projekt:
Rev. 1				**Hanser-Verlag**
Rev. 2				
Rev. 3				

Bild 1.17 Ausschnitt einer Funktionsliste mit Zuordnung zu einer Mischluft-Lüftungsanlage

VDI 3814 Blatt 1

GA Informationsliste

1) Dauerbefehl: z.B. 0,I,II = 2 BA
Impulsbefehl: z.B. 0,I,II = 3 BA
Stellbefehl: z.B. Zu-0-Auf = 2 BA
Pulsweitenmodul. = 1 BA
2) aktiv oder passiv

3) nur gemeinsame, kommunikative Datenpunkte von Fremdsystemen für interoperable Funktionen
4) pro Eingangs-Benutzeradresse zum Zusammenfassen, Verzögern und Unterdrücken von Meldungen
5) pro Ausgangs-Benutzeradresse

Gewerk: **Lüftung**

Anlage: **Mischluft-Lüftungs anlage**

Zeile Nr.	Benennung (z. B. DP-Name mit Nr.)	Ein-/Ausgabefunktionen: Physikalisch					Kommunikativ 3)				
		Binäre Ausgabe Schalten/Stellen 1)	Analoge Ausgabe Stellen	Binäre Eingabe Melden	Binäre Eingabe Zählen	Analoge Eingabe Messen 2)	Ausgabe Schalten	Ausgabe Stellen/Sollwert	Eingabe Melden	Eingabe Zählwert	Eingabe Messwert
	Abschnitt	1					2				
	Spalte	1	2	3	4	5	1	2	3	4	5
	Übertrag	**3**	**4**	**11**		**4**	**1**				
19	**Keilriemenwächter Abluftventilator**			**1**							
20	**Reparaturschalter Abluftventilator**			**1**							
21	**Abluftventilator, einstufig**	**1**		**2**							
22	**Raumtemperatur**					**1**					
23											
24											
25											
26											
27											
28											
29											
30											
31											
32											
33											
34											
35											
	Summe Funktionen	**4**	**4**	**15**		**5**	**1**				

Zeile Nr.	Benennung	Verarbeitungsfunktionen: Überwachen						Steuern					Regeln								Rechnen/Op						
		Grenzwert fest	Grenzwert gleitend	Betriebsstundenerfassung	Ereigniszählung	Befehlsausführkontrolle	Meldungsbearbeitung 4)	Anlagensteuerung	Motorsteuerung	Umschaltung 5)	Folgesteuerung 5)	Sicherheits-/Frostschutzsteuerung	P-Regelung	PI/PID-Regelung	Sollwertführung/-kennlinie	Stellausgabe stetig	Stellausgabe 2-Punkt 6)	Stellausgabe Pulsweitenmodulation	Begrenzung Sollwert/Stellgösse	Parameterumschaltung	h,x-geführte Strategie	Arithmetische Berechnung 7)	Ereignisabhängiges Schalten	Zeitabhängiges Schalten	Gleitendes Ein-/Ausschalten	Zyklisches Schalten	Nachtkühlbetrieb
	Abschnitt	3						4					5								6						
	Spalte	1	2	3	4	5	6	1	2	3	4	5	1	2	3	4	5	6	7	8	1	2	3	4	5	6	7
	Übertrag																										
19	Keilriemenwächter Abluftventilator																										
20	Reparaturschalter Abluftventilator																										
21	Abluftventilator, einstufig		**incl. Rück- und Störmeldung**																								
22	Raumtemperatur																										
23																											
24																											
25																											
26																											
27																											
28																											
29																											
30																											
31																											
32																											
33																											
34																											
35																											
	Summe Funktionen																										

Ausgabedatum JJ-MM-TT	Name	geprüft	Planersteller:	Projekt:
Rev. 1				**Hanser-Verlag**
Rev. 2				
Rev. 3				

Bild 1.18 Ausschnitt einer Funktionsliste mit Zuordnung zu einer Mischluft-Lüftungsanlage

Bei der gezeigten Funktionsliste handelt es sich um ein Excel-Formular. Nachdem die planerische Zuordnung aller Grundfunktionen erfolgt ist, kann dann in der der Zeile 35 folgenden Summenzeile die Menge der durch das DDC-Automationsgerät bereitzustellenden Ein-/Ausgabe-Funktionen abgelesen werden. Im obigen Falle müsste das Gerät also über 4 Binärausgänge, 4 Analogausgänge, 15 Binäreingänge sowie 5 Analogeingänge verfügen. Zusätzlich muss der per Bus zu realisierende Schaltausgang abgedeckt werden.

1.4.3 Funktionen innerhalb von Lüftungsanlagen

In diesem Abschnitt sollen die in einer Lüftungsanlage durch das DDC-Automationsgerät zu berücksichtigenden Steuer- und Regelfunktionen exemplarisch vorgestellt werden.

1.4.3.1 Frostschutzüberwachung

In der in Bild 1.16 gezeigten Mischluft-Lüftungsanlage ist mit der laufenden Nummer 11 ein sogenannter Frostschutzwächter eingezeichnet. Hierbei handelt es sich um einen speziellen Temperatursensor, der in älteren Anlagen mithilfe eines mit Flüssigkeit gefüllten Kapillarrohres unmittelbar hinter dem Erhitzer die Temperatur erfasst. Sollte hier an irgendeiner Stelle ein bestimmter, einstellbarer Temperaturwert unterschritten werden, so gibt der Frostschutzwächter ein Signal an das DDC-Automationsgerät ab. Der tatsächliche Messwert interessiert hierbei nicht, es wird im Frostschutzwächter nur ein Öffner-Kontakt geschaltet.

Im normalen Betriebsfall kann es hinter dem Erhitzer nicht so kalt werden, dass das in dem Erhitzer befindliche Heizungswasser einzufrieren droht. Es muss daher also eine Störung vorliegen. Um ein Einfrieren der Anlage und den damit in Folge verbundenen Wasserschaden zu verhindern, wird daher in nordeuropäischen Gegenden ein standardisiertes Frostschutz-Szenario durch die Gebäudeautomation realisiert:

- Ansprechen des Frostschutzwächters bei Temperaturen niedriger als z. B. +3 °C bis +6 °C,
- Schließen der Außenluft- und Fortluftklappe, vollständige Öffnung der Mischluftklappe,
- Einschalten der Erhitzerpumpe, vollständige Öffnung des Erhitzerventils,
- Abschalten der Ventilatoren zur Vermeidung der weiteren Ansaugung kalter Luft,
- Verriegelung der Anlage in diesem Zustand bis zur Quittierung,
- Alarm an den Leitrechner.

1.4.3.2 Vorbeugender Frostschutz

Der Nachteil beim Ansprechen des Frostschutzwächters gemäß Abschnitt 1.4.3.1 liegt darin, dass die Anlage nach Abarbeitung des Frostschutz-Szenarios verriegelt wird und üblicherweise erst wieder vor Ort entriegelt werden kann. Um dieses zu verhindern, wird in einigen Anlagen ein zusätzlicher Temperatursensor hinter dem Erhitzer montiert. In der in Bild 1.16 gezeigten Mischluft-Lüftungsanlage ist dieser mit der laufenden Nummer 12 eingezeichnet. Sein Ausgangssignal wird im Regler RE2 verarbeitet.

Im normalen Winter-Regelbetrieb herrschen hinter dem Erhitzer Temperaturen von mindestens +15 °C. Dieser Wert sollte auch während der Nachtabsenkung nicht unterschritten werden, um eine Unterschreitung des Taupunktes mit entsprechender Kondensatbildung und Schimmelgefahr in den Räumen zu vermeiden.

Hierzu wird gemäß Bild 1.19 eine Regelsequenz zum vorbeugenden Frostschutz hinterlegt. Bei Temperaturen unterhalb +12 °C gibt der Regler RE2 ein Stellsignal über das Maximaltor zur langsamen Öffnung an das Erhitzerventil. Dieses Stellsignal übersteuert dann das vom Hauptregler RE1 kommende Stellsignal für das Erhitzerventil. Bei einer Kanaltemperatur hinter dem Erhitzer von +6 °C wird das Erhitzerventil dann voll geöffnet sein. Sollte es hiernach weiterhin zu einem Absinken der Temperatur kommen, greift die Frostschutzüberwachung gemäß Abschnitt 1.4.3.1 ein.

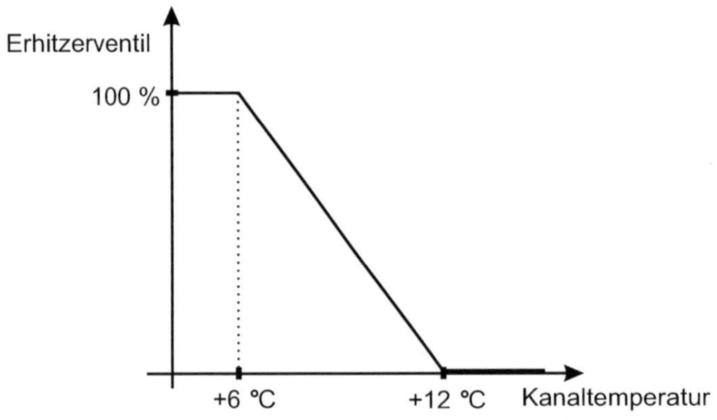

Bild 1.19 Regelsequenz des vorbeugenden Frostschutzes

1.4.3.3 Anfahrschaltung bei niedrigen Außentemperaturen

Insbesondere bei der Inbetriebnahme einer Lüftungsanlage bei kalten Außentemperaturen kommt es häufig zu einer Verriegelung der Anlage durch Ansprechen des Frostschutzwächters. Um dieses zu vermeiden, wird im DDC-Automationsgerät eine Anfahrschaltung bei niedrigen Außentemperaturen hinterlegt:

- Außenluft- und Fortluftklappe vollständig geschlossen, vollständige Öffnung der Mischluftklappe.
- Einschalten der Erhitzerpumpe und vollständige Öffnung des Erhitzerventils für einen Vorspülbetrieb zur Vorerwärmung des Erhitzers; die Dauer des Vorspülbetriebs hängt von der gemessenen Außentemperatur ab.
- Nach Beendigung des Vorspülbetriebs Übernahme durch den normalen Regelbetrieb gemäß Abschnitt 1.4.3.4 mit Öffnung der Außenluft- und Fortluftklappe auf einen minimalen Wert für die Frischluftzufuhr, Schließung der Mischluftklappe um den entsprechenden Betrag.

1.4.3.4 Regelsequenz für die Raumtemperaturregelung

Lüftungsanlagen werden in Zweckbauten zur Temperierung der angeschlossenen Räume eingesetzt. Mit der in Bild 1.16 gezeigten Mischluft-Lüftungsanlage kann die Raumluft erhitzt und gekühlt werden. Die Vorgabe der Temperaturregelung für das DDC-Automationsgerät erfolgt dabei mit der in Bild 1.20 dargestellten Regelsequenz.

Hierzu sind auf der X-Achse der Sollwert der Raumtemperatur und der gemessene Raumtemperatur-Istwert aufgetragen. Bei einer Ist-Temperatur unterhalb des Sollwertes wird durch das DDC-Automationsgerät das Stellsignal Y_{Hz} zur Ansteuerung des Erhitzerventils ausgegeben. Weicht die Ist-Temperatur sehr stark vom Sollwert ab, so wird das Erhitzerventil bis zu 100 % geöffnet. Steigt die Raumtemperatur daraufhin an, wird das Erhitzerventil stetig weiter geschlossen. Sollte es in dem Raum wärmer als gewünscht sein, so wird das Stellsignal $Y_{Kü}$ zur Ansteuerung des Kühlerventils ausgegeben.

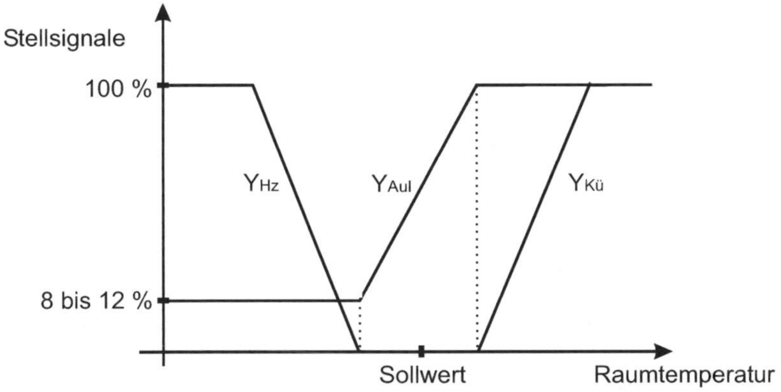

Bild 1.20 Regelsequenz für die Raumtemperaturregelung

Gleichzeitig ist auch das Stellsignal Y_{Aul} zur Ansteuerung der Außenluftklappe in der Regelsequenz enthalten. Beim Heizbetrieb bleibt die Außenluftklappe bis auf ein Minimum von ca. 8–12 % geschlossen. Hierdurch wird sichergestellt, dass dem Raum genügend Frischluft von außen zugeführt wird. In dem schmalen Bereich um den Raumtemperatursollwert herum wird weder geheizt noch gekühlt. Hier wird versucht, die Raumtemperatur durch Änderung des Anteils zwischen Außenluft und rückgeführter Mischluft möglichst konstant zu halten.

1.4.3.5 Wirksinnumkehr der Klappensteuerung im Sommerbetrieb

Bei hohen Außentemperaturen wird gemäß der oben aufgezeigten Regelsequenz ein Stellsignal zur 100 %-igen Öffnung des Kühlerventils ausgegeben. Hierdurch wird die maximal mögliche Kühlleistung angefordert. Gleichzeitig ist auch erkennbar, dass die Außenluftklappe zu 100 % geöffnet ist. Da die Fortluftklappe damit ebenfalls zu 100 %

geöffnet und die Mischluftklappe vollständig geschlossen ist, wird in diesem Betriebszustand also die warme Außenluft angesaugt, auf die gewünschte Raumtemperatur heruntergekühlt und anschließend wieder aus dem Gebäude fortgeführt. Dieses lässt sich energetisch durch eine Wirksinnumkehr der Klappensteuerung im Sommerbetrieb verbessern.

Hierzu wird hinter das Ausgangssignal des Hauptreglers RE1 ein weiterer Logikbaustein geschaltet. In Bild 1.16 wird hierbei der über den Außentemperatursensor gemessene Wert mit der Temperatur der Abluft verglichen. Erreicht die Außentemperatur einen höheren Wert als die Ablufttemperatur, so wird das aus dem Hauptregler RE1 kommende Stellsignal für die Außenluftklappe umgekehrt und diese auf einen minimalen Wert geschlossen. Zeitgleich wird dann die Mischluftklappe nahezu vollständig geöffnet. Dadurch kann die bereits vorgekühlte Raumluft weiter verwendet werden.

1.4.4 Liefer- und Leistungsumfang

Bei größeren Zweckbauten erfolgt während der Bauphase typischerweise eine Trennung zwischen den durch die einzelnen Handwerksbetriebe zu errichtenden Gewerken und der Lieferung des Gebäudeautomationssystems. Hierdurch soll sichergestellt werden, dass die gesamte Gebäudeautomation durchgängig ist und insbesondere gewerkeübergreifende Energiemanagementfunktionen aus einer Hand geplant und installiert werden. Man spricht dann auch von der schlüsselfertigen Erstellung der Gebäudeautomation. In so einem Fall werden durch den Systemlieferanten der Gebäudeautomation die in der Tabelle 1.3 aufgeführten Lieferungen vorgenommen.

Tabelle 1.3 Lieferumfang in der Gebäudeautomation bei schlüsselfertiger Erstellung

Alle Sensoren
Alle Aktoren
Elektroinstallation inkl. Verkabelung der Sensoren und Aktoren
Schaltschränke zur Aufnahme der Informationen aus den Gewerken
DDC-Automationsgeräte
Lizenzen für die DDC-Software
Bus- und Netzwerkverkabelung zum Leitrechner
Leitrechner mit Drucker
Lizenzen für das Betriebssystem des Leitrechners
Lizenzen für die Managementsoftware des Leitrechners
Mobiliar der Leitwarte

Zusätzlich zu den Lieferungen ist jedoch ebenfalls eine große Anzahl von Dienstleistungen bis zur fehlerfreien Funktionsfähigkeit der Gebäudeautomation nötig. Diese können der Tabelle 1.4 entnommen werden.

Tabelle 1.4 Leistungsumfang in der Gebäudeautomation bei schlüsselfertiger Erstellung

Projektleitung
Ausführungsplanung
Montageplanung
Bauleitung
Montage und Anschluss aller Sensoren und Aktoren
Einbau der DDC-Automationsgeräte in die Schaltschränke
Programmierung und Inbetriebnahme der DDC-Automationsgeräte mit Datenpunkttest für alle angeschlossenen Sensoren und Aktoren
Erstellung der Visualisierungen auf dem Leitrechner mit Datenpunkttest für alle angeschlossenen Sensoren und Aktoren
Programmierung der Energiemanagementfunktionen auf dem Leitrechner
Abnahme
Erstellung der Dokumentation
Einweisung und Schulung des Bedienpersonals
Einregulierung der Heizung zum Beginn der Heizperiode, Einregulierung der Kälte zum Beginn der Sommerperiode
Übernahme der Gewährleistung

1.5 Energiemanagementfunktionen

Eine Hauptaufgabe der Gebäudeautomation besteht – neben der automatisierten Regelung, Steuerung und Überwachung – im energiesparenden Betrieb der Anlagen. Hierzu wird eine Vielzahl von Energiemanagementfunktionen bereitgestellt. In diesem Abschnitt geht es um eine Auswahl der gebräuchlichsten Optimierungen.

1.5.1 Amortisationszeit

Heutzutage ist es selbstverständlich, dass bei der Planung von Zweckbauten wie Bürohäusern, Krankenhäusern oder Einkaufszentren eine leistungsfähige Gebäudeautomation berücksichtigt wird. Der Grund wird deutlich, wenn man einmal betrachtet, welche Einsparungen von Betriebskosten sich durch den Einsatz von intelligenten Regelfunktionen ergeben. Auch wenn aufgrund der Vielzahl unterschiedlicher Bauten und Ausstattungsvarianten kaum belastbare Zahlen zur Verfügung stehen, soll hier auf der Basis unterschiedlicher Quellen und Erfahrungswerte ein Ansatz gefunden werden.

Die bei der Erstellung eines Gebäudes anfallenden Gesamtkosten bezeichnet man als Gebäudeerstellungskosten. Der Anteil der für die automatische Regelung und Überwachung der Heizungs-, Kälte- und Lüftungsanlagen eingesetzten Gebäudeautomation beträgt je nach Ausstattungsumfang etwa 1,0 % bis 1,5 % der Gebäudeerstellungskosten. Kostet ein mehrstöckiges Bürohaus beispielsweise 100 Millionen €, so hat die Gebäudeautomation einen Anteil von etwa 1,25 Millionen €. Die durch die Gebäudeautomation technisch beeinflussbaren Betriebskosten in einem Gebäude, also vorrangig die Energiekosten für den Betrieb der Anlagen, liegen je nach Ausstattungsumfang bei etwa 2,0 % bis 4,0 % pro Jahr. Geht man im obigen Beispiel von einem mittleren Wert in der Höhe von 3,0 % aus, entspricht dies einer Energiekostenrechnung in Höhe von etwa 3,0 Millionen € jährlich. Die Energieeinsparpotenziale durch die Gebäudeautomation liegen bei konservativen Schätzungen in der Größenordnung von etwa 10 % dieser Betriebskosten. Es ergibt sich daraus ein Wert von etwa 300 Tausend € jährlich. Das bedeutet, dass sich die Investition der Gebäudeautomation bereits nach etwa 4 Jahren amortisiert hat, d. h., die anfänglichen Aufwendungen sind dann durch die entstehenden Erträge gedeckt. Zusätzlich zu den Einsparungen von Energiekosten können sich auch noch hier unbewertete Optimierungen im effektiven Einsatz des Betreiberpersonals ergeben. Der Einbau einer aufwendigen Raumautomation mit Komponenten der Gebäudesystemtechnik birgt weitere Einsparpotenziale, aber auch zusätzliche Anfangsinvestitionen, die in obigem Rechenbeispiel noch nicht berücksichtigt wurden.

1.5.2 Energiemanagementfunktionen auf der Automationsebene

Sehr häufig können die Programme zur Energieverbrauchsoptimierung direkt einer einzelnen Anlage zugeordnet werden. Insbesondere wenn sich kein regelmäßiger Anpassungsbedarf ergibt, werden die nötigen Funktionen dann direkt in den der Anlage zugehörigen DDC-Bausteinen programmiert. Diese können dann so lange unberührt arbeiten, bis sich an den baulichen Maßnahmen etwas Grundlegendes ändert.

1.5.2.1 Bedarfsgerechte Sollwertanpassung

Ein oft eingesetztes Beispiel hierfür stellt die witterungsgeführte Regelung der Vorlauftemperatur einer Heizungsanlage gemäß Bild 1.21 dar. Hier wird die von einem Sensor erfasste Außentemperatur zur Sollwertvorgabe an den Heizungsregler genutzt. Bei niedrigen Außentemperaturen wird die Vorlauftemperatur der Heizung angehoben, bei gemäßigten Außentemperaturen auf die minimal möglichen Werte abgesenkt.

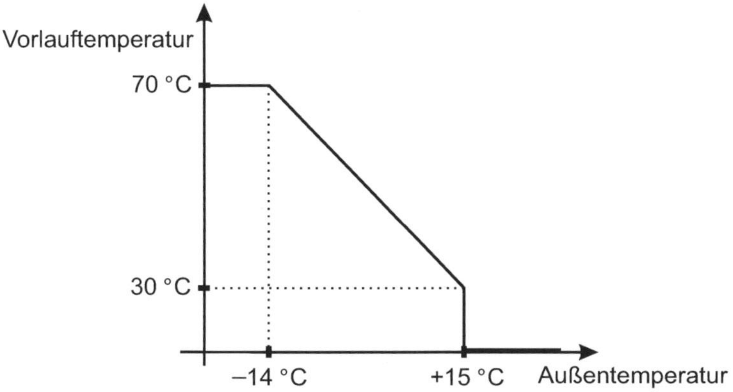

Bild 1.21 Bedarfsgerechte Sollwertanpassung (Energiemanagementfunktion)

Derartige Funktionen lassen sich auch in den Sommermonaten nutzen. So kann bei gekühlten Räumen der Sollwert für die Raumtemperatur für den Nutzer unbemerkt angehoben werden, wenn die Außentemperaturen übermäßig hoch sind. Diese Funktion nennt man Sommeranhebung, sie trägt zur Kälteenergieeinsparung bei. Darüber hinaus führt sie durch geringere Temperaturunterschiede zwischen der Raum- und Außentemperatur zur Vermeidung gesundheitlicher Beeinträchtigungen für die Nutzer.

1.5.2.2 Enthalpiesteuerung

Mit Klimaanlagen können alle Zustände der Raumluft beeinflusst werden. Unter Enthalpie versteht man den Energieinhalt eines Stoffes. Bei der Enthalpiesteuerung werden unter Berücksichtigung der Energiegehalte der Ab- und Außenluft sowie der Anforderungen für das Heizen, Kühlen, Entfeuchten und Befeuchten die energiekostenoptimalen Klappenstellungen der Lüftungsanlagen berechnet.

1.5.2.3 Ereignisabhängiges Schalten

Für das ereignisabhängige Einschalten von Verbrauchern gibt es eine große Anzahl von Beispielen. Das beginnt bei der Installation von Präsenzmeldern in Räumen, um die Freigabe der Lichtsteuerung nur bei Anwesenheit von Nutzern im Raum zu gewährleisten. Komplexere Anwendungen können sich aber auch durch die Kopplung der einzelnen Zimmer in einem Hotel mit dem am Empfangstresen eingesetzten Buchungssystem ergeben. Ist für den betreffenden Tag kein Gast für das Zimmer gebucht, so bleiben alle Verbraucher ausgeschaltet, und der Sollwert für die Raumtemperatur wird auf das minimal zulässige Limit eingestellt. Ist für den Tag ein Gast gebucht, werden die Temperaturen angepasst. Die individuellen Einstellungen können dann beim Betreten des Raums nach Platzierung der für den Zimmerzutritt verwendeten Key Card in einem Kartenleser vorgenommen werden.

1.5.2.4 Gleitendes Schalten (Optimum – Start – Stop)

Diese Funktion stellt eine Verbesserung des üblicherweise auf der Managementebene hinterlegten Programms „zeitabhängiges Schalten" dar. Von Zeitschaltprogrammen werden normalerweise feste Einschalt- und Ausschaltzeiten vorgegeben. Beim „gleitenden Schalten" erfolgt auf Basis dieser Schaltbefehle eine Berechnung des spätestmöglichen Einschalt- und des frühestmöglichen Ausschaltzeitpunkts einer Anlage (Bild 1.22).

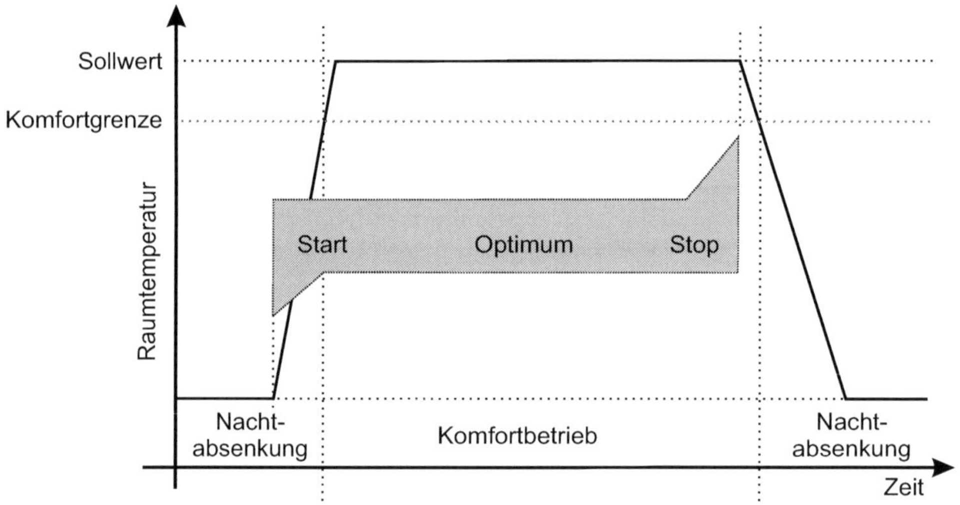

Bild 1.22 Gleitendes Schalten am Beispiel Heizen (Energiemanagementfunktion)

Unter Berücksichtigung der Außen- und Raumtemperatur sowie des thermischen Verhaltens des Gebäudes wird durch eine selbstanpassende Automationsfunktion der jeweils optimale Start- und Stoppzeitpunkt gewählt.

1.5.2.5 Nachtkühlbetrieb

Diese vergleichsweise einfache Energiemanagementfunktion findet ihre Anwendung in den Sommermonaten. Der Sinn liegt darin, das morgendliche Zuschalten der Kühlfunktionen für das Gebäude zeitlich möglichst weit zu verzögern. Dazu werden in den Nachtstunden, wenn die Außentemperatur unter die Raumtemperatur im Gebäude gesunken ist, alle Lüftungsanlagen mit vollem Außenluftanteil gefahren. Dieser Betrieb wird bis in die frühen Morgenstunden aufrechterhalten. Die Masse des Gebäudes und der Räume wird dabei als Kältespeicher genutzt.

1.5.2.6 Nullenergieband-Steuerung

Insbesondere bei der Nutzung von Gemeinschaftsräumen, wie Theater- und Kinosäle oder Einkaufszentren, werden die Raumanforderungen an den Komfort des Durchschnittsnutzers angepasst. Häufig werden derartige Gebäude mit Lüftungsanlagen für den Kühl- und Heizbetrieb ausgestattet. Durch die Schaffung eines Temperaturbands, in dem weder geheizt noch gekühlt, sondern nur über die Stellung der Klappen für Umluft- oder Außenluftbetrieb geregelt wird (Nullenergieband, Bild 1.23), lassen sich Energiekosten einsparen. Der Nachteil dieser Funktion liegt in der vergleichsweise schlechten Regelgüte, da die Temperatur nicht auf einen genau festgelegten Sollwert geregelt wird.

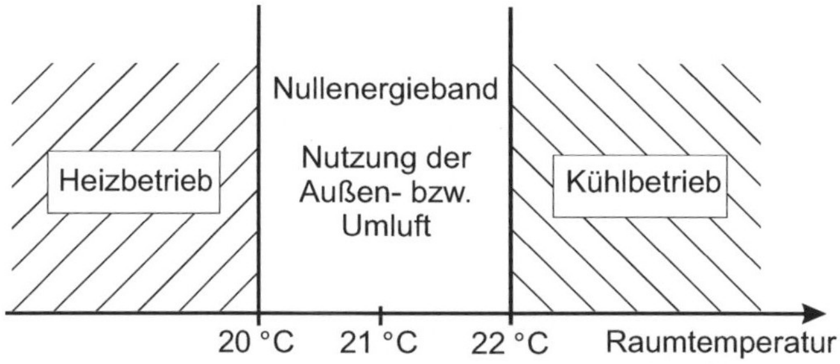

Bild 1.23 Nullenergieband-Steuerung (Energiemanagementfunktion)

Der Ursprung für die Nullenergieband-Steuerung ist bei den früher eingesetzten Analogreglern zu finden. Durch deren große Regelabweichung von bis zu ±1 Kelvin kam es nicht selten vor, dass sich die Kennlinien des Reglers für den Heizbetrieb mit denen des Reglers für den Kühlbetrieb überschnitten. Die unweigerliche Folge war dann ein gleichzeitiger Heiz- und Kühlbetrieb zur Erreichung des Temperatursollwerts. Das Nullenergieband wurde zur Verhinderung dieses Zustands genutzt.

1.5.2.7 Zyklisches Schalten

Natürlich kann auch durch die zeitweise Unterbrechung des Betriebs großer Verbraucher in den Abschaltphasen Energie eingespart werden (Bild 1.24).

Eine solche Funktion hat zwar den Nachteil einer schlechteren Regelgüte, bietet sich aber bei überdimensionierten Anlagen an. Wobei einer besseren Planung bei der Dimensionierung der Anlage mit genauer Anpassung an den späteren Bedarf der Vorzug gegeben werden sollte.

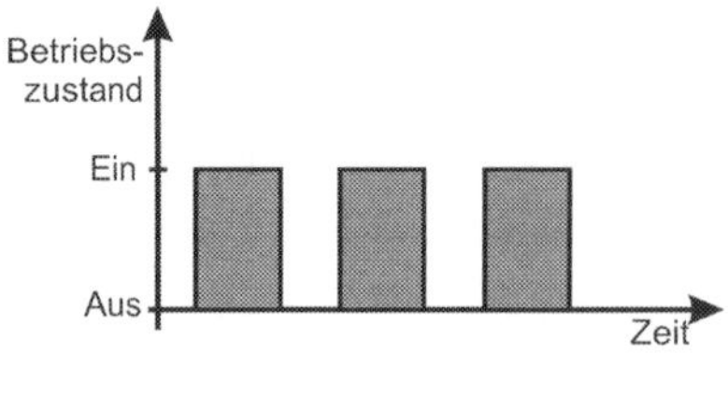

Bild 1.24
Zyklisches Schalten (Energiemanagement-funktion)

1.5.3 Energiemanagementfunktionen auf der Managementebene

Erfordern die Programme eine stetige Anpassung an die Betriebszeiten oder Betriebsweisen des Gebäudes, so werden die Energiemanagementfunktionen vorzugsweise auf dem Leitrechner hinterlegt oder aufgerufen. So ist dann meist eine komfortable und menügeführte Bedienoberfläche zur Änderung möglich. In der Gebäudesystemtechnik können diese Funktionen meist auch mithilfe eines Touchscreens realisiert werden.

1.5.3.1 Zeitabhängiges Schalten

Auch die Programmierung von zeitlichen Abläufen gehört zu den Energiemanagementfunktionen. Durch die Anpassung der Anlagenbetriebszeiten an die tatsächlichen Gebäudenutzungszeiten ergeben sich weitere Einsparpotenziale. Es lassen sich beispielsweise die morgendlichen Runden des Betriebspersonals zum Aufschließen der Gebäude auf einem Campusgelände mit einem an die Sonnenaufgänge gekoppelten Zeitschaltprogramm zur Lichtsteuerung verbinden.

In Bild 1.25 wird die Bildschirmoberfläche eines Leitrechners für ein Verwaltungsgebäude gezeigt. Hier lassen sich für die einzelnen Tagestypen vorgefertigte Makros als Tagesprogramm hinterlegen und somit typischerweise einmalig zum Jahresbeginn durch das Bedienpersonal den Jahresgegebenheiten zuordnen.

Auch im Privathaushalt sind derartige Programme üblich. So enthält jeder Heizungsregler bereits ab Werk ein Programm zur zeitgesteuerten Nachtabsenkung der Raumtemperaturen. Im Zweckbau werden diese Funktionen normalerweise auf dem Leitrechner hinterlegt, um eine komfortable Anpassung bei kurzfristigen Änderungen zu ermöglichen. Dadurch können bei abendlichen Konferenzen oder Veranstaltungen einmalige Änderungen der Zeitprogramme am Leitrechner eingegeben werden.

Bild 1.25
Zeitabhängiges Schalten (Energiemanagementfunktion)

1.5.3.2 Höchstlastbegrenzung/Lastspitzenbegrenzung

Bei der Tarifgestaltung für den Bezug von elektrischer Energie ist für industrielle Verbraucher die Unterscheidung von leistungs- und energiebezogenen Anteilen üblich. Der jährlich zu bezahlende Leistungspreis deckt dabei die Bereitstellung der elektrischen Energie auf Basis der elektrischen Anschlussleistung des Gebäudes ab. Je nach Vertragskonstellation sind hier Preise bis zu 200 € pro Kilowatt und Jahr möglich. Bedenkt man, dass für ein Bürohaus mit 2000 Angestellten ein Höchstlastbedarf von etwa 2000 kVA anzusetzen ist, ergibt sich daraus bereits ein 6-stelliger Jahresbetrag. Zusätzlich enthält ein derartiger Vertrag dann einen verbrauchsabhängigen Anteil mit einem Preis pro verbrauchter Kilowattstunde.

Die Energiemanagementfunktion Höchstlastbegrenzung erfasst hierbei den Wert des Zählers für den elektrischen Energieverbrauch über einen Zeitraum von einer Viertelstunde und bestimmt daraus die durchschnittlich bezogene Leistung für diesen Zeitraum. Die Besonderheit liegt in einer hinterlegten Prognoserechnung, die den Wert der höchsten Last auf das Ende des Viertelstundenzeitraums kalkuliert. Ist damit zu rechnen, dass der mit dem Energieversorger vertraglich vereinbarte Wert überschritten wird, so greift das Programm ein und schaltet vorher festgelegte Großverbraucher ab.

Im linken Teil von (Bild 1.26) wird der Energieverbrauch über einen Zeitraum von 15 Minuten erfasst. Sollte innerhalb dieses Zeitraums ein Energieverbrauch von nicht mehr als E = 500 kWh erfasst werden, so entspricht dieses einem durchschnittlichen Leistungsbezug in Höhe von P = 2000 kW über 15 Minuten. In diesem Fall sei das auch die vertraglich festgelegte Grenze P_{MAX}. Der Zählwert für die Energieerfassung wird danach wieder auf null gesetzt.

Im rechten Teil von (Bild 1.26) ist dargestellt, dass betriebsbedingt ein höherer Energiebedarf auftritt. Der über 15 Minuten zu erwartende Energieverbrauch wird hier als zu hoch prognostiziert, die Vertragsgrenze für einen durchschnittlichen Leistungsbezug in Höhe von P_{MAX} = 2000 kW über 15 Minuten wird dadurch verletzt werden. Jetzt greift das Programm ein und beginnt ab etwa der 10. Minute mit der Abschaltung möglichst großer Verbraucher. Durch diese Maßnahme wird dann erreicht, dass der Energieverbrauch innerhalb von 15 Minuten den Wert E_{MAX} = 500 kWh nicht überschreiten wird und somit auch die vertragliche Leistungsgrenze P_{MAX} nicht verletzt wird. Nach Ablauf des 15-Minuten-Zeitraumes könnten die vorher abgeschalteten Verbraucher wieder zugeschaltet werden.

Vorrangig werden durch diese Funktion Nachzahlungen an den Energieversorger vermieden. Sie bietet aber auch die Option, den durchschnittlichen Leistungsbedarf zu beobachten und durch Optimierung der innerbetrieblichen Abläufe zu senken. Hierdurch ergeben sich dann die Grundlagen für die Preisverhandlungen für den nächsten Vertragszeitraum.

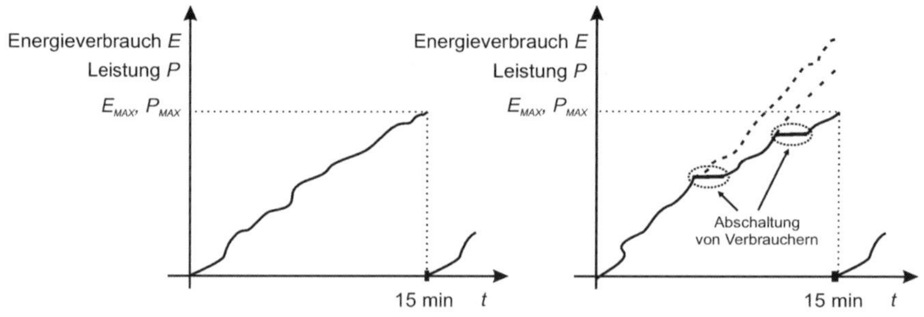

Bild 1.26 Höchstlastbegrenzung (Energiemanagementfunktion)

1.5.3.3 Energiecontrolling

In vielen Gebäuden werden die Energiekosten weder erfasst noch abgerechnet. Gerade in Forschungseinrichtungen oder Produktionsstätten lassen sich jedoch durch die verbrauchsorientierte Kostenzuordnung erhebliche Einsparpotenziale erzielen (Bild 1.27).

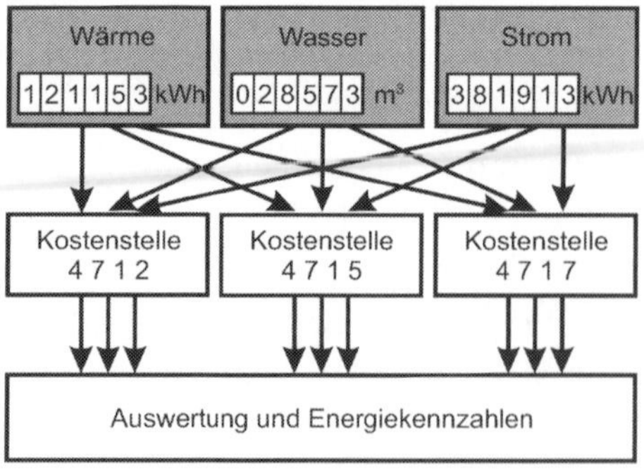

Bild 1.27 Energiecontrolling (Energiemanagementfunktion)

Im Privathaushalt ist die Energiekostenabrechnung unter Heranziehung eines Vergleichs mit den Verbrauchswerten des Vorjahres übliche Praxis. Allein die Darstellung der Energiekosten über der Zeit und das damit geweckte Bewusstsein für die Verbrauchswerte können zu Energieeinsparungen in der Größenordnung von 10 % führen. Ein Verbraucher, der anhand eines Kurvenverlaufs über mehrere Jahre hinweg sieht, dass die Energiekosten von Jahr zu Jahr steigen, wird sich mehr um eine Energieeinsparung bemühen als einer, der nur einen Vergleich der Verbrauchswerte mit dem Vorjahr durchführt.

Eine derartige Visualisierungsfunktion lässt sich in bewirtschafteten Gebäuden durch eine Aufschaltung der Zählerdaten für alle Energien und Medien mit überschaubarem Aufwand lösen. Die Kopplung des Leitrechners der Gebäudeautomation mit einem kaufmännischen Abrechnungssystem ermöglicht dann auch eine automatische Beleg-Erstellung. Wird eine solche Maßnahme auch noch mit einer innerbetrieblichen Energieberatung gekoppelt, so lässt sich der allein auf der Mitarbeitermotivation beruhende Einspareffekt noch steigern.

1.5.3.4 Energieeinspar-Contracting

Eine erweiterte Form des Energiecontrollings stellt das Energieeinspar-Contracting dar, es wird auch als Performance-Contracting bezeichnet. Hier wird zuerst in Form einer Grobanalyse an Hand von gebäudespezifischen Energie-Kennwerten, der Betriebsweise vorhandener Großverbraucher und auch der Energielieferverträge festgestellt, ob und welche Einsparpotenziale in einer Liegenschaft bestehen.

Sind genügend Einsparpotenziale vorhanden, wird im nächsten Schritt eine detaillierte Feinanalyse der tatsächlich möglichen Einsparungen durch den Einbau energiesparender Technik vorgenommen. Diese Aufstellungen beinhalten auch den nötigen Kapitalbedarf sowie die Amortisationszeiten durch den Mittelrückfluss in Form der eingesparten Energiekosten. Sie bilden dann die technische und kaufmännische Grundlage für die Umsetzung der Maßnahmen (Bild 1.28).

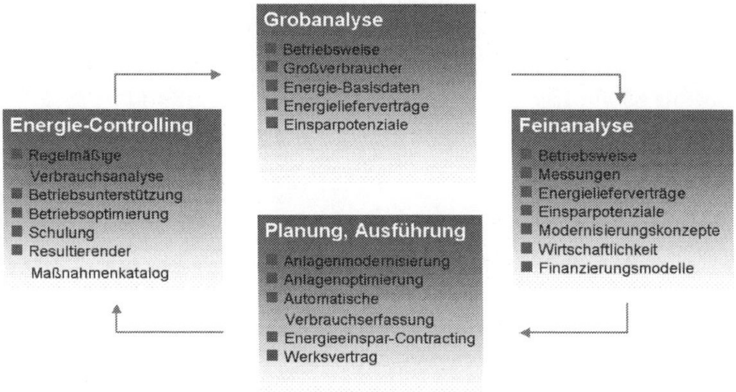

Bild 1.28 Energieeinspar-Contracting (Energiemanagementfunktion)

Insbesondere im öffentlichen Sektor steht oftmals kein Budget zur Verfügung, um moderne und energiesparende Technik einzubauen. Hier tritt jetzt die ausführende Firma in Vorleistung und installiert die für die Erzielung der vorher berechneten Einsparungen nötige Technik. Der Kapitalrückfluss wird durch die so eingesparten Energiekosten im Bereich von 5 bis 8 Jahren vertraglich sichergestellt.

Während dieser Laufzeit profitieren beide Vertragspartner von der Umsetzung der Energiesparmaßnahmen. Die ausführende Firma überwacht im Rahmen des Energiecontrollings fortlaufend die Richtigkeit der umgesetzten Maßnahmen. Nach Ablauf der Vertragslaufzeit geht die Anlage üblicherweise in das Eigentum des Auftraggebers über.

1.6 Komfort- und Energiemanagementfunktionen in der Raumautomation

Die Raumautomation mittels Gebäudesystemtechnik gewinnt sowohl im privaten Wohnungsbau als auch im Zweckbau zunehmend an Bedeutung. Hierbei werden gewerkeübergreifende Automationsfunktionen innerhalb der Räume von Gebäuden ausgeführt. Die Raumautomation ist somit ein Teilgebiet der Gebäudeautomation [VDI11].

Beim Zweckbau steht neben dem Komfortgewinn und den möglichen Energiesparfunktionen auch die höhere Flexibilität bei Umbauten oder Nutzungsänderungen der Räume im Vordergrund. Sollen beispielsweise aus einem bisherigen Besprechungsraum Büroräume für neue Mitarbeiter entstehen, so lassen sich viele Funktionen durch den gut geplanten Einsatz der Gebäudesystemtechnik anpassen. Um die Lichtsteuerfunktionen bei einer derartigen Umnutzung neu zuzuordnen, war bisher eine Umverdrahtung der Elektroinstallation nötig. Stattdessen erfolgt jetzt die Anpassung an die neuen räumlichen Gegebenheiten durch Umprogrammierung der eingesetzten, über ein Bussystem miteinander verbundenen Komponenten. Da im privaten Wohnungsbau weniger häufig mit Umbauten oder Nutzungsänderungen der Räume zu rechnen ist, kommt anstelle der Flexibilität einem zusätzlich zu erzielenden Sicherheitsaspekt Bedeutung zu. Im Folgenden wird eine Übersicht der Komfort-, Sicherheits- und Energiemanagementfunktionen nach Gewerken aufgestellt. Es sind jedoch auch gewerkeübergreifende Vernetzungen von Funktionen möglich:

Heizung, Kühlung, Lüftung

- belegungsabhängige Sollwertanpassung der Raumtemperatur über Präsenztaster oder Präsenzmelder
- nutzungsabhängige Sollwertanpassung der Raumtemperatur in Hotelzimmern durch Kopplung mit dem Buchungssystem

- individuelle Anpassung der Raumtemperatur über Sollwertsteller
- automatische Sommeranhebung des Raumtemperatursollwerts bei hohen Außentemperaturen
- Abschaltung der Heiz- und Kühlfunktion bei geöffneten Fenstern
- Anpassung der Lüftung in Abhängigkeit der Luftqualität im Raum

Lichtsteuerung

- belegungsabhängige Freigabe der Beleuchtung über Präsenztaster oder Präsenzmelder
- nutzungsabhängige Freigabe der Beleuchtung in Hotelzimmern durch Kopplung mit dem Buchungssystem
- Konstantlichtregelung mit Helligkeitssensor im Raum
- außenlichtgeführte Anpassung der Raumhelligkeit
- Diffuslichtsteuerung durch sonnenstandsabhängige Verstellung der Jalousielamellen
- Putzlichtschaltung zur zeitweiligen Erhöhung der Raumhelligkeit
- Lichtszenen

Beschattung/Jalousie

- zeitgesteuerte Beschattung des Raums
- Diffuslichtsteuerung durch sonnenstandsabhängige Verstellung der Jalousielamellen zur Verhinderung der direkten Sonneneinstrahlung und eines damit verbundenen, unerwünschten Wärmeeintrags im Sommer
- Winter-Sommer-Betrieb
  - zur Verhinderung der Raumaufheizung im Sommer
  - für maximal mögliche Sonneneinstrahlung im Winter
- automatisches Hochfahren der Außenjalousien bei Windböen

Sicherheit

- Fluchtwegekennzeichnung im Brandfall
- Rauchmelder im Raum steuern die Entrauchung über elektrisch betätigte Fenster
- Fluchtplan wird im Brandfall auf dem PC-Bildschirm im Büro eingeblendet
- Panikschaltung zur Einschaltung der gesamten Hausbeleuchtung
- Anwesenheitssimulation für die Lichtsteuerung

- individuelle Freischaltung des Raumzugangs über Key-Card-Systeme oder biometrische Abfragen

Multimedia

- Lichtszenen-Aktivierung bei Einschaltung eines Videoprojektors für Präsentationen
- Kopplung mit Audio- und Video-Servern für individuelle, personenbezogene Raumeinstellungen
- Raumbedienung über Touch-Pad, Smartphone oder den PC-Bildschirm im Büro.

1.7 Genormte Bussysteme und Netze in der Gebäudeautomation

Eine Grundvoraussetzung für die datentechnische Zusammenfassung aller Gewerke in einem Gebäude sind Kommunikationsverbindungen. Bereits in einem mittelgroßen Verwaltungsgebäude werden mehr als tausend Informationen zwischen den Automatisierungsstationen der Gewerke und dem zentral angeordneten Leitstand übertragen. Hier haben sich seit mehreren Jahren Bussysteme als wirtschaftlichste Lösung durchgesetzt.

Ursprünglich haben die Herstellerfirmen der Gebäudeautomationssysteme für diese Datenübertragung selbstentwickelte oder aus der Prozessautomation bekannte Lösungen verwendet. Vorrangig bestand die Aufgabe in der Anbindung der durch eigene DDC-Bausteine geregelten betriebstechnischen Anlagen. Dies betraf die bereits in Tabelle 1.1 aufgezeigten Gewerke.

Im Laufe der Zeit sind die Ansprüche an die Gebäudeautomation gewachsen. Es entstand der Bedarf, auch solche Systeme zu integrieren, die bereits mit Controllern anderer Hersteller ausgestattet waren. Sollte beispielsweise eine Einbruchmeldeanlage aufgeschaltet werden, so musste eine Verbindung zwischen zwei unterschiedlichen Bussystemen erstellt werden. Hierzu war es nötig, dass mindestens einer der beiden Hersteller sein Protokoll offenlegte. Häufig lag dieses aber nicht im Interesse des betreffenden Herstellers, und die Realisierung einer solchen Aufschaltung erwies sich dann als außerordentlich schwierig. Mit zunehmender Komplexität des Gesamtsystems setzte sich damit am Markt der Wunsch nach Bussystemen mit offenen Protokollen durch.

Ein weiterer Grund für den Wunsch nach offenen Bussystemen ergab sich aus der finanziellen Abhängigkeit des Betreibers vom Lieferanten. Hatte sich der Kunde im Rahmen der Erstinstallation für einen Systemhersteller entschieden, so beruhte diese Wahl üblicherweise auf dem wirtschaftlichsten Angebot unterschiedlicher Wettbewerber. Wurden später im laufenden Gebäudebetrieb Erweiterungen oder Umbauten notwendig, so konnte aus Gründen der Durchgängigkeit des Gesamtsystems wieder nur auf den gleichen Hersteller zurückgegriffen werden. Wirtschaftlich vertretbare Alternativen boten sich hierbei meist nicht.

1.7.1 Anforderungen

Seit Beginn der 1990er-Jahre haben sich offene Bussysteme am Markt etabliert. Zum einen entstanden Arbeitsgruppen aus einem Zusammenschluss mehrerer Firmen, zum anderen waren Betreiber oder Planungsingenieure die treibende Kraft. Darüber hinaus existieren auch Lösungen, die einem einzigen Hersteller zuzuordnen sind.

Betrachtet man in Bild 1.29 die vorrangigen Einsatzgebiete und die hierarchische Struktur der Gebäudeautomation, so ergeben sich daraus unterschiedliche Anforderungen an die Leistungsfähigkeit der Kommunikationssysteme (Feldbusse und Computernetze):

- Für den Anwendungsbereich Licht werden beim Einsatz von Komponenten der Gebäudesystemtechnik vergleichsweise geringe Anforderungen gestellt. Hier müssen meist nur Schaltbefehle räumlich begrenzt übertragen werden.
- Im Bereich der Heizungs- und Lüftungsanlagen werden dagegen DDC-Bausteine eingesetzt, die neben Schaltbefehlen auch Signale für Messwerte verarbeiten und übertragen müssen. Somit stellen sich bereits höhere Anforderungen im Vergleich zur Gebäudesystemtechnik.
- Auf der Managementebene werden zusätzlich Kopplungen zu anderen Rechnersystemen und Funktionen für übergeordnete Energiemanagementfunktionen, z. B. Zeitschaltprogramme oder Höchstlastbegrenzung, benötigt. Dies verlangt besonders leistungsfähige Bussysteme oder Computernetze zur Bewältigung großer Datenmengen.

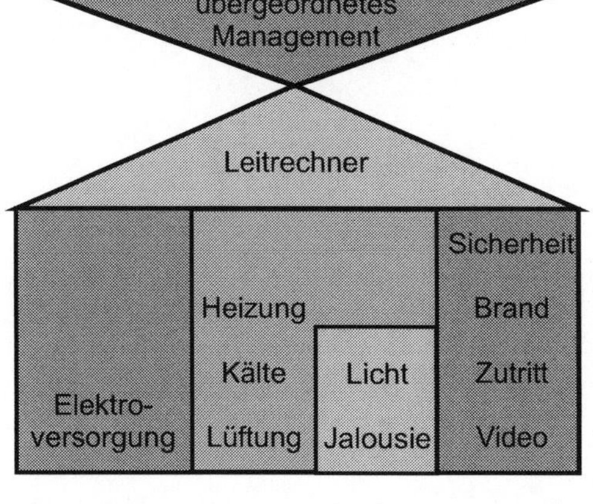

Bild 1.29 Einsatzgebiete für Bussysteme und Computernetze im Gebäude

1.7.2 Einsatzgebiete

1.7.2.1 Lichtsteuerung und Beschattung mit dem Europäischen Installationsbus KNX

Die Einrichtung von Lichtsteuerungssystemen und elektrisch betätigten Beschattungsanlagen ist ein klassisches Arbeitsfeld des Elektroinstallationshandwerks. Zur Zukunftssicherung dieser Branche wurden von mehreren europäischen Firmen Systemkomponenten entwickelt, die eine automatische Ausführung von Komfortfunktionen ermöglichen.

Führende Hersteller der elektrischen Installationstechnik haben sich 1990 im Rahmen der European Installation Bus Association (EIBA) zusammengeschlossen, um ein auf diese Aufgaben genau abgestimmtes Bussystem zu entwickeln. Daraus ist der Europäische Installationsbus EIB entstanden (siehe Kapitel 3). Nach dem Zusammenschluss mit anderen europäischen Organisationen zur Konnex Association lautet die Bezeichnung hierfür KNX. Es handelt sich um ein standardisiertes Bussystem, das den Datenaustausch zwischen verschiedenen Geräten und Systemen auch unterschiedlicher Hersteller ermöglicht.

Die Komplexität des KNX wurde so festgelegt, dass alle für die Gebäudesystemtechnik nötigen Funktionen abgedeckt werden und ein ausgebildeter Elektroinstallateur die Programmierung und Inbetriebnahme vornehmen kann. Die Übertragungsgeschwindigkeit ist gering, aber ausreichend schnell, um Schalt- und Steuerbefehle auszuführen. Im Elektrohandwerk ist der Umgang mit dem KNX seit mehreren Jahren Bestandteil der beruflichen Ausbildung. Aus diesem Grund hat er seinen festen Platz in der Gebäudeautomation dort, wo die Installationstechnik mit Komponenten der Gebäudesystemtechnik im Vordergrund steht, z. B. bei der Lichtsteuerung und Beschattung (Bild 1.30).

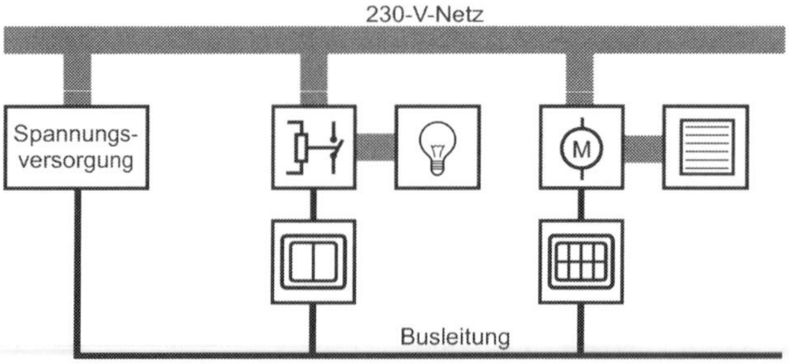

Bild 1.30 Europäischer Installationsbus KNX, eingesetzt zur Lichtsteuerung und Beschattung

Seine Grenzen erreicht der KNX, wenn neben Schaltbefehlen auch eine Vielzahl von analogen Signalen übertragen werden soll. Andererseits basieren seine große Verbreitung und sein Erfolg gerade auf seiner Handwerkerfreundlichkeit. Die Regelung von betriebstechnischen Anlagen stand bei seiner Entwicklung nicht im Fokus.

1.7.2.2 Regelung von Heizungs-, Kälte-, Lüftungsanlagen mit LonWorks und BACnet

Für die Regelung von betriebstechnischen Anlagen ist eine Vielzahl von Messwerten, Sollwerten und weiteren Parametern zu verarbeiten. Die nötigen Software-Applikationen weisen deutlich höhere Anforderungen sowohl an den Prozessor als auch an den Programmierer auf. Auf dem europäischen Markt hat sich für diese Anwendungen die LonWorks-Technologie, kurz LON-Technologie, etabliert (Bild 1.31). LON steht hierbei für Local Operating Network.

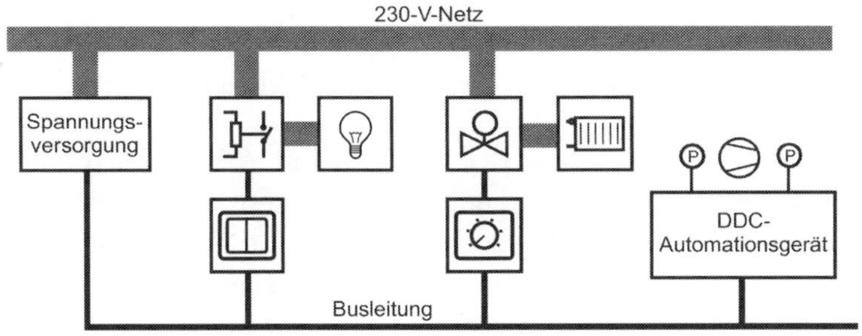

Bild 1.31 Systemstruktur von LonWorks

Es handelt sich dabei um ein universelles, für Automatisierungsaufgaben einsetzbares System (siehe Kapitel 4), das von der amerikanischen Firma Echelon entwickelt wurde. Seine Leistungsfähigkeit ermöglicht einen Einsatz sowohl in zentral angeordneten DDC-Bausteinen als auch in den dezentralen Komponenten der Gebäudesystemtechnik. Die Interoperabilität zwischen Geräten unterschiedlicher Hersteller wird durch eine Zertifizierung seitens der LonMark Interoperability Association sichergestellt [LON04].

Im Bereich der Lichtsteuerung steht die LON-Technologie in direkter Konkurrenz zum KNX. Ist eine Zusammenschaltung der Raumautomation mit den betriebstechnischen Anlagen über das gleiche Bussystem gewünscht, bietet LON deutliche Vorteile.

Im Bereich der Steuer- und Regelaufgaben auf der Automationsebene steht die LON-Technologie wiederum in direkter Konkurrenz zu DDC-Automationsgeräten mit BACnet-Schnittstelle [KRANZ13].

1.7.2.3 Kopplung von Leitrechnern mit BACnet

Bei Gebäudeautomationssystemen mit großen räumlichen Ausdehnungen werden häufig mehrere Bedienstationen eingesetzt. Eine solche Struktur findet sich z. B. bei Krankenhäusern, Hochschulen oder Regierungsbauten. Entstehen hier Erweiterungsbauten mit ebenfalls umfangreicher Gebäudeautomation, so ist es üblich, diese datentechnisch auf bereits vorhandene Leitrechner aufzuschalten (Bild 1.32).

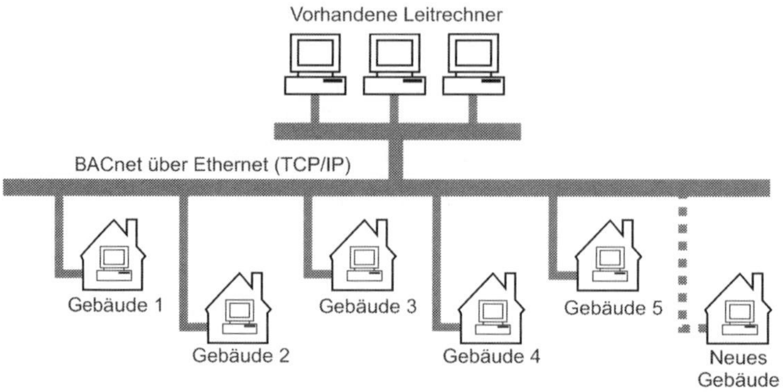

Bild 1.32 Datenaustausch bei ausgedehnten Liegenschaften mit BACnet

Als genormtes Kommunikationsprotokoll hat sich dabei BACnet, das von amerikanischen Gebäudetechnikingenieuren entwickelte Building Automation and Control Network, durchgesetzt. BACnet (siehe Kapitel 5) zeichnet sich durch eine objektorientierte Struktur mit hohem Leistungsumfang aus. Es ist von seinem Ursprung und seinen Möglichkeiten maßgeschneidert für gebäudetechnische Anwendungen. BACnet ist prinzipiell auf allen Ebenen der in Bild 1.7 gezeigten Gebäudeautomationsstruktur einsetzbar. Aus Kostengründen findet ein derartig leistungsfähiges Kommunikationsnetz jedoch typischerweise keinen Einsatz in der Gebäudesystemtechnik.

1.7.3 Stand der Normung

Der Markt der Gebäudetechnik ist geprägt durch eine Vielzahl von Anbietern mit herstellerspezifischen Lösungen. Es haben jedoch nur wenige Bussysteme und Netze den Einzug in die Norm gefunden. Bild 1.33 zeigt den Stand der Normung im Jahr 2015.

Europäische Normen werden hierbei durch den Zusatz EN, internationale Normen der International Organization for Standardization (Internationale Organisation für Normung) werden durch ISO und internationale Normen der International Electrotechnical Commission (Internationale elektrotechnische Kommission) durch IEC gekennzeichnet.

Auf der Feldebene findet sich neben der LON-Technologie auch das Bussystem KNX. Beide sind in den europäischen Normen EN ISO/IEC 14908 bzw. EN 50090 und ISO/IEC 14543 standardisiert.

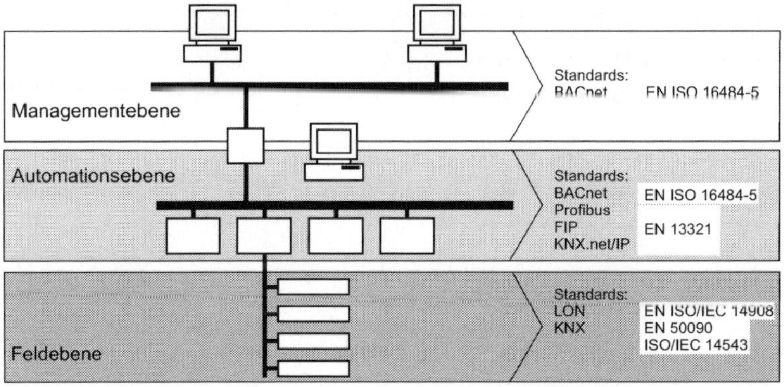

Bild 1.33 Genormte Bussysteme und Netze in der Gebäudeautomation

Auf der Automationsebene konnte sich das in der weltweiten Norm EN ISO 16484-5 aufgeführte BACnet durchsetzen. Des Weiteren finden sich hier der aus der Industrieautomation bekannte Profibus und das aus Frankreich kommende Factory Instrumentation Protocol (FIP, genauer WorldFIP). Die LON-Technologie spiegelt sich in der Norm als Protokoll auf der Automationsebene nicht wider, hat ihren Einsatz jedoch als Transportmedium für BACnet.

Für Kommunikationsverbindungen auf der Managementebene findet sich allein BACnet. Es hat im europäischen Raum das von den öffentlichen Auftraggebern entwickelte FND-Protokoll für einen firmenneutralen Datenaustausch (FND) zwischen Leitrechnern abgelöst.

1.8 Übungsaufgaben

Aufgabe 1.1

Was ist der Unterschied zwischen Gebäudeautomation und Gebäudesystemtechnik?

Aufgabe 1.2

Was versteht man unter einer BTA-Schnittstelle?

Aufgabe 1.3

Im Zweckbau wird nahezu jedes neu erstellte Gebäude mit einer Gebäudeautomation ausgestattet. Was ist der Grund dafür?

Aufgabe 1.4

Nennen Sie die fünf Grundfunktionen in der Gebäudeautomation? Wozu dienen sie?

Aufgabe 1.5

Welche Bedeutung haben Automationsschemen für die Gebäudeautomation?

Aufgabe 1.6

Zu den Steuerungsaufgaben innerhalb von Lüftungsanlagen gehört auch die Wirksinnumkehr der Klappensteuerung im Sommerbetrieb. Was versteht man darunter und welchen Sinn hat diese Funktion?

Aufgabe 1.7

Handelt es sich bei der Höchstlastbegrenzung um eine Energieeinsparfunktion?

Aufgabe 1.8

Nennen Sie einige Beispiele für Energiemanagementfunktionen, die in einem Hotelzimmer realisiert werden können.

Aufgabe 1.9

Welche Komfortfunktionen können im privaten Wohnraum realisiert werden?

Aufgabe 1.10

Was sind die Vor- und Nachteile beim Einsatz genormter Bussysteme und Computernetze in der Gebäudeautomation?

Literatur

[BALOW12] *Balow, Jörg*: Systeme der Gebäudeautomation. Karlsruhe: cci Dialog GmbH, 2012

[KRANZ13] *Kranz, Hans R.*: BACnet Gebäudeautomation 1.12. Karlsruhe: cci Dialog GmbH, 2013

[LON04] *LON-Nutzer-Organisation e. V.*: LonWorks-Installationshandbuch. Berlin: VDE, 2004

[STAUB01] *Staub, R.; Kranz, H.R.*: Raumautomation im Bürogebäude. Die Bibliothek der Technik, Band 210. Landsberg: Moderne Industrie, 2001

[TAC02] *TAC*: Handbuch TAC Xenta® 280-300-401. 2002

[VDI11] *VDI-Gesellschaft Technische Gebäudeausrüstung*: Gebäudeautomation – Grundlagen der Raumautomation, Richtlinie 3813 Blatt 1 bis 3. Düsseldorf, 2011 bis 2015

[VDI15] *VDI-Gesellschaft Technische Gebäudeausrüstung*: Begriffe der Bau- und Gebäudetechnik, Richtlinie 4700 Blatt 1. Düsseldorf, 2015

[VDI19] *VDI-Gesellschaft Technische Gebäudeausrüstung*: Gebäudeautomation (GA), Richtlinie 3814 Blatt 1 bis 6. Düsseldorf, 2019

2 Grundlagen der industriellen Kommunikationstechnik

2.1 Industrielle Kommunikation

> Mit industrieller Kommunikation wird, im Gegensatz z. B. zur Sprachkommunikation zwischen Menschen, die Kommunikation zwischen Geräten der industriellen Automatisierungstechnik bezeichnet.

In einer automatisierten Anlage oder in einem automatisierten Prozess gibt es einen großen Kommunikationsbedarf. In den hierarchischen Ebenenmodellen der Automatisierungstechnik, wie z. B. dem 3-Ebenen-Modell der Gebäudesystemtechnik (siehe Abschnitt 1.3), lassen sich Informationsflüsse innerhalb der einzelnen Ebenen (horizontale Kommunikation) und zwischen den Ebenen (vertikale Kommunikation) unterscheiden (Bild 2.1).

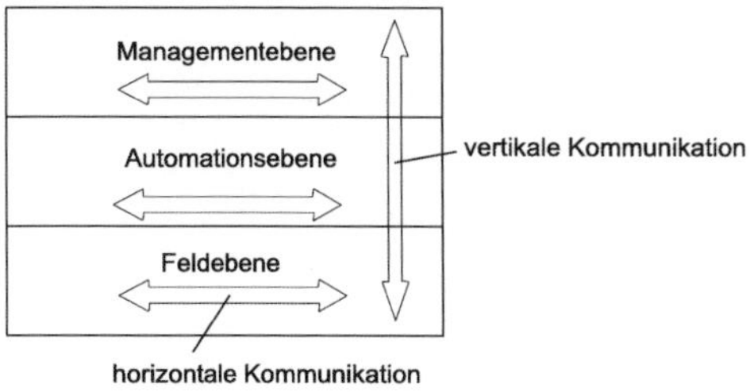

Bild 2.1
Horizontale und vertikale Kommunikation im 3-Ebenen-Modell der Gebäudesystemtechnik

Für die Abwicklung der horizontalen und vertikalen Kommunikation kommen insbesondere industrielle Kommunikationssysteme, wie Feldbusse und Computernetze, zum Einsatz.

2.1.1 Kommunikation über Feldbusse

In der Feldebene (vor Ort, in der Anlage, im Prozess) befinden sich Sensoren und Aktoren, die sogenannten Feldgeräte. Typische Funktionen der Feldebene sind Schalten, Stellen, Melden, Messen und Zählen. Busfähige Feldgeräte sind mit Mikrocontrollern ausgestattet und werden darum als „intelligent" bezeichnet. Sie versenden und empfangen Bitinformationen in Form von Datentelegrammen über einen Feldbus.

> Ein Feldbus ist ein digitaler, serieller Datenbus für die Kommunikation zwischen Geräten der industriellen Automatisierungstechnik, wie z. B. Messeinrichtungen, Reglern und speicherprogrammierbaren Steuerungen [DIN EN 61158, DIN EN 61784].

Die Feldbustechnik wurde in den 1980er-Jahren im Zuge einer immer weiter voranschreitenden Dezentralisierung von Automatisierungslösungen entwickelt, um die bis dahin übliche parallele Verdrahtung mit analoger Datenübertragung (4 mA–20 mA, 0 V–10 V) durch digitale Übertragungstechnik mit serieller Datenübertragung zu ersetzen.

Heute werden über hundert Feldbussysteme am Markt angeboten [GRUHLER00]. Charakteristisch für Feldbusse ist, dass wenige digitale Daten (Bits, Bytes) in kurzer Zeit (µs, ms) übertragen werden müssen. Die Anforderungen an Feldbusse, z. B. die Bitübertragungsrate, die maximale Leitungslänge oder die mögliche Anzahl von Teilnehmern, sind je nach Einsatzgebiet sehr unterschiedlich ausgeprägt, sodass es „den einen" Feldbus nicht geben kann. In Tabelle 2.1 sind einige Feldbusse mit ihren Haupteinsatzgebieten beispielhaft genannt.

Tabelle 2.1 Beispiele für Feldbusse und ihre Haupteinsatzgebiete

Feldbus	Haupteinsatzgebiet
CAN (Controller Area Network) LIN (Local Interconnect Network)	Automobiltechnik
Foundation Field Bus Interbus Profibus (Process Field Bus)	Prozess- und Fabrikautomation
KNX (Europäischer Installationsbus) LON (Local Operating Network)	Gebäudeautomation
SERCOS Interface (Serial Realtime Communication System)	Antriebstechnik

2.1.2 Kommunikation über Computernetze

Aus der Automationsebene werden Informationen z. B. an Visualisierungs- und Produktionsplanungssysteme auf der Managementebene übermittelt. Hierbei werden im Vergleich zur Kommunikation in der Feldebene größere Datenmengen übertragen, und es steht auch mehr Zeit zur Verfügung. Die Kommunikation in den höheren Automatisierungsebenen wird vorwiegend über Computernetze (Local Area Networks – LANs) abgewickelt.

Ein Computernetz, kurz Netz, ist ein Zusammenschluss (über Leitungen oder Funk) von verschiedenen technischen Systemen (z. B. Leitrechnern, Regelgeräten), sodass die Kommunikation der einzelnen Systeme untereinander ermöglicht wird. Die Kommunikation kann mittels des ISO/OSI-Referenzmodells strukturiert werden und wird nach Maßgabe bestimmter Regeln, sogenannter Protokolle, abgewickelt.

In der Gebäudeautomation spielen Netze und das Kommunikationsprotokoll BACnet eine wichtige Rolle. Mittels BACnet können die unterschiedlichsten Geräte und Systeme der Gebäudeautomation Informationen austauschen. Die Datenübertragung kann über folgende Netze erfolgen: MS/TP (Master-Slave/Token-Passing), LON, ARCNET, Ethernet. Zusätzlich werden Wählverbindungen über Telefonnetze unterstützt (siehe Kapitel 5).

2.2 Digitale Datenübertragung

Mittels Feldbussen und Netzen werden automatisierungstechnische Daten aus einer Anlage oder einem Prozess als Folge von Bits, z. B. 01101001, übertragen. Je nach Medium wird bei binärer Übertragung für ein Nullbit und für ein Einsbit jeweils ein bestimmtes Signalelement festgelegt, z. B. ein hoher und ein niedriger Spannungspegel bei Übertragung über eine Kupferleitung. Die Bitfolge wird also vom Sender in ein physikalisches Signal umgewandelt. Beim Empfänger muss dies wieder rückgängig gemacht werden. Dies ist eine typische Aufgabe der digitalen Datenübertragung. Einige wichtige Grundbegriffe aus diesem Teilgebiet der industriellen Kommunikationstechnik werden im Folgenden erläutert.

2.2.1 Grundbegriffe

2.2.1.1 Bits und Bytes

Bit leitet sich aus dem englischen Wort Binary Digit (Binärziffer) ab und ist laut DIN 1301, Teil 1, Beiblatt 1, der Name für die Einheit, welche bei der Datenverarbeitung und der digitalen Übertragung für die Größen Anzahl der Binärentscheidungen, Entscheidungsgehalt und Informationsgehalt anstelle der impliziten Einheit Eins benutzt wird. Bit ist also demzufolge also eine Einheit für Größen mit der Dimension 1, ähnlich wie Neper und Dezibel bei Pegeln in der Nachrichtentechnik oder Akustik.

Mit n Bits (n binären Datenelementen) lassen sich 2^n Informationen darstellen, z. B. $2^1 = 2$ für $n = 1$ und $2^2 = 4$ für $n = 2$. Um Binärinformationen mathematisch darzustellen, wird das binäre Zahlensystem (Dualzahlensystem) verwendet. Ein Bit kann den Wert 0 (Nullbit) oder den Wert 1 (Einsbit) annehmen. Der Zusammenhang zwischen den (z. B. einstelligen oder zweistelligen) Binärzahlen und der in ihnen enthaltenen Information könnte dann beispielsweise so sein, wie es in Tabelle 2.2 dargestellt ist.

Tabelle 2.2 Beispiele für den Informationsgehalt von einstelligen bzw. zweistelligen Binärzahlen

Binärzahl	Information
Einstellige Binärzahlen	
0	Licht ist aus
1	Licht ist ein
Zweistellige Binärzahlen	
00	Tank ist leer
01	Tank ist halb voll
10	Tank ist dreiviertel voll
11	Tank ist voll

Gemäß DIN EN 60027, Teil 2, ist Bit auch der Einheitenname für die Größe Speicherkapazität (Vorzugsformelzeichen: M). Hierbei ist noch das Datenelement festzulegen, auf das sich die Speicherkapazität bezieht, z. B. Bit oder Byte.

Ein Byte (byte), auch Oktett (octet) genannt, entsteht durch die Zusammenfassung von 8 Bits zu einer Bitgruppe. Für die drei Einheiten Bit, Byte und Oktett werden die Einheitenzeichen gemäß Tabelle 2.3 verwendet.

Tabelle 2.3 Einheitenzeichen für die Einheiten Bit, Byte und Oktett

Einheit	Einheitenzeichen
Bit	bit
Byte	B
Oktett	o

Die (dimensionslose) Größe „Speicherkapazität für Bits", Formelzeichen M_b oder M_{bit}, ist z. B. bei 256 binären Datenelementen anzugeben als $M_b = 256$, worin offensichtlich die Einheit Eins enthalten ist. Häufig schreibt man hierfür jedoch $M_b = 256$ bit.

Die Einheitenzeichen bit und B dürfen mit SI-Vorsätzen (für dezimale Vielfache) oder Vorsätzen für binäre Vielfache kombiniert werden, z. B.:

1 kbit	(sprich: 1 Kilobit)	$= (10^3)^1$ bit	$= 10^3$ bit	= 1000 bit
1 MB	(sprich: 1 Megabyte)	$= (10^3)^2$ B	$= 10^6$ B	= 1.00.000 B
1 GB	(sprich: 1 Gigabyte)	$= (10^3)^3$ B	$= 10^9$ B	= 1.000.000.000 B
1 Kibit	(sprich: 1 Kibibit)	$= (2^{10})^1$ bit	$= 2^{10}$ bit	= 1024 bit
1 MiB	(sprich: 1 Mebibyte)	$= (2^{10})^2$ B	$= 2^{20}$ B	= 1.048.576 B
1 GiB	(sprich: 1 Gibibyte)	$= (2^{10})^3$ B	$= 2^{30}$ B	= 1.073.741.824 B

Das Kurzzeichen SI kommt hierbei von Le Système International d'Unités – das internationale Einheitensystem –, siehe DIN EN 1301, Teil 1.

2.2.1.2 Binär- und Hexadezimalzahlen

Die Darstellung von Bitfolgen durch Binärzahlen führt im Allgemeinen zu unübersichtlichen Zahlenkolonnen, z. B. 0100 1011 0100 1110 0101 1000. In solchen Fällen zieht man die Darstellung durch Hexadezimalzahlen vor. Um eine Binärzahl in eine Hexadezimalzahl umzuwandeln, werden immer 4 Bits zusammengefasst, siehe Tabelle 2.4.

Tabelle 2.4 Zusammenhang zwischen (vierstelligen) Binärzahlen, Hexadezimal- und Dezimalzahlen

binär	hexadezimal	dezimal
0000	0	0
0001	1	1
0010	2	2
0011	3	3
0100	4	4
0101	5	5
0110	6	6
0111	7	7
1000	8	8
1001	9	9
1010	A	10
1011	B	11
1100	C	12
1101	D	13
1110	E	14
1111	F	15

Die Bitfolge 0100 1011 0100 1110 0101 1000 lässt sich nun wesentlich kürzer darstellen:

$4B4E58_{HEX}$

Man kann Bitfolgen auch als Folge von Bytes darstellen, wobei je 4 Bits eines Bytes durch eine Hexadezimalzahl dargestellt werden, im Beispiel:

$4B_{HEX}$, $4B_{HEX}$,, 58_{HEX} oder 0x4B, 0x4B, 0x58

2.2.1.3 Bitrate

Die binäre Digitrate, meist als *Bitrate* bezeichnet, Vorzugsformelzeichen r_b oder r_{bit}, ist definiert als Kehrwert der Bitperiode, Vorzugsformelzeichen T_b oder T_{bit}:

$$r_b = \frac{1}{T_b}$$

Die Einheit der Bitrate r_b ist also Sekunde hoch minus eins:

$$[r_b] = \frac{1}{s} = s^{-1}$$

Die Bitrate wird aber gewöhnlich in Bit durch Sekunde, Einheitenzeichen bit/s, angegeben. Dabei wird die Bezeichnung Bit, obwohl sie in diesem Zusammenhang keine Einheit kennzeichnet, als Einheit anstelle der impliziten Einheit Eins verwendet [DIN EN 60027-2:2007]. Das Einheitenzeichen bit/s darf mit Vorsätzen kombiniert werden, z. B. kbit/s oder Mbit/s.

Analog zur Bitrate ist die Byterate r_B definiert. Sie wird gewöhnlich in Byte durch Sekunde, Einheitenzeichen B/s, angegeben. Vorsätze, z. B. kB/s oder MB/s, sind erlaubt.

Beim KNX werden z. B. rund 9600 Bits pro Sekunde übertragen, d. h., es ist:

$$r_b \approx 9600 \frac{\text{bit}}{\text{s}} = 9,6 \frac{\text{kbit}}{\text{s}}$$

2.2.1.4 Modulationsgeschwindigkeit

Die Modulationsgeschwindigkeit (auch: Schrittgeschwindigkeit), Vorzugsformelzeichen r_m oder u, ist der Kehrwert der kürzesten Dauer eines Signalelements (siehe Abschnitt 2.2.5). Die Einheit von r_m bzw. u ist Baud nach dem französischen Telegrafentechniker Jean-Maurice-Émile Baudot (1845–1903). Das Einheitenzeichen ist Bd. Baud ist ein spezieller Name für „Sekunde hoch minus eins". Der Ausdruck Baud darf mit Vorsätzen kombiniert werden, z. B. kBd oder MBd.

2.2.1.5 Zusammenhang zwischen Bitrate und Modulationsgeschwindigkeit

Bei binären Signalen werden für die Leitungscodierung der beiden möglichen Zustände (Werte) eines Bits zwei Signalelemente verwendet. Dies bedeutet, dass die Maßzahlen der Bitrate r_b und der Modulationsgeschwindigkeit r_m (bzw. u) gleich groß sind, da je Schritt genau ein Bit übertragen wird. (Schritt bedeutet hierbei das Versenden eines Signalelements.)

Man kann aber auch beispielsweise 2 Bits (ein Dibit) je Schritt übertragen, indem man 4 verschiedene Signalelemente definiert und jeder Bitkombination eines davon zuordnet (Tabelle 2.5). (Wie die Signalelemente aussehen können, wird in Abschnitt 2.2.5 erläutert).

Tabelle 2.5 Zuordnung von Bitkombinationen zu Signalelementen

Bitkombination (Dibit)	Signalelement
00	1
01	2
10	3
11	4

Der Bitkombination „10" beispielsweise wird das Signalelement 3 zugeordnet. Die Bitrate ist jetzt doppelt so groß wie die Modulationsgeschwindigkeit, denn bei einem Schritt werden zwei Bits versendet. Allgemein lässt sich der Zusammenhang zwischen Bitrate und Modulationsgeschwindigkeit (mit n: Anzahl der Signalelemente) durch die folgende Formel beschreiben:

$$r_\mathrm{b} = \mathrm{lb}(n) \cdot r_\mathrm{m} = \mathrm{lb}(n) \cdot u$$

2.2.2 Digitales Datenübertragungssystem

Mithilfe eines digitalen Datenübertragungssystems werden Bits von einer Quelle über einen Kanal zu einer Senke übertragen. Bild 2.2 zeigt den prinzipiellen Aufbau eines solchen Systems.

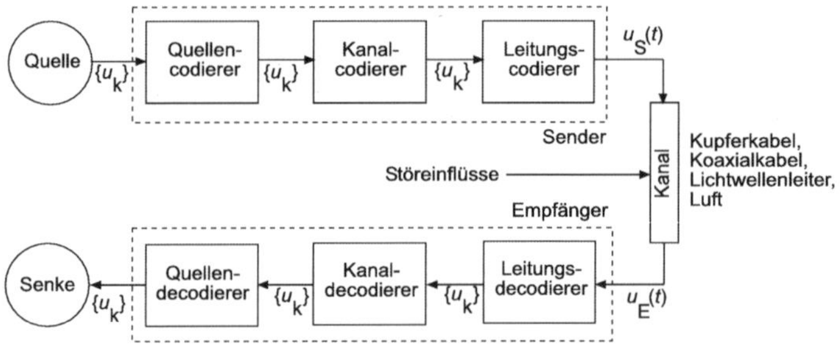

Bild 2.2 Prinzipieller Aufbau eines digitalen Datenübertragungssystems

Die Bits einer Quelle können z. B. den aktuellen Zustand eines Prozesses beschreiben, was auch als Prozessabbild bezeichnet wird:

- Motor 1 läuft (codiert mit 1),
- Motor 2 läuft nicht (codiert mit 0),

- Tank 1 ist voll (codiert mit 1),
- Tank 2 ist leer (codiert mit 0).

Dieses von binären Sensoren gelieferte Prozessabbild (1010) muss dann über einen Feldbus oder ein Computernetz (als Kanal) z.B. an eine SPS (speicherprogrammierbare Steuerung) als Empfänger übertragen, dort gespeichert und weiterverarbeitet werden. Die Speicherstelle in der SPS entspricht der Senke im Sinne der Datenübertragung.

Der Sender entnimmt die zu übertragenden Bits der Quelle. Die Bitfolge durchläuft dann im Allgemeinen die Komponenten Quellen-, Kanal- sowie Leitungscodierer und gelangt schließlich als physikalisches Signal $u_S(t)$ auf den Kanal. Bei leitungsgebundener Übertragung über die Kanäle Kupfer- oder Koaxialkabel handelt es sich meist um Spannungssignale. Es können aber auch Lichtsignale sein, die in Lichtwellenleiter eingespeist werden, oder Funksignale mit der Luft als Kanal. Die Eigenschaften des Kanals selbst und äußere Störeinflüsse verformen das Sendesignal. Der Empfänger mit den Komponenten Leitungs-, Kanal- und **Quellendecodierer** rekonstruiert aus dem Empfangssignal $u_E(t)$ die Quellenbitfolge und speichert sie in der Senke.

Die einander entsprechenden Komponenten von Sender und Empfänger haben die in Tabelle 2.6 aufgeführten Aufgaben zu erfüllen.

Tabelle 2.6 Komponenten von Sender und Empfänger und ihre Aufgaben

Komponente	Aufgabe
Quellencodierer	Entfernen von redundanten Datenbits der Quelle
Quellendecodierer	Hinzufügen der redundanten Datenbits der Quelle
Kanalcodierer	Hinzufügen von Bits zwecks Datensicherung, verbunden mit einer Redundanzerhöhung
Kanaldecodierer	Entfernen der Datensicherungsbits
Leitungscodierer	Umwandlung der Bitfolge in ein physikalisches Signal
Leitungsdecodierer	Umwandlung des physikalischen Signals in eine Bitfolge

2.2.3 Quellencodierung/-decodierung

Bei der Übertragung von Bits versucht man immer, möglichst wenig Bits für eine bestimmte Information zu verwenden, um Übertragungszeit einzusparen. Man nützt aus, dass bestimmte Bitkombinationen eine höhere Auftretenswahrscheinlichkeit haben als andere, und codiert die Quellencodewörter so um, dass den am häufigsten vorkommenden die kürzesten Codewörter zugeordnet werden und den am seltensten vorkommenden die längsten. Dadurch erreicht man eine Reduzierung der im Mittel benötigten Codewortlänge. Eine häufig eingesetzte Umcodierungsmethode ist die Shannon-Fano-Codierung. Ein Beispiel soll die prinzipielle Vorgehensweise bei dieser Methode zeigen.

Eine Quelle liefere vier (nicht gleichwahrscheinlich auftretende) Symbole, z. B. vier 8-Bit-Messwerte A, B, C und D, die allgemein Quellencodewörter genannt werden:

A:01000001 B:01000010 C:01000011 D:01000000

Eine naheliegende Vorgehensweise wäre es nun, die vier Symbole wie folgt umzucodieren:

A:01 B:10 C:11 D:00

da die ersten 6 Bits identisch sind, und zu übertragen (Aufwand: 2 bit je Symbol). Der Empfänger würde bei Erkennen der Bitkombination 11 wissen, dass der 8-Bit-Messwert 01000011 aufgetreten ist, bei den anderen entsprechend. Allerdings bleibt hierbei unberücksichtigt, dass die Symbole bzw. Messwerte nicht gleichwahrscheinlich auftreten.

Die einzelnen Symbole mögen folgende Auftretenswahrscheinlichkeiten P haben:

$P(\text{A}) = 0{,}5$ $P(\text{B}) = 0{,}125$ $P(\text{C}) = 0{,}25$ $P(\text{D}) = 0{,}125$

(Die Wahrscheinlichkeit, dass einer der Messwerte auftritt, ist 1, also das sichere Ereignis.)

Bei der Umcodierung nach Shannon-Fano geht man nun wie folgt vor:

1. Sortiere die Symbole nach fallender Auftretenswahrscheinlichkeit!

A	C	B	D
0,5	0,25	0,125	0,125

(B und D könnte man auch vertauschen.)

2. Bilde zwei Gruppen von Symbolen mit (möglichst) gleicher Auftretenswahrscheinlichkeit!

A	C	B	D
0,5	0,25	0,125	0,125

0,5 0,5

3. Ordne den Spalten der linken Gruppe die 0 und den Spalten der rechten Gruppe die 1 zu!

A	C	B	D
0,5	0,25	0,125	0,125
0	1	1	1

4. Wiederhole die Schritte 2 bis 3 so lange, bis jedes Symbol eindeutig umcodiert ist!

A	C	B	D
0,5	0,25	0,125	0,125
0	1	1	1
	0	1	1
		0	1

Den Symbolen (hier: Messwerten) A bis D sind nun folgende Codewörter zugeordnet:

A:0 B:110 C:10 D:111

Auf den ersten Blick scheint es, als hätte man durch die Umcodierung nichts gewonnen, denn es werden sogar 9 Bits statt 8 benötigt. Aber da ja das Symbol A, welches mit nur einem Bit codiert ist, im Mittel 4-mal vorhanden ist, wenn 8 Bits gesendet werden, z. B.

ACBAACAD oder CAABADAC oder ADABACAC

ergibt sich schließlich doch eine Reduzierung der im Mittel benötigten Codewortlänge:

$$\frac{\text{bit}}{\text{mbol}} \cdot 0,5 + 3\frac{\text{bit}}{\text{Symbol}} \cdot 0,125 + 2\frac{\text{bit}}{\text{Symbol}} \cdot 0,25 + 3\frac{\text{bit}}{\text{Symbol}} \cdot 0,125 = 1,75\frac{\text{bit}}{\text{Symbol}}$$

Auch die Redundanz (Weitschweifigkeit) der Quellencodewörter wird durch die Umcodierung verringert. Beispielsweise sind die führenden 6 Bits (010000) bei allen vier Messwerten gleich. Nur die 2 letzten Bits unterscheiden sich. Dort steckt die Information, die übertragen werden muss. Die anderen Bits sind redundant, denn sie liefern keine neue Information.

Ein letztes Beispiel zur Redundanz aus dem Bereich der Mathematik sei noch ergänzt. Wenn für drei Variablen gilt:

$A = B, \quad B = C \quad A = C$

dann ist eine der drei Gleichungen überflüssig (redundant), denn die Information

$A = B = C$

lässt sich mit nur zwei Gleichungen beschreiben.

Bei der Datenübertragung auf der Feldebene ist es generell schwierig, Auftretenswahrscheinlichkeiten für die vorkommenden Quellencodewörter anzugeben, bzw. die Redundanz der Quellencodewörter ist gering. Daher wird bei Feldbusübertragungen im Allgemeinen auf die Quellencodierung/-decodierung verzichtet.

2.2.4 Kanalcodierung/-decodierung

Bei der Übertragung von Bits treten immer wieder Fehler auf, d. h., es wird ein Einsbit gesendet und ein Nullbit empfangen oder umgekehrt. Es ist eine Erfahrungstatsache, dass es keine sichere Datenübertragung gibt und Übertragungsfehler im Allgemeinen zufällig auftreten. Bei Wiederholung der Datenübertragung tritt der Fehler in der Regel nicht mehr auf.

Die Aufgabe der Kanalcodierung ist es, die zu sendende Bitfolge so umzugestalten, dass eine möglichst sichere Datenübertragung ermöglicht wird. Dies bedeutet, dass entweder

- Fehler (auf der Empfängerseite) entdeckt werden und die Datenübertragung wiederholt wird – das ist die häufigste Methode –, oder dass
- Fehler entdeckt und korrigiert werden.

Um diese Aufgaben zu erfüllen, werden der zu sendenden Bitfolge häufig zusätzliche Bits hinzugefügt, was die Redundanz zwar erhöht, aber dafür eine Datensicherung ermöglicht. Drei oft verwendete Verfahren der Kanalcodierung:

- Paritätsprüfung,
- Kreuzparitätsprüfung (auch: Blockprüfung) und
- zyklische Redundanzprüfung (Cyclic Redundancy Check – CRC)

werden nachfolgend beschrieben.

2.2.4.1 Paritätsprüfung

Bei der Paritätsprüfung wird der zu übertragenden Bitfolge ein Prüfbit, das sogenannte Paritätsbit, angehängt, dessen Wert so festgelegt wird, dass entweder

- die Gesamtbitfolge (Datenbits inkl. Paritätsbit) eine gerade Anzahl von Einsbits enthält, was als gerade Parität bezeichnet wird (Even Parity), Beispiel: 01000011 **1**, oder
- die Gesamtbitfolge eine ungerade Anzahl von Einsbits enthält, was als ungerade Parität bezeichnet wird (Odd Parity), Beispiel: 01000011 **0**.

Bei Sender und Empfänger muss selbstverständlich die gleiche Art der Paritätsprüfung verwendet werden. Die Eigenschaften dieses Verfahrens im Hinblick auf die Datensicherung sind wie folgt:

- Eine ungerade Anzahl von Bitfehlern wird entdeckt.
- Eine gerade Anzahl von Bitfehlern wird nicht entdeckt.
- Eine Fehlerkorrektur ist nicht möglich, da nicht entschieden werden kann, wie viele Bits „gekippt“ sind und an welcher Stelle.

- Die übliche Maßnahme bei Entdeckung eines Fehlers ist die Wiederholung der Datenübertragung.

2.2.4.2 Kreuzparitätsprüfung (Blockprüfung)

Bei der Kreuzparitätsprüfung, auch *Blockprüfung* genannt, wird die zu übertragende Bitfolge in Bitgruppen unterteilt, z. B. von je 8 bit Länge. Eine solche Gruppe wird auch *Zeichen* genannt. Diese werden in einer Datenmatrix (Block) angeordnet und zeilen- und spaltenweise mit einem Paritätsbit gesichert.

Beispiel: Die Bitfolge 10101110 01011101 11000000 01101000 soll übertragen und mit Kreuzparität gesichert werden. Zunächst werden 4 Zeichen von je 8 bit Länge gebildet und untereinander angeordnet (siehe Bild 2.3).

1	0	1	0	1	1	1	0	→	*1*
0	1	0	1	1	1	0	1	→	*1*
1	1	0	0	0	0	0	0	→	*0*
0	1	1	0	1	0	0	0	→	*1*
↓	↓	↓	↓	↓	↓	↓	↓		
0	1	0	1	1	0	1	1	→	*1*

Bild 2.3 Beispiel für Kreuzparitätsprüfung

Aus den Bits der 4 Datenzeichen wird zunächst das Prüfzeichen erzeugt, indem Spalte für Spalte ein Paritätsbit (als Datenbit des Prüfzeichens) gebildet wird. Hierbei wird entweder nur gerade oder nur ungerade Parität verwendet, in Bild 2.3 gerade Parität. Das Prüfzeichen besteht also aus den Paritätsbits der Datenblockspalten.

Danach werden Zeile für Zeile die Paritätsbits aller Zeichen (Daten- und Prüfzeichen) des Blocks gebildet. Hierbei wird entweder nur gerade oder nur ungerade Parität verwendet, in Bild 2.3 gerade Parität. Gesendet wird schließlich die Bitfolge:

10101110 1 01011101 1 11000000 0 0110100 1 **01011011** 1

In unserem Beispiel werden also 45 Bits statt 32 übertragen.

Bei Sender und Empfänger muss spalten- und zeilenweise die gleiche Art der Paritätsprüfung verwendet werden. Die Eigenschaften dieses Verfahrens im Hinblick auf die Datensicherung sind wie folgt:

- Wenn angenommen werden kann, dass bei der Datenübertragung nur 1-Bit-Fehler passieren, dann kann dieser Fehler entdeckt und korrigiert werden.
- 2-Bit-Fehler und 3-Bit-Fehler werden erkannt, sind aber nicht korrigierbar.
- 4-Bit-Fehler werden nur erkannt, wenn die Fehler nicht „in den Ecken eines Vierecks auftreten“.

- Die übliche Maßnahme bei Entdeckung eines Fehlers ist die Wiederholung der Datenübertragung.

Die Kreuzparitätsprüfung kommt beispielsweise beim KNX zum Einsatz.

2.2.4.3 Zyklische Redundanzprüfung

Die zyklische Redundanzprüfung (Cyclic Redundancy Check – CRC) ist eine bei Feldbusübertragungen häufig eingesetzte Datensicherungsmethode. Sie dient zur Fehlerentdeckung. Bei Erkennen eines Fehlers wird die Datenübertragung wiederholt.

Das Prinzip der Fehlerentdeckung mit CRC besteht darin, dass die zu übertragende Datenbitfolge auf Senderseite so durch eine Kontrollbitfolge ergänzt wird, dass auf der Empfängerseite die Gesamtbitfolge ohne Rest durch eine Prüfbitfolge teilbar ist, wenn kein Übertragungsfehler passiert ist. Wenn die Division ohne Rest möglich ist, wird vom Empfänger Fehlerfreiheit der Datenübertragung angenommen.

Auch wenn mit dieser Methode erheblich mehr Fehler entdeckt werden können als mit Paritäts- oder Kreuzparitätsprüfung, ist die Methode nicht perfekt, denn es werden bestimmte Fehler nicht erkannt. Das Prinzip von CRC soll zunächst im Dezimalsystem erläutert werden.

Gegeben sei die Zahl 57. Eine mögliche Verfälschung der beiden Ziffern bei einer Datenübertragung soll mithilfe der Prüfzahl 23 entdeckt werden. Hierzu wird eine dritte Ziffer x an die Zahl 57 angehängt, damit die Gesamtzahl ohne Rest durch 23 teilbar ist. Die gesuchte Ziffer x ist die 5, denn es ist 575 : 23 = 25, Rest 0. Übertragen wird nun die Zahl 575. Wenn die Zahl bei der Übertragung verfälscht wird, z. B. zu 471, erkennt dies der Empfänger, denn es ist 471 : 23 = 20, Rest 11.

Allerdings gibt es auch Verfälschungen, die das Verfahren nicht entdecken kann! Wenn die Zahl verfälscht wird zu 552, ergibt die Division 552 : 23 nämlich 24, Rest 0. Es ist ein Fehler passiert, der nicht erkannt wird! Dies ist die einzige Schwäche des Verfahrens.

Nun soll die Vorgehensweise bei CRC im Binärsystem erläutert werden. Gegeben sind die zu übertragende Datenbitfolge und eine (genormte) Prüfbitfolge, z. B. die CRC-16-Prüfbitfolge 1 1000 0000 0000 0111. Üblicherweise stellt man Prüfbitfolgen als Polynome in x dar. Das CRC-16-Prüfpolynom z. B. wird dann wie folgt dargestellt:

$$x^{16} + x^{15} + x^2 + x^1 + x^0 = x^{16} + x^{15} + x^2 + x + 1$$

Der Grad k des Prüfpolynoms, der bei Anwendung des Verfahrens benötigt wird, lässt sich dann leicht ablesen. Beim CRC-16-Prüfpolynom ist $k = 16$.

Gesucht ist nun eine Kontrollbitfolge, die an die Datenbitfolge angehängt und so festgelegt wird, dass die Gesamtbitfolge (Daten- plus Kontrollbitfolge) durch die Prüfbitfolge ohne Rest teilbar ist. Um die Kontrollbitfolge zu bestimmen, wird die Datenbitfolge um k Nullbits ergänzt und durch die Prüfbitfolge geteilt. Der sich dabei ergebende Divisionsrest ist die gesuchte Kontrollbitfolge der Länge k bit. Die Gesamtbitfolge wird dann gesendet.

Der Empfänger teilt die erhaltene Gesamtbitfolge durch die Prüfbitfolge und nimmt bei Divisionsrest 0 an, dass kein Fehler aufgetreten ist. Fehler, welche die übertragene Gesamtbitfolge so verfälschen, dass ein Vielfaches der Prüfbitfolge entsteht, können nicht entdeckt werden. Man kann aber die Prüfbitfolge ausgehend von den Übertragungsbedingungen so festlegen, dass es nur wenige nicht erkannte Fehler gibt.

Bei der Durchführung der Subtraktionen im Rahmen der Polynomdivision sind folgende Regeln (Modulo-2-Rechnung) zu beachten (Bild 2.4):

$$1 - 0 = 1, \quad 1 - 1 = 0, \quad 0 - 0 = 0, \quad 0 - 1 = 1$$

$$\begin{array}{r} 1 \\ -\;0 \\ \hline 1 \end{array} \qquad \begin{array}{r} 1 \\ -\;1 \\ \hline 0 \end{array} \qquad \begin{array}{r} 0 \\ -\;0 \\ \hline 0 \end{array} \qquad \begin{array}{r} 0 \\ -\;1 \\ \hline 1 \end{array}$$

Bild 2.4 Subtraktionsregeln im Binärsystem nach Modulo-2-Rechnung

Es gibt bei der Subtraktion nach Modulo-2-Rechnung im Gegensatz zur Subtraktion im Binärsystem keinen Übertrag, siehe das Rechenbeispiel in Bild 2.5.

Subtraktion im Binärsystem (mit Übertrag)					
	1	1	0	1	1
–	1	0	1	0	0
	0	0	1	1	1

Subtraktion nach Modulo-2-Rechnung (ohne Übertrag)					
	1	1	0	1	1
–	1	0	1	0	0
	0	1	1	1	1

Bild 2.5 Subtraktion im Binärsystem und nach Modulo-2-Rechnung

Beispiel für CRC:

Um den Rechenaufwand für die folgende Beispielrechnung zu begrenzen, wird eine kurze, nicht genormte Prüfbitfolge verwendet: 10011, als Polynom: $x^4 + x + 1$. Die Datenbitfolge sei 11 0101 1011.

1. Schritt: k Nullbits an die Datenbitfolge anhängen

   Der Grad des Prüfpolynoms ist hier $k = 4$, d. h., es werden 4 Nullbits angehängt:

   11 0101 1011 **0000**

2. Schritt: Division der (um k Nullbits erweiterten) Datenbitfolge durch die Prüfbitfolge

```
 1 1 0 1 0 1 1 0 1 1 0 0 0 0 : 1 0 0 1 1 = 1 1 0 0 0 0 1 0 1 0
-1 0 0 1 1
 ---------
   1 0 0 1 1
  -1 0 0 1 1
   ---------
           1 0 1 1 0
          -1 0 0 1 1
           ---------
               1 0 1 0 0
              -1 0 0 1 1
               ---------
                   1 1 1 0   Rest
```

Die gesuchte Kontrollbitfolge ist somit 1110.

3. Schritt: Anhängen der Kontrollbitfolge an die Datenbitfolge (statt der *k* Nullbits) und Versenden der Gesamtbitfolge 11 0101 1011 **1110**.
4. Schritt: Der Empfänger teilt die erhaltene Gesamtbitfolge durch die Prüfbitfolge und nimmt bei Divisionsrest 0 an, dass kein Fehler aufgetreten ist.

2.2.5 Leitungscodierung/-decodierung

Die Ausgangsbitfolge des Kanalcodierers muss in ein physikalisches Signal umgewandelt werden, das über den Kanal übertragen werden kann. Bei Feldbussen wird als Übertragungsmedium häufig eine Kupferleitung eingesetzt, und die Bitfolge wird in ein elektrisches Spannungssignal umgewandelt. Dies ist dann in der Regel ein binäres Signal, welches aus zwei (elementaren) Signalelementen aufgebaut wird: Das eine repräsentiert das Nullbit, das andere das Einsbit. Die Anzahl der im Signal insgesamt enthaltenen Signalelemente entspricht der Anzahl der in der Bitfolge enthaltenen Bits.

Bei der Festlegung der Signalelemente sind viele Gesichtspunkte zu berücksichtigen, z. B. die verfügbare Bandbreite des Kanals, die (gewünschte) Gleichspannungsfreiheit des Signals, auf der Empfängerseite die Möglichkeit der Taktrückgewinnung aus dem Signal selbst und die möglichst einfache schaltungstechnische Realisierbarkeit.

Die Anzahl von Leitungscodes ist überwältigend groß [BLUSCHKE92]. Häufig verwendete Leitungscodes sind der Non-Return-to-Zero (NRZ)-Code und zwei Varianten des Manchester-Codes: Biphase-L-Code und Differential-Manchester-Code.

2.2.5.1 Non-Return-to-Zero-Code (NRZ-Code)

Beim NRZ-Code werden Signalelemente mit konstanten Pegeln U_H bzw. U_L während der Bitperiode T verwendet (Bild 2.6).

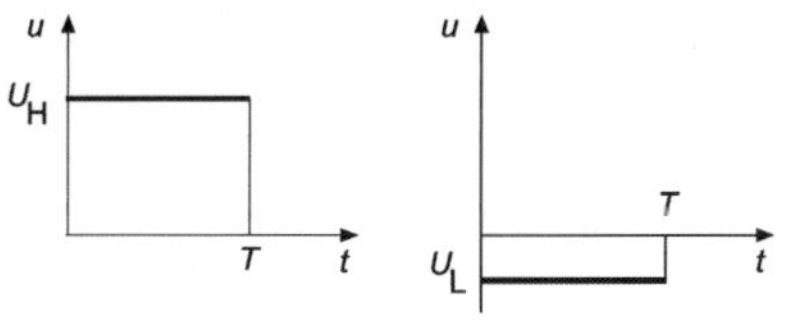

Bild 2.6 Elementare Signalelemente beim NRZ-Code

Die Zuordnung der Signalelemente zu den logischen Zuständen 0 und 1 ist frei wählbar. Bei der seriellen Schnittstelle RS-232 beispielsweise gilt folgende Zuordnung:

$0 \rightarrow U_H$ mit $3\text{ V} \leq U_H \leq 15\text{ V}$

$0 \rightarrow U_L$ mit $-3\text{ V} \leq U_L \leq -15\text{ V}$

Die Bitfolge 010010 würde vom Leitungscodierer in das folgende Signal umgewandelt werden (Bild 2.7).

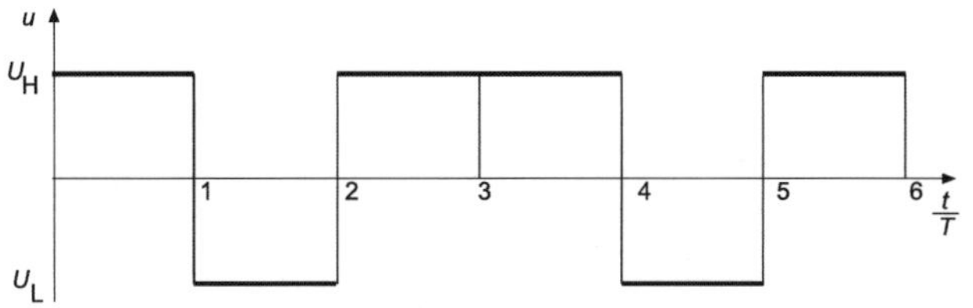

Bild 2.7 NRZ-codiertes Spannungssignal der RS-232-Schnittstelle

NRZ-codierte Signale sind im Allgemeinen nicht gleichanteilfrei, da die Anzahl von Nullbits und Einsbits je übertragener Bitfolge nicht gleich ist. Weiterhin kann der Empfänger bei längeren Null- oder Einsbitfolgen aus dem Signal selbst die Bitperiode *T* nicht mehr ermitteln, da das Signal dann keine Pegelwechsel (Flanken) mehr enthält (keine Selbsttaktung möglich). Der Manchester-Code hat diese Nachteile nicht.

2.2.5.2 Manchester-Code (Biphase-L)

Beim Manchester-Code in der Variante Biphase-L werden zwei Signalelemente mit der Bitperiode *T* verwendet, wobei nach $T/2$ vom Pegel U_H zum Pegel $-U_H$ (oder umgekehrt) gewechselt wird (Bild 2.8).

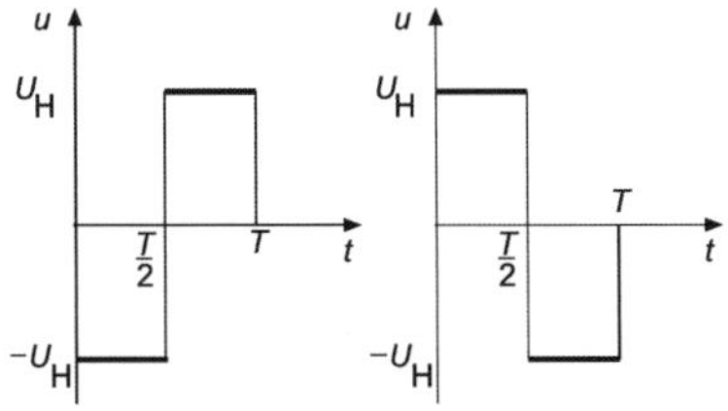

Bild 2.8 Elementare Signalelemente beim Manchester-Code

Die Zuordnung der Signalelemente zu den logischen Zuständen 0 und 1 ist wie folgt:

- Die 0 wird dem Signalelement mit der steigenden Flanke in Intervallmitte zugeordnet.
- Die 1 wird dem Signalelement mit der fallenden Flanke in Intervallmitte zugeordnet.

Es ist aber auch die umgekehrte Zuordnung möglich.

Die Bitfolge 010010 würde vom Leitungscodierer in das folgende Manchester-Signal umgewandelt werden (Bild 2.9).

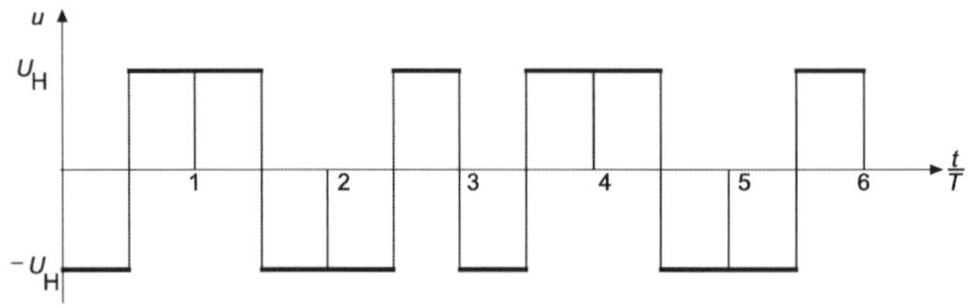

Bild 2.9 Codierungsbeispiel für Manchester-Code (Biphase-L)

Die Vorteile des Manchester-Codes liegen zum einen in seiner Gleichanteilfreiheit, die immer gewährleistet ist, und zum anderen darin, dass er genügend Taktinformation enthält: Spätestens nach der Bitperiode *T* tritt ein Pegelwechsel auf. Bei gleicher Bitperiode *T* benötigt der Manchester-Code aber die doppelte Kanalbandbreite im Vergleich zum NRZ-Code, denn die Rechteckimpulse haben die doppelte Frequenz. Ein wichtiges Einsatzgebiet für den Manchester-Code ist die Datenübertragung in lokalen Netzen mittels Ethernet (siehe Kapitel 5).

2.2.5.3 Differential-Manchester-Code

Beim Differential-Manchester-Code werden wie beim Manchester-Code in der Variante Biphase-L zwei elementare Signalelemente mit der Bitperiode *T* verwendet. In der Intervallmitte $T/2$ wird jeweils vom Pegel U_H zum Pegel $-U_H$ (oder umgekehrt) gewechselt (Bild 2.10).

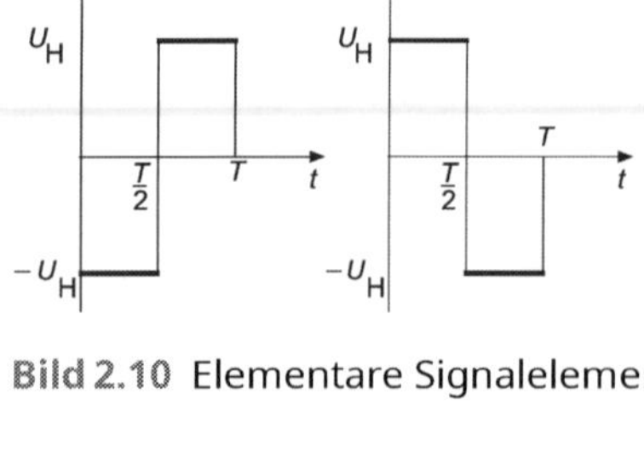

Bild 2.10 Elementare Signalelemente beim Differential-Manchester-Code

Die Zuordnung der Signalelemente zu den logischen Zuständen 0 und 1 ist nicht fest, sondern vom Pegel (U_H bzw. $-U_H$) des vorherigen Signalelements abhängig:

- Bei einer 1 wird der Pegel des vorherigen Signalelements beibehalten.
- Bei einer 0 wird vom Pegel des vorherigen Signalelements zum anderen Pegel gewechselt.

Die Bitfolge 010010 beispielsweise würde vom Leitungscodierer in das folgende Differential-Manchester-Signal umgewandelt werden (Bild 2.11).

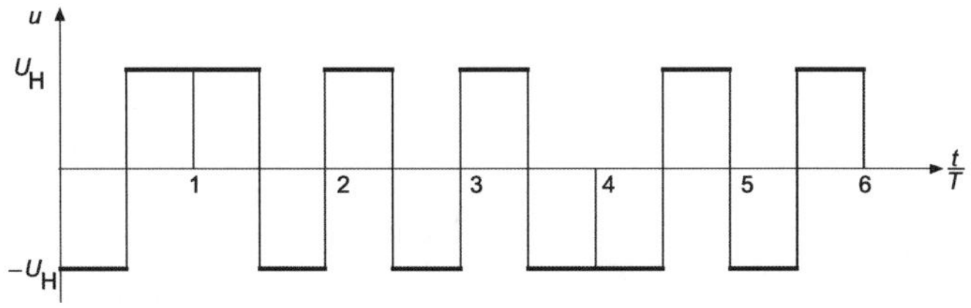

Bild 2.11 Codierungsbeispiel für Differential-Manchester-Code

Dieser Code wird bei der LON-Datenübertragung eingesetzt (siehe Kapitel 4).

2.3 Kommunikation gemäß des ISO/OSI-Referenzmodells

Das ISO/OSI-Referenzmodell ist ein internationaler Standard [ISO IS 7498] und beschreibt, wie man geschichtete Protokolle (Regelsätze zum Ablauf einer Kommunikation) erstellen kann. Weiterhin liefert es eine Beschreibung der Aufgaben, die in den einzelnen Protokollschichten zu implementieren sind.

2.3.1 Datenübertragung und Kommunikation

Eine gute datentechnische Verbindung garantiert nicht automatisch bereits auch eine gute Kommunikation! Beispielsweise könnten ein englisch- und ein deutschsprachiger Tierfreund per Telefon miteinander reden (Bild 2.12).

Bild 2.12 Kommunikationsproblem wegen eines fehlenden Übersetzers

Auch wenn jeder den anderen einwandfrei hört, ist die Kommunikation dennoch fehlerhaft. Der Englisch sprechende Mann sagt „eagle“ und denkt dabei an einen Adler, der Deutsch sprechende Mann hört „Igel“ und denkt an ein kleines stacheliges Tier (hedgehog). Was hier offensichtlich fehlt, damit die Kommunikation richtig abläuft, ist ein Übersetzer!

Außerdem müssen auch bestimmte Regeln beachtet werden, damit die Kommunikation zwischen den beiden Menschen über das Telefon gut ablaufen kann. Beispielsweise werden beide nicht gleichzeitig sprechen, sondern immer abwechselnd reden und zuhören. Das Gespräch wird sicherlich auch nicht dadurch beendet, dass einer einfach den Hörer auflegt. Vielmehr werden beide erst nach dem Austausch von Schlussformeln, wie z. B. „Auf Wiederhören“ bzw. „Bye“, die Kommunikation beenden.

2.3.2 Regeln zum Ablauf einer Kommunikation

Auch bei Geräten der Automatisierungstechnik ist die digitale Übertragungstechnik allein nicht ausreichend, um eine fehlerfreie Kommunikation zu ermöglichen. Ein Kommunikationssystem muss neben übertragungstechnischen Funktionen eine außerordentlich große Vielfalt weiterer Kommunikationsfunktionen bereitstellen, und es wird ein Regelwerk benötigt, ein Satz von verbindlichen Regeln, nach denen die Kommunikation ablaufen muss. Ein solches Regelwerk nennt man auch Protokoll.

> Ein Protokoll ist ein Satz von Regeln, nach denen die Kommunikation zwischen zwei Kommunikationspartnern ablaufen muss.

In einem Protokoll müssen z. B. folgende Dinge festgelegt sein:

- Wer darf wann auf das Übertragungsmedium zugreifen?
- Wie werden Fehler bei der Datenübertragung entdeckt und was geschieht, wenn ein Fehler entdeckt wurde?

- Was geschieht, wenn ein Empfänger mehr Daten erhält, als er zurzeit verarbeiten kann?
- Wie gelangen Datentelegramme an die richtigen Empfänger?

Da der Kommunikationsprozess als Ganzes sehr komplex ist, gab es verschiedene Versuche, ihn in mehrere in sich schlüssige, gut verständliche und voneinander unabhängige Teilprozesse (mit separaten Protokollen) zu zerlegen, die miteinander über wohl definierte Schnittstellen in Verbindung stehen.

Ein häufig benutztes Modell hierfür ist das ISO/OSI-Referenzmodell für offene Systeme. ISO steht für International Organization for Standardization (Internationale Organisation für Normung), OSI für Reference Model for Open Systems Interconnection (Referenzmodell für die Kommunikation offener Systeme).

2.3.3 Die Schichten des ISO/OSI-Referenzmodells

Jedes OSI-System sorgt typischerweise dafür, dass die Daten eines Anwendungsprozesses (Applikation, Application Process) zu einem anderen Prozess übertragen werden (Bild 2.13).

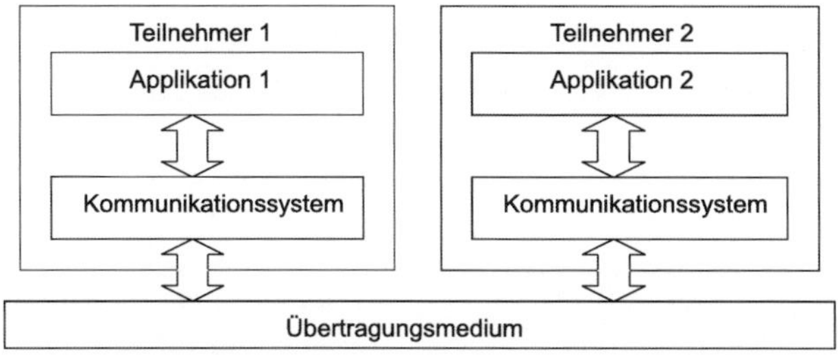

Bild 2.13 Applikationen und Kommunikationssysteme von zwei Kommunikationsteilnehmern

Damit die Applikation 1 eines Teilnehmers 1 mit der Applikation 2 eines Teilnehmers 2 Daten austauschen kann, wird ein Kommunikationssystem (im Allgemeinen aus Hard- und Software bestehend) benötigt, das in jedem Teilnehmer implementiert sein muss. Es bietet den Applikationen Kommunikationsfunktionen (Dienste, Services) an, mit deren Hilfe sie ihre Kommunikationswünsche abwickeln können. Wenn die Kommunikationssysteme des Senders und des Empfängers nach dem ISO/OSI-Referenzmodell aufgebaut sind, sollten sie problemlos Daten austauschen können.

Das ISO/OSI-Referenzmodell ordnet die Kommunikationsfunktionen sieben Schichten (Layers) zu und wird deshalb auch als ISO/OSI-Schichtenmodell bezeichnet (Bild 2.14).

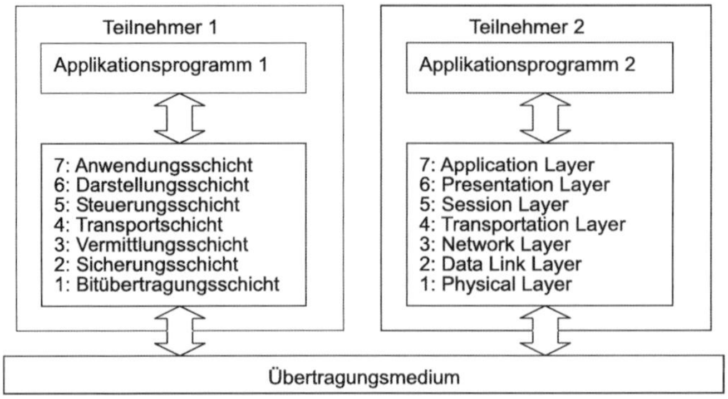

Bild 2.14 7 OSI-Schichten

Die Arbeitsweise der OSI-Systeme ist nun wie folgt [EFFELSBERG86]:

- Die Daten durchlaufen 7 Schichten, und zwar beim Sender „abwärts“ und beim Empfänger „aufwärts“. Ein OSI-System ist also hierarchisch aufgebaut und führt eine Wandlung der von einer Applikation gelieferten Daten zu einem physikalischen Signal durch und umgekehrt.
- Jede Schicht übernimmt eine abgegrenzte Menge von Kommunikationsdiensten. Beispielsweise übernimmt die Sicherungsschicht (Schicht 2, Data Link Layer) u. a. die Aufgabe der Datensicherung.
- Jede Schicht bietet der übergeordneten Schicht ihre Dienste an, z. B. überträgt die Bitübertragungsschicht (Schicht 1, Physical Layer) den von der Sicherungsschicht gelieferten Bitstrom als Spannungssignal auf dem Übertragungsmedium Kupferleitung.
- Zwischen zwei benachbarten Schichten eines Teilnehmers ist eine Kommunikationsschnittstelle festgelegt. Wenn eine übergeordnete Schicht einen Dienst in Anspruch nimmt, stellt sie der untergeordneten Schicht Anweisungen und Daten zur Verfügung. Aus diesem Grund wächst die Anzahl der zu übertragenden Bits von Schicht zu Schicht auf dem Weg „nach unten“ immer mehr an, während sie auf dem Weg „nach oben“ immer kleiner wird.
- Die einander entsprechenden Schichten zweier OSI-Systeme (sogenannte Partnerschichten), z. B. die Sicherungsschichten von Teilnehmer 1 und 2, tauschen untereinander Daten aus, sogenannte Protokolldateneinheiten (Protocol Data Units – PDUs). Der Datenaustausch zwischen den Partnerschichten vollzieht sich jeweils nach einem vereinbarten Satz von Regeln, dem Schichtprotokoll, z. B. dem Sicherungsprotokoll der Sicherungsschicht. Die gleichrangigen Schichten 2 bis 7 der OSI-Systeme zweier Teilnehmer stehen demzufolge logisch miteinander in Verbindung und wickeln „ihre“ Kommunikation gemäß ihrem Schichtprotokoll ab.

Jede Schicht kann ausgewechselt werden, sofern nur ihre Funktionalität erhalten bleibt. Zum Beispiel kann beim KNX die Bitübertragungsschicht als KNX.TP (Datenübertragung über verdrillte Kupferkabel), als KNX.PL (Datenübertragung über das Stromkabel) oder als KNX.RF (Funkübertragung) ausgeführt sein, siehe Kapitel 3.

Nicht in jedem Kommunikationssystem müssen alle 7 OSI-Schichten implementiert sein. Bei Feldbussystemen sind im Allgemeinen nur die Schichten 1, 2 und 7 realisiert. Beim KNX sind es die Schichten 1 bis 4 und 7. Detaillierte Informationen zu den Aufgaben der einzelnen Schichten finden sich in Kapitel 5.

2.4 Feldbus- und Netztopologien

Geräte (auch: Knoten, Stationen, Teilnehmer), die über einen Feldbus bzw. ein Netz Daten austauschen, sind elektrisch auf eine bestimmte Art und Weise miteinander verbunden. Dies wird als *Bus-* bzw. *Netztopologie* bezeichnet.

Möglich sind z. B.:

- Vollvermaschung: Jeder Teilnehmer ist mit jedem anderen Teilnehmer direkt verbunden.
- Teilvermaschung: Nur bestimmte Teilnehmer sind mit anderen Teilnehmern direkt verbunden.
- Linientopologie: Die Teilnehmer werden über kurze Stichleitungen an die (offene) Übertragungsleitung angeschlossen.
- Ringtopologie: Die Teilnehmer werden über kurze Stichleitungen mit der (geschlossenen) Übertragungsleitung verbunden.
- Baumtopologie: An eine Linie werden nicht nur Teilnehmer, sondern auch weitere Linien angeschlossen.
- Sterntopologie: Die Teilnehmer werden mit einer Zentralstation verbunden, z. B. einem Hub oder einem Switch.

Details zu den einzelnen Topologien finden sich in den Kapiteln über KNX, LON und BACnet. Für weitergehende Informationen siehe z. B. [SCHNELL06] oder [SIKORA03].

2.5 Kanalzugriffsverfahren

Bei der Feldbus- bzw. Netzkommunikation haben alle Teilnehmer direkten Zugriff auf den Übertragungskanal. Generell können sie alle die über den Kanal übertragenen Signale empfangen und weiterverarbeiten. Beim Senden ergibt sich aber das Problem, dass sich mehrere Sendesignale auf dem Kanal überlagern und gegenseitig zerstören würden, wenn mehr als ein Teilnehmer auf den Kanal zugreifen würde. Daher wurden Verfahren entwickelt, mit denen der Kanalzugriff (auch: Buszugriff, Netzzugriff) beim Senden kollisionsfrei vonstattengehen kann. Es gibt zwei Hauptmöglichkeiten, den Kanalzugriff zu regeln [REISSENWEBER01]:

1. Kanalzugriff nach Zuteilung (auch: kontrollierter oder deterministischer Kanalzugriff),
2. Kanalzugriff nach Bedarf (auch: zufälliger oder stochastischer Kanalzugriff).

2.5.1 Kanalzugriff nach Zuteilung

Beim Kanalzugriff nach Zuteilung ist zu einem bestimmten Zeitpunkt nur ein Teilnehmer berechtigt, auf den Kanal zuzugreifen. Die Kanalzuteilung erfolgt meist zyklisch, d. h., jeder Teilnehmer erhält reihum die Sendeberechtigung. Dadurch lässt sich auch die Zeit, nach der ein Teilnehmer wieder senden darf, genau berechnen (deterministischer Kanalzugriff).

Die Sendeberechtigung wird beim Kanalzugriff nach Zuteilung

- entweder von einem priorisierten Teilnehmer (Master) an die anderen Teilnehmer (Slaves) vergeben (Master-Slave-Verfahren) oder
- durch Weiterleitung einer Sendeberechtigung, des Tokens (Token-Passing-Verfahren).

Bei BACnet kommt das Token-Passing-Verfahren kombiniert mit dem Master-Slave-Verfahren zum Einsatz (siehe Kapitel 5).

2.5.2 Kanalzugriff nach Bedarf

Beim Kanalzugriff nach Bedarf greifen die sendewilligen Teilnehmer zufällig auf den Kanal zu. Sie müssen daher zunächst prüfen, ob der Kanal bereits belegt oder frei ist (Carrier Sense). Wenn der Kanal frei ist und mehrere Teilnehmer gleichzeitig mit dem Senden beginnen (Multiple Access), muss dieser Kanalzugriffskonflikt zugunsten eines Teilnehmers gelöst werden. Die Verlierer müssen zu einem späteren Zeitpunkt noch einmal den Kanalzugriff versuchen und konkurrieren evtl. erneut mit anderen Teilnehmern. Dadurch kann, vor allem bei hoher Kanalauslastung, nicht garantiert werden, dass ein Teilnehmer nach einer bestimmten Zeit auf jeden Fall senden darf: Das Zugriffsverfahren ist nicht deterministisch.

Bekannte Verfahren dieser Kategorie sind

- CSMA (Carrier Sense Multiple Access), welches z. B. bei LON zum Einsatz kommt (siehe Kapitel 4), und
- CSMA/CA (Carrier Sense Multiple Access/Collision Avoidance), das beim KNX verwendet wird (siehe Kapitel 3).

2.6 Übungsaufgaben

Aufgabe 2.1

Die mittlere Codewortlänge im Beispiel von Abschnitt 2.2.3 beträgt 8 bit je Quellencodewort. Wie groß ist sie nach der Umcodierung gemäß Shannon-Fano?

Aufgabe 2.2

Bei der Übertragung eines ASCII-Zeichens mit 8 Datenbits wird eine Paritätsprüfung mit gerader Parität verwendet. Beim Empfänger kommt die folgende Bitfolge an: 101000100. Ist ein Datenübertragungsfehler passiert? Wenn ja, welche(r)?

Aufgabe 2.3

Bei der Übertragung von ASCII-Zeichen mit je 8 Datenbits wird eine Kreuzparitätsprüfung verwendet. Die Bits des Prüfzeichens werden mittels ungerader Parität festgelegt, die Paritätsbits der Zeichen mittels gerader Parität. Beim Empfänger kommt die folgende Bitfolge an: 1010111010001010111001110111101010 11.

Wie viel ASCII-Zeichen („echte" Datenzeichen) wurden gesendet? Ist ein Datenübertragungsfehler passiert? Wenn ja, welche(r)?

Aufgabe 2.4

Die Übertragung einer Bitfolge wird mit CRC gesichert. Das Prüfpolynom lautet: $x^4 + x + 1$. Beim Empfänger kommt die folgende Bitfolge an: 11 0101 0011 0010. Ist ein Übertragungsfehler aufgetreten?

Aufgabe 2.5

Wie groß ist die Bitrate des Signals in Bild 2.7, wenn für die Bitperiode T eines Signalelements gilt: $T = 104\ \mu s$?

Aufgabe 2.6

Wie groß ist die Modulationsgeschwindigkeit des Signals in Bild 2.7, wenn für die Bitperiode T eines Signalelements gilt: $T = 104\ \mu s$?

Aufgabe 2.7

Wie sieht das Manchester-codierte Signal für die Bitfolge 0 1 0 0 1 0 1 0 0 0 1 1 0 1 1 0 aus?

Aufgabe 2.8

Wie sieht das Differential-Manchester-codierte Signal für die Bitfolge 0 1 0 0 1 0 1 0 0 0 1 1 0 1 1 0 aus?

Literatur

[BLUSCHKE92] *Bluschke, A.*: Digitale Leitungs- und Aufzeichnungscodes. Berlin, Offenbach: VDE, 1992

[EFFELSBERG86] *Effelsberg, W.*; *Fleischmann, A.*: Das ISO-Referenzmodell für offene Systeme und seine sieben Schichten – Eine Einführung. Informatik-Spektrum (1986)9: 280 – 299

[GRUHLER00] *Gruhler, G. (Hrsg.)*: Feldbusse und Gerätekommunikationssysteme, Einführende Darstellung und detaillierter Vergleich. Steinbeis-Transferzentrum Reutlingen, 2000

[REISSENWEBER01] *Reißenweber, B.*: Feldbussysteme zur industriellen Kommunikation. München: Oldenbourg, 2001

[SCHNELL06] *Schnell, G.B. Wiedemann (Hrsg.)*: Bussysteme in der Automatisierungs- und Prozesstechnik. Grdl., Systeme und Trends der industriellen Kommunikation. Braunschweig/Wiesbaden: Vieweg, 2006

[SIKORA03] *Sikora, A.*: Technische Grundlagen der Rechnerkommunikation. Internet-Protokolle und Anwendungen. Fachbuchverlag Leipzig, 2003

[NORMEN]

DIN 1301-1, Beiblatt 1: Einheiten, Teil 1: Einheitenähnliche Namen und Zeichen. April 1982

DIN EN 60027-2: Formelzeichen für die Elektrotechnik, Teil 2: Telekommunikation und Elektronik. November 2007

DIN EN 61158: Industrielle Kommunikationsnetze – Feldbusse

DIN EN 61784: Industrielle Kommunikationsnetze – Profile

3 Der Europäische Installationsbus KNX

Bereits in Abschnitt 1.7.2.1 wurde auf die bedeutende Rolle des Europäischen Installationsbusses KNX in der Gebäudesystemtechnik hingewiesen. In diesem Kapitel wird er nun im Detail beschrieben.

3.1 Einführende Übersicht

3.1.1 Was ist KNX?

KNX ist ein industrielles Kommunikationssystem, welches in der Haus- und Gebäudesystemtechnik zur informationstechnischen Vernetzung von Geräten (Sensoren, Aktoren, Steuer- und Regelgeräten, Bedien- und Beobachtungsgeräten) genutzt wird. Sein Einsatz ist auf die Elektroinstallationstechnik abgestimmt, wodurch Funktionen und automatisierte Abläufe in einem Gebäude sichergestellt werden (siehe Bild 3.1) [ZVEI97].

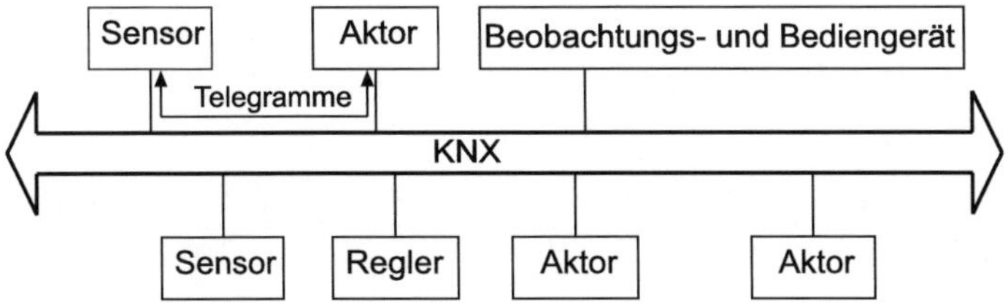

Bild 3.1 Informationstechnische Vernetzung von Geräten der Gebäudesystemtechnik mit KNX

Bei vielen KNX-Projekten sind Beleuchtungs-, Jalousie- und Rollladenfunktionen zu realisieren. Hierbei erzeugt dann ein Sensor als Reaktion auf einen Tastendruck durch den Bediener einen Schaltbefehl und schickt ihn, integriert in ein Datentelegramm, über den Bus an einen Aktor. Dieser quittiert den Empfang mit einem Bestätigungstelegramm und setzt den Befehl in eine Aktion um, indem er z. B. ein Relais schaltet. Der Informationsaustausch erfolgt direkt zwischen den Teilnehmern, die für die Realisierung einer Funktion zuständig sind. Eine Kommunikationszentrale ist nicht notwendig.

3.1.2 Historie des KNX

Die Erfolgsgeschichte des Europäischen Installationsbusses (EIB) begann am 8. Mai 1990, als die European Installation Bus Association (EIBA) von 15 europäischen Herstellern der Branche Gebäudesystemtechnik in Belgien gegründet wurde. Ziel der EIBA war die Verbreitung und Förderung des EIB als international genormtes System. Im Mai 1999 wurde durch den Zusammenschluss der EIBA mit dem BatiBUS Club International (BCI), Frankreich, und der European Home Systems Association (EHSA), Schweiz, die Konnex Association [*www.konnex.org*] gegründet. Seither wird der EIB unter dem Namen KNX vermarktet. Bild 3.2 zeigt das KNX-Logo. Die Konnex Association ist eine Gruppe von mehr als 100 Unternehmen der Haus- und Gebäudesystemtechnik, die in Europa mehr als 80 % Marktanteil haben. Die deutsche KNX-Gruppe hat ihren Sitz beim Zentralverband der Elektrotechnik- und Elektronikindustrie (ZVEI) in Frankfurt [*www.knx.de*].

KNX®

Bild 3.2
KNX-Logo

In den letzten Jahren ist eine beachtliche Anzahl von KNX-Normen entstanden:

- Europäischer Standard CENELEC EN 50090,
- Europäischer Standard CEN EN 13321-1 und 13321-2,
- Internationaler Standard ISO/IEC 14543-3,
- Chinesischer Standard GB/Z 20965.

Auch die Anbindung an andere Gebäudeautomationssysteme (über BACnet) ist genormt:

- US ANSI/ASHRAE Standard 135,
- EN ISO 16484-5.

Der KNX ist somit der weltweit einzige, offene Standard für die Haus- und Gebäudesystemtechnik. Offen bedeutet hierbei, dass Geräte verschiedener Hersteller miteinander kommunizieren können.

3.1.3 Der Nutzen von KNX

3.1.3.1 Gebäudefunktionen und Kommunikationsteilnehmer

Zur Realisierung der vielfältigen Gebäudefunktionen, speziell von

- Eingabe-/Ausgabefunktionen,
- Verarbeitungsfunktionen,
- Managementfunktionen,
- Bedienfunktionen

müssen

- Sensoren (z. B. Helligkeits-, Bewegungs-, Tastsensor),
- Aktoren (z. B. Relais, Dimmer, Motor),
- Steuer- und Regelgeräte (z. B. Heizungsregler) sowie
- Bedien- und Beobachtungsgeräte (Visualisierungsgeräte) (z. B. Touchscreen)

miteinander kommunizieren.

3.1.3.2 Konventionelle Realisierung von Gebäudefunktionen

Bei der konventionellen Installationstechnik wird jedes Gewerk (Licht, Jalousie, Rollladen, Heizung, Kühlung, Lüftung usw.) von einem entsprechenden Fachbetrieb geplant und ausgeführt. Die jeweils verwendeten Sensoren und Aktoren werden im Allgemeinen über Punkt-zu-Punkt-Verbindungen an Steuer-, Regel- und Visualisierungsgeräte angeschlossen. Dies führt zu einem beträchtlichen Aufwand für:

- die Planung,
- die Kabel und deren Verlegung,
- die Fehlersuche bei Inbetriebnahme und Wartung.

Mit einer großen Menge an Kabeln ist auch eine entsprechend große Brandlast verbunden. Eine Verknüpfung der Gewerke, z. B. für eine zentrale Bedienung aller Komponenten, ist oft gar nicht oder nur mit hohem technischem Aufwand möglich. Mit steigender Funktionalität wird die konventionelle Installationstechnik aufwendig, unübersichtlich und teuer. Einen Ausweg aus dieser Problematik bietet die Gebäudesystemtechnik mit dem KNX.

3.1.3.3 Realisierung von Gebäudefunktionen mit dem KNX

Bei allen wichtigen Gewerken gibt heute es Geräte mit normgerechtem KNX-Anschluss. Damit können die einzelnen Gewerke gemeinsam (gewerkeübergreifend) geplant und ausgeführt werden. Dies ermöglicht ohne Zusatzaufwand viel höhere Funktionalität und Flexibilität und mehr Komfort. Durch eine entsprechende Parametrierung, die jederzeit veränderbar ist, wird den Geräten mitgeteilt, was sie zu tun haben. Dadurch ist ein KNX-System sehr flexibel und jederzeit an neue Bedürfnisse anpassbar. KNX-Produkte sind im Vergleich zu denen der konventionellen Installationstechnik recht teuer. Eine Investition lohnt sich im Allgemeinen nur, wenn mehrere Gewerke miteinander verknüpft werden sollen oder wenn die Forderung besteht, eine Anlage bei künftigen Nutzungsänderungen flexibel und schnell anzupassen.

3.1.4 Motivation für die Beschäftigung mit dem KNX

Die wichtige Rolle, die der KNX in der Gebäudeautomation weltweit spielt, ist allein schon ein guter Grund, sich mit ihm zu beschäftigen. Aber es gibt es noch weitere Gründe:

- Der KNX eignet sich ideal für den Einstieg in die Welt der Bustechnik. Viele wichtige Merkmale und Begriffe gängiger Bussysteme der Automatisierungstechnik finden sich auch beim KNX, wie z. B. Bitrate, Buszugriffsverfahren, Telegramm.
- Viele Problemstellungen, die mit dem KNX gelöst werden, sind aus dem häuslichen Alltag bekannt, sodass man sich leicht in die jeweilige automatisierungstechnische Aufgabenstellung und ihre Lösung mit dem KNX einarbeiten kann.
- KNX-Geräte sind einfach und übersichtlich zu planen, zu programmieren und in Betrieb zu nehmen. Etwa zehn Prozent der Elektrohandwerksbetriebe tun dies bereits. Aber auch viele Ingenieurbüros wickeln KNX-Projekte ab, sodass Kenntnisse über den KNX in der elektrischen Energie- und Gebäudetechnik zum Kernwissen gehören müssen.
- KNX-Anlagen werden mithilfe von sogenannten Gateways immer häufiger in die Netzinfrastruktur (TCP/IP-Netze) von Gebäuden eingebunden und sind damit auch von außerhalb des Gebäudes über das Internet zugänglich. Mit dem KNX ist es also möglich, die Welten der Elektroinstallation und des Internets miteinander zu verbinden. Insofern liefert die Beschäftigung mit dem KNX einen profunden Einstieg in die moderne Automatisierungstechnik.

3.2 Konventionelle Elektroinstallationstechnik

Mithilfe der konventionellen Elektroinstallationstechnik (d.h. Aus-, Wechsel- und Kreuzschaltungen) werden einfache Lichtsteuerungen realisiert. Der Geräte- und Verkabelungsaufwand steigt allerdings schnell an, wenn eine Lampe an mehr als einer Stelle ein- und ausgeschaltet werden soll. Komplexere Anforderungen, z.B. zeitgesteuertes Ausschalten, sind mit den Grundschaltungen der konventionellen Elektroinstallationstechnik gar nicht zu realisieren. Hierzu werden spezielle Geräte, wie z.B. Treppenhausautomaten oder Stromstoßschalter, benötigt.

3.2.1 Sicherheitshinweise

Die für eine Aus-, Wechsel- oder Kreuzschaltung benötigten Schalter und Kabel kann man in jedem Baumarkt kaufen. Daher könnte die Leserin/der Leser auf die Idee kommen, die Schaltungen selbst aufzubauen, um z.B. ihre Funktionalität zu testen oder die Kosten für einen Handwerker zu sparen. Bei Elektroinstallationsarbeiten gilt aber generell:

! Elektroinstallationsarbeiten dürfen nur von einer Elektrofachkraft nach DIN VDE 1000–10 ausgeführt werden.

Weiterhin sind auch unbedingt die folgenden fünf Sicherheitsregeln zu beachten, die nach DIN VDE 0105-100:2015–10 (siehe auch [KIEFER25]) wie folgt zusammengefasst werden können:

- Nie an Geräten oder Anlagen arbeiten, die unter elektrischer Spannung stehen! Vor Beginn der Arbeiten immer den Netzstecker ziehen oder die Spannung abschalten (im Sicherungskasten)!
- Ausgeschaltete Sicherungen sind mittels Warnhinweis gegen Wiedereinschalten durch Dritte zu sichern!
- Vor Beginn der Arbeiten muss man sich mittels Spannungsprüfgerät vergewissern, dass tatsächlich Spannungsfreiheit vorliegt!
- Um weitere Sicherheit herzustellen, sollten unter Umständen die Leiter noch geerdet und dann kurzgeschlossen werden!
- Besteht die Gefahr, dass benachbarte Teil einer elektrischen Anlage in der Nähe Spannung führen, sind diese abzudecken oder abzuschranken!

Bei allen Arbeiten an elektrischen Anlagen ist die ausführende Person für die Einhaltung der gültigen Bestimmungen verantwortlich und kann daher in vollem Umfang schadenersatzpflichtig gemacht werden. Bei unsachgemäßen Elektroinstallationen besteht keine versicherungsmäßige Deckung!

3.2.2 Aufgabenstellung: Treppenhaus- und Flurbeleuchtung

Um herauszuarbeiten, wo die Unterschiede zwischen der konventionellen Elektroinstallationstechnik und der Gebäudesystemtechnik mit dem KNX liegen, wird die folgende Aufgabenstellung betrachtet:

Ein Bauherr benötigt eine Lichtsteuerung für ein Mehrfamilienhaus mit drei Stockwerken (Bild 3.3). In jedem Stockwerk (Dachgeschoss DG, Obergeschoss OG und Erdgeschoss EG) befindet sich ein Flur mit zwei Türen, eine im vorderen Flur in der Nähe des Treppenhauses, eine im hinteren Flur. Neben jeder Tür soll ein Lichtschalter sein, der es erlaubt, die jeweilige Flurbeleuchtung (eine Lampe) ein- und auszuschalten. Das Treppenhaus soll auf jedem Stockwerk in Treppennähe einen Lichtschalter haben, mit dem die Treppenhausbeleuchtung (drei parallel geschaltete Lampen) ein- und ausgeschaltet werden kann.

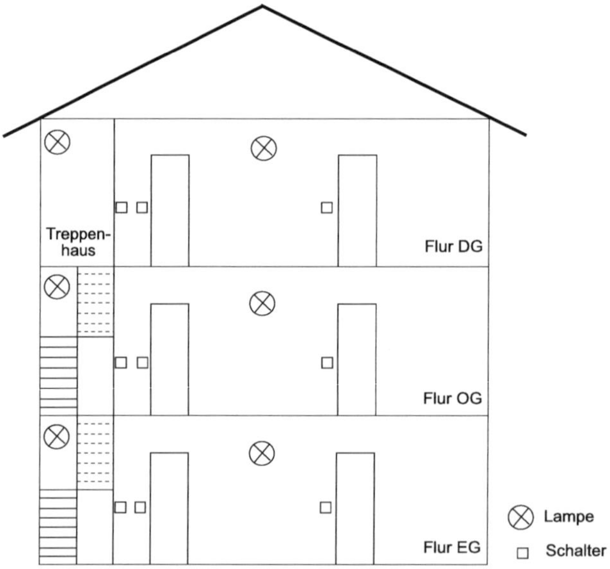

Bild 3.3 Mehrfamilienhaus mit Treppenhaus- und Flurbeleuchtung

Ein typisches Szenario ist wie folgt: Ein Bewohner des OG verlässt seine Wohnung durch die hintere Tür, schaltet am hinteren Flurschalter die Flurlampe an, läuft zur Treppe, schaltet am vorderen Flurschalter die Flurlampe aus, schaltet am Treppenhausschalter des OG die Treppenhausbeleuchtung ein, läuft die Treppe hinunter und schaltet am Treppenhausschalter des EG die Treppenhausbeleuchtung wieder aus.

Der Bauherr bittet einen Elektroinstallateur um Vorschläge für die Realisierung der Lichtsteuerung. Für den Installateur sind folgende Möglichkeiten denkbar:

- konventionelle Lichtsteuerung mit Wechsel- und Kreuzschaltung,
- Lichtsteuerung mit dem KNX.

Die für die Realisierung der Lösung mittels konventioneller Installationstechnik benötigten Grundschaltungen werden im Folgenden beschrieben. In den Abschnitten über den KNX wird man sehen, dass die Aufgabenstellung auch problemlos mit dem KNX gelöst werden kann. Dieser bietet sogar ohne Mehraufwand erweiterte Möglichkeiten, die über die vom Bauherrn gewünschten Schaltfunktionen hinausgehen und gegenüber der konventionellen Schaltungstechnik einen beträchtlichen Mehrwert bieten, z. B. eine Zentral-Ausschaltung aller Lampen oder eine zeitgesteuerte, automatische Ausschaltung der Treppenhausbeleuchtung.

3.2.3 Ausschaltung

Wenn eine Lampe an einer Stelle ein- und ausgeschaltet werden soll, benötigt man eine Ausschaltung (Bild 3.4). Eine Ausschaltung besteht aus einem ein- oder zweipoligen Ausschalter. Letzterer wird verwendet, um erhöhten Personenschutz durch vollständige Trennung des Verbrauchers vom Netz zu erzielen.

Der Anschlusspunkt L des einpoligen Ausschalters wird mit dem Leiter L1 des Niederspannungsnetzes (1 ~ 50 Hz, 230 V) verbunden, einer der beiden Anschlusspunkte 1 und 2 mit der Lampe, deren zweiter Anschlusspunkt mit dem Neutralleiter N des Netzes. Der Schutzleiter PE (Protected Earth) ist gegebenenfalls auch noch mit der Lampe zu verbinden. Entsprechendes gilt für den zweipoligen Ausschalter.

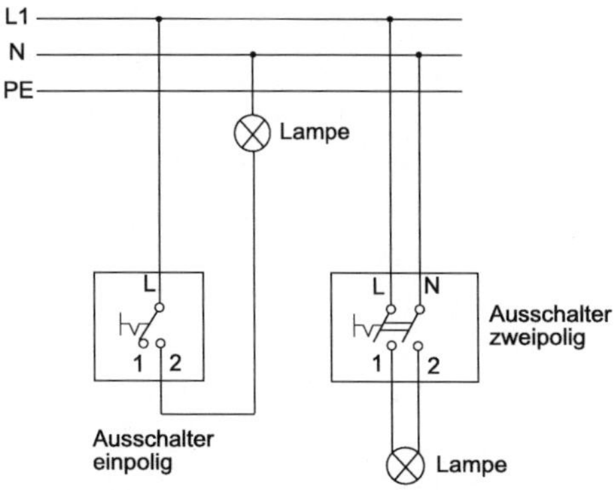

Bild 3.4
Ein- und zweipolige Ausschaltung

Tabelle 3.1 beschreibt die Funktion der in Bild 3.4 dargestellten einpoligen Ausschaltung. Die Funktion der zweipoligen Ausschaltung ist entsprechend.

Tabelle 3.1 Funktionsdiagramm der in Bild 3.4 dargestellten Ausschaltung

Schalterstellung Ausschalter	Lampe
links (1)	aus
rechts (2)	ein

Aufbau und Funktionsweise der Ausschaltung zeigen deutlich, wie die Ein-/Aus-Schaltinformation bei der konventionellen Elektroinstallationstechnik realisiert wird, nämlich durch Schließen/Öffnen von Schaltern, die sich in den spannungsführenden Leitern befinden. Informations- und Energiefluss sind demzufolge nicht voneinander getrennt.

3.2.4 Wechselschaltung

Wenn eine Lampe an zwei Stellen ein- und ausgeschaltet werden soll, benötigt man eine Wechselschaltung gemäß Bild 3.5.

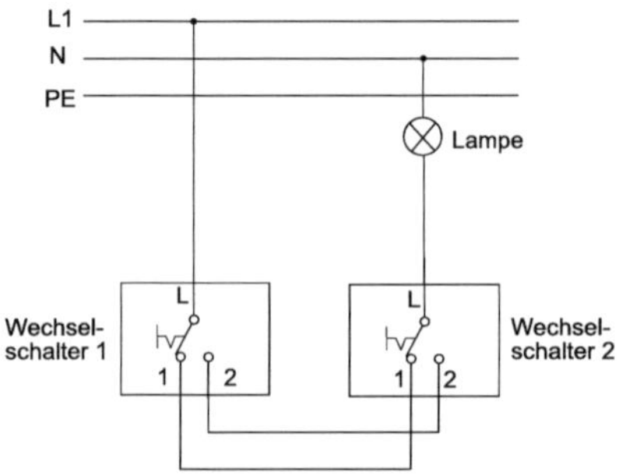

Bild 3.5 Wechselschaltung

Eine Wechselschaltung besteht aus zwei Wechselschaltern. Der Anschlusspunkt L von Schalter 1 wird mit dem Leiter L1 des Niederspannungsnetzes (1 ~ 50 Hz, 230 V) verbunden, die beiden Anschlusspunkte 1 und 2 des Wechselschalters 1 mit den entsprechenden Anschlusspunkten des Wechselschalters 2. Je nach Stellung des Wechselschalters 1 liegt daher die Netzspannung am Anschlusspunkt 1 oder 2 des Wechselschalters 2. Der Anschlusspunkt L des Wechselschalters 2 wird mit der Lampe verbunden, deren zweiter Anschlusspunkt mit dem Neutralleiter N des Netzes. (Der Schutzleiter PE ist gegebenenfalls auch noch mit der Lampe zu verbinden, falls diese über einen entsprechenden Anschlusspunkt verfügt.)

Tabelle 3.2 beschreibt die Funktion der in Bild 3.5 dargestellten Wechselschaltung. Wenn die Lampe ausgeschaltet ist, wird sie durch Drücken eines der zwei Schalter eingeschaltet. Wenn sie eingeschaltet ist, wird sie durch Drücken eines der zwei Schalter ausgeschaltet.

Tabelle 3.2 Funktionsdiagramm der in Bild 3.5 dargestellten Wechselschaltung

Schalterstellung Wechselschalter 1	Schalterstellung Wechselschalter 2	Lampe
links (1)	links (1)	ein
links (1)	rechts (2)	aus
rechts (2)	rechts (2)	ein
rechts (2)	links (1)	aus

Die Ein-/Aus-Schaltinformation wird bei der Wechselschaltung durch Schließen/Öffnen von Schaltern in den spannungsführenden Leitern realisiert. Der Einbau von zwei Wechselschaltern reicht allein allerdings noch nicht aus. Es sind vielmehr noch zwei Verbindungsleitungen zwischen den beiden Wechselschaltern als „Informationsleitungen" nötig, über die allerdings auch gleichzeitig Energie übertragen wird. Informations- und Energiefluss sind demzufolge nicht voneinander getrennt.

3.2.5 Kreuzschaltung

Wenn eine Lampe an drei Stellen ein- und ausgeschaltet werden soll, benötigt man eine Kreuzschaltung gemäß Bild 3.6.

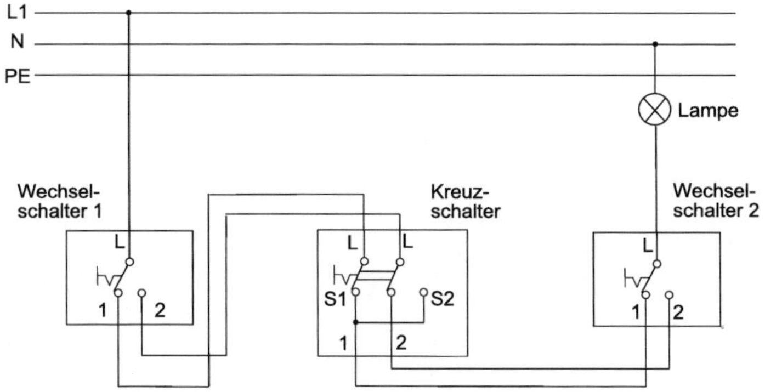

Bild 3.6 Kreuzschaltung

Eine Kreuzschaltung besteht aus zwei Wechselschaltern und einem Kreuzschalter. Aus einer Wechselschaltung entsteht eine Kreuzschaltung, indem die beiden Verbindungsleitungen zwischen den Wechselschaltern aufgetrennt werden und ein Kreuzschalter eingefügt wird.

Es ist zu beachten, dass die beiden internen Schalter S1 und S2 des Kreuzschalters miteinander gekoppelt sind. Es sind nur zwei Stellungen möglich:

1. S1 links (in Kontakt mit Punkt 1) und S2 links (in Kontakt mit Punkt 2),
2. S1 rechts (in Kontakt mit Punkt 2) und S2 rechts (in Kontakt mit Punkt 1).

Folgende Verbindungen müssen hergestellt werden, damit die Schaltung funktioniert:

- Anschlusspunkt L des Wechselschalters 1 mit Leiter L1 des Niederspannungsnetzes,
- Anschlusspunkte 1 und 2 des Wechselschalters 1 mit den Anschlusspunkten L und L des Kreuzschalters,
- Anschlusspunkte 1 und 2 des Kreuzschalters mit den Anschlusspunkten 1 und 2 des Wechselschalters 2,
- Anschlusspunkt L des Wechselschalters 2 mit der Lampe und deren zweiter Anschlusspunkt mit dem Neutralleiter N des Netzes.
- Der Schutzleiter PE ist gegebenenfalls auch noch mit der Lampe zu verbinden, falls diese über einen entsprechenden Anschlusspunkt verfügt.

Tabelle 3.3 beschreibt die Funktionsweise der Kreuzschaltung in Bild 3.6: Wenn die Lampe ausgeschaltet ist, wird sie durch Drücken eines der drei Schalter eingeschaltet. Wenn sie eingeschaltet ist, wird sie durch Drücken eines der drei Schalter ausgeschaltet.

Auch der Aufbau und die Funktionsweise der Kreuzschaltung zeigen, dass die Schaltinformation durch Schließen/Öffnen von Schaltern realisiert wird, die sich in den spannungsführenden Leitern befinden. Wie bei der Wechselschaltung sind zusätzliche Leitungen zu verlegen, um die gewünschte Funktionalität zu erfüllen. Informations- und Energiefluss sind nicht voneinander getrennt.

Tabelle 3.3 Funktionsdiagramm der in Bild 3.6 dargestellten Kreuzschaltung

Schalterstellung Wechselschalter 1	Schalterstellung Kreuzschalter	Schalterstellung Wechselschalter 2	Lampe
links (1)	links	links (1)	ein
rechts (2)	links	links (1)	aus
links (1)	rechts	links (1)	aus
links (1)	links	rechts (2)	aus
rechts (2)	rechts	links (1)	ein
rechts (2)	links	rechts (2)	ein
links (1)	rechts	rechts (2)	ein
rechts (2)	rechts	rechts (2)	aus

3.3 Überblick über den KNX

Wenn eine KNX-Anlage aufgebaut werden soll, ist es sinnvoll, nach einer bestimmten Reihenfolge vorzugehen. Entsprechende Kenntnisse über den KNX werden benötigt.

1. Zunächst muss man sich für ein Übertragungsmedium entscheiden (Abschnitt 3.4). Im Normalfall ist dies eine Twisted-Pair-Leitung, die kostengünstigste Variante.
2. Danach sind die erforderlichen Busgeräte auszuwählen: Systemgeräte, Sensoren, Aktoren (Abschnitt 3.5). Hierbei ist auch wichtig, welche „äußere" Hardware (Abschnitt 3.12.1) ein Gerät hat. Insbesondere sind die mechanische Bauform und die elektrischen Anschlüsse von Bedeutung. Die „innere" Hardware (Abschnitt 3.12.2), d. h., welcher Transceiver oder welcher µC benutzt wird oder wie viel Speicherkapazität das Gerät hat, spielt für den Anwender im Allgemeinen nur eine untergeordnete Rolle.
3. Den KNX-Geräten müssen sodann eindeutige physikalische Adressen zugeordnet werden, womit auch die Topologie der Anlage festgelegt wird, d. h., die KNX-Geräte werden Linien und Bereichen zugeordnet. Bei der Topologie der Anlage müssen zudem Installationsrichtlinien beachtet werden (Abschnitt 3.6.5). Beispielsweise darf die Leitungslänge einer KNX TP-Linie 1000 m nicht überschreiten.
4. KNX-Geräte müssen schließlich mit der Software ETS (Engineering Tool Software) projektiert, parametriert und programmiert werden (Abschnitt 3.13.6). Ein wichtiger Schritt hierbei ist die Zuordnung von Kommunikationsobjekten zu Gruppenadressen, wodurch die Kommunikationsbeziehungen zwischen Sensoren und Aktoren definiert werden (Abschnitt 3.8).

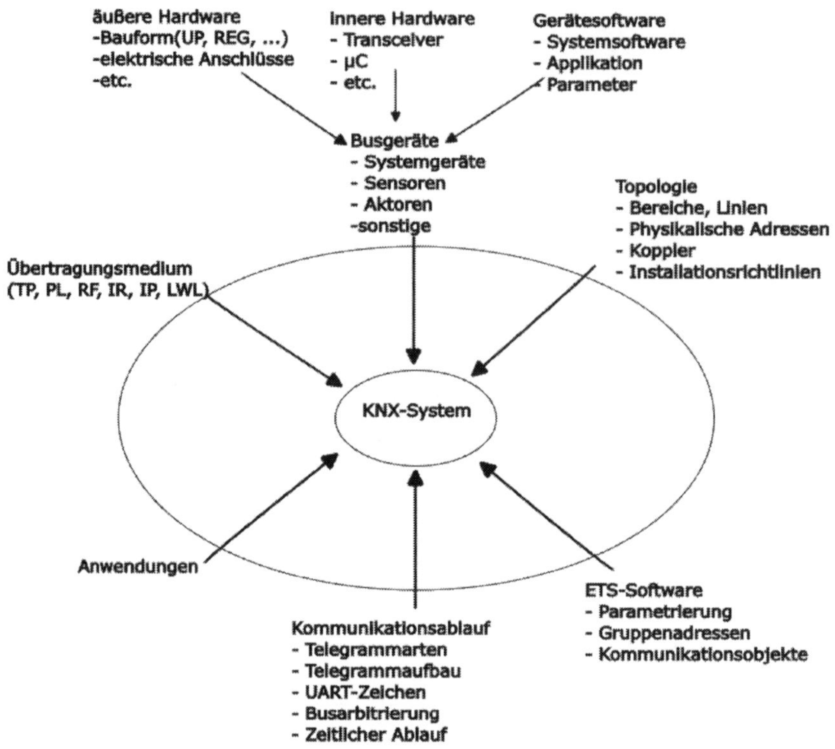

Bild 3.7 Überblick über den KNX, ausgehend von Planungs- und Projektierungsschritten

3.4 Übertragungsmedien und Eigenschaften von KNX TP

3.4.1 Übertragungsmedien

Für die Übertragung der Daten können verschiedene Medien verwendet werden [KNX22]:

- Twisted Pair (KNX TP – verdrillte Kupferleitung),
- Power Line (KNX PL – Stromnetz),
- Radio Frequency (KNX RF – Funk),
- Ethernet (KNXnet/IP).

Die Übertragung über diese Medien ist standardisiert [KNX22]. Verschiedene Hersteller bieten aber auch die Übertragung über andere Medien an. Wenn ein KNX-Gerät Daten versenden will, wird die zu übertragende Bitinformation mithilfe eines entsprechenden Transceivers (siehe Abschnitt 3.12.2.2) in ein physikalisches Signal umgeformt, z. B. ein Spannungssignal, Funksignal oder Lichtsignal, das über das Medium übertragen werden kann. Beim Empfänger wird das physikalische Signal wieder in eine Bitfolge rückgewandelt.

3.4.2 Kriterien für die Auswahl des Übertragungsmediums

Am häufigsten, insbesondere bei Neubauten, wird die Twisted-Pair-Übertragung (KNX TP) eingesetzt, da sie die kostengünstigste Variante des KNX darstellt, wenn die Verlegung einer separaten Datenleitung keinerlei Probleme bereitet. Wenn aus den unterschiedlichsten Gründen keine weitere Leitung verlegt werden, z. B. in Kirchen oder in denkmalgeschützten Bauwerken, kann KNX RF eingesetzt werden, da Funksignale verwendet werden. KNXnet/IP wird immer häufiger bei der Einbindung von KNX-Geräten in TCP/IP-Netze der Gebäudeautomation eingesetzt. Lichtwellenleiter werden genutzt zur Überbrückung größerer Entfernungen bei gebäudeüberschreitender Leitungsverlegung. Ein weiterer Vorteil von Lichtwellenleitern ist, dass keine Blitz- und Überspannungsschutzvorrichtungen installiert werden müssen. KNX PL wird von in Zukunft nur noch eine untergeordnete Rolle spielen, da die meisten Hersteller Komponenten für KNX PL zugunsten von KNX RF Komponenten aus dem Programm genommen haben.

3.4.3 Eigenschaften von KNX TP

Wichtige Eigenschaften der häufigsten KNX-Variante, KNX TP, werden im Folgenden näher beschrieben, insbesondere die Busleitung und das Bussignal.

3.4.3.1 Busleitung

Die Konnex Association hat verschiedene KNX-Leitungen zertifiziert [KNX22]. Die klassische KNX-Leitung (Bild 3.8) wird mit YCYM 2 × 2 × 0,8 bezeichnet und gehört zur Gruppe der Steuerleitungen.

Sie enthält vier Drähte aus Kupfer mit einem Durchmesser von 0,8 mm (2 × 2 × 0,8), die jeweils mit Polyvinylchlorid (PVC) isoliert (Y), miteinander verdrillt und mit einer Folie geschirmt sind (C). Die beiden letzten Buchstaben (YM) beziehen sich auf die Leitungsart. Es ist eine Mantelleitung (M) mit einer (grünen) Schutzhülle ebenfalls aus PVC (Y).

Bild 3.8
Die klassische KNX TP-Leitung YCYM $2 \times 2 \times 0{,}8$ mit der Zertifizierungsnummer 1/39/92 der Konnex Association

Das Adernpaar mit der roten (+) und der schwarzen (–) Ader wird für die Energieversorgung der Teilnehmer und für die Datenübertragung verwendet. Das Adernpaar mit der gelben (+) und weißen (–) Ader ist als Reserve vorgesehen, z. B. für eine zweite Busleitung oder für eine zusätzliche Energieversorgung der Teilnehmer. Twisted-Pair-Leitungen können auf und unter Putz, in trockenen, feuchten und nassen Räumen verlegt werden. Für sie gelten die gleichen Installationsrichtlinien wie für Starkstromleitungen [RUDOLPH99].

3.4.3.2 Bussignal

Ein KNX-Telegramm wird bei der KNX TP-Übertragung vom Sender in ein Spannungssignal gewandelt bzw. beim Empfänger wieder in eine Bitfolge. Dazu werden spezielle Bausteine verwendet, z. B. ein TP-UART-IC, siehe Abschnitt 3.12.2. Das Signal ist eine Differenzspannung zwischen der roten Plusader (auch A-Leitung genannt) und der schwarzen Minusader (auch B-Leitung genannt). Der Spannungsverlauf über der Zeit kann z. B. mit einem Oszilloskop gemessen werden. Dies muss allerdings potenzialfrei geschehen, indem dieses über einen Trenntransformator an das Niederspannungsnetz angeschlossen wird.

Bild 3.9 zeigt den prinzipiellen Verlauf eines KNX TP-Signals am Beispiel eines Ausschnitts aus einem Datentelegrammsignal (die ersten fünf Bits). Die Bedeutung dieser Null- und Einsbits wird später in Abschnitt 3.10 erläutert.

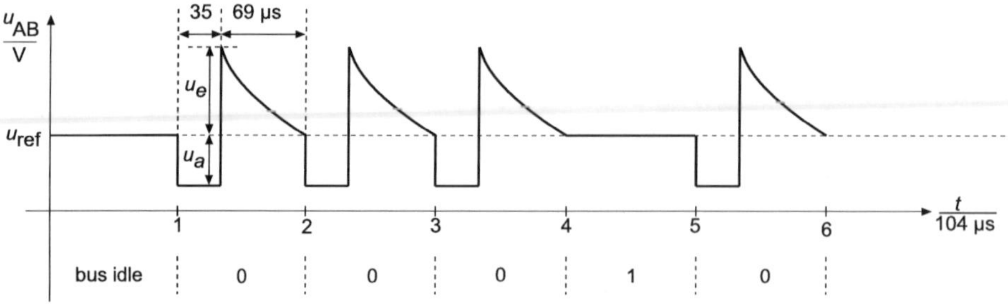

Bild 3.9 Spannungssignalverlauf beim KNX TP

Die Potenzialdifferenz $\phi_A - \phi_B = u_{AB}$ zwischen der A- und B-Leitung wird von den Empfängern ausgewertet. Wenn es keine Busaktivität gibt (bus idle) oder ein Einsbit gesendet wird, hat die Differenzspannung während der Bitperiode $T_{bit} = 104\ \mu s$ einen konstanten Wert u_{ref} zwischen 32 V und 21 V. Wenn ein Nullbit gesendet wird, werden die Spannungsänderungen auf diese Referenzgleichspannung bezogen.

Beim Senden eines Nullbits zieht der Transceiver des Senders während der Zeitdauer 35 µs den Spannungspegel aktiv nach unten. Es gilt für die fallende Flanke und den konstanten Pegel ab einem Zeitpunkt t_A:

$$(u_{\text{ref}} - 10{,}5\,\text{V}) \leq u_{\text{a}} \leq (u_{\text{ref}} - 0{,}7\,\text{V})$$

und für den konstanten Pegel und die steigende Flanke bis zu einem Zeitpunkt t_B:

$$(u_{\text{ref}} - 10{,}5\,\text{V}) \leq u_{\text{a}} \leq (u_{\text{ref}} - 0{,}5\,\text{V})$$

Danach gibt es einen Ausgleichsimpuls, bei dem die vorwiegend in der Drossel gespeicherte Energie wieder frei wird, und es gilt:

$$u_{\text{ref}} \leq u_{\text{e}} \leq (u_{\text{ref}} + 13\,\text{V})$$

Am Ende der Bitperiode von 104 µs muss beim Nullbitsignalelement weiterhin erfüllt sein:

$$(u_{\text{ref}} - 0{,}35\,\text{V}) \leq u_{\text{AB}} \leq (u_{\text{ref}} + 1{,}8\,\text{V})$$

Wenn vor einem Einsbit ein Nullbit gesendet wurde, kann ein linearer Spannungsfall beim Einsbitsignalelement während der Bitperiode T_{bit} auftreten. Damit das Einsbit sicher erkannt wird, müssen die folgenden Bedingungen eingehalten werden:

- Die Spannung u_{AB} darf nicht stärker als mit 400 mV/ms abfallen.
- Am Ende der Bitperiode muss gelten: $(u_{\text{ref}} - 10{,}5\,\text{V}) \leq u_{\text{a}} \leq (u_{\text{ref}} - 0{,}7\,\text{V})$.

Der in Bild 3.9 dargestellte Spannungsverlauf stellt eine Idealisierung dar! Abhängig von der Anzahl der Teilnehmer, der Entfernung von der Spannungsversorgung (Spannungsfall längs der Leitung, Leitungskapazitäten) und externen Störspannungen ergeben sich zum Teil erhebliche Abweichungen von der idealen Form, wie Bild 3.10 zeigt.

Die Empfängerbausteine können jedoch auch verformte Signale verarbeiten, sofern sie im vorgegebenen Toleranzbereich liegen. Durch Koppler und Linienverstärker (Abschnitt 3.6.4) werden die Signale bei der Weiterleitung in die nächste Linie bzw. das nächste Liniensegment regeneriert, sodass auch weit vom Sender entfernte Empfänger die im Signal enthaltene digitale Information noch sicher detektieren können.

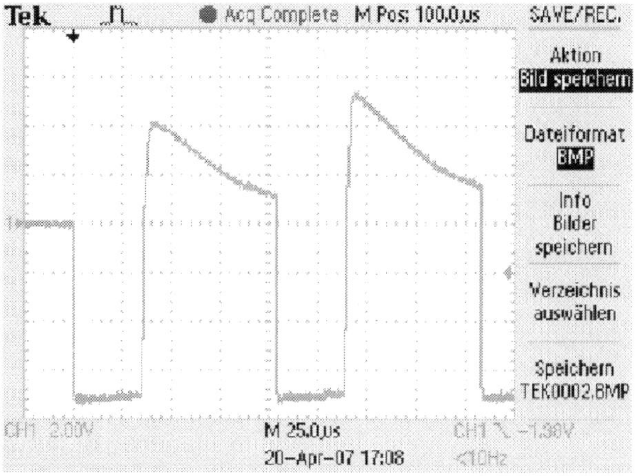

Bild 3.10
KNX TP-Signalverlauf (gemessen)

3.4.3.3 Bitrate

Ausgehend von der für die Übertragung eines Bits benötigten Zeit, der Bitperiode $T_{\text{bit}} = 104\ \mu\text{s}$, lässt sich die Bitrate r_{bit} beim KNX TP berechnen zu:

$$r_{\text{bit}} = \frac{1}{T} = \frac{1\ \text{bit}}{104\ \mu\text{s}} \approx 9615\ \frac{\text{bit}}{\text{s}} \approx 9,6\ \frac{\text{kbit}}{\text{s}}$$

3.5 Busgeräte

Zum Aufbau einer KNX-Anlage werden verschiedenartige Busgeräte benötigt. Um sich über die marktgängigen KNX-Geräte zu informieren, hilft ein Blick in die gedruckten Kataloge oder Webseiten der Hersteller. Gerade die Letzteren sind sehr zu empfehlen, denn dort finden sich vielfältige Zusatzinformationen, insbesondere technische Daten und Applikationsbeispiele. Von einem speziellen Hersteller werden in der Regel einige Dutzend verschiedene KNX-Produkte angeboten, sodass man über alle Hersteller summiert die Auswahl unter einigen Tausend KNX-Geräten hat. Bei der Auswahl muss man die vom Einbauort und von den zu realisierenden Gebäudefunktionen gestellten Anforderungen gut kennen, damit man die geeigneten Produkte schnell finden kann.

3.5.1 Typen und Ausführungsformen

Die Hersteller ordnen in den Katalogen ihre KNX-Produkte zunächst nach dem Übertragungsmedium, z. B. KNX TP und KNX RF. Ein weiteres Unterscheidungskriterium ist dann die Ausführungsform. Je nach Einbauort und -möglichkeit vor Ort gibt es:

- Unterputzgeräte (UP): Sie sind geeignet für Unterputzmontage, d. h. Einbau in handelsübliche UP-Montagedosen, siehe z. B. den Busankoppler in Bild 3.11.
- Aufputzgeräte (AP): Sie werden auf Putz montiert.
- Einbaugeräte (EB): Sie sind für Kabelkanäle, Hohlböden und Zwischendecken geeignet.
- Reiheneinbaugeräte (REG): Sie werden in Schaltschränke eingebaut, indem sie auf eine DIN-Hutprofilschiene aufgeschnappt werden (vgl. Bild 3.12).

Schließlich sind die Geräte z. B. in folgende Gruppen eingeteilt:

- Systemgeräte, z. B. Spannungsversorgung, Drossel, Akkumodul, Koppler, Schnittstelle (RS-232, USB u. a.), Busankoppler, IP-Gateway, Telefon-Gateway, Logikmodul;
- Sensoren, z. B. Tastsensor, Bewegungssensor, Glasbruchsensor, Regenfühler;
- Aktoren, z. B. Schaltaktor, Jalousieaktor, Rollladenaktor;
- Visualierungen, z. B. LC-Display, Controlpanel;
- Systemzubehör, z. B. Anschlussklemme, Klemmblock/Verbinder;
- Zubehör, z. B. UP-Montagedose, Schildträger, Beschriftungsbogen.

Ein weiteres Unterscheidungsmerkmal von KNX-Geräten ist, dass sie modular oder kompakt aufgebaut sein können. Bei modularer Bauweise wird ein Anwendungsmodul auf einen Busankoppler aufgesteckt, siehe Bild 3.11.

Bild 3.11 Modulares KNX PL-Gerät [Busch-Jaeger Elektro]; ganz links: Busankoppler

Bei einem kompakten Gerät befinden sich Busankoppler und Anwendungsmodul in einem gemeinsamen Gehäuse, siehe z. B. der Schaltaktor (6-fach) in Bild 3.13.

3.5.2 Häufig eingesetzte Busgeräte

Stellvertretend für die Vielzahl der im Fachhandel erhältlichen KNX-Produkte seien drei Geräte vorgestellt, die in KNX TP-Anlagen sehr häufig eingesetzt werden:

- Spannungsversorgung mit integrierter Drossel,
- Schaltaktor,
- Tastsensor.

3.5.2.1 Spannungsversorgung mit integrierter Drossel

Die Spannungsversorgung (SV) mit integrierter Drossel (Bild 3.12) wird an das Niederspannungsnetz (230-V-Netz) angeschlossen und versorgt über den Ausgang 1 ein Liniensegment mit 30 V DC. Dies bedeutet allerdings nicht, dass alle Geräte dieses Liniensegments ebenfalls diese Eingangsspannung haben: Mit steigender Entfernung von der SV sinkt nämlich die Busspannung bis auf 21 V DC. Dies ist die Mindestspannung, die ein Busgerät benötigt. Hierzu müssen maximale Leitungslängen je Liniensegment eingehalten werden, siehe Abschnitt 3.6.5 – Installationsrichtlinien. Es steht ein zweiter Ausgang für die Versorgung einer zweiten Linie mit 30 V DC zur Verfügung. Falls auf dieser auch eine Datenkommunikation stattfinden soll, wird zusätzlich eine separate Drossel benötigt.

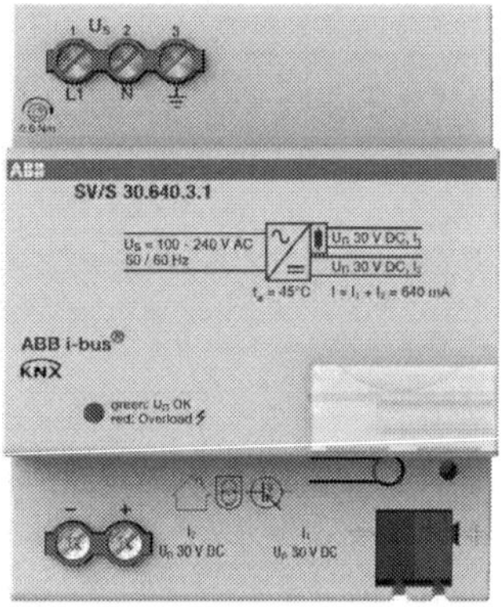

Bild 3.12
Spannungsversorgung 640 mA (REG) mit integrierter Drossel und zwei Ausgängen mit 30 V DC [ABB]

3.5.2.2 Schaltaktor (6-fach)

Ein typischer 6-fach-Schaltaktor ist in Bild 3.13 dargestellt. Es handelt sich um ein Reiheneinbaugerät (REG) und besitzt sechs potenzialfreie Ausgänge A1 bis A6, mit denen jeweils ein Laststromkreis (230 V AC/16 A) geschaltet werden kann.

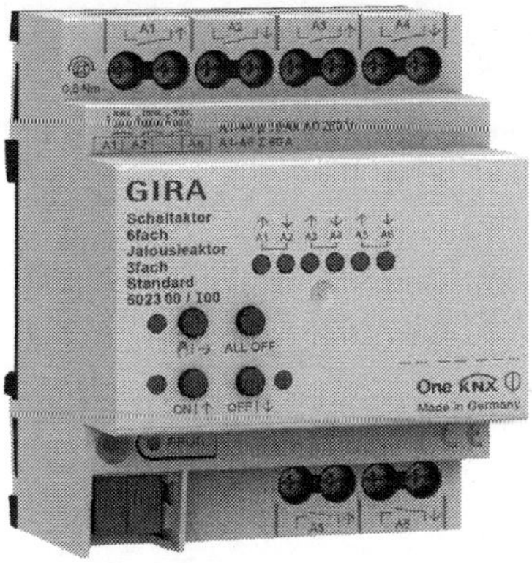

Bild 3.13
6-fach-Schaltaktor (REG) [GIRA]

Jeder Ausgang erfüllt die Funktion eines konventionellen Ausschalters. Die Verbindung des jeweiligen Ausschalters zum Leiter L1 des Niederspannungsnetzes und zum Verbraucher ist über Schraubklemmen möglich, siehe Bild 3.13 und Bild 3.30. Zusätzlich kann mit vielen Schaltaktoren auch eine Jalousiefunktion realisiert werden.

3.5.2.3 Tastsensor

Ein 4-fach-Tastsensor (Bild 3.14, im Vordergrund) ist ein Anwendungsmodul, das auf einen Busankoppler (Bild 3.14, im Hintergrund) aufgesteckt wird (Bild 3.15). Zwischen Busankoppler und 8-fach-Tastsensor wird noch ein Abdeckrahmen montiert.

Bild 3.14
Busankoppler (UP) und 8-fach-Tastsensor [Busch-Jaeger Elektro]

Die Verbindung zwischen dem Anwendungsmodul und dem Busankoppler wird über eine zehnpolige (2 × 5) Stiftleiste hergestellt. Sie wird Anwendungsschnittstelle, kurz AST, genannt. Es gibt auch zwölfpolige (2 × 6) Stiftleisten, siehe Abschnitt 3.12.2.4. Je nach Bedarf können auch andere Tastsensoren aufgesteckt werden, z. B. ein 2-fach-Tastsensor.

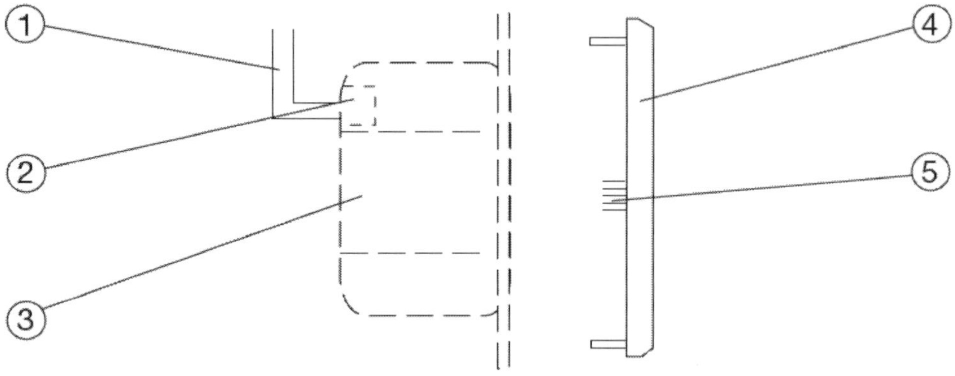

Bild 3.15 Anschlussbild für Busankoppler (UP) und 4-fach-Tastsensor [ABB] 1 Busleitung, 2 Busklemme, 3 Busankoppler (UP), 4 Anwendungsmodul, 5 Stecker (10- oder 12-polig)

Die Tasten des Sensors besitzen eine neutrale Mittelstellung. Ein Druck auf eine Taste oben oder unten schließt interne Schaltkreise des Anwendungsmoduls. Ein kurzes Drücken führt z. B. zu einem Datentelegramm mit einem Schaltbefehl für einen Schaltaktor, ein langes Drücken z. B. zu einem Datentelegramm mit einem Dimmbefehl für einen Dimmaktor.

3.6 Topologie

3.6.1 Begriffsdefinition

Wie bei der konventionellen Elektroinstallation gibt es auch bei einer KNX TP-Installation ein Energieversorgungsnetz (mit Wechselspannung und Wechselstrom). Schließlich müssen nach wie vor die elektrischen Verbraucher im Gebäude, z. B. Lampen und Motoren, aber auch die KNX-Geräte, wie z. B. Spannungsversorgungen oder Touchpanels, mit elektrischer Energie versorgt werden. Zusätzlich existiert aber noch ein Kommunikationsnetz, der KNX, mit dem die Busgeräte elektrisch (mit Gleichspannung und Gleichstrom) versorgt und zusätzlich Daten übertragen werden. Beide Netze sind galvanisch vollständig voneinander getrennt, was sich auch in der Verwendung unterschiedlicher Leitungen ausdrückt. Bei einer KNX TP-Installation muss also neben einem Energieversorgungsnetz auch noch ein Kommunikationsnetz geplant und installiert werden.

Damit eine KNX-Anlage die vom Kunden gewünschten Gebäudefunktionen realisieren kann, überlegt sich der Planer zunächst, welche Systemgeräte, Sensoren und Aktoren usw. benötigt werden. Danach legt er fest, an welcher Stelle die einzelnen KNX-Geräte im Gebäude montiert und wie sie miteinander über die Busleitung zu einem Kommunikationssystem verbunden werden müssen, siehe das Beispiel in Bild 3.16, links. Die Art und Weise, wie dieses System aufgebaut ist, seine Struktur, nennt man *Topologie*.

Die Topologie beschreibt die Struktur des Systems im Hinblick auf die kommunikationstechnische Verbindung der enthaltenen Komponenten. Sie wird durch einen Netzwerkgraphen beschrieben.

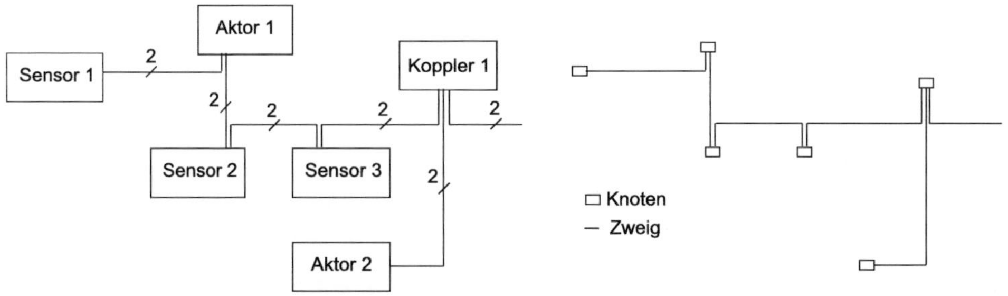

Bild 3.16 KNX TP-Topologie: KNX-Anlage (links) und zugehöriger Netzwerkgraph (rechts)

Ein Netzwerkgraph (Bild 3.16, rechts) besteht aus Knoten und Zweigen (auch: Kanten). Knoten des Kommunikationsnetzes sind KNX-Geräte, die mit mindestens einem weiteren KNX-Gerät direkt verbunden sind. Unter einem Zweig als Verbindung zweier Knoten kann man sich eine (zweiadrige) Busleitung bestimmter Länge vorstellen, wie es in Bild 3.16, links, dargestellt ist. Beim KNX wird ein solcher Zweig als Linie bzw. als Liniensegment bezeichnet.

3.6.2 Teilnehmer, Linien, Bereiche

Eine KNX-Anlage ist hierarchisch aufgebaut. Ihre Topologie ist den konventionellen Installationsstrukturen in einem Gebäude nachempfunden. Es handelt sich um eine Baumtopologie, siehe Bild 3.17.

- Teilnehmer (T) werden einer Linie (L) zugeordnet.
- Mehrere Linien werden über Koppler (K) an eine Hauptlinie (HL) angeschlossen und bilden einen Bereich (B).
- Mehrere Bereiche werden schließlich miteinander gekoppelt, indem die Hauptlinien wiederum über Koppler mit der Bereichslinie (BL) verbunden werden. Die Bereichslinie wird als auch Backbone Line (Hauptübertragungsleitung) bezeichnet.

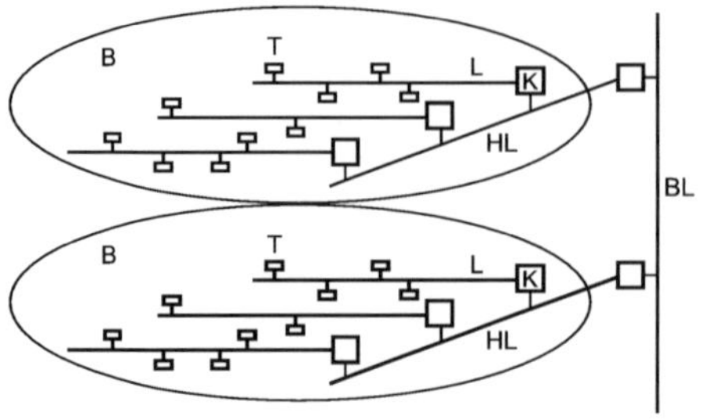

Bild 3.17
Baumtopologie des KNX

Unter einem Bereich kann man sich z. B. ein Stockwerk eines Gebäudes vorstellen. In jedem Flur des Stockwerks befinden sich dann in den Fluren Linien, an welche jeweils die in den angrenzenden Räumen befindlichen Busgeräte angeschlossen sind. Kleinere Anlagen bestehen oft nur aus einigen Dutzend Teilnehmern, die einem einzigen Bereich und einer einzigen Linie zugeordnet werden können. Teilnehmer ohne Linien- und Bereichszugehörigkeit gibt es in einem KNX-System nicht! Die Anzahl von Linien und Bereichen hängt ab von der räumlichen Ausdehnung des Gebäudes sowie der Anzahl und Funktionalität der zu installierenden Busgeräte.

Manchmal werden auch mehr Linien verwendet, als eigentlich aufgrund der Gebäudeausdehnung oder der Anzahl der Geräte erforderlich sind. Dies ist z. B. der Fall, wenn eine redundante Linie zur Erhöhung der Verfügbarkeit der Funktionen eingebaut wird, oder wenn eine Linie mit einem Regelgerät von dem durch andere Geräte verursachten Telegrammverkehr entlastet werden soll. (Ein Regelgerät muss im Bedarfsfall immer einen freien Bus vorfinden, damit die Regelinformation rechtzeitig übertragen werden kann.)

Eine Linie besteht in der KNX TP-Version TP1-64 aus bis zu vier Liniensegmenten, von denen jedes bis zu 64 Busgeräte aufnehmen kann. Eine TP1-64-Linie kann also insgesamt maximal 256 Geräte enthalten. In der KNX TP-Version TP1-256 hat eine Linie nur ein einziges Liniensegment, das bis zu 256 Busgeräte aufnehmen kann. (Mehr Geräte sind nicht möglich, da für die Teilnehmeradressierung je Linie nur 8 Bits vorgesehen sind.)

Bei der Planung einer KNX-Anlage ist es sinnvoll, eine Ausbaureserve von ca. 20 % vorzusehen, damit man bei einer späteren Erweiterung keine neuen Linien hinzufügen muss. Einer Linie mit einem Liniensegment sollten in der Version TP1-64 daher höchstens etwa 50 Teilnehmer zugewiesen werden. Bei Linien mit mehreren Liniensegmenten gilt Entsprechendes für jedes Liniensegment.

Linien bzw. Liniensegmente und Bereiche werden datentechnisch mithilfe von Linienverstärkern, Linienkopplern und Bereichskopplern miteinander verbunden. Hierbei handelt es sich immer um das gleiche Gerät, einen Koppler, der durch seine topologische Lage und sein Applikationsprogramm zu dem speziellen Koppler wird (siehe Abschnitt 3.6.4). Sensoren, Aktoren und Koppler sind neben anderen die eigentlichen Teilnehmer an der Datenkommunikation in einem KNX-System. Sie erhalten eine physikalische Adresse, durch die sie im System eindeutig identifiziert werden. Physikalische Adressen werden in Abschnitt 3.7 näher erläutert. Jede Linie (die Liniensegmente, die Hauptlinien und die Bereichslinie) benötigt aus elektrischen und kommunikationstechnischen Gründen eine eigene Spannungsversorgung (mit Drossel).

3.6.3 Spannungsversorgungen

Eine Spannungsversorgung (SV) versorgt die Teilnehmer einer Linie mit Gleichstrom (bei einer Gleichspannung von 32 V DC bis 21 V DC) und ermöglicht zusammen mit der integrierten Drossel die Datenkommunikation auf der Linie. Es gibt z. B. SV mit einem maximalen Strom von 640 mA für höchstens 64 Teilnehmer (vgl. Bild 3.12) und SV mit einem maximalen Strom von 320 mA für höchstens 32 Teilnehmer. Welche SV man wählt, ist abhängig von der tatsächlichen oder künftig geplanten Anzahl der Teilnehmer je Linie bzw. je Liniensegment. Ein Vorteil dieses Konzepts (eine SV je Linie) ist, dass bei Ausfall einer SV nur die in der entsprechenden Linie enthaltenen Teilnehmer nicht mehr kommunizieren können, Teilnehmer in anderen Linien hingegen schon. Bei Ausfall einer Hauptlinie oder gar der Bereichslinie ist natürlich ein Großteil der linien- und bereichsübergreifenden Kommunikation gestört. Die für den Betrieb von Linienverstärkern (LV), Linienkopplern (LK) und Bereichskopplern (BK) notwendige elektrische Energie kommt immer von der untergeordneten Linie bzw. dem Liniensegment (LS), d. h., es werden gespeist (siehe Bild 3.19):

- LV von der SV des LS 1 oder 2 oder 3,
- LK von der SV des LS 0,
- BK von der SV der Hauptlinie.

Aus elektrischen Gründen können (bei der Version TP1-64) also maximal enthalten sein:

- in einer Linie (mit dem LS 0) entweder 64 Sensoren/Aktoren oder 63 plus ein LK,
- in den LS 1, 2 und 3 jeweils ein LV und 63 Sensoren/Aktoren,
- in einer Hauptlinie entweder 64 Sensoren/Aktoren oder 63 plus ein BK,
- in einer Bereichslinie 64 Sensoren/Aktoren.

Die Kopplung von Liniensegmenten bzw. Linien funktioniert allerdings nur dann ordnungsgemäß, wenn sowohl die unter- als auch die übergeordnete Linie eine SV enthalten!

Beispiel: Der Tastsensor 1.1.1 ist datentechnisch über den LK 1.1.0 und den LK 1.2.0 mit dem Schaltaktor 1.2.10 verbunden. Damit das System ordnungsgemäß arbeitet, sind drei SV erforderlich: eine SV für die Linie 1.1, eine für die Hauptlinie 1.0, eine für die Linie 1.2.

3.6.4 Koppler

Ein Koppler ist ein Systemgerät und kann als Linienverstärker (LV), als Linienkoppler (LK) oder als Bereichskoppler (BK) eingesetzt werden (siehe Bild 3.18). Dies wird bei der Projektierung festgelegt durch Vergabe spezieller physikalischer Adressen (siehe Abschnitt 3.7) und durch Wahl des entsprechenden Applikationsprogramms (Koppeln bzw. Verstärken).

Die durch LK, BK und LV miteinander verbundenen Linien bzw. Liniensegmente sind elektrisch eigenständig. Die galvanische Trennung bleibt auch beim Einbau von LK, BK und LV erhalten; es erfolgt aber eine datentechnische Verbindung von Busgeräten, die sich in verschiedenen Linien bzw. Liniensegmenten befinden.

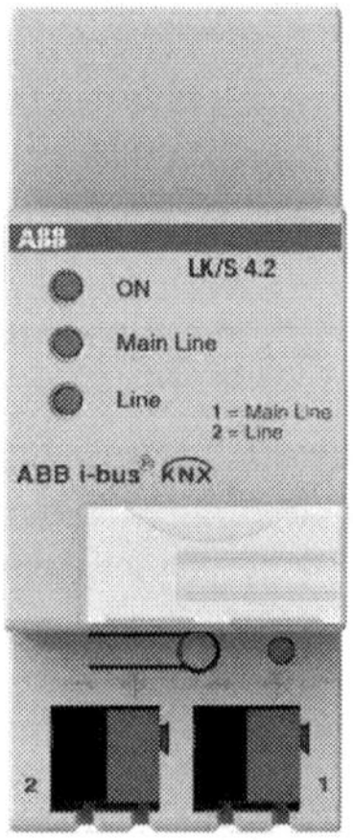

Bild 3.18
Koppler [ABB], verwendbar als Linienverstärker, Linienkoppler oder Bereichskoppler

3.6.4.1 Koppler als Linienverstärker

Um (bei der KNX TP-Version TP1–64) eine Linie, die nur aus dem Liniensegment 0 (LS 0) besteht, auf mehr als 64 Teilnehmer zu erweitern bzw. die räumliche Ausdehnung der Linie zu vergrößern, werden Koppler als Linienverstärker (Repeater) eingesetzt. Es können maximal drei weitere Liniensegmente (LS 1, LS 2, LS 3) hinzugefügt werden, die parallel zu schalten sind und jeweils höchstens 64 Busgeräte enthalten dürfen (Bild 3.19). Die Parallelschaltung ist dadurch begründet, dass übliche Datentelegramme nur maximal sechs Koppler (LK, BK oder LV) passieren können! Dann werden sie nicht mehr weitergeleitet, siehe Abschnitt 3.10.3.

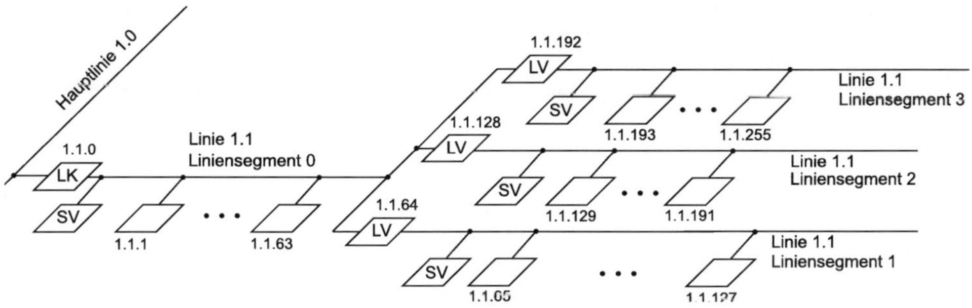

Bild 3.19 KNX TP-Linie, Version TP1-64, mit vier Segmenten 0, 1, 2, 3 und drei Linienverstärkern (LV)

(Die physikalischen Adressen 1.1.0, 1.1.1 usw. der Geräte werden später in Abschnitt 3.7.1 erläutert.)

In der KNX TP-Version TP1-64 gelten beim Ausbau einer Linie folgende Höchstwerte:

- Das LS 0 enthält max. 64 Aktoren/Sensoren bzw. 63 Sensoren/Aktoren und einen LK.
- Die LS 1 bis 3 enthalten jeweils einen LV und max. 63 Aktoren/Sensoren.

Eine Linie im Maximalausbau enthält also 253 Sensoren/Aktoren bzw. 252, wenn noch ein LK für die Ankopplung an die Hauptlinie eingesetzt wird. Die LV erhalten die physikalischen Adressen 1.1.64, 1.1.128 und 1.1.192. Es sind aber auch andere Adressen möglich, z. B. 1.1.51, 1.1.101, 1.1.151, wenn je Liniensegment nur etwa 50 Sensoren/Aktoren verbaut werden.

In der KNX TP-Version TP1-256 gibt es nur ein Liniensegment mit maximal 256 Sensoren/Aktoren oder 255 plus ein LK. Koppler als Linienverstärker sind in diesem Fall nicht erforderlich.

3.6.4.2 Koppler als Linienkoppler

Zur datentechnischen Verbindung von Linien innerhalb eines Bereichs werden diese mithilfe von Linienkopplern (LK) an die Hauptlinie des Bereichs angeschlossen, z. B. an die Linie 1.0 des Bereichs 1 (Bild 3.20). Um einen Koppler als LK auszuweisen, erhält er eine spezielle physikalische Adresse (1.1.0, 1.2.0 usw., siehe Abschnitt 3.7.1.1), und als Applikationsprogramm wird Koppeln gewählt.

3.6.4.3 Koppler als Bereichskoppler

Zur datentechnischen Verbindung von Bereichen werden deren Hauptlinien mittels Bereichskopplern (BK) an die Bereichslinie (Linie 0.0) angeschlossen (Bild 3.20).

Um einen Koppler als BK auszuweisen, erhält er eine spezielle physikalische Adresse (1.0.0, 2.0.0 usw., siehe Abschnitt 3.7.1.1), und als Applikationsprogramm wird Koppeln gewählt.

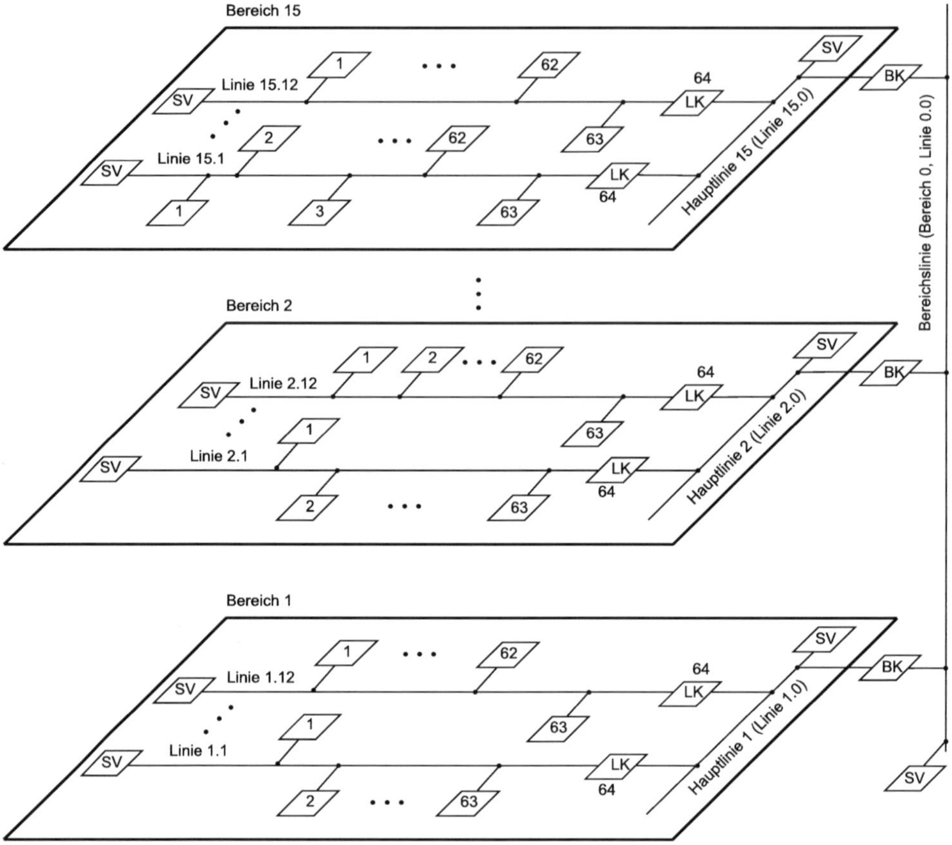

Bild 3.20 Topologie einer KNX TP-Anlage in der Version TP1-64 (mit 11 535 Teilnehmern)

3.6.5 Installationsrichtlinien

Bei der räumlichen Anordnung der KNX-Geräte im Gebäude (Bild 3.21) müssen Installationsrichtlinien beachtet werden. Wichtig ist hierbei vor allem die Leitungslänge. Es muss sichergestellt sein, dass (im Hinblick auf den Spannungsfall längs der Leitung) den Geräten (T1, T2 und T3) auch bei größerer Entfernung von der Spannungsversorgung (SV1 oder SV2) noch die geforderte Mindestspannung (21 V DC) zur Verfügung steht. Weiterhin muss auch sichergestellt sein, dass (im Hinblick auf die mit zunehmender Leitungslänge wachsende Signallaufzeit) die Busarbitrierung (siehe Abschnitt 3.10.2) innerhalb einer Bitzeit korrekt ablaufen kann: Auch zwei weit entfernte Teilnehmer müssen rechtzeitig erkennen können, ob auf dem Bus ein dominantes oder ein rezessives Bit vorliegt.

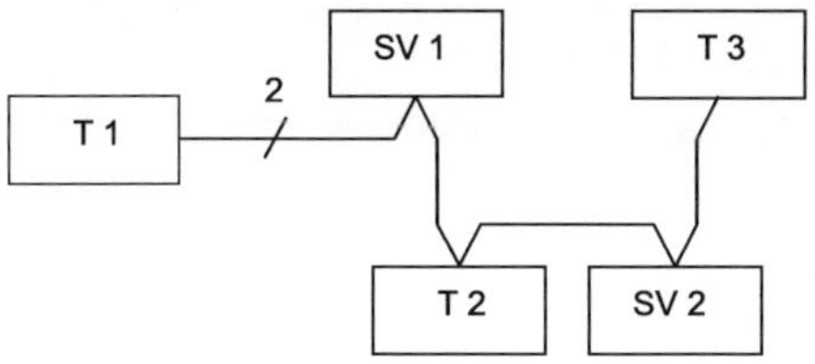

Bild 3.21
Installationsrichtlinien beim KNX TP

Die folgenden Richtlinien für die Installation einer KNX TP-Anlage (Versionen TP1-64 und TP1-256) gelten für eine **Linie** bzw. ein **Liniensegment:**

- Die gesamte Leitungslänge darf nicht mehr als 1000 m betragen.
- Die Leitungslänge zwischen den beiden am weitesten voneinander entfernten Teilnehmern, z. B. zwischen T1 und T3 in Bild 3.21, darf nicht mehr als 700 m betragen.
- Die maximale Leitungslänge zwischen einer Spannungsversorgung und einem Teilnehmer, z. B. zwischen SV1 und T1 oder SV2 und T3 in Bild 3.21, darf 350 m nicht überschreiten.
- Bei Verwendung von zwei Spannungsversorgungen, was z. B. bei erhöhtem Strombedarf der Teilnehmer erforderlich ist, muss die Leitungslänge zwischen den beiden mindestens 200 m betragen. Mehr als zwei Spannungsversorgungen dürfen nicht verwendet werden.

3.6.6 Blockschaltbilder und genormte Gerätesymbole

Um die Topologie einer KNX-Anlage grafisch zu beschreiben, verwendet man Blockschaltbilder mit genormten Gerätesymbolen. In Bild 3.22 ist als Beispiel das Blockschaltbild einer kleinen KNX-Anlage dargestellt, die für Lichtfunktionen zum Einsatz kommt. Die (serielle) Schnittstelle RS-232 wird zur Programmierung (physikalische Adressen, Applikationsprogramme) der Busgeräte mithilfe der Projektierungssoftware ETS benötigt. Danach kann sie entfernt werden, da sie für den Betrieb der Anlage nicht erforderlich ist. Aus diesem Grund ist es auch sinnvoll, ihr eine physikalische Adresse mit hoher Teilnehmernummer zuzuweisen, da die niedrigen Nummern dann für die anderen Geräte zur Verfügung stehen.

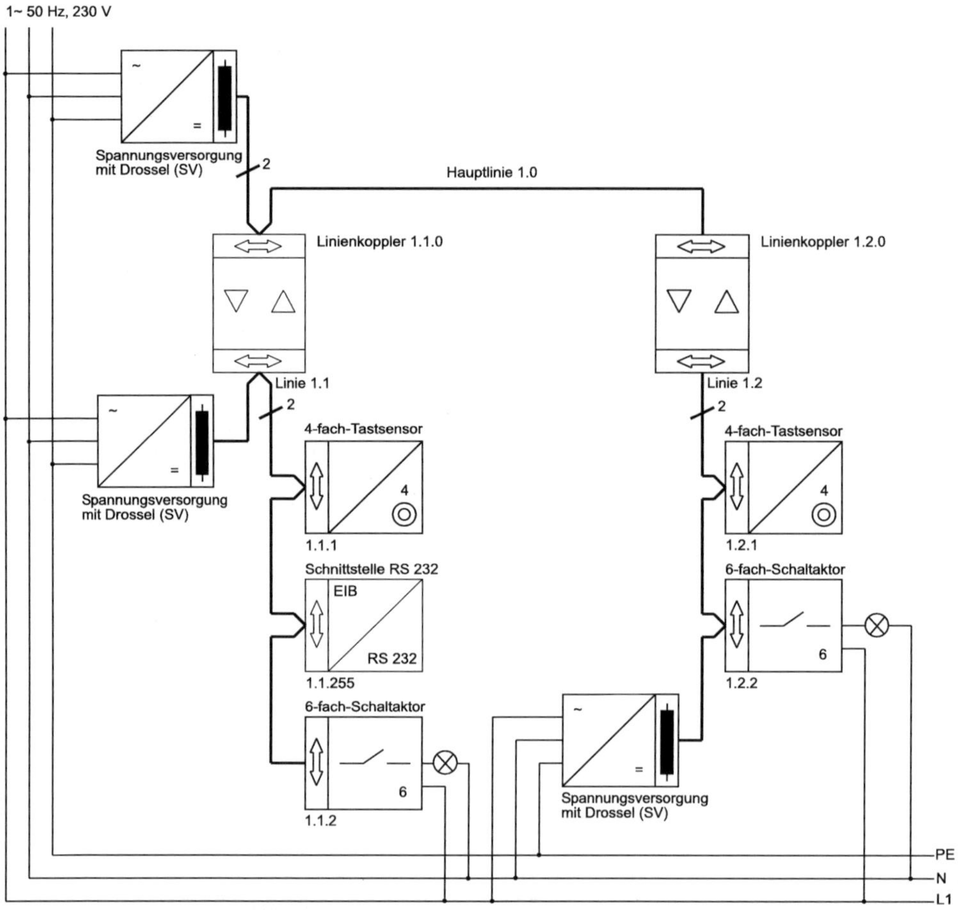

Bild 3.22 Blockschaltbild einer kleinen KNX-Anlage mit einem Bereich und zwei Linien

3.7 Teilnehmeradressierung

Alle KNX-Geräte, die an der Datenkommunikation teilnehmen (Sensoren, Aktoren, Koppler u.a.), müssen eine eindeutige physikalische Adresse haben. Dies ist u.a. erforderlich, damit die Projektierungssoftware ETS die Applikation gezielt in ein Gerät übertragen kann. Damit die Teilnehmer aber auch untereinander Informationen austauschen können, gibt es auch noch Gruppenadressen, die Kommunikationsobjekte von denjenigen Teilnehmern enthalten, deren Applikationen Daten austauschen.

3.7.1 Physikalische Adressen

Jedes Busgerät (ausgenommen Spannungsversorgungen) erhält bei der Projektierung mit der Projektierungssoftware ETS eine eindeutige physikalische Adresse. Sie wird bei der Inbetriebnahme in das Gerät geladen und dauerhaft gespeichert.

Die Vergabe der physikalischen Adressen soll möglichst sinnvoll erfolgen und sich z. B. an der Reihenfolge der Einbauorte im Gebäude orientieren. Hierbei werden die Adressen der in örtlicher Nachbarschaft installierten Geräte fortlaufend vergeben. Die physikalische Adresse soll dauerhaft und gut lesbar am Gerät angebracht werden, z. B auf dem Beschriftungsbogen im Schildträger.

Die Adresse identifiziert das Gerät eindeutig und gibt gleichzeitig Auskunft über seine topologische Lage im Gesamtsystem, und zwar durch die Angabe:

Bereich.Linie.Teilnehmer

Die formale Trennung durch Punkte ist wichtig, um physikalische Adressen von Gruppenadressen (formale Trennung durch Schrägstriche) unterscheiden zu können.

Für die physikalische Adresse sind im Datentelegramm 2 Bytes vorgesehen, die wie in Tabelle 3.4 dargestellt belegt sind.

Tabelle 3.4 Quelladresse im Datentelegramm

höherwertiges Byte								niederwertiges Byte							
B3	B2	B1	B0	L3	L2	L1	L0	T7	T6	T5	T4	T3	T2	T1	T0
Bereich				Linie				Teilnehmer (je Linie)							

Es kann

- $2^4 = 16$ Bereiche,
- $2^4 = 16$ Linien,
- $2^8 = 256$ Teilnehmer je Linie

geben, insgesamt also $2^{16} = 65.536$ Teilnehmer. Dieses Maximum wird allerdings selten tatsächlich ausgenutzt. Insbesondere werden im Normalfall an die Hauptlinien und die Bereichslinie außer Kopplern keine weiteren Teilnehmer angeschlossen. Dadurch wird der linien- und bereichsübergreifende Datenverkehr, beispielsweise beim Aktualisieren einer Visualisierung, möglichst wenig durch den linieninternen Datenverkehr der Teilnehmer einer Hauptlinie oder der Bereichslinie verzögert.

Üblicherweise beschränkt man sich bei der Vergabe der physikalischen Adressen auf:

- 15 Bereiche (mit den Bereichsnummern 1 bis 15). Der Bereich mit der Nummer 0 entspricht der Bereichslinie (Linie 0.0).
- 12 Linien pro Bereich (mit den Liniennummern Bereich.1 bis Bereich.12). Die Linien mit der Nummer Bereich.0 (eine je Bereich) entsprechen den Hauptlinien (Linien 1.0, 2.0 bis 15.0).
- 64 Teilnehmer je Linie (ein LK mit der Teilnehmernummer 0 und 63 Sensoren/Aktoren mit den Teilnehmernummern 1 bis 63).

Dies ergibt 63 × 12 × 15 = 11 340 Sensoren/Aktoren, zuzüglich 12 × 15 = 180 LK und 15 BK, insgesamt also 11 535 Teilnehmer (Bild 3.20). Für die meisten Projekte im Wohn- und Zweckbau ist diese Anzahl mehr als ausreichend. Einige Dutzend bis einige Hundert Teilnehmer stellen bei der Großzahl der KNX-Projekte den Normalfall dar.

3.7.1.1 Physikalische Adressen von Kopplern und Linienverstärkern

Für Linien- und Bereichskoppler sind die folgenden physikalischen Adressen reserviert:

- Bereich.Linie.0 für Linienkoppler, z. B. 1.1.0, 1.2.0, ..., 1.12.0, 2.1.0, 2.2.0, ..., 15.12.0,
- Bereich.0.0 für Bereichskoppler, z. B. 1.0.0, 2.0.0, ..., 15.0.0.

Linienverstärker müssen eine Teilnehmernummer größer null erhalten, z. B. 1.1.64.

3.7.1.2 Physikalische Adressen an den Hauptlinien und der Bereichslinie

3.7.1.2.1 Physikalische Adressen von Geräten an einer Hauptlinie

Im Normalfall sind an den Hauptlinien (Linien 1.0, 2.0 bis 15.0) keine Sensoren/Aktoren angeschlossen, damit der dadurch verursachte Datenverkehr innerhalb der Hauptlinie nicht den linien- oder bereichsübergreifenden Datenverkehr beeinflusst. Die Spannungsversorgung einer Hauptlinie muss im Normalfall also nur den Bereichskoppler mit Strom versorgen. Es können daher (in der KNX TP-Version TP1-64) also noch bis zu 63 Sensoren/Aktoren an die Hauptlinie angeschlossen werden. Diese erhalten dann die physikalischen Adressen

Bereich.0.x mit $1 \leq x \leq 255$

Die Adressen Bereich.0.0 sind für die Bereichskoppler reserviert. Mögliche Adressen für die 63 Sensoren/Aktoren an einer Hauptlinie sind also z. B.:

- 1.0.1 bis 1.0.63,
- 2.0.100 bis 2.0.162.

Wenn die KNX-Anlage nur aus einem Bereich besteht und daher keine Bereichskoppler benötigt werden, können (in der KNX TP-Version TP1-64) sogar bis zu 64 Sensoren/Aktoren an die Hauptlinie angeschlossen werden.

3.7.1.2.2 Physikalische Adressen von Geräten an der Bereichslinie

Im Normalfall sind an der Bereichslinie keine Sensoren/Aktoren angeschlossen, damit der dadurch verursachte Datenverkehr nicht den bereichsübergreifenden Datenverkehr beeinflussen kann. Die Spannungsversorgung einer Bereichslinie (Linie 0.0) muss daher im Normalfall kein Busgerät mit Strom versorgen. Es können (in der KNX TP-Version TP1–64) also noch bis zu 64 Sensoren/Aktoren an die Bereichslinie angeschlossen werden. Diese erhalten dann die physikalischen Adressen

0.0.x	mit	$1 \leq x \leq 255$

Mögliche Adressen für die 64 Sensoren/Aktoren sind z. B.:

- 0.0.1 bis 0.0.64,
- 0.0.100 bis 0.0.163.

3.7.1.3 Beispiele für physikalische Adressen

- Die Angabe 1.2.2 kennzeichnet den 2. Teilnehmer in der 2. Linie des 1. Bereichs.
- Das Gerät mit der physikalischen Adresse 1.12.0 ist ein Linienkoppler, der die 12. Linie des 1. Bereichs (Linie 1.12) an die Hauptlinie des 1. Bereichs (Linie 1.0) koppelt. Die Hauptlinie ist hierbei die übergeordnete Linie, die Linie selbst die untergeordnete Linie.
- Das Gerät mit der physikalischen Adresse 2.0.0 ist ein Bereichskoppler, der die Hauptlinie des 2. Bereichs (Linie 2.0) mit der Bereichslinie (Linie 0.0) verbindet. Diese ist hierbei die übergeordnete Linie, die Hauptlinie die untergeordnete Linie.

3.7.2 Gruppenadressen (logische Adressen)

Bei der Inbetriebnahme einer KNX-Anlage (Geräteprogrammierung) versendet die Projektierungssoftware ETS Telegramme mit einer physikalischen Adresse als Zieladresse. Im Normalbetrieb einer KNX-Anlage werden allerdings Datentelegramme mit einer Gruppenadresse als Zieladresse versendet. Der KNX unterscheidet zwei Arten von Gruppenadressen:

- Gruppenadressen mit Haupt- und Untergruppe (2-Ebenen-Adressierung)
- Gruppenadressen mit Haupt-, Mittel- und Untergruppe (3-Ebenen-Adressierung).

Die Adressierungsart kann mit der Projektierungssoftware ETS eingestellt werden. Für die Gruppenadresse sind im Datentelegramm 2 Bytes vorgesehen.

3.7.2.1 2-Ebenen-Adressierung

Bei der 2-Ebenen-Adressierung werden die 15 Bits wie folgt genutzt (Tabelle 3.5).

Tabelle 3.5 Gruppenadresse (2-Ebenen-Adressierung)

höherwertiges Byte								niederwertiges Byte							
H4	H3	H2	H1	H0	U10	U9	U8	U7	U6	U5	U4	U3	U2	U1	U0
Hauptgruppe					Untergruppe										

Daher kann es geben:

- $2^5 = 32$ Hauptgruppen (mit den Nummern 0 bis 31)
- $2^{11} = 2048$ Untergruppen (mit den Nummern 0 bis 2047).

Die Gruppenadresse wird bei 2-Ebenen-Adressierung wie folgt angegeben:

Hauptgruppe/Untergruppe

Den Haupt- und Untergruppen gibt man üblicherweise zur besseren Unterscheidbarkeit (sinnvolle) Namen.

Beispiele für Gruppenadressen in 2-Ebenen-Adressierung:

- 0/1 Beleuchtung zentral ein/aus,
- 1/1 Licht Wohnzimmer ein/aus,
- 1/2 Licht Büro ein/aus,
- 2/1 Jalousien Wohnzimmer rauf/runter.

3.7.2.2 3-Ebenen-Adressierung

Bei der 3-Ebenen-Adressierung werden die 16 Bits wie folgt genutzt (Tabelle 3.6).

Tabelle 3.6 Gruppenadresse (3-Ebenen-Adressierung)

höherwertiges Byte								niederwertiges Byte							
H4	H3	H2	H1	H0	M2	M1	M0	U7	U6	U5	U4	U3	U2	U1	U0
Hauptgruppe					Mittelgruppe			Untergruppe							

Daher kann es geben:

- 2^5 = 32 Hauptgruppen (mit den Nummern 0 bis 31)
- 2^3 = 8 Mittelgruppen (mit den Nummern 0 bis 7)
- 2^8 = 256 Untergruppen (mit den Nummern 0 bis 255).

Die Gruppenadresse wird bei 3-Ebenen-Adressierung wie folgt angegeben:

4Hauptgruppe/Mittelgruppe/Untergruppe

Beispiele für Gruppenadressen in 3-Ebenen-Adressierung:

- 1/1/1 Licht Wohnzimmer Decke ein/aus,
- 1/1/2 Licht Wohnzimmer Stehlampe ein/aus,
- 1/2/1 Licht Büro Decke ein/aus,
- 1/2/2 Licht Büro Schreibtisch ein/aus.

Der Vorteil ist ein höherer Detaillierungsgrad im Vergleich zur 2-Ebenen-Adressierung.

3.7.2.3 Hauptgruppen 14 bis 31

Die Hauptgruppen 14–31 können bei älteren Kopplern (aufgrund begrenztem Speicherplatz) nicht in die Filtertabellen aufgenommen werden. Auch in älteren Versionen der Projektierungssoftware ETS kann eine Filterung nicht eingestellt werden (älter als Version 4). Aufgrund von Kompatibilitätsanforderungen wird auch in neueren Kopplern bei der Weiterleitung der Hauptgruppen zwischen Hauptgruppen 0–13 und den Hauptgruppen 14–31 in den Parametern des Applikationsprogramms unterschieden. Wenn die Hauptgruppen 14–31 verwendet werden, müssen die Koppler möglicherweise so konfiguriert werden, dass diese Datentelegramme weitergeleitet werden.

3.7.2.4 Zuordnung von Funktionen zu Hauptgruppen

In der Planungspraxis hat sich hat sich eine bestimmte Zuordnung von Funktionen zu Hauptgruppen eingebürgert, z. B.:

- 0: Zentralfunktionen/Alarme,
- 1: Licht/Steckdosen,
- 2: Rollläden/Jalousien,
- 3: Heizung.

3.7.3 Zieladressbit (Adresstyp)

Damit ein KNX-Gerät beim Empfang eines Datentelegramms erkennen kann, ob die Zieladresse eine physikalische Adresse oder eine Gruppenadresse ist, gibt es das Zieladressbit (Destination Address Flag – DAF) im 6. Datenbyte (Byte 5) des Standarddatentelegramms. Es gibt den Adresstyp (Address Type) an. Der Inhalt des Bits ist vom Sender auf 0 zu setzen, wenn die Zieladresse eine physikalische Adresse ist, bei einer Gruppenadresse jedoch auf 1.

3.8 Kommunikationsobjekte

Ein Kommunikationsobjekt ist ein Speicherbereich, welcher von der Applikationssoftware eines KNX-Geräts in Zusammenarbeit mit der Kommunikationssoftware für den Datenaustausch mit den Applikationen anderer Geräte genutzt wird, wie Bild 3.23 am Beispiel eines 4-fach-Tastsensors und eines 6-fach-Schaltaktors zeigt.

3.8.1 Begriffsdefinition

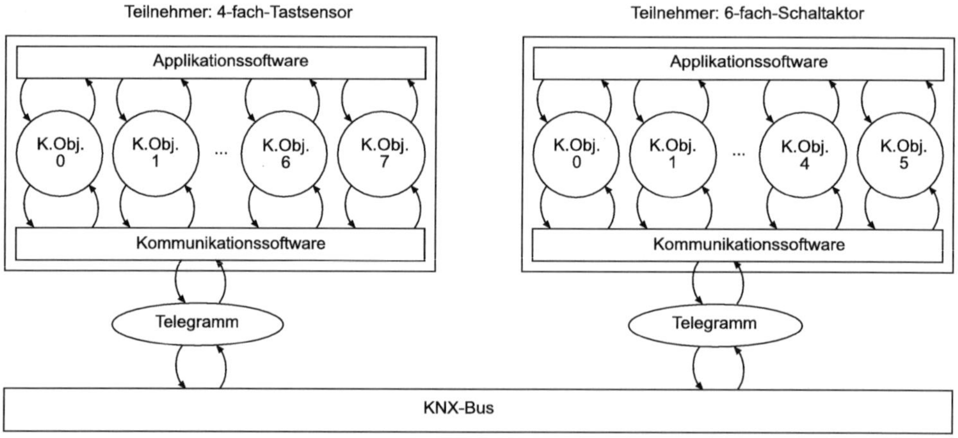

Bild 3.23 Kommunikationsobjekte eines 4-fach-Tastsensors und eines 6-fach-Schaltaktors

3.8.2 Eigenschaften von Kommunikationsobjekten

3.8.2.1 Strukturierter Aufbau

Ein Kommunikationsobjekt (K.Obj.) besitzt einen strukturierten Aufbau, z. B. kann es sein:

- ein Bitfeld (mit der Länge 1 bit, 4 bit, 8 bit usw.),
- eine Variable (Integer, Float),
- eine Zeit- oder Datumsangabe,
- ein Text (z. B. 14 ASCII-Zeichen).

3.8.2.2 Attribute

Je Applikationsprogramm gibt es eine bestimmte Anzahl von K.Obj., die in den technischen Datenblättern der Geräte dokumentiert sind. Ein K.Obj. hat Attribute, insbesondere:

- Nummer,
- Name,
- Funktion,
- Gruppenadresszugehörigkeit,
- Länge (1 bit, 4 bit, 1 B usw.),
- Flags: Kommunikation (K), Lesen (L), Schreiben (S), Übertragen (Ü), Aktualisieren (A), Lesen beim Initialisieren (I).

Die Flags der K.Obj. eines Busgeräts sind standardmäßig vorbelegt (Default-Einstellung) und sollten bei der Projektierung nur im Sonderfall geändert werden. Bei Sensoren und Aktoren sind in der Regel alle Flags, bis auf das L-Flag, gesetzt. Ein Lesen-beim-Initalisieren-Flag haben nur manche Geräte.

Generell gilt, dass die Flags den Schreib- und Lesezugriff auf das K.Obj. beeinflussen. Einen Überblick über die Bedeutung der Flags gibt Tabelle 3.7.

Tabelle 3.7 Flags

Flag	Flag gesetzt	Flag nicht gesetzt
K (Kommunikation – Communication)	Das K.Obj. hat eine Verbindung zum Bus.	Telegramme werden quittiert, aber das K.Obj. wird **nicht** geändert.
L (Lesen – Read)	Der Wert des K.Obj. kann über den Bus ausgelesen werden.	Der Wert des K.Obj. kann **nicht** über den Bus ausgelesen werden.

Tabelle 3.7 *(Fortsetzung)*

Flag	Flag gesetzt	Flag nicht gesetzt
S (Schreiben – Write)	Der Wert des K.Obj. kann über den Bus geändert werden.	Der Wert des K.Obj. kann **nicht** über den Bus geändert werden.
Ü (Übertragen – Transmit)	Wenn sich der Objektwert ändert (bei einem Sensor), wird der neue Wert auf den Bus übertragen.	Nur bei einem Lesebefehl wird der Objektwert auf den Bus übertragen.
A (Aktualisieren – Update)	Der Objektwert wird durch ein Wertantworttelegramm auf dem Bus aktualisiert (Dienst A_Value_Response). Wertantworttelegramme werden durch Wertlesetelegramme (Dienst A_Value_Read) ausgelöst, z. B. von einer Visualisierung.	Der Objektwert wird **nicht** durch ein Wertantworttelegramm auf dem Bus aktualisiert.
I (Lesen beim Initialisieren – Read on Init)	Das K.Obj. fragt beim Hochlauf des Geräts den Objektwert vom Bus ab (nur bei bestimmten Gerätetypen).	Das K.Obj. fragt beim Hochlauf des Geräts den Objektwert **nicht** vom Bus ab.

3.8.2.3 Zugriffsmethoden

Auf K.Obj. wird von der Projektierungssoftware ETS, der Systemsoftware und der Applikation mit bestimmten Diensten lesend und schreibend zugegriffen. Ein häufig benutzter Dienst der Anwendungsschicht ist z. B. A_GroupValue_Write, mit dem der Objektwert geschrieben wird.

3.8.3 Kommunikationsobjekte von Sensorapplikationen

Sensorapplikationen haben im Normalfall nur Kommunikationsobjekte, die gesendet werden. Dies wird dadurch gekennzeichnet, dass in der dem K.Obj. zugeordneten Funktion das Wort „Telegramm“ benutzt wird. Als Beispiel sind in Tabelle 3.8 die K.Obj. der Applikation „Schalten Dimmen LED“ eines 4-fach-Tastsensors in der Einstellung „Schalt-/Dimmsensor“ aufgelistet [ABB].

Diese Applikation benutzt also acht K.Obj. für vier Tasten. Sie werden benötigt, um folgende Funktionen zu erfüllen [ABB]:

- Bei einem kurzen Druck auf den oberen Kontakt einer Taste wird ein Einschalttelegramm gesendet. Das zugeordnete K.Obj. enthält dann die 1.
- Bei einem kurzen Druck auf den unteren Kontakt einer Taste wird ein Ausschalttelegramm gesendet. Das zugeordnete K.Obj. enthält dann die 0.

- Bei einem langen Druck auf den oberen Kontakt einer Taste wird ein Heller-Dimmen-Telegramm gesendet. Das zugeordnete K.Obj. enthält dann z. B. 1011, was „heller auf 25 %, 50 %, 75 % oder 100 %, je nach aktuellem Helligkeitswert" bedeutet. Beim Loslassen der Taste sendet der Taster ein Dimmen-Stopp-Telegramm. Der aktuelle Helligkeitswert wird beibehalten. Das zugeordnete K.Obj. enthält dann den Wert 1000.
- Bei einem langen Druck auf den unteren Kontakt einer Taste wird ein Dunkler-Dimmen-Telegramm gesendet. Das zugeordnete K.Obj. enthält dann z. B. 0011, was „dunkler auf 0 %, 25 %, 50 %, 75 %, je nach aktuellem Helligkeitswert" bedeutet. Beim Loslassen der Taste sendet der Taster ein Dimmen-Stopp-Telegramm. Der aktuelle Helligkeitswert wird beibehalten. Das zugeordnete K.Obj. enthält dann den Wert 1000.

Tabelle 3.8 K.Obj. der Applikation „Schalten Dimmen LED" eines 4-fach-Tastsensors

Nr.	Länge	Objektname	Funktion
0	1 bit	Taste links - kurz	Telegramm schalten
1	1 bit	Taste Mitte links - kurz	Telegramm schalten
2	1 bit	Taste Mitte rechts - kurz	Telegramm schalten
3	1 bit	Taste rechts - kurz	Telegramm schalten
4	4 bit	Taste links - lang	Telegramm relativ dimmen
5	4 bit	Taste Mitte links - lang	Telegramm relativ dimmen
6	4 bit	Taste Mitte rechts - lang	Telegramm relativ dimmen
7	4 bit	Taste rechts - lang	Telegramm relativ dimmen

3.8.4 Kommunikationsobjekte von Aktorapplikationen

Applikationen von Aktoren haben üblicherweise nur K.Obj., die zum Empfangen von Daten verwendet werden. Als Beispiel sind in Tabelle 3.9 die K.Obj. der Applikation „Schalten Vorzug Treppenhausfunktion/3" eines 6-fach-Schaltaktors in der Betriebsart „Normalbetrieb" aufgelistet [ABB].

Tabelle 3.9 K.Obj. der Applikation „Schalten Vorzug Treppenhausfunktion/3“ eines 6-fach-Schaltaktors

Nr.	Länge	Objektname	Funktion
0	1 bit	Ausgang A	Schalten
1	1 bit	Ausgang B	Schalten
2	1 bit	Ausgang C	Schalten
3	1 bit	Ausgang D	Schalten
4	1 bit	Ausgang E	Schalten
5	1 bit	Ausgang F	Schalten

Sie werden benutzt, um folgende Funktionen zu erfüllen [ABB]:

- Wenn der Parameter „Schaltverhalten“ auf „Schließer“ eingestellt ist, schaltet der Aktor das Relais am entsprechenden Ausgang nach Empfang eines Datentelegramms mit dem Wert 1 ein – das zugeordnete K.Obj. enthält dann eine 1 – und nach Empfang eines Datentelegramms mit dem Wert 0 aus – das zugeordnete K. Obj. enthält dann eine 0.
- Wenn der Parameter „Schaltverhalten“ auf „Öffner“ eingestellt ist, schaltet der Aktor das entsprechende Relais nach Empfang eines Datentelegramms mit dem Wert 0 ein und nach Empfang eines Datentelegramms mit dem Wert 1 aus.

3.8.5 Zuordnung von Kommunikationsobjekten zu Gruppenadressen

3.8.5.1 Allgemeine Regeln

Um eine Funktion, z. B. Schalten oder Dimmen, zu realisieren, müssen das Anwendungsprogramm – die Applikation – (mindestens) eines Sensors und das Anwendungsprogramm (mindestens) eines Aktors Daten austauschen. Hierzu benutzen die das Datentelegramm sendende und die es empfangende Applikation jeweils eine bestimmte Anzahl von K.Obj., die gemeinsam einer Gruppenadresse angehören müssen. Dies entspricht der schaltungstechnischen Verbindung der Geräte.

Angenommen, die Teilnehmer A, B und C seien Sensoren, die Teilnehmer D, E und F Aktoren und hätten u. a. die in Bild 3.24 angegebenen K.Obj. mit der Nummer 0.

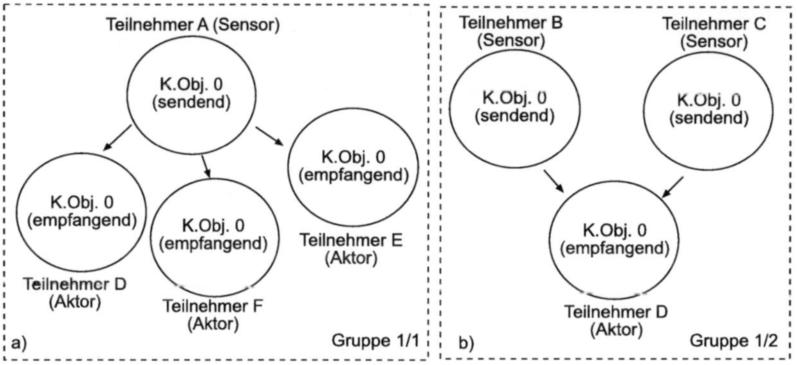

Bild 3.24 Gruppen mit sendenden und empfangenden Kommunikationsobjekten

Um zwei verschiedene Funktionen zu realisieren, werden nun während der Projektierung mit der Projektierungssoftware ETS zwei Gruppenadressen erstellt (1/1 und 1/2). Dann werden ihnen die entsprechenden K.Obj. zugeordnet. Dies kann mittels Drag & Drop geschehen. Zu beachten ist, dass alle K.Obj. vom gleichen Typ sein müssen. Einer Gruppenadresse können also z. B. nur K.Obj. mit der Länge 1 bit oder der Länge 4 bit zugeordnet werden. (Die Projektierungssoftware ETS erlaubt allerdings die Zuordnung nicht, wenn dies nicht erfüllt ist.)

Allgemein müssen folgende Regeln beachtet werden:

- Eine Gruppenadresse muss mindestens ein sendendes K.Obj. und mindestens ein empfangendes K.Obj. enthalten.
- Ein sendendes K.Obj. darf nur einer einzigen Gruppenadresse zugeordnet werden.
- Ein empfangendes K.Obj. darf in mehreren Gruppenadressen enthalten sein.

Die Anzahl von K.Obj. und Gruppenadressen, die bei einer Applikation verwendet werden, ist ebenso wie die Anzahl von Zuordnungen der K.Obj. zu Gruppenadressen begrenzt. Die maximalen Werte sind in den technischen Datenblättern der Geräte angegeben. Ein Beispiel zeigt Bild 3.25. Abhängig von der Applikation und der Einstellung ihrer Parameter gibt es im Allgemeinen eine unterschiedliche Anzahl von K.Obj. Auch die den K.Obj. zugeordneten Funktionen ändern sich in der Regel von Applikation zu Applikation.

ABB i-bus® EIB / KNX	Schaltaktor, 6-fach, 10 A, REG AT/S 6.6.1, GH Q631 0023 R0111

Anwendungsprogramme	Anzahl Kommunikationsobjekte	max. Anzahl Gruppenadressen	max. Anzahl Zuordnungen
Schalten Logik Vorzug /3	12	16	17
Schalten Status Vorzug /1	12	18	18
Schalten Vorzug Zeit /3	6	18	18
Schalten Vorzug Trepph.fkt /3	6	21	22
Schalten Priorität Status Vorzug /6	12	14	14
Gebläsekonv. 4-Leiter Heizen u. Kühlen /1	5	5	5

Bild 3.25 Anwendungsprogramme mit Anzahl K.Obj., Gruppenadressen und Zuordnungen [ABB]

3.8.5.2 Praktisches Beispiel

Folgende Funktion soll mit dem KNX realisiert werden: Mit der „Taste links" eines 4-fach-Tastsensors sollen zwei Lampenkreise ein- und ausgeschaltet werden. Ein kurzer Druck auf den oberen Kontakt der Taste soll das Einschalten bewirken, ein kurzer Druck auf den unteren Kontakt der Taste das Ausschalten. Die Lampenkreise werden mit den beiden Ausgängen A und B eines 6-fach-Schaltaktors geschaltet.

Damit man weiß, welche K.Obj. überhaupt zur Verfügung stehen, müssen zuerst die geeigneten Applikationen beim 4-fach-Tastsensor und beim 6-fach-Schaltaktor ausgewählt werden. Weiterhin ist es möglich, dass sich durch die Einstellung der Applikationsparameter unterschiedliche K.Obj. ergeben.

Daher ist im Allgemeinen wie folgt vorzugehen:

1. Applikation auswählen,
2. Parameter der Applikation einstellen,
3. Gruppenadressen erstellen,
4. Kommunikationsobjekte den Gruppenadressen zuordnen.

Bild 3.26 zeigt die elektrische und die informationstechnische Verbindung der beiden Geräte. Der „Taste links" des 4-fach-Tastsensors ist das K.Obj. 0 zugeordnet, das K.Obj. 0 des 6-fach-Schaltaktors dem Ausgang A (Relais A) und das K.Obj. 1 des 6-fach-Schaltaktors dem Ausgang B (Relais B). Alle K.Obj. sind der Gruppenadresse 1/1 zugeordnet. Nach Programmierung der beiden Geräte ist die Anlage betriebsbereit.

Durch Druck auf den oberen Kontakt der „Taste links" wird ein Einschalttelegramm (mit der Gruppenadresse 1/1, dem Dienstaufruf „A_GroupValue_Write" und dem Objektwert 1) gesendet, welches die Relaiskontakte der Ausgänge A und B schließt und die Lampen einschaltet.

Entsprechend wird durch Druck auf den unteren Kontakt der „Taste links" ein Ausschalttelegramm (mit der Gruppenadresse 1/1, dem Dienstaufruf „A_GroupValue_Write" und dem Objektwert 0) gesendet, welches die Relaiskontakte der Ausgänge A und B öffnet und somit die Lampen ausschaltet.

Dies setzt natürlich voraus, dass der Parameter „Schaltverhalten" der Ausgänge A und B jeweils auf „Schließer" eingestellt ist. Weiterhin muss vorausgesetzt werden, dass beim K.Obj. 0 des Tastsensors das K-Flag und das Ü-Flag gesetzt sind. Das K.Obj. hat dann eine Verbindung zum Bus und bei Änderung des Objektwerts wird ein Telegramm gesendet. Bei den K.Obj. 0 und 1 des Schaltaktors müssen jeweils das K-Flag und das S-Flag gesetzt sein. Die K.Obj. haben dann ebenfalls eine Verbindung zum Bus, und die Objektwerte können über den Bus geschrieben werden.

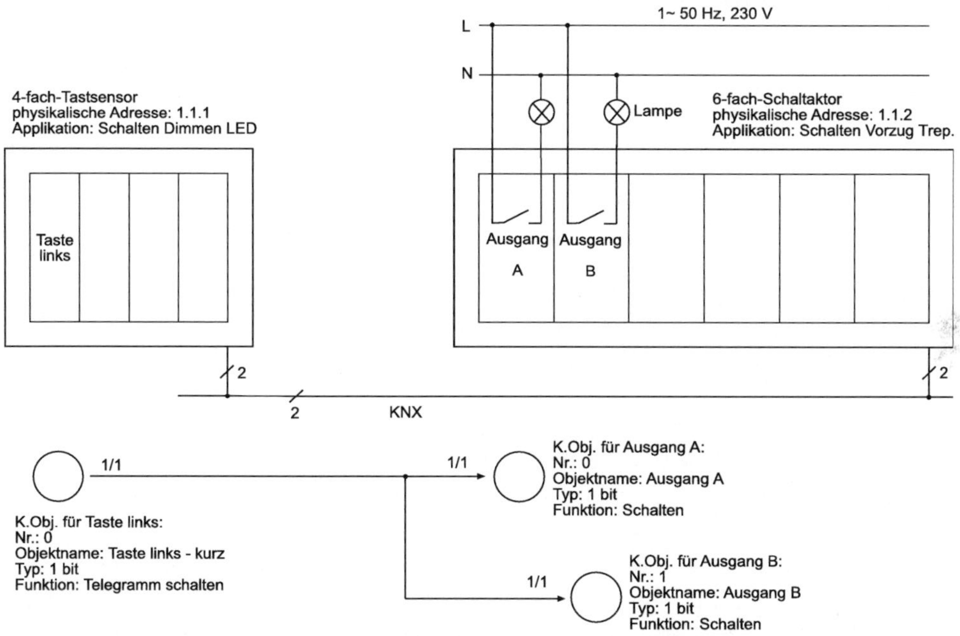

Bild 3.26 Beispiel für die Zuordnung von Kommunikationsobjekten zu einer Gruppenadresse

3.9 Telegramme

Die Hauptaufgabe des KNX ist, Informationen von Sensoren zu Aktoren oder zu Regel- und Steuergeräten u. a. m. zu übertragen. Für immer weitere Anforderungen an die Größe und Art der Daten, die übertragen werden müssen, ist eine Weiterentwicklung des Protokolls notwendig, ohne dass die Abwärtskompatibilität gefährdet wird.

Informationen zwischen KNX-Geräten werden auf unteren Ebenen des Kommunikationsstacks mithilfe von Telegrammen ausgetauscht. Beim KNX gibt es drei Arten von Daten: Datentelegramm (Data Frame), Abfragetelegramm (Poll Data Frame) und Bestätigungstelegramm (Acknowledge Frame).

Daten- und Abfragetelegramme enthalten als erstes Byte (Byte 0) ein Kontrollfeld. Dessen Bits D7 und D6 geben an, um welche Telegrammart es sich handelt, siehe Tabelle 3.10.

Tabelle 3.10 Kontrollfeld (1. Byte – Byte 0 – eines Telegramms)

D7	D6	D5	D4	D3	D2	D1	D0	
1	0	R	1	P1	P0	0	0	Standarddatentelegramm
0	0	R	1	P1	P0	0	0	Erweitertes Datentelegramm
1	1	1	1	0	0	0	0	Abfragetelegramm

Das R-Bit (Wiederholungsbit, Repeat Flag) und die beiden Prioritätsbits (P1 und P0) werden in späteren Abschnitten erläutert.

3.9.1 Datentelegramme

Bei Datentelegrammen werden unterschieden:

- Standarddatentelegramm,
- erweitertes Datentelegramm.

Die einfachste Version einer Datenkapselung auf dem Data Link Layer ist das Standarddatentelegramm (standard frame). Ein Standarddatentelegramm kann 1 Byte bis 15 Bytes Nutzdaten enthalten. Die Norm sieht aber auch erweiterte Datentelegramme (extended frame) mit bis zu 255 Bytes Nutzdaten vor. Im Normalbetrieb werden oft Nutzdaten mit einer Länge von bis zu 1 Byte gesendet. Dabei handelt es sich in der Regel um einfache Schalt- oder Dimmbefehle.

3.9.1.1 Struktur eines Standarddatentelegramms

Um die grundlegenden Vorgänge beim Kommunikationsablauf in einem KNX-System zu verstehen, genügt es an dieser Stelle, sich mit dem Standarddatentelegramm zu beschäftigen. Die in einem Standarddatentelegramm enthaltene Information ist in Bitfelder strukturiert, siehe Tabelle 3.11.

Tabelle 3.11 Felder eines Standarddatentelegramms

1 Byte	2 Bytes	2 Bytes	1 Byte(NCPI)			2 Bytes	N Bytes	1 Byte
			1 Bit	3 Bits	4 Bits			
Kontrollfeld	Quelle	Ziel	Adresstyp	Routingzähler	Datenlänge	TPCI/ APCI	Nutzdaten	Prüffeld

Das kürzeste Standarddatentelegramm hat eine Länge von 9 Byte (Byte 0 bis Byte 8), das längste eine Länge von 23 Byte (Byte 0 bis Byte 22 mit 15 Nutzdatenbytes).

Das erste Byte (Byte 0) ist das Kontrollfeld, welches bereits in Tabelle 3.10 gezeigt ist. Danach folgen je zwei Byte für die Quelladresse und die Zieladresse (physikalische Adresse oder Gruppenadresse, siehe Adresstyp im nächsten Byte). Die Felder von Byte 5 (network layer protocol control information) sind in der Spalte NPCI dargestellt: Der Routingzähler startet mit 6 und wird von jedem Koppler um 1 reduziert, bis das Telegramm beim Wert von 0 verworfen wird. In den nächsten zwei Bytes werden Informationen über den Inhalt und die nötige Behandlung der Nachricht codiert. TPCI (transport layer protocol information) spezifiziert die Art der Übertragung und deren Parameter. In gleicher Weise spezifizieren die Bits der APCI (transport layer protocol information) die Art und Parameter auf Applikationsebene. Weitere Details hierzu findet man in [KNX22]. Die folgenden Byte beinhalten die optional nötigen Nutzdaten. Das letzte Byte stellt Prüfdaten zur Verfügung, um die erfolgreiche Übermittlung der Daten des Telegramms sicherzustellen.

3.9.1.2 Struktur eines erweiterten Datentelegramms

Die erweiterten Datentelegramme werden in Zukunft einen wichtigen Teil der Kommunikation ausmachen, da hiermit auch erweiterte Adressierungsmöglichkeiten gegeben sind. Es wird in diesem Kapitel kurz auf die Struktur eines erweiterten Datentelegramms in Tabelle 3.12 eingegangen.

Tabelle 3.12 Felder eines erweiterten Datentelegramms

1 Byte	1 Byte	2 Bytes	2 Bytes	1 Byte	2 Bytes	N Bytes	1 Byte
Kontroll-feld 1	Kontroll-feld 2	Quelle	Ziel	Nutz-daten-länge	TPCI/ ACPI	Nutz-daten	Prüffeld

Das Kontrollfeld 1 ist nach Tabelle 3.10 aufgebaut. Das Kontrollfeld 2 hat einen ähnlichen Aufbau wie Byte 5 des Standarddatentelegramms, mit dem Unterschied, dass die vier Bits nicht die Nutzdatenlänge kennzeichnen. Die Nutzdatenlänge wird hier in einem zusätzlichen Byte (Byte 6) codiert. Im erweiterten Datentelegramm entsprechen die Felder ansonsten dem Format des Standardtelegramms.

3.9.1.3 Nutzdaten in Datentelegrammen

Im Datentelegramm sind in den ersten beiden Nutzdatenbytes 10 Bits für die Codierung von Kommunikationsdiensten (Services) reserviert, welche die Anwendungsschicht (Application Layer) der Applikation zur Verfügung stellt. Häufig aufgerufene Dienste, wie

- Lesen eines K.Obj.: A_GroupValue_Read (A_ steht hierbei für Application Layer) und
- Schreiben eines K.Obj.: A_GroupValue_Write

werden jedoch mit nur 4 Bits codiert, sodass die anderen 6 Bits mit Nullen belegt oder mit „echten“ Daten belegt werden können, wie beim Schalt- und beim Dimmbefehl.

3.9.1.3.1 KNX Datenpunkttypen (DPT) im Standarddatentelegramm

Die Anzahl der in einem Standarddatentelegramm enthaltenen Datenbytes richtet sich nach den Datenpunkttypen (früher EIS-Typen genannt), die in der Norm definiert sind, um bestimmte Funktionen herstellerübergreifend abwickeln zu können [KNX22]. Einige Beispiele für DPT-Typen sind in Tabelle 3.13 aufgelistet.

Tabelle 3.13 Datenpunkttypen (Auswahl)

DPT	Funktion	Länge des K.Obj.	Länge der Nutzdaten (Befehl + K.Obj.)
1.001	Schalten	1 bit	2 B
3.007	Dimmen	4 bit	2 B
10.001	Zeit (Tag, h, min, s), z. B. Montag 18:14:00	3 B	5 B
11.001	Datum (Tag, Monat, Jahr), z. B. 29. Jul 09	3 B	5 B

Als Beispiel für den Einsatz von DPT soll im Folgenden die Verwendung der Datenpunkttypen 1.001 (Schalten) und 3.007 (Dimmen) näher erläutert werden.

3.9.1.3.1.1 Datenpunkttyp 1.001: Schalten

Der DPT 1.001 ist für die Funktion Schalten vorgesehen. Die Codierung eines Schaltbefehls umfasst insgesamt 5 Bits und wird in zwei Nutzdatenbytes untergebracht (Byte 6 und Byte 7 eines Standarddatentelegramms), siehe Tabelle 3.14.

Tabelle 3.14 Belegung der beiden ersten Nutzdatenbytes beim Schaltbefehl

Byte 6								Byte 7								Befehl
MSB							LSB	MSB							LSB	
D7	D6	D5	D4	D3	D2	D1 B9	D0 B8	D7 B7	D6 B6	D5 B5	D4 B4	D3 B3	D2 B2	D1 B1	D0 B0	
0	0	0	0	0	0	**0**	**0**	**1**	**0**	0	0	0	0	0	**1**	Einschalten
0	0	0	0	0	0	**0**	**0**	**1**	**0**	0	0	0	0	0	**0**	Ausschalten

Die Bedeutung der einzelnen Bits ist wie folgt:

- Die Bits B9, B8, B7 und B6 enthalten den Inhalt 0010 entsprechend dem Aufruf des Dienstes A_GroupValue_Write – auf ein K.Obj. schreibend zugreifen.
- Für die eigentliche Schaltinformation („echte" Daten) wird nur 1 Bit benötigt. Hierfür wird das Bit D0 = B0 in Byte 7 verwendet. Dieses Bit hat den Wert 1 mit der Bedeutung „Einschalten" oder den Wert 0 mit der Bedeutung „Ausschalten".
- Alle anderen Bits werden als Nullbits übertragen und nicht ausgewertet.

3.9.1.3.1.2 Datenpunkttyp 3.007: Relatives Dimmen

Der DPT 3.007 ist für die Funktion „Relatives Dimmen" vorgesehen. Die Codierung eines Dimmbefehls umfasst insgesamt 8 Bits und wird in zwei Nutzdatenbytes untergebracht (Byte 6 und Byte 7 eines Standarddatentelegramms), siehe Tabelle 3.15.

Tabelle 3.15 Belegung der beiden ersten Nutzdatenbytes beim Dimmbefehl

Byte 6								Byte 7								Befehl
MSB							LSB	MSB							LSB	
D7	D6	D5	D4	D3	D2	D1 B9	D0 B8	D7 B7	D6 B6	D5 B5	D4 B4	D3 B3	D2 B2	D1 B1	D0 B0	
0	0	0	0	0	0	**0**	**0**	**1**	**0**	0	0	**1**	**0**	**1**	**1**	Dimmen

Die Bedeutung der einzelnen Bits ist wie folgt:

- Die Bits B9, B8, B7 und B6 enthalten den Inhalt 0010 entsprechend dem Aufruf des Dienstes A_GroupValue_Write – auf ein K.Obj. schreibend zugreifen.

- Für die eigentliche Dimminformation („echte“ Daten) werden weitere 4 Bits (D3 = B3, D2 = B2, D1 = B1 und D0 = B0) in Byte 7 benötigt:
  - Bit D3 gibt die Dimmrichtung an. Ein Einsbit bedeutet „Helligkeit erhöhen“, ein Nullbit „Helligkeit verringern“.
  - Die Bits D2, D1 und D0 mit dem Inhalt 011 entsprechen der „Dimmstufe 4“, d.h. „auf die nächste Dimmgrenze (0%, 25%, 50%, 75%, 100%), ausgehend vom aktuellen Helligkeitswert“. Die kleinste Dimmstufe kann 0,4% betragen, die höchste 100%.
- Alle anderen Bits werden als Nullbits übertragen und nicht ausgewertet.

3.9.1.4 Länge der Nutzdaten

Die Anzahl der Nutzdatenbytes wird im Byte 5 des Standarddatentelegramms explizit angegeben, damit sich die Empfänger darauf einstellen können (Tabelle 3.16).

Tabelle 3.16 Längenangabe L3, L2, L1, L0 (im 6. Byte – Byte 5 – des Standarddatentelegramms)

D7	D6	D5	D4	D3	D2	D1	D0	
DAF	R2	R1	R0	L3	L2	L1	L0	
				0	0	0	1	2 Nutzdatenbytes
				. . .	. . .	. . .	. . .	. . .
				1	1	1	1	16 Nutzdatenbytes

Der um 1 erhöhte Dezimalwert der Längenangabe entspricht also der Anzahl der Nutzdatenbytes im Standarddatentelegramm.

3.9.2 Abfragetelegramm

Mit einem Abfragetelegramm kann ein Busteilnehmer als Master je eine 1-Byte-Information von bis zu 15 Busgeräten, den Slaves, abfragen. Die Adressierung der Slaves geschieht mittels einer Gruppenadresse. Das Abfragetelegramm besteht aus einem Masteraufruf (Poll_Data Request Frame) und der Antwort der Slaves (Poll_Data Response Frame). Jeder Slave legt hierbei sein Informationszeichen in einem bestimmten Zeitschlitz (Slot) ab. Die Gruppenadresse und die Nummer des Zeitschlitzes (Slot Number) werden mit der Projektierungssoftware ETS eingestellt, ebenso wie die 1-Byte-Information, die jeder Slave zu senden hat. Es sind alle Werte von 0x00 bis

0xFF erlaubt, mit Ausnahme von 0xFE. Ein Abfragetelegramm kann z. B. genutzt werden, um zu prüfen, ob bestimmte Busgeräte noch betriebsbereit sind.

3.9.3 Bestätigungsdiagramm

Ein Bestätigungstelegramm besteht aus nur einem Byte (Kontrollfeld) und kann vier mögliche Inhalte haben, siehe Tabelle 3.17.

Es bedeuten:

- ACK (Acknowledge): Das Datentelegramm wurde korrekt empfangen.
- BUSY (Busy): Der Empfänger konnte das empfangene Telegramm nicht verarbeiten.
- NAK (Not Acknowledge): Das Datentelegramm wurde fehlerhaft empfangen.

Tabelle 3.17 Inhalte des Bestätigungsbytes

D7 NAK Bit	D6 NAK Bit	D5	D4	D3 BUSY Bit	D2 BUSY Bit	D1	D0	
1	1	0	0	1	1	0	0	ACK
1	1	0	0	0	0	0	0	BUSY
0	0	0	0	1	1	0	0	NAK
0	0	0	0	0	0	0	0	NAK + BUSY

3.10 Kommunikationsablauf

Auslöser für das Versenden von Datentelegrammen sind einzelne Ereignisse, z. B. „Taste links oben eines 4-fach-Tastsensors wurde gedrückt." (Es gibt aber auch Geräte, die periodisch Datentelegramme versenden, z. B. eine Systemuhr oder eine Wetterzentrale.) Daraufhin versendet der betreffende Sensor ein Datentelegramm mit einer bestimmten Gruppenadresse. Alle Empfänger, deren K.Obj. zu dieser Gruppenadresse gehören, quittieren (gleichzeitig) den Empfang des Datentelegramms mit einem Bestätigungstelegramm. Bei einem außerhalb der Linie des Senders befindlichen Empfänger wird das Telegramm vom Koppler quittiert, der danach das Datentelegramm zum nächsten Koppler weiterleitet. Da eine Überlagerung mehrerer Antworttelegramme erfolgt, wird das Bestätigungstelegramm auch als Summentelegramm bezeichnet.

Im Folgenden wird beschrieben:

- welche Telegrammarten es beim KNX gibt,
- wie Telegramme als Folge von UART-Zeichen versendet werden,
- wie ein Datentelegramm auf den Bus gelangt,
- wie Datentelegramme von Linie zu Linie weitergeleitet werden,
- auf welche Weise die Empfänger adressiert werden,
- wie der zeitliche Ablauf der Kommunikation zwischen einem Sender und einer Empfängergruppe aussieht.

3.10.1 Universal Asynchronous Receive Transmit (UART)

Ein KNX-Telegramm ist eine Folge von UART-Zeichen. UART bedeutet hierbei Universal Aynchronous Receive Transmit – universelles asynchrones Empfangen und Senden.

3.10.1.1 Aufbau eines UART-Zeichens

Ein UART-Zeichen ist wie folgt aufgebaut:

- 1 Startbit (SB), mit dem Wert 0 (Nullbit),
- 8 Datenbits (D7, D6, ..., D0),
- 1 Paritätsbit (PB, gerade Parität),
- 1 Endebit (EB), mit dem Wert 1 (Einsbit).

Nach dem Versenden eines UART-Zeichens wird jeweils eine Pause von zwei Bitzeiten eingelegt, bevor das nächste gesendet wird. Zwischen dem Endebit des letzten UART-Zeichens eines Standarddatentelegramms und dem Startbit des Bestätigungstelegramms der Empfängergruppe gibt es eine Pause von 15 Bitzeiten (2 + 11 + 2).

3.10.1.2 Versenden eines UART-Zeichens

Angenommen, das Kontrollfeld eines Datentelegramms habe den in Tabelle 3.18 dargestellten Inhalt. Die Datenbits D7 bis D0 sind hierbei wie allgemein üblich angeordnet: Das höchstwertige Bit (Most Significant Bit – MSB) steht ganz links, das niedrigstwertige Bit (Least Significant Bit – LSB) ganz rechts.

Tabelle 3.18 Kontrollfeld

MSB							LSB
1	0	1	1	1	1	0	0

Beim Versenden des UART-Zeichens werden die Datenbits um das Startbit SB, das Paritätsbit PB und das Endebit EB ergänzt, und – ganz wichtig – die Reihenfolge der Datenbits D7 bis D0 wird umgedreht, sodass die Bits in der Reihenfolge auf dem Bus erscheinen, wie es Tabelle 3.19 zeigt.

Tabelle 3.19 Zeitliche Reihenfolge der Kontrollfeldbits auf dem Bus beim Versenden als UART-Zeichen

UART-Zeichen (auf dem Bus)											Pause	
0	0	0	1	1	1	1	0	1	1	1	1	1

Nach dem Versenden eines UART-Zeichens wird im Normalfall eine Sendepause von 2 Bitzeiten eingelegt.

3.10.2 Busarbitrierung

Wenn ein KNX-Gerät ein Datentelegramm versenden will, prüft es, ob der Bus frei ist, und startet die Datenübertragung, wenn dies der Fall ist. Wenn jedoch zwei und mehr Teilnehmer gleichzeitig ein Telegramm versenden wollen, entsteht ein Buszugriffskonflikt. Um diesen aufzulösen und zu bestimmen, welches Telegramm als erstes vollständig versendet werden darf (dies nennt man Busarbitrierung), werden beim KNX eingesetzt:

- das Konzept der Zugriffsklassen,
- das Zugriffsverfahren CSMA/CA (Carrier Sense Multiple Access/Collision Avoidance).

3.10.2.1 Freier Bus

Wenn bei einem Sensor ein Ereignis, z. B. ein Tastendruck, eingetreten ist und daraufhin ein Datentelegramm versendet werden soll, wird zunächst geprüft, ob der Bus frei ist (Bild 3.28). Dieser gilt als frei, wenn, abhängig von der Zugriffsklasse, über einen Zeitraum von 50 Bitzeiten bzw. 53 Bitzeiten keine Busaktivität vorhanden ist (bus idle), d. h., die Spannungsdifferenz zwischen der roten und schwarzen Ader muss während dieses Zeitraums konstant sein.

3.10.2.2 Zugriffsklassen

Um die mögliche Anzahl von Buszugriffskonflikten zu reduzieren, sind Zugriffsklassen definiert worden. Datentelegramme der Zugriffsklasse 1 dürfen bereits nach 50 Bitzeiten ohne Busaktivität versendet werden und haben somit Vorrang vor den Datentelegrammen der Zugriffsklasse 2, die erst drei Bitzeiten später, nach 53 Bitzeiten, versendet werden dürfen.

Zur Zugriffsklasse 1 gehören:

- Systemtelegramme (Telegramme mit Systempriorität),
- Alarmtelegramme (Telegramme mit Alarmpriorität),
- Wiederholungstelegramme.

Zur Zugriffsklasse 2 gehören:

- Vorzugstelegramme (Telegramme mit hoher Priorität),
- Normaltelegramme (Telegramme mit niedriger Priorität).

Die Priorität eines Datentelegramms wird im Kontrollfeld definiert, siehe Abschnitt 3.10.2.4.

Wenn ein Datentelegramm der Zugriffsklasse 1 versendet wird, ist für Datentelegramme der Zugriffsklasse 2 der Bus nicht mehr frei. Ihre Übertragung kann daher erst dann gestartet werden, wenn alle Datentelegramme der Zugriffsklasse 1 versendet worden sind. Wenn nun aber zwei oder mehrere Datentelegramme der Zugriffsklasse 1 oder der Zugriffsklasse 2 untereinander um den Bus konkurrieren, kommt CSMA/CA zum Einsatz.

3.10.2.3 Carrier Sense Multiple Access/Collision Avoidance (CSMA/CA)

CSMA/CA ist ein Verfahren (Bild 3.28) zur Vermeidung von Buskonflikten. Dies wird durch Zugriffsklassen und Prioritäten ermöglicht. Es ermöglicht, einen Buszugriffskonflikt so aufzulösen, dass genau ein Sender sein Telegramm ohne Zeitverlust vollständig senden kann.

CSMA/CA setzt voraus, dass es auf dem Bus dominante und rezessive Signalelemente gibt. Die Buselektronik muss dafür sorgen, dass sich ein dominantes Signalelement gegenüber dem rezessiven durchsetzt. Beim KNX ist das dem Nullbit zugeordnete Signalelement dominant, das dem Einsbit zugeordnete hingegen rezessiv.

Die schaltungstechnische Realisierung (Bild 3.27) wird auf Basis einer Wired-And-Schaltung (verdrahtetes Und) realisiert. Für genauere Details wird auf [KNX22] verwiesen.

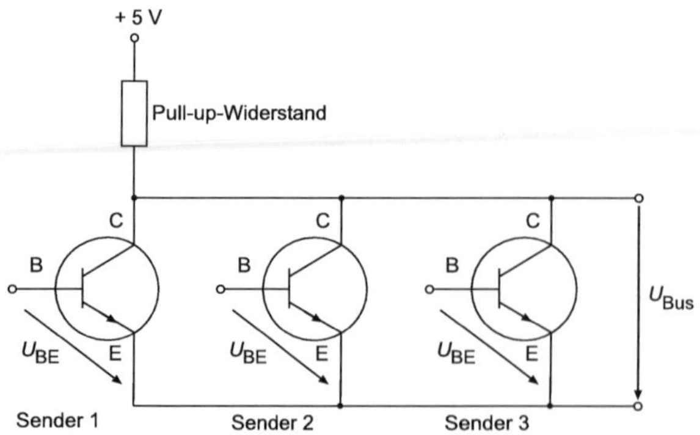

Bild 3.27
Wired-And-Schaltung

Die Wired-And-Schaltung sei an dieser Stelle trotzdem noch erläutert, damit man sich eine Vorstellung davon machen kann, wie eine technische Realisierung von dominanten und rezessiven Bits aussehen kann. In einer Wired-And-Schaltung werden Transistoren (mit Basis B, Kollektor C und Emitter E) als elektronische Schalter verwendet.

Wenn für die Basis-Emitter-Spannung eines Transistors $U_{BE} \leq 0$ gilt, kann vom Kollektor C zum Emitter E kein Strom fließen: Der Schalter ist geöffnet. Für $U_{BE} > 0$ fließt ein Strom, die Potenziale von C und E sind praktisch gleich: Der Schalter ist geschlossen.

Wenn für alle (UND-Schaltung) Transistoren $U_{BE} \leq 0$ gilt, kann kein Strom durch den Pull-up-Widerstand fließen, und es folgt: $U_{Bus} = 5$ V. Dies ist das rezessive Bit.

Sobald jedoch die Basis-Emitter-Spannung nur eines Transistors größer null wird (Schalter geschlossen), wird das Potenzial am Kollektor auf Emitterpotenzial gezogen und U_{Bus} wird null. $U_{BE} > 0$ stellt daher das dominante Bit dar.

Ablauf von CSMA/CA

Den Ablauf von CSMA/CA kann man sich wie folgt veranschaulichen (siehe das Zustandsdiagramm in Bild 3.28).

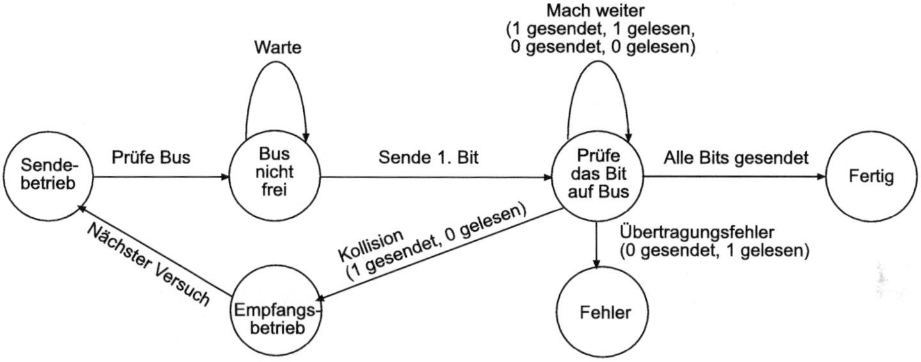

Bild 3.28 Zustandsdiagramm des CSMA/CA-Protokolls

Zwei Personen sitzen während der Nacht in einem dunklen Raum vor einem Fenster und wollen jeweils mithilfe einer Taschenlampe ein Lichttelegramm als Normaltelegramm nach draußen versenden. Es sind folgende Signalelemente vereinbart:

- Nullbit: Taschenlampe wird für eine Sekunde eingeschaltet (Raum ist hell),
- Einsbit: Taschenlampe wird für eine Sekunde ausgeschaltet (Raum ist dunkel).

Als Bitperiode wird 1 s definiert, d. h., die Bitrate beträgt 60 bit/s. Folgende Bitfolgen sollen verschickt werden:

- Person A: 0 1 1 0 (hell – dunkel – dunkel – hell),
- Person B: 0 1 0 1 (hell – dunkel – hell – dunkel).

Nachdem es 53 Bitperioden (hier: 53 s) lang dunkel war (keine Busaktivität) fangen beide Personen an, zu senden, indem sie eine Sekunde lang ihre Taschenlampen einschalten (Nullbit, hell). Beide beobachten das Signalelement „hell“, das mit dem von ihnen gesendeten Signalelement übereinstimmt, und senden daher weiter.

Auch beim zweiten Bit (Einsbit, dunkel) stimmt das Signalelement „dunkel“ mit dem von beiden gesendeten Signalelement „dunkel“ überein. Beide senden daher weiter.

Beim dritten Bit kommt es aber zu einer Kollision, bei der sich das dominante Nullbit (hell) von Person B durchsetzt. Es ist hell, obwohl Person A es dunkel haben will. Damit hat Person A die Busarbitrierung verloren, beendet ihren Sendebetrieb und wechselt in den Empfangsbetrieb. Person B hat die Busarbitrierung gewonnen und kann alle weiteren Bits ihres Telegramms vollständig versenden. Person A sendet ihr Telegramm, wenn die Übertragung des Telegramms von Person B beendet ist.

3.10.2.4 Kriterien für die Buszuteilung

Mit CSMA/CA ist eine bitweise Busarbitrierung möglich. Ein Teilnehmer gewinnt auf jeden Fall den Buszugriff und kann sein Datentelegramm vollständig ohne Zeitverlust senden.

Beim KNX wird die Busarbitrierung entschieden mithilfe folgender Bits:

- zwei Prioritätsbits D3 (P1) und D2 (P0) im Kontrollfeld,
- dem Wiederholungsbit D5 (R) im Kontrollfeld,
- den Bits der Quelladresse.

Prioritäten

Die in Tabelle 3.20 aufgeführten Prioritäten werden beim KNX unterschieden. Ein Systemtelegramm hat die höchste Priorität, ein Normaltelegramm die niedrigste.

Tabelle 3.20 Prioritätsbits P1 und P0 im Kontrollfeld

D3P1	D2P0	Priorität	Telegrammtyp
0	0	Systempriorität (System Priority)	Systemtelegramm
1	0	Alarmpriorität (Urgent Priority)	Alarmtelegramm
0	1	Hohe Priorität (High Priority)	Vorzugstelegramm
1	1	Niedrige Priorität (Low Priority)	Normaltelegramm

Da das Prioritätsbit P0 zeitlich vor dem Prioritätsbit P1 und dem Wiederholungsbit R gesendet wird, kommt ihm die größte Bedeutung bei der Busarbitrierung zu. Denn das Datentelegramm, das beim Bitvergleich ein dominantes Bit besitzt, wenn alle anderen rezessive Bits aufweisen, gewinnt sofort den Buszugriff. In den meisten Fällen sind Datentelegramme auch Normaltelegramme, haben also alle die gleiche, niedrige Priorität. Dann muss das Wiederholungsbit oder die Quelladresse die Busarbitrierung entscheiden.

Wiederholungsbit

Ein erstmalig gesendetes Datentelegramm kann von einem oder mehreren Empfängern negativ quittiert werden (siehe Abschnitt 3.10.5). Daraufhin muss der Sender das Datentelegramm noch einmal senden. Damit nun diejenigen Empfänger, die das Datentelegramm beim erstmaligen Versenden bereits erfolgreich empfangen und verarbeitet haben, die Information nicht noch einmal verarbeiten, wird das Wiederholungstelegramm als solches gekennzeichnet, indem das Wiederholungsbit auf 0 gesetzt wird.

Wiederholungstelegramme gehören jedoch zur Zugriffsklasse 1 und dürfen 3 Bitzeiten früher gesendet werden als Datentelegramme, die erstmalig gesendet werden. Wiederholungstelegramme konkurrieren daher mit System- und Alarmtelegrammen um den Buszugriff, und dabei kommt das Wiederholungsbit als echtes Entscheidungskriterium zum Tragen. Folgende Möglichkeiten gibt es (Tabelle 3.21).

Tabelle 3.21 Wiederholungsbit als Kriterium bei der Busarbitrierung

D5 R	D3 P1	D2 P0	Telegramme der Zugriffsklasse 1
1	0	0	Telegramm mit Systempriorität
1	1	0	Telegramm mit Alarmpriorität
0	0	0	Wiederholungstelegramm mit Systempriorität
0	1	0	Wiederholungstelegramm mit Alarmpriorität
0	0	1	Wiederholungstelegramm mit hoher Priorität
0	1	1	Wiederholungstelegramm mit niedriger Priorität

System- und Alarmtelegramme haben also immer Vorrang vor wiederholten Vorzugs- und Normaltelegrammen. Wiederholte Systemtelegramme werden immer vor wiederholten Alarmtelegrammen versendet.

Quelladresse

Bei Datentelegrammen mit gleicher Priorität und gleichem Wiederholungsbit muss die Busarbitrierung mithilfe der (eindeutigen) Quelladresse entschieden werden. Da sich die Busarbitrierung immer nur innerhalb einer Linie oder eines Liniensegments abspielt (Koppler und Linienverstärker bilden sozusagen die Grenze des Gebiets der Busarbitrierung), wird der Buszugriffskonflikt durch die physikalische Adresse der

Teilnehmer, speziell durch die Teilnehmernummer innerhalb der Linie, entschieden. Hierbei gewinnt nicht immer der Sender mit der kleinsten Teilnehmernummer, sondern derjenige, der beim Bit-für-Bit-Vergleich der UART-Zeichen ein Nullbit hat, wenn alle anderen ein Einsbit haben.

3.10.2.5 Beispiel für die Busarbitrierung

Vier Teilnehmer wollen Standarddatentelegramme versenden. Bis die Versendung dieser Telegramme abgewickelt worden ist, sollen keine Sendewünsche anderer Teilnehmer hinzukommen. In Tabelle 3.22 sind die für die Busarbitrierung relevanten Bits der Datentelegramme dargestellt.

Tabelle 3.22 Für die Busarbitrierung relevante Felder und Bits der Datentelegramme

Teilnehmer	Kontrollfeld								Quelladresse		
	D7	D6	R	D4	P1	P0	D1	D0	Bereich	Linie	Teilnehmer
1.1.1	1	0	**1**	1	**1**	**1**	0	0	0001	0001	00000001
1.1.2	1	0	**1**	1	**0**	**1**	0	0	0001	0001	00000010
1.1.11	1	0	**0**	1	**0**	**1**	0	0	0001	0001	00001011
1.1.42	1	0	**0**	1	**0**	**1**	0	0	0001	0001	00101010

In welcher Reihenfolge werden die Datentelegramme gesendet?

Zugriffsklasse

Das erste zu beachtende Kriterium ist die Zugriffsklasse. Da Teilnehmer 1.1.1 ein Telegramm mit niedriger Priorität ohne Wiederholung und Teilnehmer 1.1.2 ein Telegramm mit hoher Priorität ohne Wiederholung versenden wollen und damit Datentelegramme der Zugriffsklasse 2 besitzen, können sie diese erst nach 53 Bitzeiten ohne Busaktivität versenden.

Zuerst werden die Telegramme der Teilnehmer 1.1.11 und 1.1.42 verschickt. Ihre Telegramme sind Wiederholungstelegramme, gehören damit der Zugriffsklasse 1 an und dürfen bereits nach 50 Bitzeiten versendet werden. Es kommt allerdings zu einem Buszugriffskonflikt, der mit CSMA/CA aufgelöst wird.

CSMA/CA

Hierbei muss beachtet werden, dass die Datenfelder als UART-Zeichen versendet werden. In Tabelle 3.23 sind die Bits so aufgeführt, wie sie auf dem Bus zeitlich erscheinen.

Tabelle 3.23 Für die Busarbitrierung relevante Bits der Datentelegramme der Tr. 1.1.11 und 1.1.42

Tr.	UART-Zeichen 1 +2 Pausenbits	UART-Zeichen 2 +2 Pausenbits	UART-Zeichen 3 +2 Pausenbits
1.1.11	0 00101001 1 1 11	0 10001000 0 1 11	0 11010000 1 1 11
1.1.42	0 00101001 1 1 11	0 10001000 0 1 11	0 01010100 1 1 11
Zeit	→		

Vergleicht man beim UART-Zeichen 1 (Kontrollfeld) Bit für Bit von links nach rechts, erkennt man keine Unterschiede: Prioritätsbits und Wiederholungsbit sind gleich. Auch beim UART-Zeichen 2 (höherwertiges Byte der Quelladresse mit Bereichs- und Liniennummer) sind alle Bits gleich. Erst das UART-Zeichen 3 (niederwertiges Byte der Quelladresse mit der Teilnehmernummer) löst den Konflikt auf: Das zuerst gesendete Datenbit des Teilnehmers 1.1.42 ist ein Nullbit, welches das entsprechende Einsbit des Teilnehmers 1.1.11 dominiert. Somit muss Teilnehmer 1.1.11 ausscheiden. Teilnehmer 1.1.42 hat die Busarbitrierung gewonnen und kann alle weiteren UART-Zeichen seines Datentelegramms versenden.

Als Nächstes wird das Telegramm des Teilnehmers 1.1.11 versendet, da es das Einzige der Zugriffsklasse 1 ist. Danach kommt es wieder zu einem Buszugriffskonflikt bei den Teilnehmern 1.1.1 und 1.1.2. In Tabelle 3.24 sind die Bits so aufgeführt, wie sie auf dem Bus in zeitlicher Reihenfolge erscheinen.

Tabelle 3.24 Für die Busarbitrierung relevante Bits der Datentelegramme der Tr. 1.1.1 und 1.1.2

Tr.	UART-Zeichen 1 +2 Pausenbits	UART-Zeichen 2 +2 Pausenbits	UART-Zeichen 3 +2 Pausenbits
1.1.1	0 001**11**101 1 1 11	0 10001000 0 1 11	0 10000000 1 1 11
1.1.2	0 001**01**101 0 1 11	0 10001000 0 1 11	0 01000000 1 1 11
Zeit	→		

Vergleicht man beim UART-Zeichen 1 (Kontrollfeld) Bit für Bit von links nach rechts, erkennt man, dass Teilnehmer 1.1.1 zuerst ausscheidet. Sein Telegramm hat niedrige Priorität (zwei Einsbits), während das Telegramm des Teilnehmers 1.1.2 hohe Priorität (Nullbit und Einsbit) besitzt. Das Datentelegramm des Teilnehmers 1.1.2 wird daher als Nächstes versendet. Zum Schluss folgt das Datentelegramm des Teilnehmers 1.1.1.

3.10.3 Weiterleitung von Datentelegrammen

Solange eine Gruppenadresse nur K.Obj. von Teilnehmern einer Linie enthält, ist eine Weiterleitung von Datentelegrammen in andere Linien oder gar in andere Bereiche nicht erforderlich. Anderenfalls werden die Koppler aktiv.

3.10.3.1 Filterfunktion von Kopplern und Linienverstärkern

Linienkoppler und Bereichskoppler können eine Filterfunktion wahrnehmen. Dies bedeutet, dass Datentelegramme nur dann weitergeleitet werden, wenn es Empfänger gibt, die außerhalb der Linie des Senders liegen. Hierzu verwalten die Koppler eine Filtertabelle mit Gruppenadressen, die bei der Inbetriebnahme mit der Projektierungssoftware ETS in die Koppler geladen und dauerhaft gespeichert wird. Außerdem enthalten die Koppler einen Telegrammpuffer für z. B. je 50 Telegramme aus der übergeordneten bzw. untergeordneten Linie.

Durch die Filterung werden die Datentelegramme nur dorthin weitergereicht, wo sie benötigt werden. Der Telegrammverkehr in der Gesamtanlage wird reduziert, und der Datenverkehr innerhalb einer Linie wird vom Datenverkehr innerhalb einer anderen Linie entkoppelt. Somit ist ein gleichzeitiger Datenverkehr in mehreren Linien möglich. Das Übertragungsverhalten von Kopplern kann mit der Projektierungssoftware ETS parametriert werden, z. B. können Gruppentelegramme aus einer Linie in eine Hauptlinie

- immer weitergeleitet,
- gefiltert oder
- gesperrt

werden.

Linienverstärker nehmen keine Filterfunktion wahr. Sie rekonstruieren das empfangene Signal und leiten es immer ins über- bzw. untergeordnete Segment weiter. Bei auftretenden Übertragungsfehlern wird die Weiterleitung des Telegramms bis zu dreimal wiederholt.

3.10.3.2 Routingzähler

Standarddatentelegramme können von Linienverstärkern (LV) und Kopplern (LK, BK) bis zu 6-mal weitergeleitet werden. Zur Kontrolle der Anzahl von Weiterleitungen enthält das Standarddatentelegramm in Byte 5 einen Routingzähler der Länge 3 bit (R2, R1, R0), siehe Tabelle 3.25.

Tabelle 3.25 Routingzähler R2, R1, R0 (im 6. Byte – Byte 5 – des Standarddatentelegramms)

D7	D6	D5	D4	D3	D2	D1	D0	
	1	1	1					unbegrenzt
	1	1	0					noch bis zu 6-mal
	1	0	1					noch bis zu 5-mal
	1	0	0					noch bis zu 4-mal
	0	1	1					noch bis zu 3-mal
	0	1	0					noch bis zu 2-mal
	0	0	1					noch bis zu 1-mal
	0	0	0					keine Weiterleitung mehr

Der Sender belegt den Routingzähler mit der Zahl 6, binär 110. Wenn von einem LV, LK oder BK ein Datentelegramm weitergeleitet wird, wird der aktuelle Stand des Routingzählers um 1 verringert. Beim Zählerstand 0 erfolgt keine Weiterleitung mehr. Dies verhindert unnötigen Datenverkehr, führt aber bei mangelhaftem topologischen Aufbau der Anlage (z. B. zwei Linienverstärker in Reihe statt parallel) zu Kommunikationsproblemen, da Datentelegramme in der entfernten Linie nicht mehr ankommen.

3.10.4 Datensicherung

Bei der digitalen Datenübertragung ist nie auszuschließen, dass Übertragungsfehler passieren. Ein solcher Fehler liegt vor, wenn ein Nullbit gesendet, aber ein Einsbit empfangen wird oder umgekehrt.

3.10.4.1 Kreuzparitätsverfahren

Zur Erkennung von Übertragungsfehlern kommt beim KNX das Kreuzparitätsverfahren (auch: Blocksicherungsverfahren) zum Einsatz. Mit diesem Verfahren lassen sich 1-bit-Fehler, 2-bit-Fehler und 3-bit-Fehler sicher erkennen, was für den Einsatz in der Gebäudesystemtechnik ausreichend ist. Die Reaktion auf das Erkennen eines Fehlers ist ein NAK-Bestätigungstelegramm (NAK: Not Acknowledge) vonseiten des Empfängers und die Wiederholung des Datentelegramms vonseiten des Senders. Eine Fehlerkorrektur beim Empfänger erfolgt nicht.

Das Verfahren der Blocksicherung basiert auf einer zweifachen Paritätsprüfung:

- Das Datentelegramm enthält ein Prüffeld (1 Byte), dessen Bits so festgelegt werden, dass die anderen Nutzdatenbytes des Telegramms spaltenweise mit ungerader Parität gesichert werden.
- Jedes Nutzdatenbyte (inkl. Prüfbyte) wird beim Versenden als UART-Zeichen jeweils mit gerader Parität gesichert.

3.10.4.2 Beispiel

Das Beispiel in Tabelle 3.26 zeigt die Bildung der Paritätsbits beim Kreuzparitätsverfahren.

Tabelle 3.26 Beispiel für die Blocksicherung beim KNX

	UART-Zeichen			
Kontrollfeld	0	10111100	→1	1
Quelladresse (höherwertiges Byte)	0	00101010	→1	1
Quelladresse (niederwertiges Byte)	0	00100010	→0	1
Zieladresse (höherwertiges Byte)	0	01001010	→1	1
Zieladresse (niederwertiges Byte)	0	00101010	→1	1
DAF/Routing/Länge	0	11100001	→0	1
Nutzdaten	0	00000000	→0	1
Nutzdaten	0	10000001	→0	1
Prüffeld (ungerade Parität)	0	↓↓↓↓↓↓ 01001011	→0	1

3.10.5 Bestätigungstelegramme

Nachdem ein Datentelegramm von einem Sensor verschickt worden ist, müssen alle Empfänger, deren K.Obj. der im Datentelegramm enthaltenen Gruppenadresse zugeordnet sind, mit einem gemeinsamen Bestätigungstelegramm antworten (siehe auch Abschnitt 3.9.3). Dies geschieht 15 Bitzeiten nach Empfang des letzten Endebits des Datentelegramms. Für Empfänger, die sich außerhalb der Linie bzw. des Liniensegments des Senders befinden, bestätigt stellvertretend der Koppler bzw. der Linienverstärker. Auf dem Bus überschreiben hierbei dominante Nullbits rezessive Einsbits, wie bei der Busarbitrierung. Auf dem Bus entsteht ein von allen Empfängern gemeinsam erzeugtes Summenbestätigungstelegramm.

3.10.5.1 Reaktionen des Senders auf das Bestätigungstelegramm

Wenn der Sender im Bestätigungstelegramm ein ACK erkennt, ist für ihn die Datenübertragung erfolgreich abgeschlossen. Wenn der Sender im Bestätigungstelegramm ein BUSY oder/und ein NAK erkennt, wird er das Datentelegramm (als Wiederholungstelegramm) nochmals übertragen, maximal jedoch noch dreimal. (Insgesamt gibt es also vier Versuche, das Datentelegramm zu übermitteln.) Wenn das Datentelegramm falsch adressiert war, z. B. an nicht existierende Teilnehmer, oder bei der Übertragung durch Störspannungen bis zur Unkenntlichkeit zerstört wurde, antwortet kein einziger Teilnehmer. Der Sender erfasst im für die Antwort vorgesehenen Zeitraum 13 Einsbits, da es keine Busaktivität vonseiten der Empfänger gibt. Auch jetzt wird er das Datentelegramm (als Wiederholungstelegramm) nochmals übertragen, maximal jedoch noch dreimal.

3.10.5.2 Beispiel 1

Drei Empfänger eines Datentelegramms geben zeitsynchron ihre Bestätigungstelegramme auf den Bus (Tabelle 3.27). Das Paritätsbit (gerade Parität) ist in allen Fällen ein Nullbit.

Tabelle 3.27 Bestätigungstelegramme dreier Empfänger (UART-Zeichen, keine Pausenbits)

Empfänger	UART-Zeichen	Bedeutung
1	0 00110011 0 1	ACK
2	0 00000011 0 1	BUSY
3	0 00110000 0 1	NAK

Auf dem Bus überlagern die Nullbits die Einsbits, und der Sender des Datentelegramms registriert als Empfänger des Bestätigungstelegramms die in Tabelle 3.28 dargestellte Summenantwort.

Tabelle 3.28 Summenbestätigungstelegramm dreier Empfänger als UART-Zeichen

UART-Zeichen (auf dem Bus)											
0	0	0	0	0	0	0	0	0	0	1	BUSY + NAK

Dies bedeutet für den Sender, dass mindestens ein Empfänger beschäftigt (BUSY) war (B0 und B1 sind Nullbits) und mindestens ein Empfänger das Datentelegramm fehlerhaft (NAK) erhalten hat (N0 und N1 sind Nullbits). Dass Empfänger 1 das Datentelegramm korrekt empfangen und mit ACK positiv bestätigt hat, kann der Sender nicht erkennen, da die dominanten BUSY- und NAK-Nullbits die ACK-Einsbits überschrieben haben.

3.10.5.3 Beispiel 2

Drei Empfänger eines Datentelegramms haben die physikalischen Adressen 1.1.10, 1.1.30 und 1.2.1, der Sender die 1.1.1. Für die Funktion erforderliche K.Obj. von Sender und Empfängern sind der Gruppenadresse 1/1 zugeordnet. Bis alle Empfänger die Information des Senders erhalten haben, sind drei Datenübertragungen (jeweils ein Datentelegramm und ein Bestätigungstelegramm) erforderlich:

- Der Sender 1.1.1 verschickt ein Datentelegramm auf der Linie 1.1, welches von Empfänger 1.1.10, Empfänger 1.1.30 und dem Linienkoppler 1.1.0 mit einem Summentelegramm bestätigt wird.
- Der Linienkoppler 1.1.0 sendet ein Datentelegramm auf der Linie 1.0 (Hauptlinie), das vom Linienkoppler 1.2.0 bestätigt wird.
- Der Linienkoppler 1.2.0 sendet ein Datentelegramm auf der Linie 1.2, das von Empfänger 1.2.1 bestätigt wird.

3.10.6 Zeitlicher Ablauf der Kommunikation

Viele Standarddatentelegramme in einem KNX-System enthalten nur zwei Nutzdatenbytes und gehören zur Zugriffsklasse 2, insbesondere Normaltelegramme, die Schalt- oder Dimmbefehle enthalten. In diesem Fall dauert der vollständige Datenaustausch zwischen Sender und Empfänger(n) insgesamt 20,176 ms. Die Berechnung dieser Zeitdauer ist in Tabelle 3.29 dargelegt.

Tabelle 3.29 Zeitbedarf für Daten- und Bestätigungstelegramm bei einem Schalt- oder Dimmbefehl der Zugriffsklasse 2

Aktivität	Dauer in Bitzeiten	Dauer in µs
Warten, bis der Bus frei ist	53	5512
Datentelegramm wird gesendet	8·(11 + 2) + 11 = 115	12.168
Pause	15	1352
Bestätigungstelegramm wird gesendet	11	1144
Summe:	**194**	**20.176**

Nach dem Senden eines UART-Zeichens gibt es beim Datentelegramm eine Pause von 2 Bitzeiten. Die beiden Bitzeiten Pause nach dem letzten UART-Zeichen (Prüffeld) werden der Pause zwischen dem Datentelegramm und Bestätigungstelegramm hinzugerechnet. Das Zeitdiagramm in Bild 3.29 verdeutlicht grafisch den zeitlichen Ablauf der Kommunikation für das Beispiel. Unter der Zeitachse sind die jeweiligen Bitdauern aufgetragen. Bei Datentelegrammen der Zugriffsklasse 1 ist die Pause nach dem Bestätigungstelegramm um drei Bitzeiten, also um 0,312 ms, verkürzt.

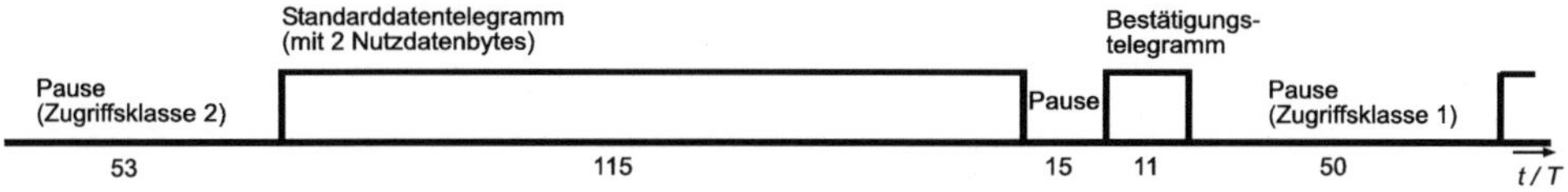

Bild 3.29 Zeitlicher Ablauf eines Kommunikationsablaufs

Als Faustregel kann man sich merken, dass ein Datenaustausch zwischen Sender und Empfängergruppe bei einem Standarddatentelegramm (mit zwei Nutzdatenbytes) rund 20 ms dauert. Damit sind etwa 50 Schaltbefehle pro Sekunde möglich. Bei Standarddatentelegrammen mit maximaler Anzahl von Nutzdatenbytes steigt die Dauer für den Datenaustausch auf knapp 40 ms an.

Liegt ein Empfänger eines Datentelegramms in einer anderen Linie oder gar in einem anderen Bereich, sind mehrere Datenübertragungen abzuwickeln, denn jeder Koppler muss das empfangene Datentelegramm in die über- oder untergeordnete Linie weiterleiten. Die Gesamtübertragungszeit wird entsprechend größer.

Wenn z. B. ein Datentelegramm vom Tastsensor 1.1.1 zum Schaltaktor 2.1.1 gesendet wird, muss es zwei Linienkoppler und zwei Bereichskoppler (1.1.0, 1.0.0, 2.0.0 und 2.1.0) passieren. Der jeweilige Koppler nimmt das Telegramm an, speichert es zwischen, prüft mittels seiner Filtertabelle, ob eine Weiterleitung erlaubt ist, und leitet es ggf. an den nächsten Koppler bzw. letztendlich zum Schaltaktor 2.1.1 weiter:

1.1.1 → 1.1.0 → 1.0.0 → 2.0.0 → 2.1.0 → 2.1.1

Insgesamt müssen also 5 Datenübertragungen stattfinden, ggf. sogar mit Buszugriffsverzögerungen oder Telegrammwiederholungen, wenn es auf einer Linie zu Kollisionen oder Übertragungsfehlern kommt. Bis der Schaltaktor 2.1.1 den Schaltbefehl tatsächlich ausführt, vergehen also mind. etwa 0,1 s (5-mal ca. 20 ms für den Datenaustausch auf 5 Linien). Dies ist allerdings für die Gebäudesystemtechnik eine noch akzeptable Reaktionszeit.

3.11 Zusammenfassung der Telegrammstrukturen

Im Folgenden sind noch einmal alle Bits eines Standarddatentelegramms und eines Bestätigungstelegramms zusammenfassend aufgelistet.

3.11.1 Standarddatentelegramm

Tabelle 3.30 Bitfelder eines Standarddatentelegramms

1 Byte	2 Bytes	2 Bytes	1 Byte			2 Bytes bis 16 Bytes	1 Byte
Kontroll-feld	Quell-adresse	Ziel-adresse	DAF	Routing-zähler	Nutzda-tenlänge	Nutz-daten	Prüffeld

3.11.1.1 Kontrollfeld (Byte 0)

Tabelle 3.31 Kontrollfeld

Byte 0								
D7	D6	D5	D4	D3	D2	D1	D0	
		R	1	P1	P0	0	0	
				0	0			Systempriorität
				1	0			Alarmpriorität
				0	1			hohe Priorität
				1	1			niedrige Priorität
		0						Wiederholung
		1						keine Wiederholung
1	1	1	1					Abfragetelegramm
0	0		1					Erweitertes Datentelegramm
1	**0**							Standarddatentelegramm

3.11.1.2 Quelladresse (Byte 1 und Byte 2)

Tabelle 3.32 Quelladresse

höherwertiges Byte (Byte 1)								niederwertiges Byte (Byte 2)							
B3	B2	B1	B0	L3	L2	L1	L0	T7	T6	T5	T4	T3	T2	T1	T0
Bereich				Linie				Teilnehmer (je Linie)							

3.11.1.3 Zieladresse (Byte 3 und Byte 4)

Tabelle 3.33 Gruppenadresse (2-Ebenen-Adressierung)

höherwertiges Byte (Byte 3)								niederwertiges Byte (Byte 4)							
D7	D6	D5	D4	D3	D2	D1	D0	D7	D6	D5	D4	D3	D2	D1	D0
H4	H3	H2	H1	H0	U10	U9	U8	U7	U6	U5	U4	U3	U2	U1	U0
Hauptgruppe					Untergruppe										

Tabelle 3.34 Gruppenadresse (3-Ebenen-Adressierung)

höherwertiges Byte (Byte 3)								niederwertiges Byte (Byte 4)							
D7	D6	D5	D4	D3	D2	D1	D0	D7	D6	D5	D4	D3	D2	D1	D0
H4	H3	H2	H1	H0	M2	M1	M0	U7	U6	U5	U4	U3	U2	U1	U0
Hauptgruppe					Mittelgruppe			Untergruppe							

3.11.1.4 Destination Address Field (DAF), Routingzähler, Länge (Byte 5)

Tabelle 3.35 DAF, Routingzähler (R2, R1, R0), Nutzdatenlänge (L3, L2, L1, L0)

Byte 5								
DAF	R2	R1	R0	L3	L2	L1	L0	
				0	0	0	1	2 Nutzdatenbytes
				0	0	1	0	3 Nutzdatenbytes
				0	0	1	1	4 Nutzdatenbytes
				0	1	0	0	5 Nutzdatenbytes
				0	1	0	1	6 Nutzdatenbytes

Tabelle 3.35 *(Fortsetzung)*

Byte 5								
				0	1	1	0	7 Nutzdatenbytes
				0	1	1	1	8 Nutzdatenbytes
				1	0	0	0	9 Nutzdatenbytes
				1	0	0	1	10 Nutzdatenbytes
				1	0	1	0	11 Nutzdatenbytes
				1	0	1	1	12 Nutzdatenbytes
				1	1	0	0	13 Nutzdatenbytes
				1	1	0	1	14 Nutzdatenbytes
				1	1	1	0	15 Nutzdatenbytes
				1	1	1	1	16 Nutzdatenbytes
	1	1	1					Weiterleitung unbegrenzt
	1	1	0					Weiterleitung noch bis zu 6-mal
	1	0	1					Weiterleitung noch bis zu 5-mal
	1	0	0					Weiterleitung noch bis zu 4-mal
	0	1	1					Weiterleitung noch bis zu 3-mal
	0	1	0					Weiterleitung noch bis zu 2-mal
	0	0	1					Weiterleitung noch bis zu 1-mal
	0	0	0					keine Weiterleitung mehr
0								Zieladresse ist eine physikalische Adresse
1								Zieladresse ist eine Gruppenadresse

3.11.1.5 Nutzdaten (Byte 6 und Byte 7)

Tabelle 3.36 Belegung der beiden ersten Nutzdatenbytes beim Schaltbefehl

Byte 6								Byte 7								Befehl
MSB							LSB	MSB							LSB	
D7	D6	D5	D4	D3	D2	D1 B9	D0 B8	D7 B7	D6 B6	D5 B5	D4 B4	D3 B3	D2 B2	D1 B1	D0 B0	
0	0	0	0	0	0	0	0	1	0	0	0	0	0	0	1	Einschalten
0	0	0	0	0	0	0	0	1	0	0	0	0	0	0	0	Ausschalten

Tabelle 3.37 Belegung der beiden ersten Nutzdatenbytes beim Dimmbefehl

Byte 6								Byte 7								Befehl
MSB							LSB	MSB							LSB	
D7	D6	D5	D4	D3	D2	D1 B9	D0 B8	D7 B7	D6 B6	D5 B5	D4 B4	D3 B3	D2 B2	D1 B1	D0 B0	
0	0	0	0	0	0	0	0	1	0	0	0	1	0	1	1	Dimmen*)
*) heller dimmen auf 25 %, 50 %, 75 % oder 100 %, ausgehend vom aktuellen Helligkeitswert																

3.11.1.6 Prüffeld (Byte 8)

Tabelle 3.38 Kontrollfeld

Byte 8								
D7	D6	D5	D4	D3	D2	D1	D0	
PB	PB	PB	PB	PB	PB	PB	PB	
0/1	0/1	0/1	0/1	0/1	0/1	0/1	0/1	ungerade Parität

3.11.2 Bestätigungstelegramm

Tabelle 3.39 Bestätigungstelegramm (mit N1, N0: NAK-Bits; B1, B0: BUSY-Bits)

Byte 0								
1	**1**	0	0	**1**	**1**	0	0	ACK
0	**0**	0	0	**1**	**1**	0	0	NAK
1	**1**	0	0	**0**	**0**	0	0	BUSY
0	**0**	0	0	**0**	**0**	0	0	NAK + BUSY

3.12 Hardware

In diesem Abschnitt wird eine kurze Einführung in die Hardware gegeben, soweit sie für ein grundlegendes Verständnis des KNX erforderlich ist.

Wie bereits in Abschnitt 3.5 beschrieben, werden zum Aufbau einer KNX-Anlage verschiedenartige Busgeräte benötigt. Die Anforderungen an den mechanischen, elektrischen und elektronischen Aufbau der Geräte sind entsprechend dem Einsatzgebiet und den zu realisierenden Funktionen sehr unterschiedlich. Groß ist daher auch die Vielfalt der Hardwarelösungen. Beispielsweise muss es für jedes Übertragungsmedium (z. B. TP, PL, RF) im Innern des Geräts eine spezielle Hardware, ein Transceiver, zur Ankopplung an den Bus geben, und je nach Einbauort muss das Gerät eine bestimmte Bauform haben (z. B. REG, UP). Die Geräte unterscheiden sich auch darin, wie die sonstigen Komponenten der Elektroinstallationstechnik (z. B. Motoren, Jalousien, Lampen) elektrisch angeschlossen werden.

Bei der Hardware eines KNX-Geräts kann man also eine „äußere" und eine „innere" Hardware unterscheiden. Zur „äußeren" Hardware gehören z. B. die Gehäusebauform und die elektrischen Anschlüsse. Die „innere" Hardware ist für den Käufer eines KNX-Geräts nicht sichtbar und enthält diverse elektronische Bauelemente, insbesondere auch einen Mikrocontroller (μC). Detaillierte Informationen zur „äußeren" Hardware finden sich in den technischen Datenblättern der Hersteller. Die „innere" Hardware wird in [KNX22] ausführlich beschrieben.

3.12.1 „Äußere" Hardware

Für den Anwender unterscheiden sich die KNX-Geräte zunächst einmal in ihrer mechanischen Bauform: Reiheneinbaugerät (REG), Einbaugerät (EB), Unterputzgerät (UP) und Aufputzgerät (AP). Je nach den Bedingungen am Einbauort muss die entsprechende Bauform gewählt werden (vgl. Abschnitt 3.5.1).

Ein weiteres Unterscheidungsmerkmal ist, ob es sich um ein kompaktes oder um ein modulares Gerät handelt. Letzteres besteht aus einem Anwendungsmodul, welches auf einen Busankoppler aufgesteckt wird (vgl. Abschnitt 3.5.1).

Neben den mechanischen Eigenschaften (Bauform, Gehäuse, Abmessungen etc.) spielen auch die elektrischen Eigenschaften eine wichtige Rolle (z. B. Versorgungsspannung, Schutzart). Die Anschlussbilder und Anschlussbedingungen von KNX-Geräten sind in den technischen Datenblättern der Hersteller enthalten und müssen genauestens beachtet werden, insbesondere die elektrischen Spezifikationen, wie z. B. die maximal mögliche Leistung, die ein Aktor an einem Ausgang schalten kann.

Ein Beispiel für ein Anschlussbild und die dazugehörigen Anschlussbedingungen ist in Bild 3.30 und Bild 3.31 angegeben. Es handelt sich um einen 6-fach-Schaltaktor. Der 6-fach-Schaltaktor besitzt neben den Anschlussklemmen der Ausgänge A bis F noch eine Programmiertaste inkl. Programmier-LED und eine Busklemme zur Anschaltung des zweiadrigen Buskabels. Der maximale Schaltstrom je Ausgang beträgt 10 A AC.

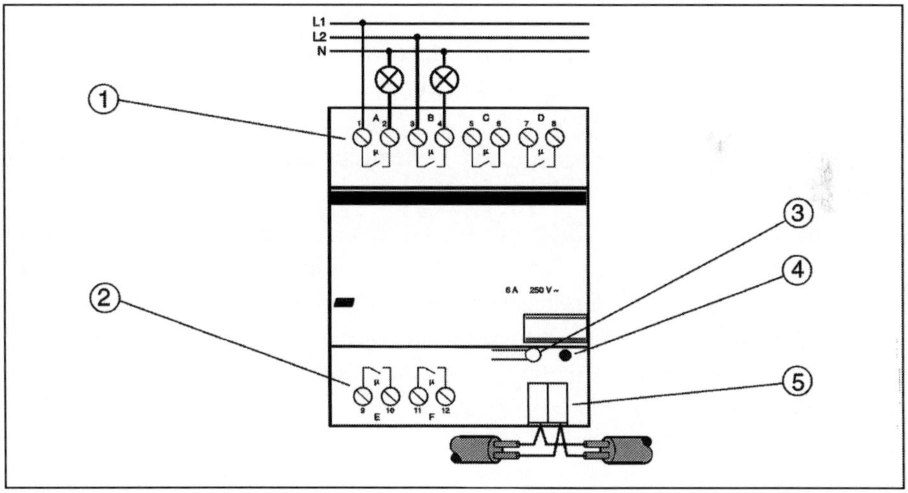

1 Anschlussklemmen Ausgänge A...D
2 Anschlussklemmen Ausgänge E...F
3 Programmiertaste
4 Programmier-LED
5 Busklemme

Bild 3.30 Anschlussbild eines 6-fach-Schaltaktors [ABB]

Technische Daten

Versorgung	– EIB	24 V DC, erfolgt über die Buslinie
Ausgänge	– 6 potentialfreie Kontakte	
	– Schaltspannung	230 V AC + 10/– 15 %, 50 ... 60 Hz
	– Schaltstrom	10 A/AC1
	– Grundverzögerungszeit bei einmaliger Betätigung	typ. 20 ms pro Relais
Bedien- und Anzeigeelemente	– LED rot und Taste	zur Vergabe der physikalischen Adresse
Anschlüsse	– Laststromkreis	je zwei Schraubklemmen, Anschlussquerschnitt 0,5 ... 2,5 mm² feindrähtig 0,5 ... 4,0 mm² eindrähtig
	– EIB	Busklemme
Schutzart	– IP 20, EN 60 529	
Umgebungstemperaturbereich	– Betrieb	– 5 °C ... 45 °C
	– Lagerung	– 25 °C ... 55 °C
	– Transport	– 25 °C ... 70 °C
Bauform, Design	– modulares Installationsgerät, pro*M*	
Gehäuse, Farbe	– Kunststoffgehäuse, grau	
Montage	– auf Tragschiene 35 mm, DIN EN 60 715	
Abmessungen	– 90 x 72 x 64 mm (H x B x T)	
Einbautiefe/Breite	– 68 mm/4 Module à 18 mm	
Gewicht	– 0,24 kg	
Approbation	– EIB-zertifiziert	
CE-Zeichen	– gemäß EMV Richtlinie und Niederspannungsrichtlinie	

Bild 3.31 Technische Daten, insbesondere Anschlussbedingungen eines 6-fach-Schaltaktors [ABB]

3.12.2 „Innere" Hardware

Einen umfassenden Einblick in die „innere" Hardware der Module (und die dazugehörige System- und Applikationssoftware) benötigt nur der Entwickler von KNX-Geräten. Der Aufbau und die Funktionsweise der „inneren" Hardware müssen den Spezifikationen der Konnex Association entsprechen, damit das Gerät eine Zertifizierung erhält [KNX22].

Ein KNX-Anwender muss sich nicht darum kümmern, wie die „Innereien" eines KNX-Geräts aussehen. Dennoch sollen im folgenden Abschnitt einige grundsätzliche Merkmale der „inneren" Hardware beschrieben werden, damit erkennbar wird, dass es sich bei KNX-Geräten um intelligente Kommunikationsgeräte handelt. Dies soll am Beispiel von KNX TP erfolgen, denn die Twisted-Pair-Variante des KNX ist die am häufigsten eingesetzte.

3.12.2.1 Prinzipieller innerer Aufbau eines KNX TP-Kommunikationsgeräts

Alle Geräte, die in der Lage sein sollen, über den KNX TP zu kommunizieren, müssen aus zwei Hauptkomponenten bestehen (Bild 3.32):

- einem Kommunikationsmodul,
- einem (integrierten oder modularen) Anwendungsmodul.

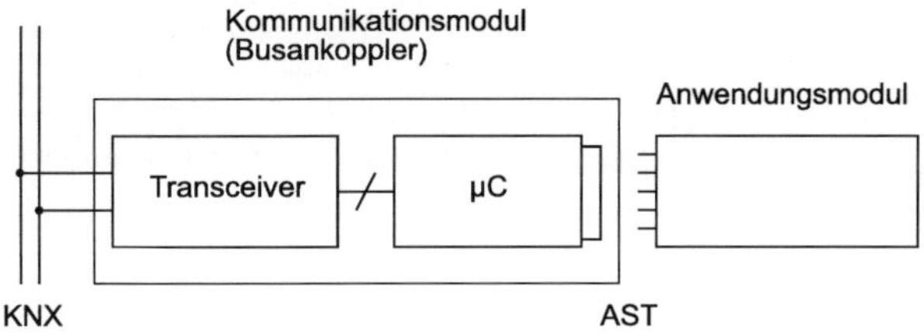

Bild 3.32 Prinzipieller Aufbau eines KNX TP-Geräts

Das Kommunikationsmodul besteht aus einem Übertragungsmodul (Transceiver) und einem Mikrocontroller (µC). Es wird auch Busankoppler (BCU) genannt, wenn es eine 10- oder 12-polige Anwendungsschnittstelle (AST) enthält, die auch als Physical External Interface (PEI) bezeichnet wird, siehe Abschnitt 3.12.2.4. Auf den Busankoppler kann ein Anwendungsmodul gesteckt werden. In diesem Fall handelt es sich um ein modulares KNX-Gerät. Wenn das Kommunikations- und das Anwendungsmodul zusammen in ein Gehäuse integriert sind, handelt es sich um ein Kompaktgerät.

3.12.2.2 Transceiver (Übertragungsmodul)

Der Transceiver muss immer an das verwendete Übertragungsmedium (TP, PL, RF usw.) angepasst werden. Für die Ankopplung eines µC an den KNX TP gibt es integrierte Schaltkreise (IC) als standardisierte Lösungen, die von der Konnex Association zertifiziert und freigegeben sind.

Beispiele sind der NCN5130 oder TPUART-2, die u. a. die Elektronik für das Senden und Empfangen über KNX TP und der Versorgungsspannung enthalten. Mit den Bausteinen lassen sich ohne großen Aufwand Buszugriffe realisieren, denn sie kommunizieren mit dem Host-Controller über eine serielle Schnittstelle. Ein einfaches Beispiel zeigt Bild 3.33.

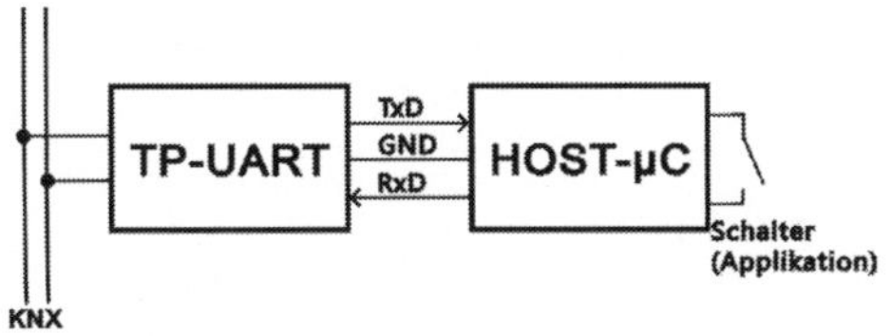

Bild 3.33 TP-UART als Transceiver

Das Anwendungsmodul besteht hier aus einem einfachen Schalter, der z. B. von einem Helligkeitssensor geschlossen bzw. geöffnet wird. Beim Schließen des Kontakts sendet der Host-Controller, ein beliebiger µC mit serieller Schnittstelle, unter Einhaltung des vorgegebenen Protokolls ein Datentelegramm an den TP-UART, der die Telegrammbits dann in ein entsprechendes KNX TP-Bussignal umwandelt. Dieses könnte dann z. B. von einem Schaltaktor ausgewertet werden.

3.12.2.3 Mikrocontroller

Die Wahl des Mikrocontrollers (µC) für den Einsatz in einem Kommunikationsmodul ist immer auch abhängig von den Applikationen, die mit dem KNX-Gerät erledigt werden sollen. Die meisten verfügbaren Lösungen verfügen über eine weitere Schnittstelle zur Kommunikation mit dem Anwendungsmodul. Diese Schnittstelle ist mechanisch und elektrisch genormt (AST, siehe Abschnitt 3.12.2.4). Um es den Entwicklern von KNX-Geräten leicht zu machen, die Zertifizierung zu bestehen und darüber hinaus die hohen Entwicklungskosten einer vollständig eigenen Implementierung einzusparen, bieten einige Unternehmen über die Konnex Association zertifizierte Komponenten an, die einen komplette Umgebung inklusive Mikroprozessor, Tranceiver und weiteren Schnittstellen zur Verfügung stellen, siehe Bild 3.34.

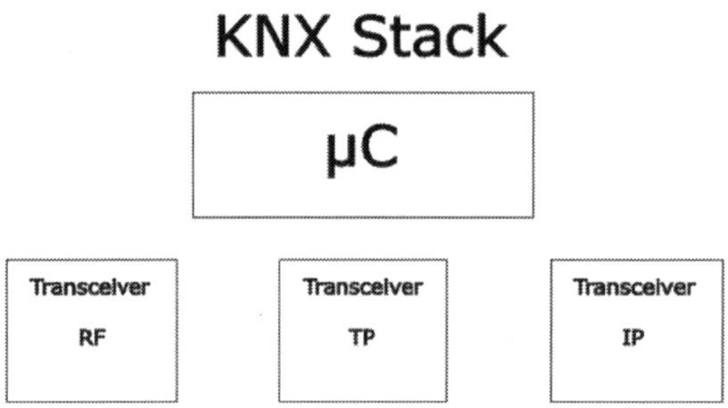

Bild 3.34
KNX Hardware Stack

3.12.2.4 Anwendungsschnittstelle (AST)

Immer öfter verschwimmen die Grenzen zwischen Mikrocontroller des Kommunikationsmoduls und Mikrocontroller des Anwendungsmoduls. Sind aber BCU und Anwendungsmodul getrennt, ist die Kommunikation dieser oft über die Anwendungsschnittstelle (AST) realisiert. Die Anwendungsschnittstelle (AST) ist ein 10- oder 12-poliger Steckverbinder (Bild 3.35) und erlaubt sowohl parallele als auch serielle Kommunikation zwischen dem Kommunikations- und dem Anwendungsmodul.

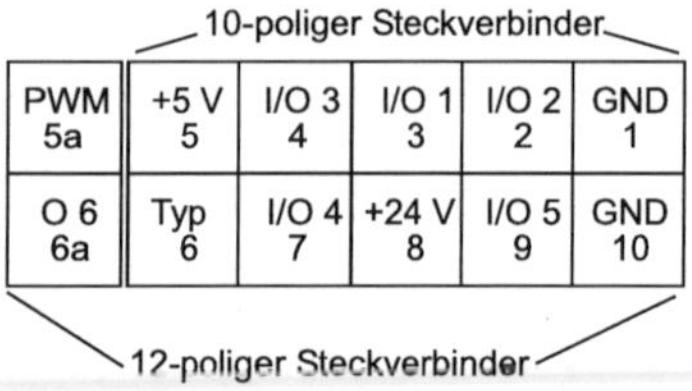

Bild 3.35
AST (10-polig bzw. 12-polig)

Bei einfachen Anwendungen, wie z. B. Abfragen von Schalter- und Tasterkontakten, ist das Anwendungsmodul elektrisch und elektronisch sehr einfach aufgebaut und besteht nur aus wenigen Bauelementen. Die Applikationssoftware wird in diesem Fall im µC des Kommunikationsmoduls abgewickelt, und die AST wird als einfacher Eingabe- oder Ausgabeport verwendet. Bei komplexeren Anwendungen läuft die Applikationssoftware auf einem eigenen µC im Anwendungsmodul, und der Datenaustausch mit dem Kommunikationsmodul erfolgt über die serielle Schnittstelle der AST.

Die elektrischen und logischen Eigenschaften der AST-Signale hängen ab vom Typ des Anwendungsmoduls. Elektrisch haben die Pins folgende Bedeutung:

- Pin 1 und 10: Bezugspotenzial (0 V),
- Pin 6: Typerkennung (mithilfe eines Typwiderstands im Anwendungsmodul),
- Pin 5: 5 V DC,
- Pin 8: 24 V DC,
- Pins 2, 3, 4, 7, 9: digitale Ein-/Ausgänge oder Anschlüsse für die serielle Kommunikation,
- Pin 5a: pulsweitenmodulierter Ausgang,
- Pin 6a: digitaler Ein-/Ausgang.

Für mehr Details zu den mechanischen und elektrischen Eigenschaften sowie den Kommunikationsprotokollen sei auf die Norm verwiesen [KNX22].

3.13 Software

Beim KNX kann man drei Arten von Software unterscheiden:

- Systemsoftware,
- Anwendungssoftware (Applikationen),
- ETS (Engineering-**T**ool-**S**oftware).

Einen umfassenden Einblick in die Systemsoftware und die Applikationen benötigt nur der Entwickler von KNX-Geräten. Der Anwender hingegen muss hauptsächlich mit der Projektierungssoftware ETS umgehen können und einige Softwarekonzepte verstehen, die bei der Projektierung mit der Software auftreten. Beispielsweise müssen die Parameter der Applikationen eingestellt werden, und Kommunikationsobjekte müssen Gruppenadressen zugeordnet werden.

Die wichtigsten Aspekte der KNX-Software werden im Folgenden erläutert. Detaillierte Informationen zu Diensten, Schnittstellen und Protokollen der Systemsoftware finden sich bei [KNX22].

3.13.1 Überblick

Der KNX ist ein dezentrales System, bei dem die Systemsoftware und die Applikation in den KNX-Geräten enthalten sind:

- Die Systemsoftware, die insbesondere auch für die Abwicklung der Datenkommunikation über den Bus zuständig ist, wird bereits im Werk des Herstellers fest im Gerät gespeichert (im ROM – Read Only Memory – des Kommunikationsmoduls).
- Die Applikationssoftware für ein Gerät wird in einer Produktdatenbank zur Verfügung gestellt, muss vom Anwender ausgewählt, parametriert und bei der Inbetriebnahme mithilfe der Projektierungssoftware ETS in das KNX-Gerät übertragen werden.
- Die Projektierungssoftware ETS ist das Programm zur Projektierung und Inbetriebnahme einer KNX-Anlage.

KNX-Geräte können üblicherweise mehrere Applikationen ausführen, und der Anwender bestimmt mit der Auswahl der gewünschten Applikation und der Einstellung ihrer Parameter die eigentliche Funktion des Geräts. Beispielsweise

- kann man durch Wahl des Applikationsprogramms bestimmen, ob ein Koppler als Linienverstärker (Applikation: Verstärken) oder als Linien- bzw. Bereichskoppler (Applikation: Koppeln) arbeitet,
- lässt sich im Parameterdialog eines 4-fach-Tastsensors festlegen, ob ein Taster als Schalter, als Dimmer oder als beides zugleich wirken soll,
- kann im Parameterdialog eines 6-fach-Schaltaktors eingestellt werden, ob ein Ausgang als Schließer oder als Öffner tätig wird.

Um die richtige Applikation und die richtige Einstellung der Parameter eines KNX-Geräts festzulegen, ist es erforderlich, die technischen Unterlagen intensiv zu studieren. Der dafür anfallende Zeitaufwand ist im Einzelfall recht umfangreich, denn die Applikationen und Parametriermöglichkeiten eines Geräts können sehr vielfältig und komplex sein.

3.13.2 Softwarekomponenten eines Kompaktgeräts

Bild 3.36 zeigt die Softwarekomponenten eines Kompaktgeräts, bei dem Kommunikations- und Anwendungsmodul in einem Gehäuse integriert sind. Die Systemsoftware ist im Gerät bereits bei Auslieferung vorhanden. Die physikalische Adresse und die gewünschte Applikation müssen bei der Inbetriebnahme mithilfe der Projektierungssoftware ETS ins Gerät übertragen werden. Vorher sind im Allgemeinen noch die Parameter der Applikation einzustellen.

Die Applikation tauscht mithilfe von RAM-Flags und Kommunikationsobjekten (K.Obj.) Daten mit der Systemsoftware aus. Diese liest und schreibt Telegramme vom/auf den Bus. Mithilfe der RAM-Flags wird der Applikation von der Systemsoftware z. B. angezeigt, dass ein Telegramm empfangen und einem K.Obj. ein neuer Wert zugewiesen wurde. Die Applikation kann dann auf das K.Obj. zugreifen und seinen Inhalt auswerten. Entsprechend verläuft die Kommunikation in umgekehrter Richtung. Die Applikation greift bei der Erfüllung ihrer Aufgaben auf die vom Benutzer mittels der Projektierungssoftware ETS eingestellten Parameter zu.

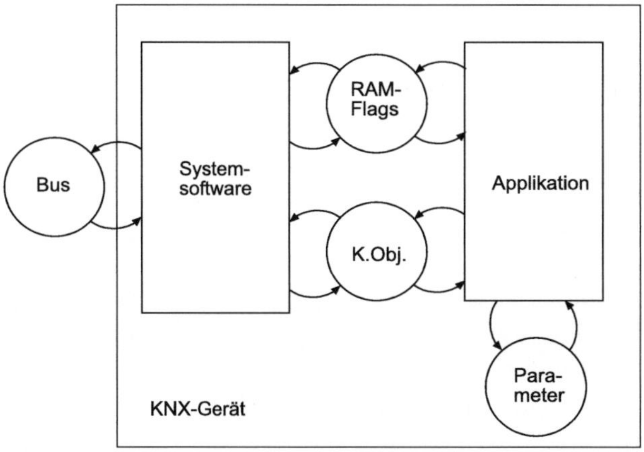

Bild 3.36
Softwarekomponenten bei einem Kompaktgerät

3.13.3 Softwarekomponenten eines modularen Geräts

Bei einem KNX-Gerät, das aus einem Busankoppler (als Kommunikationsmodul) und einem (modularen) Anwendungsmodul besteht, ist es abhängig von dessen Komplexität erforderlich, die Applikationssoftware in eine interne und externe Applikation zu unterteilen, wie Bild 3.37 veranschaulicht.

Die externe Applikation (im Anwendungsmodul) steht mit der internen Applikation (im Kommunikationsmodul) über die Anwendungsschnittstelle (AST) in Verbindung. Die Zusammenarbeit der internen Applikation mit der Systemsoftware verläuft wie beim Kompaktgerät. Die interne und die externe Applikation greifen bei der Erfüllung ihrer Aufgaben auf die bei der Projektierung vom Benutzer mittels der Projektierungssoftware ETS eingestellten Parameter zu.

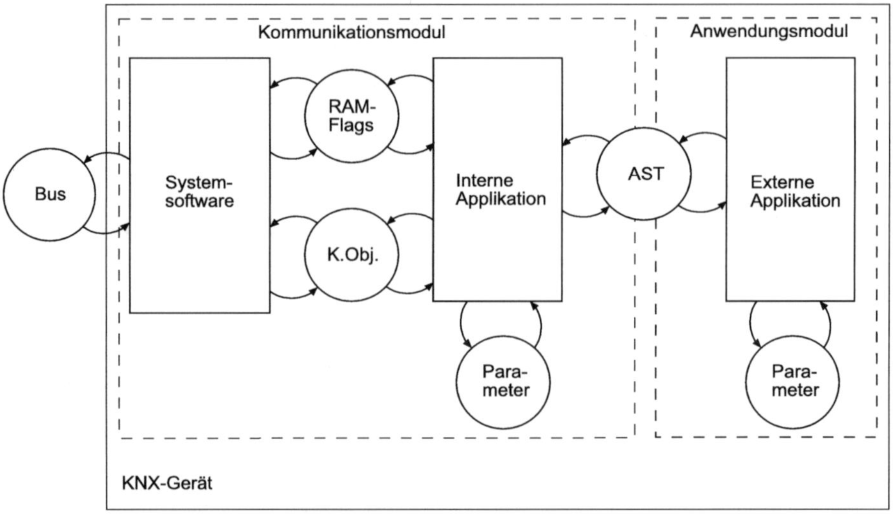

Bild 3.37 Softwarekomponenten bei einem modularen Gerät

Wenn die im Anwendungsmodul implementierten Funktionen einfach sind, z. B. Abfragen von Tasterstellungen, kann die Abfrage der externen Sensoren über die Anwendungsschnittstelle (AST) vollständig als interne Applikation im Kommunikationsmodul abgewickelt werden. Bei komplizierteren Funktionen (z. B. bei einem Display) läuft eine externe Applikation auf einem eigenen µC im Anwendungsmodul. Die externe Applikation kann dann z. B. über den AST-Typ 16 (asynchrone serielle Schnittstelle) die Kommunikationsdienste der Systemsoftware im Kommunikationsmodul nutzen. Unter Umständen müssen das Herunterladen der externen Applikation in das Anwendungsmodul und ihre Parametrierung mit einer speziellen Software des Herstellers durchgeführt werden (Plug-in-Software). In den meisten Fällen kann jedoch die Applikation mit der Projektierungssoftware ETS allein parametriert und programmiert werden.

3.13.4 Systemsoftware

Die Systemsoftware besteht aus einem sequenziell ablaufenden Teil und einem interrupt-gesteuerten Teil. Nach der Initialisierung des KNX-Geräts beim Zuschalten der Busspannung werden die folgenden Aufgaben zyklisch abgearbeitet:

- Aufruf der Applikation,
- Abwicklung der Kommunikation,
- Aufruf von Prüfroutinen,
- Management der Anwendungsschnittstelle.

Bei der Initialisierung wird z. B. der Typ des Anwendungsmoduls festgestellt oder geprüft, ob die Programmiertaste gedrückt ist und daher das Anwendungsprogramm zunächst nicht starten soll. Der interrupt-gesteuerte Teil ist für die Abläufe beim Empfang eines Bitstroms vom Bus zuständig und für den Start der Save-Routine bei Spannungsausfall. Mit dieser werden z. B. Daten in das EEPROM gesichert. Um die Systemsoftware muss sich ein Anwender nicht kümmern. Sie ist bereits bei Auslieferung im ROM des KNX-Geräts gespeichert. Die Zertifizierung durch die Konnex Association stellt sicher, dass auch Geräte unterschiedlicher Hersteller in einer KNX-Anlage miteinander kommunizieren können. Es wird auch garantiert, dass die Geräte mithilfe der Projektierungssoftware ETS programmiert werden können.

3.13.5 Anwendungsprogramme

3.13.5.1 Auswahl der Applikation

Die Applikation (auch Anwendungsprogramm genannt) und ihre Parameter bestimmen die Funktionalität eines KNX-Geräts. Dieses hat im Normalfall mehrere Applikationen, die vom Anwender zur Erfüllung der von ihm gewünschten Gebäudefunktionen ausgewählt werden können. Die Applikationen werden von den Herstellern mittels einer Produktdatenbank auf CD oder im Internet zur Verfügung gestellt. Für einen 4-fach-Schaltsensor gibt es z. B. folgende Applikationen [ABB]:

- Schalten LED,
- Schalten Dimmen LED,
- Schalten Jalousie LED,
- Schalten Dimmen Jalousie,
- Schalten Flanke Flexible Zuordnung,
- Wert LED.

Je nach gewählter Applikation versendet der 4-fach-Tastsensor dann Schalt-, Dimm-, Jalousiesteuerungs- oder 1-Byte-Wertetelegramme. Eine Applikation kann entweder nur eine einzige Funktion erfüllen, z. B. „Schalten“, oder auch mehrere Funktionen gleichzeitig, z. B. „Schalten Dimmen Jalousie“.

3.13.5.2 Parameter von Applikationen

Applikationsprogramme haben Parameter, die vom Anwender mithilfe der Projektierungssoftware ETS oder (bei komplexeren Geräten, z. B. einem Panel) einer speziellen Plug-in-Software eingestellt werden. Diesen Vorgang nennt man auch Parametrierung. Der Parameterdialog besteht häufig aus mehreren Eingabeseiten und kann recht umfangreich und komplex sein. Sein Inhalt hängt einerseits vom Gerätetyp und andererseits vom Hersteller ab. Beispielsweise kann man bei einer Taste eines

4-fach-Tastsensors nach Auswahl der Applikation „Schalten Dimmen Flexible Zuordnung“ folgende Reaktionen auf einen Druck auf den oberen Kontakt einer Taste einstellen [ABB]:

- keine Reaktion,
- Einschalttelegramm senden,
- Ausschalttelegramm senden,
- Umschalttelegramm senden.

Ein weiteres Beispiel für eine Parametrierung ist die Festlegung der LED-Farben bei einem Schaltsensor. Eine LED kann z. B. den Wert des der Taste zugeordneten Kommunikationsobjekts anzeigen. Sie leuchtet z. B. rot, wenn der Objektwert 1 ist, und grün bei 0. Alternativ könnte sie auch als Orientierungslicht dauerhaft grün leuchten. Die Parameter-Dialoge einer bestimmten Applikation bei einem bestimmten Gerätetyp können sich, abhängig vom Hersteller, zum Teil beträchtlich unterscheiden! Dies macht es teilweise nicht ganz einfach, gleichartige Geräte verschiedener Hersteller zu parametrieren, denn es gibt unterschiedliche Bedien- und Einstellphilosophien und unterschiedliche Parametriermöglichkeiten.

3.13.6 Engineering Tool Software (ETS)

Die Projektierungssoftware ETS ist das einheitliche Programm zur Projektierung und Inbetriebnahme von KNX-Anlagen. Darstellung und Bedienung sind aktuellen Standards angepasst, wie sie von Microsoft-Betriebssystemen bekannt sind.

3.13.6.1 Lizenzen

Die Projektierungssoftware ETS kann von der Konnex-Webseite [*www.knx.org*] heruntergeladen werden. Je nach Lizenz hat sie dann eine bestimmte Funktionalität.

Lizenz	Funktionalität
Demo/Home	Maximal 5 KNX-Geräte pro Projekt
Lite	Maximal 20 KNX-Geräte pro Projekt
Professional	Volle Funktionalität

3.13.6.2 Projektarchiv

Bei der Installation legt die Projektierungssoftware ETS automatisch einen Ordner im Verzeichnis C:\Users\Public\Documents\KNX\Archive an. Dieses Projektarchiv ist die Datenbank des Projekts (oder ggf. die zentrale Datenbank aller Projekte). Sie enthält die vom Benutzer eingegebenen Projektdaten. Vor der Auswahl von Geräten und deren Parametrierung im Rahmen der Projektierung müssen zunächst die Produktdaten aus den Produktdatenbanken der Hersteller in die Projektdatenbank importiert werden, siehe Bild 3.38 und auch Abschnitt 3.16.

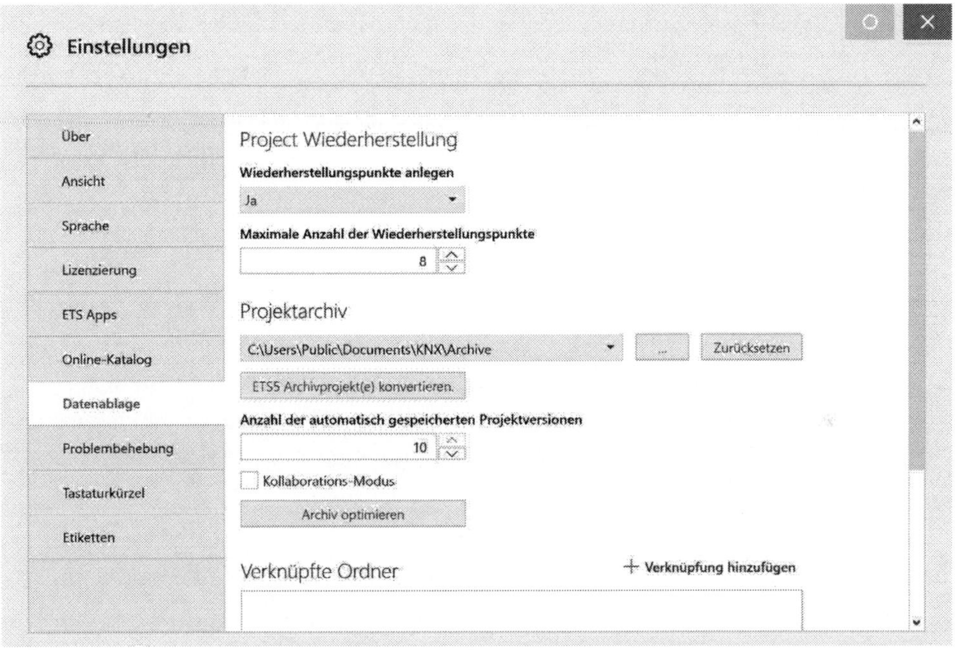

Bild 3.38 Dialogfenster für Einstellungen des Projektarchives

3.13.6.3 Projektierung

Nach dem Import der Produktdaten kann eine Projektierung durchgeführt werden.

> **!** Die Projektierung ist das Umsetzen des bei der Planung erstellten Konzepts (Lastenheft) in ein Pflichtenheft. Dabei werden der Liefer- und Leistungsumfang festgelegt, die räumliche Anordnung sowie die Gerätetypen definiert und die logischen Verknüpfungen vorgenommen [ZVEI97].

Eine Projektierung mit der Projektierungssoftware ETS läuft typischerweise nach folgendem Schema ab:

- Anlegen eines neuen Projekts. Danach wird das Fenster Gebäude/Gewerke geöffnet. Weitere Fenster können über den Menüpunkt Arbeitsbereich/Fenster hinzufuegen geöffnet werden.

- Die Projektierung kann über den Projekt-Wizard auf der Startseite begonnen werden. Ebenso ist der Start der Projektierung für erfahrene Anwender mit dem Anlegen eines Projektes über „Neues Projekt“ möglich.

Jetzt kann man das Projekt entweder im Topologiefenster oder im Fenster Gebäude/ Gewerke entwickeln:

- Im Topologiefenster wird das Projekt aus Sicht der Bustopologie dargestellt. Es ist wie folgt vorzugehen:
  - Bereiche und Linien erstellen,
  - Geräte in die Linien einfügen. Nach dem Einfügen der Teilnehmer sind deren Kommunikationsobjekte sichtbar.
  - Physikalische Adressen vergeben,
  - Geräteparameter bearbeiten.
- Im Fenster Gebäude wird das Projekt aus Sicht der Gebäudestruktur dargestellt. Es ist wie folgt vorzugehen:
  - Gebäude, Gebäudeteile, Räume, Schaltschränke und Gewerke erstellen,
  - Geräte in die Räume, Schaltschränke oder Gewerke einfügen. Nach dem Einfügen der Teilnehmer sind deren Kommunikationsobjekte sichtbar.
  - Physikalische Adressen vergeben,
  - Geräteparameter bearbeiten.

Danach muss zum Fenster Gruppenadressen gewechselt werden. Hier sind dann:

- Gruppenadressen zu definieren, um damit Funktionen festzulegen,
- Kommunikationsobjekte mittels Drag & Drop den Gruppenadressen zuzuordnen. Die Zuordnungen werden im Gruppenadressenfenster und im Topologiefenster angezeigt.

Es ist nicht erforderlich, dieses Schema genau einzuhalten. Schritte können ausgelassen oder in anderer Reihenfolge erledigt werden.

3.13.6.4 Inbetriebnahme

Nach der Projektierung müssen die jeweils vergebene physikalische Adresse und das Applikationsprogramm (Geräteparameter, Zuordnungen der Kommunikationsobjekte zu den Gruppenadressen und die eigentliche Applikation) in die Geräte übertragen werden. Diese werden hierzu entweder im Fenster Topologie oder im Fenster Gebäude/Gewerke markiert und dann wird per Rechtsklick Programmieren/... der gewünschte Vorgang aufgerufen.

Bei der ersten Inbetriebnahme eines Geräts muss auf jeden Fall zunächst dessen physikalische Adresse programmiert werden (Ablauf: Programmierung in der Projektierungssoftware ETS starten, Programmiertaste des Geräts nach Aufforderung kurz betätigen). Anschließend kann die Applikation übertragen werden. Es ist allerdings auch möglich, beide Schritte in einem Arbeitsgang durchzuführen.

Damit der Buszugriff funktioniert, muss zunächst die verwendete Schnittstelle (IP-Gateway, USB, ggf. serielle Schnittstelle) im Menüpunkt „Verbindungen" richtig ausgewählt und konfiguriert werden. Danach muss deren physikalische Adresse programmiert werden.

Die ausgewählte Schnittstelle wird nun im oberen Teil der Projektierungssoftware ETS angezeigt und kann dort geändert werden.

Nachdem die physikalische Adresse einmal programmiert wurde, ist es bei folgenden Programmierungen, wenn z. B. ein Geräteparameter geändert oder eine andere Applikation des Geräts ausgewählt wurde, nur noch erforderlich, die Applikation zu übertragen.

Nach dem Herunterladen der physikalischen Adressen und Applikationen in die Geräte ist die KNX-Anlage betriebsbereit und kann getestet werden. Die Projektierungssoftware ETS stellt hierfür Diagnosewerkzeuge zur Verfügung, z. B. den Busmonitor (Fenster **Diagnose**). Diese Software dient zum Mitlesen und Analysieren des Telegrammverkehrs auf dem Bus. Alle auf dem Bus existierenden Telegramme werden aufgezeichnet.

3.14 Virtuelles Beispielprojekt

Wer den KNX richtig kennenlernen will, sollte die theoretischen Kenntnisse gleich in die Praxis umsetzen! Eine einfache Möglichkeit bietet dazu die kostenlose Simulationssoftware KNX Virtual, die genau wie die Projektierungssoftware ETS von der KNX Association bezogen werden kann.

Bei der Konzeption einer solchen Anlage und der Auswahl der Geräte stellt sich die Frage, welche Projekte mit dem KNX am häufigsten realisiert werden. Dies ist allerdings sehr eindeutig zu beantworten: Der Großteil aller KNX-Projekte betrifft die Realisierung von Licht-, Rollladen- und Jalousiefunktionen. Für den Einsteiger in den KNX eignen sich daher Lichtsteuerungsprojekte sehr gut, den Umgang mit der Projektierungssoftware ETS zu erlernen. Die dabei gewonnenen Kenntnisse lassen sich dann relativ leicht auf andere Projekte übertragen.

Um kleinere Lichtsteuerungsprojekte mit dem KNX zu realisieren, sind nur wenige Komponenten erforderlich. Eine solche KNX-Anlage muss nur eine Spannungsversorgung, eine Schnittstelle, einen Tastsensor und einen Schaltaktor enthalten.

Die folgenden virtuellen KNX-Geräte wurden ausgewählt (Tabelle 3.40). Um die Anlage zu projektieren und in Betrieb zu nehmen, reicht die Demoversion der Projektierungssoftware ETS aus.

Tabelle 3.40 Geräte für die Lichtsteuerungsanlage

Hersteller	Bezeichnung im Katalog	Name	Artikel-Nr.
KNX Association	KliX	KX.tp(D4)	KX.tp
	Schaltaktor	SA.tp	SA.tp

Die in Tabelle 3.40 aufgeführten Geräte simulieren zusammen eine einfache Anlage zum Schalten eines Lichtes.

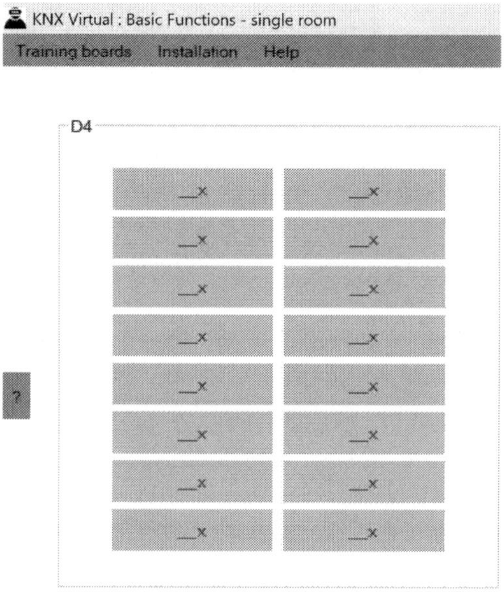

Bild 3.39
Anzeige des virtuellen Schalters KliX in KNX Virtual

Das virtuelle Gerät „KliX" stellt einen Schalter mit insgesamt 16 Tasten zur Verfügung (siehe Bild 3.39). Dabei sind die zwei Schaltflächen auf einer Zeile in einem Kanal zusammengefasst. In der Standardparametrierung schaltet die linke Taste aus und die rechte Taste ein.

Das virtuelle Gerät SA.tp (Switching Actuator D7) stellt eine Funktionalität für das Schalten von Lampen zur Verfügung. Insgesamt können damit 8 virtuelle Lampen ein- bzw. ausgeschaltet werden. Wie auch der virtuelle Schalter KX.tp ist der SA.tp in KNX Virtual auf dem Trainingsboard „Basic Functions – Single room" zu finden (siehe Bild 3.40).

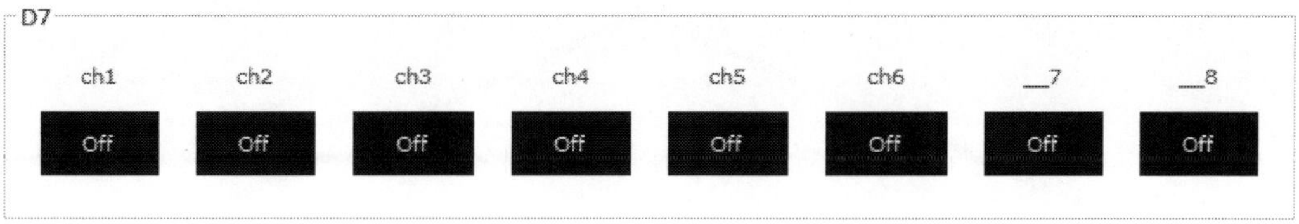

Bild 3.40 Anzeige des virtuellen Switching Actuator D7 in KNX Virtual

3.15 Übungsprojekt Lichtsteuerung

Zu einem Elektroinstallateur mit KNX-Schulungszertifikat kommt ein Kunde und bestellt eine Lichtsteuerung für sein Haus (Bild 3.41).

3.15.1 Kundenauftrag

Folgende Lichtfunktionen sollen realisiert werden (Lastenheft):

- Mit einer Taste soll das Deckenlicht (Deckenlampe) im Wohnzimmer geschaltet werden. Bei Druck auf den rechten Kontakt soll eingeschaltet, bei Druck auf den linken Kontakt ausgeschaltet werden.
- Mit einer weiteren Taste soll das Wandlicht (Wandlampe 1 und Wandlampe 2) im Wohnzimmer geschaltet werden. Bei Druck auf den rechten Kontakt soll eingeschaltet, bei Druck auf den linken Kontakt ausgeschaltet werden.
- Eine dritte Taste soll folgende Funktionalität aufweisen: Bei Druck auf den rechten Kontakt soll die Stehlampe umgeschaltet werden. Bei Druck auf den linken Kontakt soll das Treppenhauslicht eingeschaltet werden. Die Treppenhauslampe 1 soll dann nach 3 s automatisch ausgeschaltet werden, die Treppenhauslampe 2 nach 10 s.
- Bei Druck auf den rechten Kontakt eines vierten Tasters sollen alle Lampen im Wohnzimmer eingeschaltet, bei Druck auf den linken Kontakt ausgeschaltet werden.
- Die Taster sollen ein Orientierungslicht haben, welches den Zustand anzeigt.
- Die Taster sollen im Wohnzimmer eingebaut werden, alle anderen KNX-Geräte in einem Hauptverteiler im Keller.

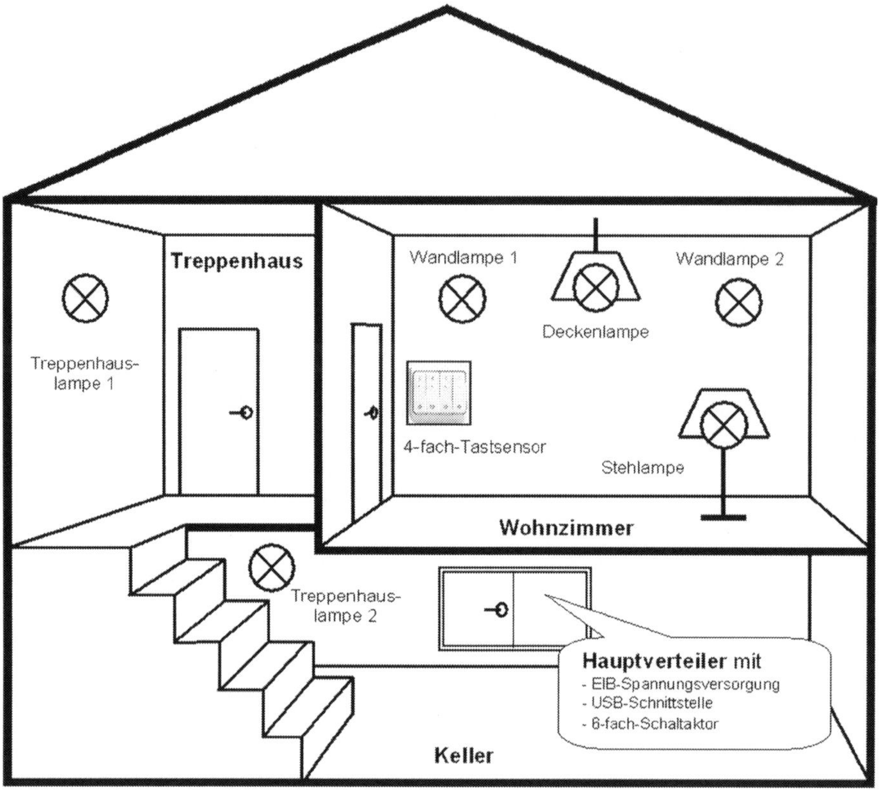

Bild 3.41 KNX-Lichtinstallation für ein Einfamilienhaus

3.15.2 Benötigte Geräte

Um die vom Kunden geforderten Lichtfunktionen mit dem KNX realisieren zu können, werden folgende KNX-Geräte benötigt:

- Tastsensor KX.tp,
- Schaltaktor SA.tp.

3.16 Projektierung

3.16.1 Vorüberlegungen

Vor dem Starten der Projektierungssoftware ETS ist es sinnvoll, sich zu überlegen, welche Funktionen den Tasten des Tastsensors zugewiesen und welche Lampen an welche Ausgänge des Schaltaktors angeschlossen werden sollen.

Folgende Lösung ist, ggf. nach Rücksprache mit dem Kunden (Belegung der Tasten), möglich (Tabelle 3.41).

Tabelle 3.41 Funktionstabelle für die Lichtsteuerung

Taste Tastsensors	Funktion	Ausgang des Schaltaktors	Funktion
Taste 1 rechts	Deckenlampe einschalten	1	Stromkreis Deckenlampe schließen
Taste 1 links	Deckenlampe ausschalten	1	Stromkreis Deckenlampe öffnen
Taste 2 rechts	Wandlampe 1 einschalten Wandlampe 2 einschalten	2+3	Stromkreis Wandlampe 1 schließen Stromkreis Wandlampe 2 schließen
Taste 2 links	Wandlampe 1 ausschalten Wandlampe 2 ausschalten	2+3	Stromkreis Wandlampe 1 öffnen Stromkreis Wandlampe 2 öffnen
Taste 3 rechts	Stehlampe umschalten	4	Stromkreis Stehlampe schließen/öffnen
Taste 3 links	Treppenhauslampe 1 umschalten Treppenhauslampe 2 umschalten	5+6	Stromkreis Treppenhauslampe 1 schließen/öffnen *) Stromkreis Treppenhauslampe 2 schließen/öffnen *)
Taste 4 rechts	alle Wohnzimmerlampen einschalten	1 bis 4	alle Wohnzimmerstromkreise schließen
Taste 4 links	alle Wohnzimmerlampen ausschalten	1 bis 4	alle Wohnzimmerstromkreise öffnen

*) Das Öffnen der Schaltkontakte bei den Ausgängen E 5und 6 wird vom Aktor zusätzlich selbsttätig, d. h. ohne ein weiteres Telegramm, nach einer eingestellten Zeit erledigt (Treppenhausfunktion).

Wie diese Tabelle zu interpretieren ist, soll am Beispiel der ersten Zeile erläutert werden: Ein Druck auf den rechten Kontakt der Taste 1 (siehe Bild 3.39) sendet ein Einschalttelegramm an den Ausgang 1 des Schaltaktors, wodurch der Deckenlampenstromkreis geschlossen wird und die Deckenlampe leuchtet.

3.16.2 Starten der Projektierungssoftware ETS

Die Projektierungssoftware ETS öffnet sich in der Grundansicht. Die Hauptarbeitsfläche ist allerdings noch leer und enthält keine Arbeitsfenster. Als Nächstes ist daher ein neues Projekt anzulegen.

3.16.3 Neues Projekt anlegen

Das Anlegen eines Projekts geschieht im Grundfenster (ETS/Übersicht) durch Auswahl des Plus-Symbols (Neues Projekt erstellen). Im darauf erscheinenden Konfigurationsfeld des Projekts ist ein eindeutiger Projektname einzugeben, z. B. „Kunde_1“. Bei Backbone/Topologie empfiehlt es sich „TP“ als Typ auszuwählen. Nach Klick auf die Schaltfläche Projekt erstellen, erscheint dann der Arbeitsbereich der ETS mit dem Arbeitsfenster Gebäude/Gewerke.

Über den Menüpunkt ‚Arbeitsbereich/Neues Fenster öffnen‘ können folgende weitere Ansichten des Projekts Kunde_1 geöffnet werden:

- Topologie,
- Gruppenadressen,
- ganzes Projekt,
- Geräte.

Das Projekt wird nun zunächst entweder im Fenster Topologie oder im Fenster Gebäude/Gewerke entwickelt. Im Folgenden soll das Topologiefenster verwendet werden.

3.16.4 Produktdaten importieren

Im Topologiefenster werden zunächst die Bereiche und Linien einer Anlage definiert. Dann werden den Linien Geräte hinzugefügt. Damit dies möglich ist, müssen die Produktdaten eines jeden im Projekt verwendeten Geräts aus den Produktdatenbanken der Hersteller in das Projekt importiert werden. Hierzu ist wie folgt vorzugehen.

Zunächst sollten die neuesten Produktdatenbanken heruntergeladen werden. Die wird durch die Software im Fenster „Katalog“ angeboten. Unter Umständen ist es nötig, den „Markt“ einmalig auszuwählen.

Für ältere Produkte gibt es unter Umständen nur noch Produktdaten, die über die Importfunktion eingebunden werden müssen, nachdem man sie von der Webseite der Hersteller heruntergeladen hat.

Nach Wahl des Menüpunkts **Import ...** erhält man ein Dialogfenster zur Auswahl der Herstellerdatenbank. Jetzt kann man die gewünschte Produktdatenbank markieren und entweder zu importierende Inhalte auswählen oder den ganzen Inhalt der Datei importieren. Um ein Produkt in der Produktdatenbank eines Herstellers zu finden, braucht man die Bezeichnung des Produkts. Weiterhin muss man sich darüber im Klaren sein, welche Applikation verwendet werden soll. Hierzu hilft ein Blick in das Produktdatenblatt (technische Beschreibung), das ebenfalls auf den Webseiten des Herstellers zu finden ist.

In unserem Beispiel sind die virtuellen Geräte schon importiert und können über die Suche gefunden werden.

3.16.5 Bereiche und Linien definieren, Geräte einfügen

Nach dem Import aller für das Projekt erforderlichen Produktdaten können im Topologiefenster Bereiche und Linien definiert und Geräte in die Linien eingefügt werden.

Beim Projekt Kunde_1 können alle Geräte in eine Linie eingebaut werden. Dies bedeutet, dass man auch nur einen Bereich benötigt.

Im ersten Dialog zum Erstellen des Projektes wurde als Standardeinstellung schon ein erster Bereich mit einer ersten Linie automatisch erstellt. Es ist sinnvoll, dem Bereich die Nummer 1 zu geben und auch einen Namen, z. B. „Haus“.

Unterhalb des Bereichs **1 Haus** ist die automatisch angelegte Linie hinzugefügt. Es bietet sich an, der Linie die Nummer 1 zu geben und den Namen „KG-EG“. Durch Klick auf das Zeichen + oder – in der linken Fensterhälfte können die Bereiche und Linien sichtbar gemacht oder verborgen werden (Aus- und Einklappen).

Nach Markieren der Linie **1 KG-EG** wird über den Befehl **Geräte hinzufügen** (rechte Maustaste oder im Menü oberhalb des Fensters) das Fenster **Katalog** (siehe Bild 3.42) geöffnet. Mithilfe des Kataloges können die in der Projektdatenbank eingetragenen Geräte angezeigt werden. Zunächst wird z. B. der Hersteller gewählt. Die Anzeige aller Geräte dieses Herstellers erfolgt dann durch Klick auf die Schaltfläche **Suchen.** Die benötigten Geräte werden markiert und über die Schaltfläche **Einfügen** in die Linie eingebaut. Nun hat das Topologiefenster das Aussehen gemäß Bild 3.43. Die Geräte und deren Applikationsprogramme werden dargestellt. Die von der ETS beim Einfügen der Geräte automatisch vergebenen physikalischen Adressen (hier: 1.1.1, 1.1.2 und 1.1.3) können nach Markieren des jeweiligen Geräts über den Menüpunkt **Bearbeiten/Eigenschaften** angepasst werden, z. B., wenn das verwendete Gerät schon einmal programmiert worden und somit die physikalische Adresse bereits vorgegeben ist.

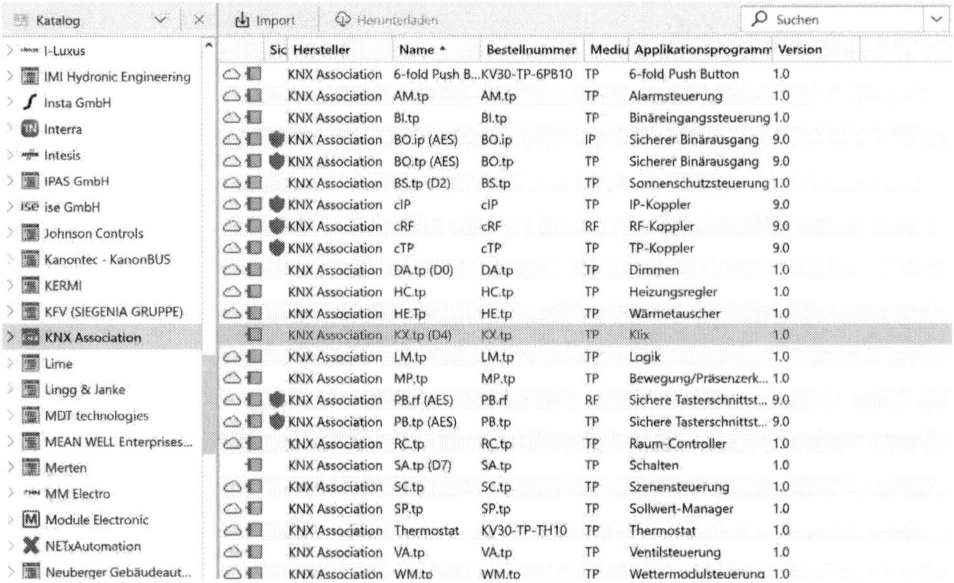

Bild 3.42 ETS-Dialogfenster Katalog

Bild 3.43 Fenster Topologie des Projektes mit allen eingefügten Geräten

3.16.6 Geräteparameter einstellen

Damit der Tastsensor und der Schaltaktor die gewünschten Funktionen richtig erfüllen, müssen die Parameter ihrer Applikationen entsprechend eingestellt werden. Der Parameterdialog eines Geräts wird nach Markieren des Geräts und Wahl des Reiters **Parameter** geöffnet.

3.16.6.1 Parameterdialog des Tastsensors

Die Funktionen der vier LEDs werden so ausgewählt, dass alle LEDs auf „Orientierungslicht (grün)" eingestellt sind, wie in Bild 3.44 zu sehen ist.

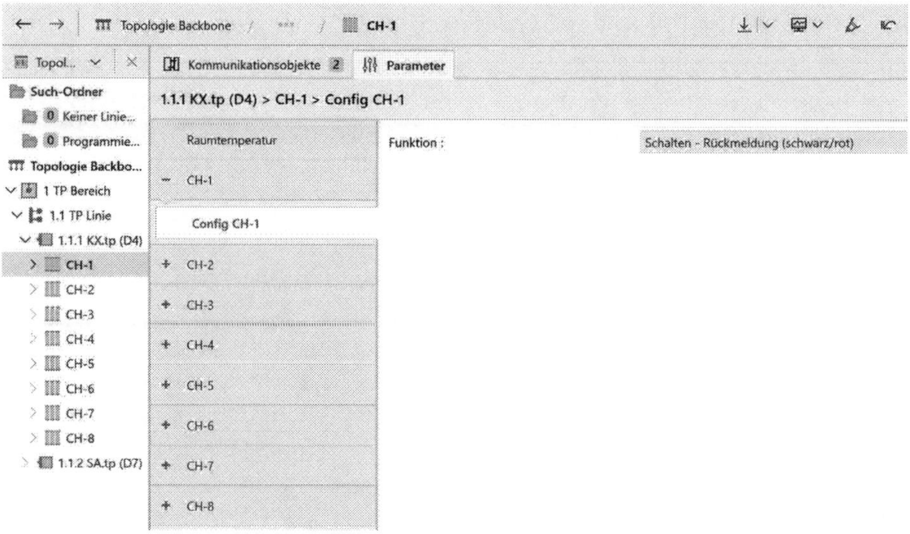

Bild 3.44 Parameterdialog Orientierungslicht Tastsensor

Die Parameter „CH-1“, „CH-2“ und „CH-4“ müssen eingestellt werden, wie in Bild 3.44 für „CH-1“ gezeigt: Schalten – Rückmeldung(schwarz/rot).

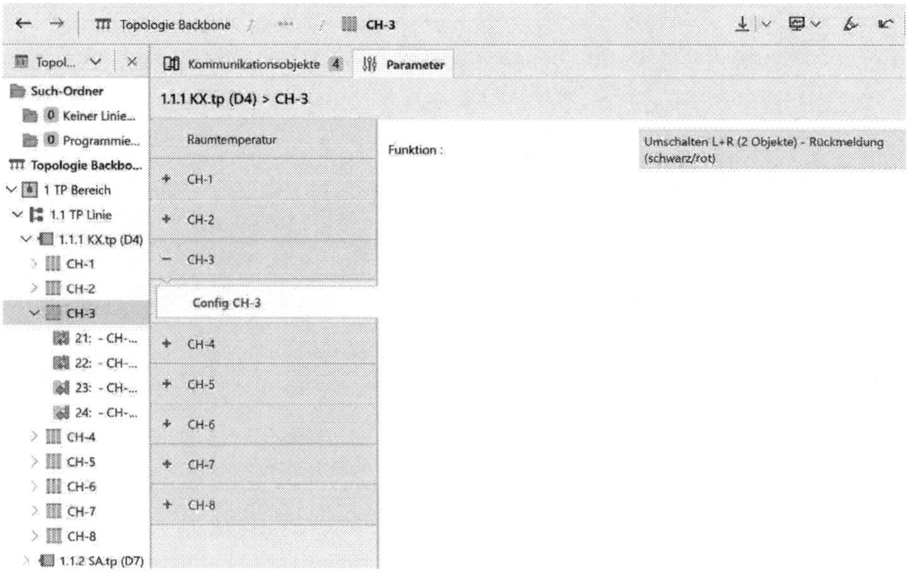

Bild 3.45 Parameterdialog für Kanal 3 des Tastsensors

Bei „CH-3“ wird eingestellt: Umschalten L+R (2 Objekte) – Rückmeldung (schwarz/rot). Diese Funktion trennt die Tasten in 2 Objekte, die einzeln mit Funktionen versehen werden können.

3.16.6.2 Parameterdialog des Schaltaktors

Die in Bild 3.46 dargestellten Standardeinstellungen für die Ausgänge CH-1 bis CH-4 des Schaltaktors können übernommen werden, denn das Schaltverhalten entspricht bereits der Vorgabe im Lastenheft. Bei den Ausgängen CH-5 und CH-6 muss allerdings die Betriebsart „Treppenhauslichtfunktion“ gewählt werden (siehe Bild 3.47).

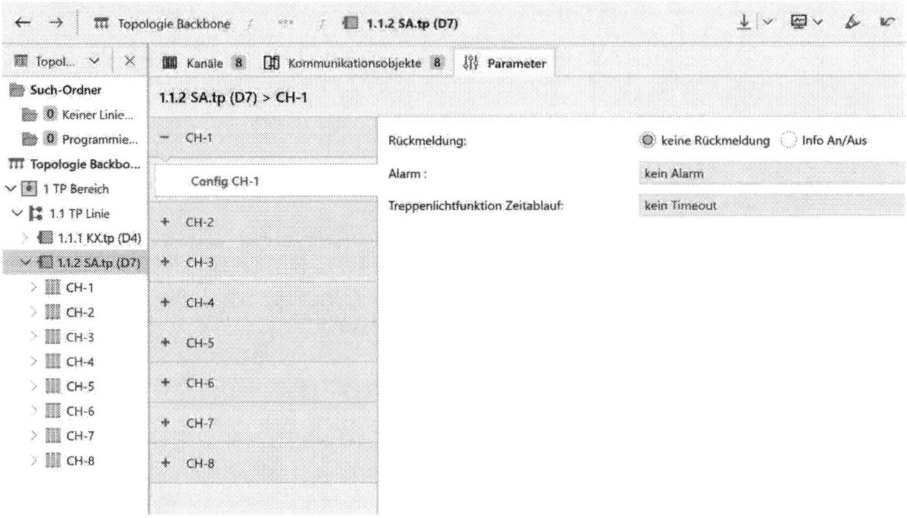

Bild 3.46 Parameterdialog für den Ausgangskanal 1 des Schaltaktors

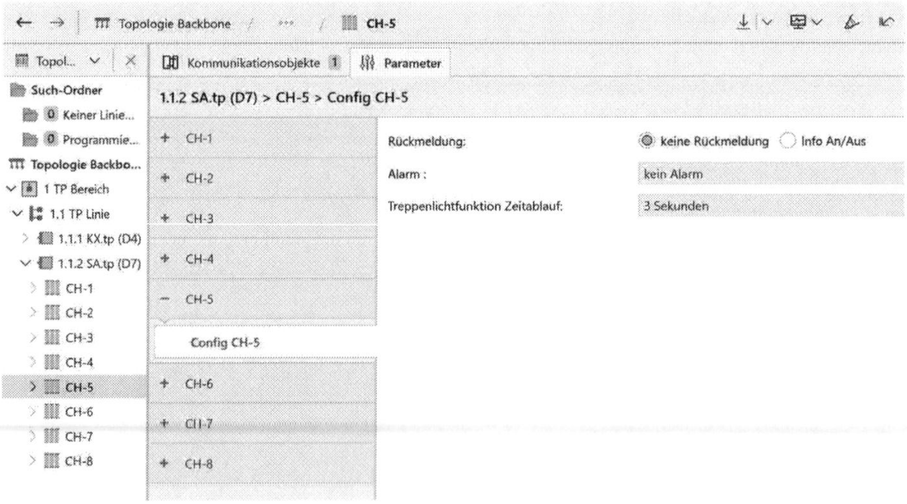

Bild 3.47 Parameterdialog für Ausgang CH-5 in der Betriebsart Treppenlichtfunktion

Die gewünschten Zeiten von ca. 3 s bei der Treppenhauslampe 1 (Ausgang CH-5) bzw. ca. 10 s bei der Treppenhauslampe 2 (Ausgang CH-6) müssen entsprechend eingestellt werden.

Somit wird die Treppenhauslampe 1 nach 3 s ausgeschaltet, die Treppenhauslampe 2 nach 10 s. Die Vorgabe wird dadurch erfüllt.

3.16.7 Gruppenadressen anlegen

Zur Herstellung der gewünschten Funktionen müssen die Kommunikationsobjekte der Geräte miteinander verbunden werden. Diese sind für jedes Gerät nummeriert aufgelistet, wie in Bild 3.49 gezeigt ist. Damit die Kommunikationsobjekte des Tastsensors mit den Kommunikationsobjekten des Schaltaktors verbunden werden können, müssen zunächst Gruppenadressen für alle gewünschten Funktionen angelegt werden. Im Folgenden wird davon ausgegangen, dass die 3-Ebenen-Adressierung verwendet wird (dieses wird beim Anlegen des Projektes festgelegt). Aufgrund der gewünschten Funktionen (siehe Lastenheft) müssen die nachfolgend aufgeführten Gruppenadressen angelegt werden (Tabelle 3.42).

Tabelle 3.42 Gruppenadressen mit Haupt-, Mittel- und Untergruppen

Gruppenadresse	Name der Hauptgruppe (Gewerk)	Name der Untergruppe (Funktion)
0/1/1	Zentral	Alle Wohnzimmerlampen ein/aus
0/1/2		Alle Wohnzimmerlampen aus
1/1/1	Licht	Deckenlampe Wohnzimmer ein/aus
1/1/2		Wandlampen Wohnzimmer ein/aus
1/1/3		Stehlampe Wohnzimmer um
1/2/4		Treppenhauslampen ein

Nach Markieren des Begriffs **Gruppenadressen** in der linken Fensterhälfte des Gruppenadressenfensters wird durch Klick auf den Menüpunkt **Hauptgruppen hinzufügen ...** eine Hauptgruppe hinzugefügt. In der Praxis hat es sich allgemein eingebürgert, den Hauptgruppen als Namen die folgenden Gewerke bzw. Funktionen zuzuweisen:

- 0: Zentral,
- 1: Licht.

Mittelgruppen werden unterhalb mit dem Menüpunkt „Mittelgruppen hinzufügen“ angelegt. Üblicherweise haben Örtlichkeiten wie Wohnzimmer die gleiche Mittelgruppennummer.

Untergruppen werden analog angelegt: Nach Markieren der entsprechenden Mittelgruppe in der linken Fensterhälfte des Gruppenadressenfensters, z. B. „1 Wohnzimmer“, wird durch Klick auf den Menüpunkt **Gruppenadressen hinzufügen ...** eine Untergruppe erzeugt. Es ist sinnvoll, der Untergruppe einen Namen zu geben, der einen Hinweis auf die zu erledigende Funktion gibt, z. B. „Deckenlampe Wohnzimmer ein/aus“. Die Nummer der Untergruppe kann ebenfalls vorgegeben werden. Es ist zu empfehlen, mit der 1 zu beginnen. Nach dem Anlegen der Gruppenadressen sollte das Gruppenadressenfenster des Projekts Kunde_1 das Aussehen in Bild 3.48 haben.

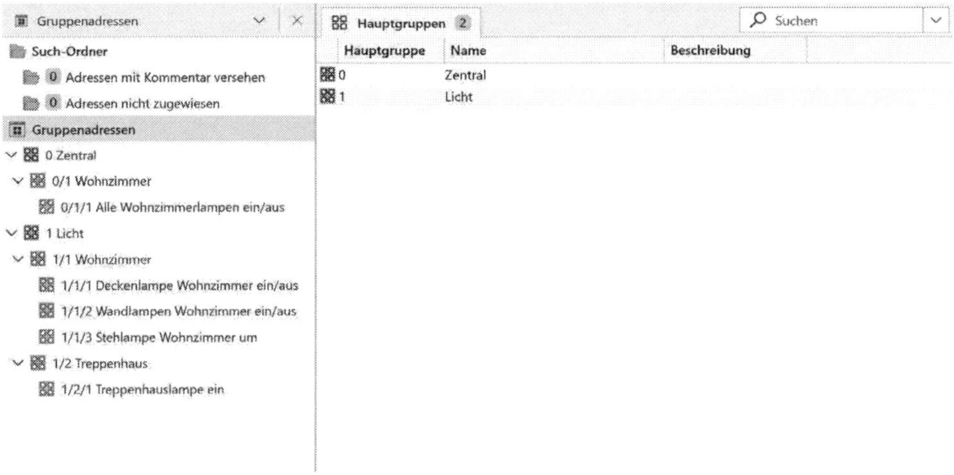

Bild 3.48 Gruppenadressen des Projektes

3.16.8 Kommunikationsobjekte den Gruppenadressen zuordnen

Damit der KNX eine gewünschte Funktion ausführen kann, muss ein K.Obj. (mindestens) eines Sensors mit den entsprechenden K.Obj. (mindestens) eines Aktors über eine Gruppenadresse verbunden werden.

Ein sendendes K.Obj. darf immer nur in einer Gruppenadresse enthalten sein!

Um beispielsweise die Funktion „Deckenlampe Wohnzimmer ein/aus“ zu ermöglichen, müssen der Gruppenadresse 1/1 zugeordnet werden:

- das K.Obj. 1 (Objekt CH-1 –Schalten EinAus) des Tastsensors,
- das K.Obj. 3 (Objekt CH-2 – Schalten Rückmeldung) des Tastsensors,
- das K.Obj. 1 (Ausgang CH-1 – EinAus) des Schaltaktors.

Analog wird mit den anderen K.Obj. und Gruppenadressen verfahren (Tabelle 3.43).

Tabelle 3.43 Gruppenadressen mit zugeordneten Kommunikationsobjekten

Gruppenadresse	Sendende K.Obj. des Tastsensors	Empfangende K.Obj. des Schaltaktors
0/1/1	31,33	11,21,31
1/1/1	1,3	1
1/1/2	11,13	11,21
1/1/3	21	31
1/1/4	22	41, 51

Die Zuordnung von K.Obj. zu einer Gruppenadresse geschieht per Drag & Drop. Hierzu müssen das Topologie- und das Gruppenadressenfenster geöffnet und die K.Obj. des Tastsensors und des Schaltaktors sichtbar sein (Bild 3.49).

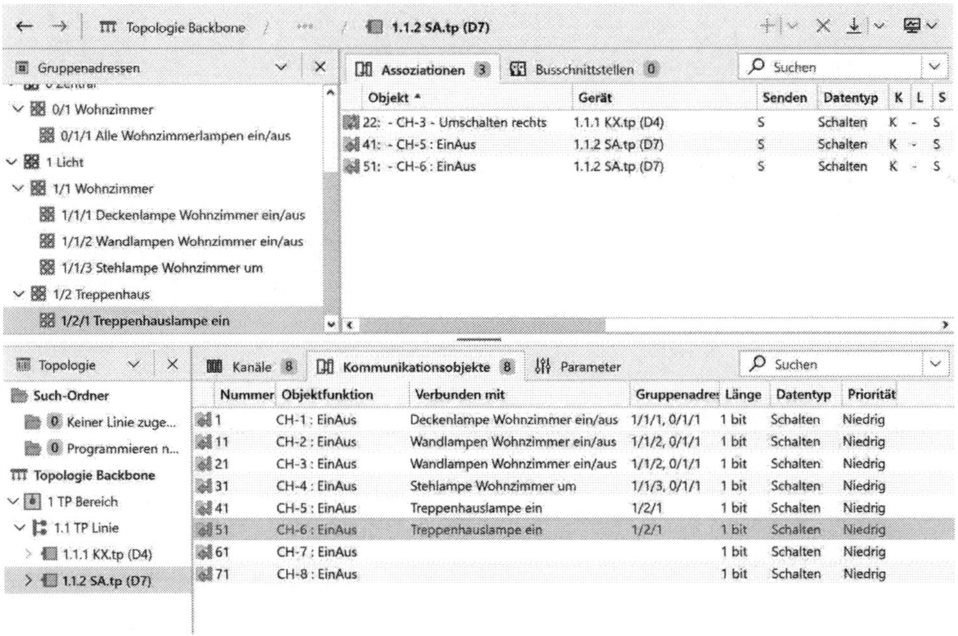

Bild 3.49 Kommunikationsobjekte der Funktion „Treppenhauslicht umschalten"

Nach Markieren einer Gruppenadresse werden die benötigten K.Obj. einfach in das Gruppenadressenfenster gezogen. Im Topologiefenster unten wird auch angezeigt, zu welchen Gruppenadressen die K.Obj. gehören, wenn ein Gerät markiert wird. In Bild 3.49 sieht man entsprechend alle Gruppenadressen, mit denen die K.Obj. des Schaltaktors verknüpft sind.

3.17 Inbetriebnahme

3.17.1 Programmierung der Geräte

Damit der Buszugriff funktioniert, muss die verwendete Schnittstelle richtig ausgewählt, konfiguriert und programmiert worden sein.

Nach Markieren eines Geräts im Topologiefenster und Wahl des Menübefehls **Programmieren** beginnt die Übertragung. Bei der erstmaligen Inbetriebnahme eines Geräts muss auf jeden Fall zuerst dessen physikalische Adresse programmiert werden. Der Zugriff erfolgt „über Bus". Bei Programmierung der physikalischen Adresse muss am Gerät ein Programmierknopf zur Bestätigung gedrückt werden. Den Programmierknopf der virtuellen Geräte findet man in der Oberfläche der Simulationssoftware „KNX Virtual" unter dem Menüpunkt „Installation\Configuration". Wird man zum Drücken des Programmierknopfes in der ETS aufgefordert, wechselt man in diesen Dialog und drückt mit der Maus in der Spalte „ID" auf den Namen des Gerätes (z. B. hier „D4" bzw. „D7").

Nach dem Herunterladen der physikalischen Adressen in den Tastsensor und den Schaltaktor müssen noch deren Applikationen geladen werden (Schaltfläche **Applikations-Programm** wählen). Der Fortschritt der Programmierung kann im Fenster **Laufende Operationen** (Registerkarte **Aktiv**) beobachtet werden (siehe Bild 3.50). Ein typischer Programmiervorgang (z. B. das Applikationsprogramm des 6-fach-Schaltaktors komplett übertragen) dauert etwa 15 Sekunden.

Nach Änderungen von Parametern oder einer anderen Zuordnung von Kommunikationsobjekten zu Gruppenadressen muss wieder programmiert werden. Die Dauer kann dadurch abgekürzt werden, dass die Schaltfläche **Partiell programmieren** benutzt wird. Es werden dann nur die tatsächlich geänderten Werte übertragen. Nach dem Herunterladen der Applikationen kann die Anlage getestet werden.

Bild 3.50
Fenster Fortschritt der Programmierung

3.17.2 Test der Lichtsteuerung

Die betriebsbereite Anlage testet man nach Maßgabe des Lastenhefts in dem Trainingsboard „Basic Functions – Single Room" in der Simulationssoftware KNX Virtual (Bild 3.51).

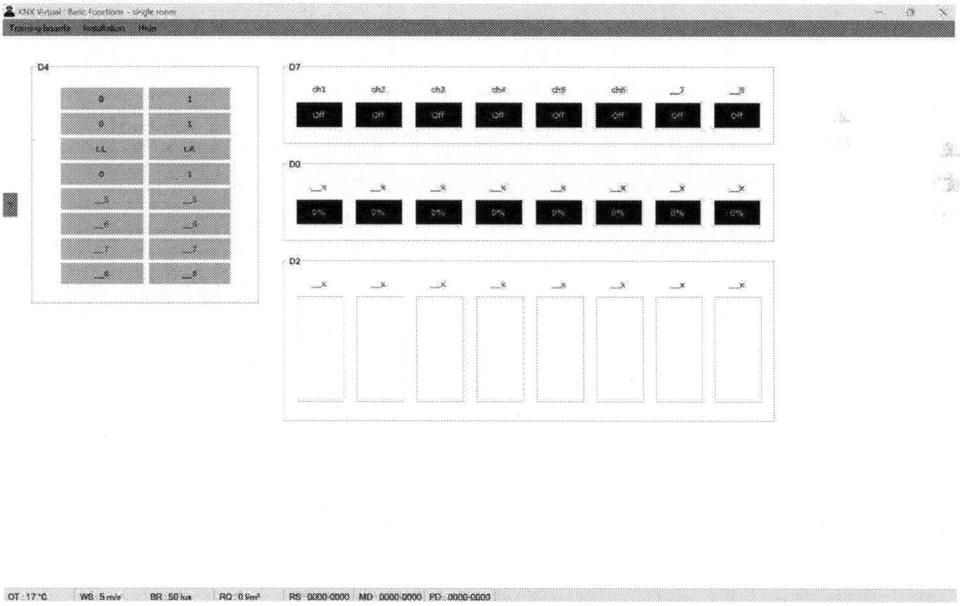

Bild 3.51 Fenster der Simulationssoftware KNX Virtual

Im linken Teil des Fensters unter „D4“ sind die Bedienflächen des virtuellen Schalters zu sehen. Mit einem Klick auf die entsprechenden Felder in D4 kann nun der programmierte Kanal des Schaltaktors gesteuert werden. Im rechten oberen Teil des Fensters und D7 werden dann diese Kanäle ein- bzw. ausgeschaltet. Im Falle einer fehlerhaften Funktion müssen die Parameter der Geräte überprüft und ggf. neu eingestellt werden. Alle Änderungen werden aber immer erst nach dem Herunterladen der Applikationen in die betreffenden Geräte wirksam!

3.17.3 Diagnose/Busmonitoring

In der Projektierungssoftware ETS ist eine Software zum Mitlesen und Analysieren des Telegrammverkehrs integriert. Sie ist über Fenster **Diagnose** aufrufbar. Im Menüpunkt Busmonitor kann man sich z. B. alle Datentelegramme anzeigen lassen, die ein Gerät mit einer bestimmten Quelladresse sendet und die entsprechenden Bestätigungstelegramme. Das Diagnoseergebnis nach Testen aller Lichtfunktionen zeigt Bild 3.52.

Das Datentelegramm mit der Nummer (#1) wurde versendet beim Druck auf den rechten Kontakt der ersten Taste des Tastsensors (Quelladresse 1.1.1). Es ist ein Telegramm mit niedriger Priorität und der Zieladresse 1/1/1, der Routingzähler ist auf 6 gesetzt, der Datenpunkttyp des Befehls ist ein Schreibbefehl (1.001 Schalten), und das Datenbit hat den Inhalt 1 (im Hexadezimalformat: $01). Der Empfänger, in diesem Fall nur der Schaltaktor, hat eine positive Empfangsbestätigung zurückgesendet (LL-ACK).

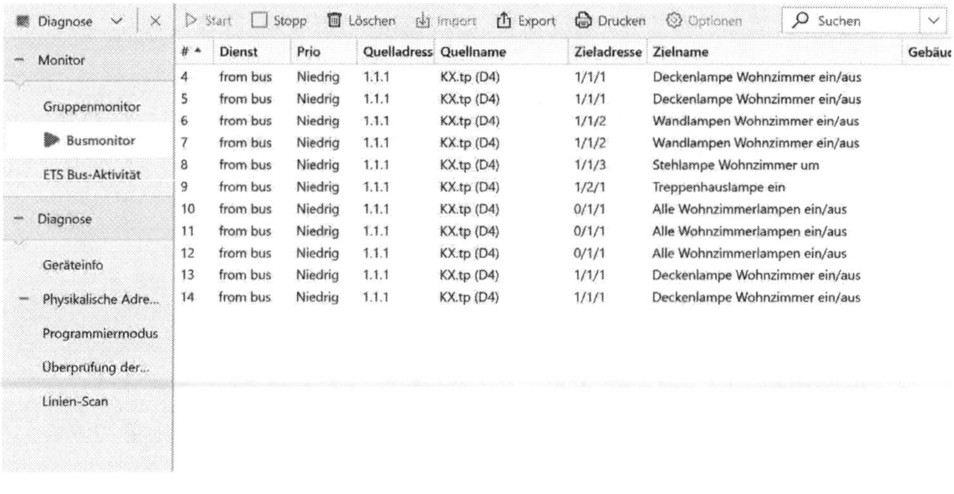

Bild 3.52 Telegramme beim Testen der Lichtsteuerfunktionen

Die Telegramme kann man sich noch detaillierter anschauen, indem man die entsprechende Zeile per Doppelklick auswählt. Für das Telegramm mit der Nummer (#) 1 ergibt sich die in Bild 3.53 dargestellte Detailinformation.

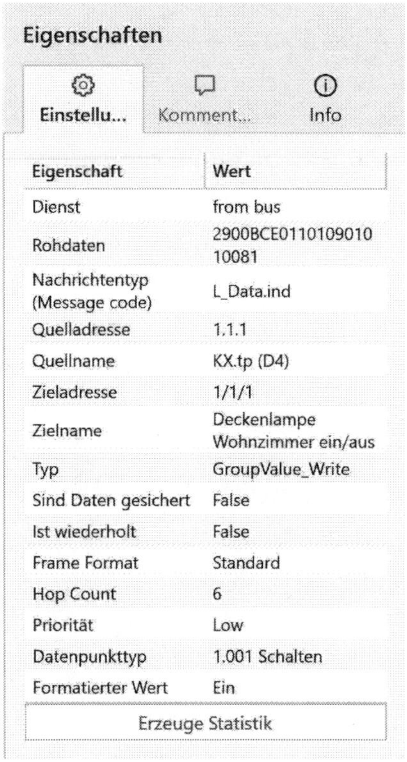

Bild 3.53
Detailinformationen zum Telegramm mit der Nummer 1

In der Zeile mit der Bezeichnung RawData von Bild 3.53 findet sich auch der Inhalt des Standarddatentelegramms im Hexadezimalcode (Tabelle 3.44). Es wird das cEMI (common external message interface) Format verwendet, da dies u. a. bei der Übertragung über ein IP-Interface zum Einsatz kommt.

Tabelle 3.44 Inhalt des Standarddatentelegramms

Header Message Code	Telegramminhalt
29 00	BC E0 11 01 09 01 01 00 81

Nach Umsetzung in Binärcode lässt sich die Bedeutung des Telegramminhalts leicht erkennen, siehe Tabelle 3.45.

Tabelle 3.45 Bedeutung des Telegramminhalts

Feld	Hexadezimalcode	Binärcode	Bedeutung
Kontrollfeld 1	BC	10 1 1 11 00	Niedrige Betriebspriorität, keine Wiederholung
Kontrollfeld 2	E0	11 1 1 00 00	Zieladresse ist eine Gruppenadresse und Routingzählerinhalt: 6 ein Nutzdatenbyte
Quelladresse	11 01	0001 0001 00000001	1.1.1
Zieladresse	08 01	0 0001 00000000001	1/1/1
Nutzdaten	00 81	000000 0010 000001	Befehl „Write" (0010) und echte Nutzdaten: ein Bit mit Wert 1

3.18 Trends im Umfeld des KNX

Der Bedienungskomfort rückt für den Endkunden immer mehr in den Mittelpunkt. Immer mehr Technik kann und soll mit dem KNX in ein Gesamtsystem integriert werden.

Besonders die folgenden Anforderungen werden häufig genannt [CIBEK]:

- Komfortable und einfache Bedienung und Überwachung aller Funktionen von einer oder mehreren Stellen aus
- Verknüpfung von Gebäudesystemtechnik, Multimedia, LED-Technik, Internet und Telekommunikation.

3.18.1 Touchscreens

Touchscreens bieten hervorragende Möglichkeiten, eine KNX-Installation zentral zu bedienen. Beispielsweise ist es mit der in Bild 3.54 dargestellten Oberfläche möglich, ein Haus komplett zu visualisieren (d.h. zu beobachten und zu bedienen) und u.a. alle Lampen des Erdgeschosses zu schalten und zu dimmen. Mit einem kurzen Fingertipp wird ein- bzw. ausgeschaltet, mit einem langen Fingertipp wird gedimmt. Der Zustand (ein/aus) einer Lampe wird grafisch angezeigt. Man kann also auf einen Blick die gesamte Beleuchtung des Erdgeschosses sehen. Mit weiteren Seiten ist die Beleuchtung des kompletten Hauses bedien- und beobachtbar.

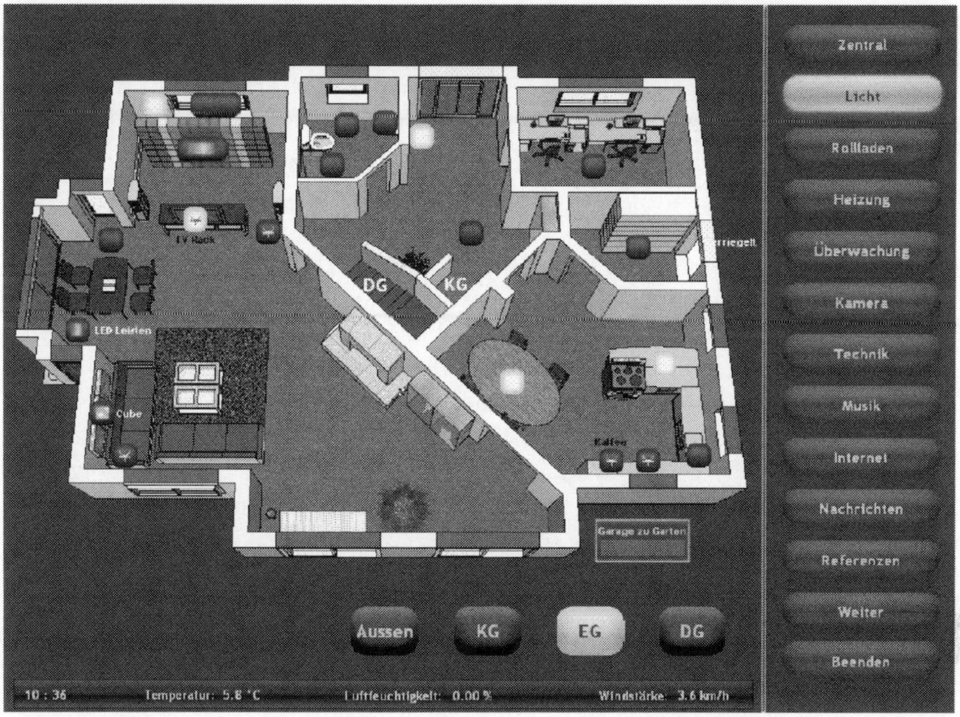

Bild 3.54 Touchscreen im Cibek-Musterhaus in Limburgerhof, Rheinland-Pfalz [CIBEK]

3.18.2 Integration der Gebäudesystemtechnik in IP-Netze

In vielen Gebäuden existiert neben einer KNX-Anlage auch ein lokales Netz (LAN) mit Internetanbindung. Es liegt auf der Hand, die beiden Systeme miteinander zu verbinden und die vorhandene Netzinfrastruktur z. B. für den schnellen Datenaustausch zwischen Bereichen zu nutzen. Die Kopplung von KNX-Systemen mit LAN geschieht mithilfe von IP-Gateways. Ein IP-Gateway ist die Schnittstelle zwischen KNX-Netzen und IP-Netzen. Dadurch können Daten zwischen Geräten am KNX-Bus und Geräten am IP-Netz über BACnet (siehe Kapitel 5) ausgetauscht werden. Dies ermöglicht z. B. die Einbindung der Gebäudesystemtechnik in die Gebäudeautomation oder die Fernbedienung einer KNX-Anlage über das Internet.

Ein IP-Gateway kann auch als Linien- oder Bereichskoppler eingesetzt werden und dabei das LAN für den schnellen Austausch von Telegrammen zwischen Linien/Bereichen nutzen. Dies ist z. B. dann anzuraten, wenn eine Visualisierung an die Bereichslinie angeschlossen ist und Daten in größerem Umfang aus der KNX-Anlage empfängt bzw. ausliest. Hierbei kommt es auf der normalen Bereichslinie zu einem erheblichen Telegrammverkehr (Flaschenhalseffekt). Über ein LAN lässt sich der Datenverkehr wesentlich schneller als mit dem KNX abwickeln. Zusammen mit der Projektierungssoftware ETS kann ein IP-Gateway auch KNX-Geräte über LAN programmieren. Serielle oder USB-Schnittstellen werden dann nicht mehr benötigt.

3.18.3 Drahtlose Kommunikation mit KNX RF

In der modernen Welt der Gebäudeautomation spielt die Vernetzung von Geräten eine entscheidende Rolle bei der Verbesserung von Effizienz, Komfort und Sicherheit in Gebäuden. In diesem Abschnitt wird kurz auf KNX RF eingegangen, einem drahtlosen Kommunikationsstandard, der die Flexibilität und Anwendungsmöglichkeiten innerhalb des KNX-Ökosystems erweitert. KNX RF steht für „KNX Radio Frequency", eine Erweiterung des KNX-Standards, die auf drahtloser Kommunikation basiert. Der Hauptzweck von KNX RF ist die Bereitstellung einer flexiblen und kosteneffizienten Lösung zur Anbindung von KNX-Komponenten, ohne dass physische Kabelverbindungen erforderlich sind. Dies ist besonders in Situationen vorteilhaft, in denen bauliche Gegebenheiten eine Verkabelung erschweren oder kostspielig machen.

Die Entwicklung von KNX RF wurde durch den Fortschritt in der drahtlosen Technologie und die Miniaturisierung der Hardware begünstigt, was zur Produktion energieeffizienter und kostengünstiger Komponenten führte. Daher hat KNX RF in den letzten Jahren immer mehr Einzug in moderne Gebäudeautomationssysteme gefunden.

Der wesentliche Vorteil von KNX RF liegt in seiner Fähigkeit, die Flexibilität der Gebäudeautomation erheblich zu erhöhen, ohne dass Kompromisse bei den grundlegenden Vorteilen des KNX-Standards eingegangen werden müssen. Dies umfasst die Sicherung der Interoperabilität zwischen verschiedenen Herstellern, die garantierte Unterstützung von mehreren Funktionsbereichen und die Einhaltung strenger Sicherheitsstandards.

Dieser Abschnitt bietet eine kurze Darstellung der Übertragungstechniken, Topologien und Anwendungen der spezifischen Standards.

3.18.3.1 Übertragungstechnik von KNX RF

KNX RF 1 nutzt das lizenzfreie ISM-Frequenzband bei 868,3 MHz in Europa, was sich durch einen guten Kompromiss zwischen Reichweite und Energieverbrauch auszeichnet. Die Übertragung erfolgt auf Basis von FSK (Frequency Shift Keying), einer Modulationstechnik, die Frequenzänderungen zur Darstellung von Daten verwendet. FSK ist für ihre Effizienz und Resistenz gegen Interferenzen bekannt, was bei Anwendungen der Gebäudeautomation essenziell ist. KNX RF überträgt Daten mit einer Rate von 16,384 kbit/s. Diese Rate ist optimiert, um die typischen Anforderungen der Gebäudeautomation zu erfüllen, wo der Datenaustausch eher klein, aber latenzempfindlich ist. KNX RF verwendet ein proprietäres Protokoll, basierend auf dem OSI-Schichtenmodell, das speziell dafür entwickelt wurde, um Zuverlässigkeit und

Sicherheit in drahtlosen Umgebungen zu gewährleisten. Das Protokoll umfasst Fehlererkennung und Fehlerkorrekturmechanismen, um die Integrität der übertragenen Daten sicherzustellen.

3.18.3.1.1 Netzwerk-Topologie von KNX RF

Ein Hauptmerkmal von KNX RF ist das Mesh Networking. In einem Mesh-Netzwerk fungieren Geräte nicht nur als Endpunkte, sondern auch als Knotenpunkte, die Daten an andere Geräte weiterleiten können. Diese Technologie ermöglicht eine flexible Erweiterung des Netzwerks und verbessert die Reichweite, indem sie alternative Routen für die Datenübertragung bereitstellt, was besonders in komplizierten Bauumgebungen von Vorteil ist.

KNX RF unterstützt die Integration in hybride Netzwerk-Topologien, die sowohl drahtlose als auch drahtgebundene Komponenten über KNX TP (siehe Abschnitt 3.4.3) umfassen. Diese Hybridnetzwerke sind ideal, um eine bestehende KNX-Infrastruktur drahtlos zu erweitern oder um bestimmte Bereiche eines großen Gebäudekomplexes abzusichern, in denen Kabelverlegung schwierig oder unerwünscht ist.

In solchen Konfigurationen fungieren KNX RF-Medienkoppler als Brücke zwischen den KNX RF-Komponenten und den kabelgebundenen KNX TP-Netzwerken. Neben dieser zentralen Aufgabe übersetzt der KNX RF Medienkoppler die Daten, die im RF-Format empfangen werden, in das TP-Format und umgekehrt. Alternativ kann der Medienkoppler auch als Repeater für KNX RF-Signale eingesetzt werden. Dies bedeutet, dass er RF-Signale auffängt und verstärkt, um die Reichweite innerhalb des Netzwerks zu erhöhen. Diese Funktion ist besonders nützlich in großen Gebäuden oder komplexen Umgebungen, wo physische Hindernisse die Signalstärke beeinträchtigen könnten.

Ein Medienkoppler kann als Bereichs-, Linien- oder Segmentkoppler in einer KNX Topologie fungieren und somit in unterschiedlichen bestehenden Topologien eingebunden werden (siehe Abschnitt 3.6).

Bei KNX RF sind bauliche Gegebenheiten sowie die räumliche Platzierung der einzelnen Geräte zu beachten. Hier bieten Hersteller von Medienkoppler sehr gute Anleitungen, um den optimalen Einsatz sicherzustellen (siehe [ISE]).

3.18.3.1.2 Übertragungsmodi von KNX RF

Die Implementierung von KNX RF wird unterschieden in „KNX RF Ready“ und „KNX RF Multi“.

KNX RF Ready ist eine grundlegende Implementierung von KNX RF, die entwickelt wurde, um Einzelgeräte schnell und unkompliziert ins Netzwerk zu integrieren. Geräte, die mit KNX RF Ready ausgestattet sind, können direkt miteinander kommunizieren, erfordern jedoch in der Regel einen zentralen Steuerungs- oder Verbindungspunkt, wie ein RF-Gateway, um mit einem größeren KNX-System zu interagieren. Der Fokus von KNX RF Ready liegt auf einfacher Installation und Skalierbarkeit. Es eignet sich besonders für kleinere oder spezialisierte Anwendungen, bei denen eine direkte Punkt-zu-Punkt-Kommunikation ausreicht.

KNX RF Multi erweitert die Funktionalität von KNX RF Ready, indem es ein robustes, mehrfrequentes Verfahren implementiert. Es nutzt mehrere Frequenzkanäle, um die Zuverlässigkeit zu erhöhen und die Möglichkeit von Interferenzen zu reduzieren. Dies wird durch ein Frequenzsprungverfahren erreicht, welches kontinuierlich den optimalen Kanal für die Kommunikation wählt und wechselt, wenn Störungen auftreten. KNX RF Multi bietet eine größere Netzwerkkapazität und höhere Sicherheit. Es ist ideal für größere, komplexere Installationen, bei denen viele Geräte kommunizieren müssen und die Netzwerkauslastung sowie die Robustheit der Verbindung entscheidend sind.

Die KNX RF Multi-Spezifikation bietet unterschiedliche Betriebsmodi, die auf spezifische Anwendungsanforderungen und Energieverbrauchsprofile zugeschnitten sind: „Slow Low Energy" (SLE) und „Fast" sind zwei solcher Modi.

- KNX RF Slow Low Energy (SLE): Dieser Modus ist auf Energieeinsparung ausgelegt. Er reduziert die Kommunikationsaktivität und ist ideal für batteriebetriebene Geräte, bei denen es darauf ankommt, die Batterielebensdauer zu maximieren. Die Datenübertragungen erfolgen weniger häufig, was den Energieverbrauch minimiert und somit die Betriebsdauer der Geräte verlängert.
- KNX RF Fast: Im Gegensatz dazu ist der „Fast"-Modus für Anwendungen konzipiert, die eine höhere Reaktionsgeschwindigkeit und Kommunikationsfrequenz erfordern. Der Fast-Modus ermöglicht schnellere Datenübertragung und geringere Latenzzeiten, was besonders in Szenarien wichtig ist, wo zeitkritische Steuerungen und schnelle Rückmeldungen notwendig sind.

Die beiden Modi ermöglichen es Planern und Installateuren, KNX RF Multi-Netzwerke flexibel zu gestalten, um entweder eine längere Energienutzung oder höhere Leistungsfähigkeit je nach spezifischen Anforderungen der Anwendung zu priorisieren.

3.19 Übungsaufgaben

Aufgabe 3.1

Entwerfen Sie für die in Abschnitt 3.2.2 beschriebene Treppenhaus- und Flurbeleuchtung in einem Mehrfamilienhaus eine mögliche KNX-Anlage. Suchen sie sich bestellbare Geräte bei Herstellern von KNX-Hardware aus. Setzen Sie 2-fach-Taster und 6-fach-Schaltaktoren ein und versuchen Sie mit möglichst wenigen Systemgeräten, Sensoren und Aktoren auszukommen.

Aufgabe 3.2

Welche Bauformen von KNX-Geräten gibt es?

Aufgabe 3.3

Welche Aufgabe hat ein Transceiver?

Aufgabe 3.4

Was versteht man unter einem modularen KNX-Gerät?

Aufgabe 3.5

Betrachten Sie die Kreuzschaltung in Bild 3.55. Ist die Lampe ein- oder ausgeschaltet?

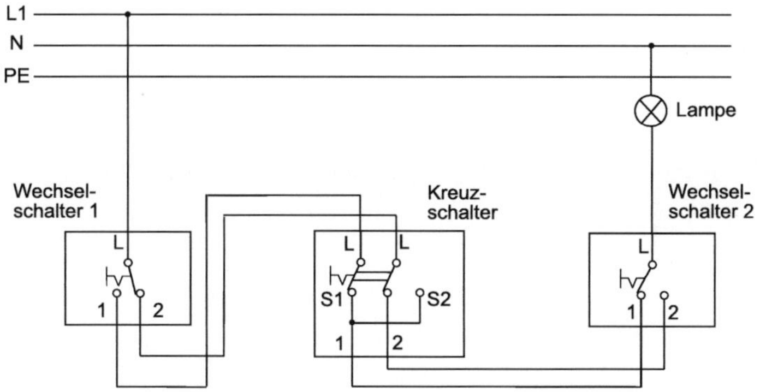

Bild 3.55 Kreuzschaltung

Aufgabe 3.6

Wie viele Aus-, Wechsel- und Kreuzschalter werden für die in Abschnitt 3.2.2 beschriebene Treppenhaus- und Flurbeleuchtung benötigt und wie sieht der Schaltplan dafür aus?

Aufgabe 3.7

Welchem Bereich sind die Busgeräte in Bild 3.22 zugeordnet? Wo müsste ein Bereichskoppler eingebaut werden und welche physikalische Adresse müsste dieser haben, um den Bereich an die Bereichslinie zu koppeln?

Aufgabe 3.8

Wie viele Linien (Linien, Hauptlinien, Bereichslinien) kann es maximal in einer KNX-Anlage geben, in der keine Linienverstärker verwendet werden?

Aufgabe 3.9

Eine KNX-Anlage besteht aus einer Linie mit 40 Teilnehmern. Die gesamte Leitungslänge beträgt 790 m. Die größte Entfernung eines Teilnehmers zur Spannungsversorgung beträgt 190 m. Entspricht die Anlage den Installationsrichtlinien?

Aufgabe 3.10

Aus wie viel UART-Zeichen besteht ein Standarddatentelegramm?

Aufgabe 3.11

Wie viele Bitzeiten Pause gibt es nach einem UART-Zeichen in einem Standarddatentelegramm?

Aufgabe 3.12

Wie groß ist die Bitrate beim KNX TP?

Aufgabe 3.13

Wie viel Zeit benötigt die Datenübertragung bei einem Standarddatentelegramm mit 23 Byte Länge und der Zugriffsklasse 2?

Aufgabe 3.14

Welches KNX-Gerät hat die physikalische Adresse 1.1.0?

Aufgabe 3.15

Darf ein KNX-Gerät die physikalische Adresse 10.0.48 haben?

Aufgabe 3.16

Ein Datentelegramm soll vom Sensor 1.1.23 zum Aktor 6.4.12 übertragen werden. Welche Koppler (Typ, physikalische Adresse) müssen eingesetzt werden?

Aufgabe 3.17

Aus wie viel UART-Zeichen besteht ein Bestätigungstelegramm?

Aufgabe 3.18

Kann ein von zwei Aktoren auf dem Bus erzeugtes Bestätigungstelegramm gleichzeitig ein ACK und ein BUSY enthalten?

Aufgabe 3.19

Vier Empfänger eines Datentelegramms bestätigen den Empfang mit einem Summentelegramm. Zwei Empfänger haben das Datentelegramm einwandfrei erhalten, einer war beschäftigt (BUSY), einer hat einen Fehler festgestellt (NAK). Welches Bestätigungstelegramm detektiert der Sender (im Hexadezimalformat)?

Aufgabe 3.20

Ein Datentelegramm (siehe Tabelle 3.46) wird mit Kreuzparität gesichert. Welche Werte haben die Datenbits des Prüffelds und die Paritätsbits der UART-Zeichen?

Tabelle 3.46 Kreuzparität

Feld	Datenbits (D7 ... D0)	Paritätsbit
Kontrollfeld	10111100	?
Quelladresse	00101010	?
Quelladresse	00100110	?
Zieladresse	01001010	?
Zieladresse	00101110	?
DAF/Routing/Länge	11100001	?
Nutzdaten	00000000	?
Nutzdaten	10001011	?
Prüffeld	????????	?

Literatur

[ABB] *www.abb.de/knx,* Heidelberg, abgerufen im Februar 2025

[BJE] Busch-Jaeger Elektro: *www.busch-jaeger.de/systeme/gebaeudesystemtechnik-knx*, Lüdenscheid, abgerufen im Februar 2025

[CIBEK] *www.cibek.de,* abgerufen im Februar 2025

[KNX22] *Konnex Association:* KNX Handbook Version 3.0, 2022

[KIEFER24] Kiefer, G.; Schmolke, H.; Callondann, K.: VDE 0100 und die Praxis, VDE Verlag, 2024

[ISE] ise Individuelle Software und Elektronik GmbH, *www.ise.de*, abgerufen im Februar 2025

[RUDOLPH99] *Rudolph, W.:* Einführung in die DIN VDE 0100. Berlin, Offenbach: VDE, 1999

[ZVEI97] *ZVEI (Zentralverband Elektrotechnik- und Elektronikindustrie e. V., Fachverband Installationsgeräte und -systeme) und ZVEH (Zentralverband der Deutschen Elektrohandwerke):* Handbuch Gebäudesystemtechnik. Frankfurt a. M., 1997

4 Gebäudeautomation mit LonWorks

Bereits in Abschnitt 1.7.2.2 wurde auf die Leistungsfähigkeit der LonWorks-Technologie hingewiesen. Es handelt sich um eine universelle, für Automatisierungsaufgaben einsetzbare Technologie, die von der amerikanischen Firma Echelon entwickelt wurde. Im europäischen Markt wird sie hauptsächlich sowohl in den Regelbausteinen der Gebäudeautomation als auch in den dezentralen Komponenten der Gebäudesystemtechnik eingesetzt.

Die LonWorks-Technologie ist ein nach EN ISO/IEC 14 908 genormtes Bussystem. Die eingesetzten Geräte besitzen eine eigene Intelligenz und werden miteinander zu einem lokal operierenden Netz verbunden. Die für diese Technik gebräuchliche Abkürzung LON geht auf die englische Bezeichnung Local Operating Network zurück.

4.1 Technologischer Wandel in der Gebäudeautomation

Über viele Jahre ist die Gebäudeautomation in erster Linie von herstellerspezifischen Entwicklungen geprägt gewesen. Es wurde eine Vielzahl von Komponenten und Systemfunktionalitäten entwickelt, um vorrangig die Aufgaben zum Messen, Steuern und Regeln von betriebstechnischen Anlagen, wie Lüftungs- und Klimaanlagen, zu übernehmen. Der Ursprung dieser Technologien lag in der Adaption der für die Prozessautomatisierung entwickelten Komponenten und Strukturen an die Aufgabenstellungen der Gebäudeautomation.

Ursprünglich wurden, wie in der Prozessautomatisierung damals üblich, die erforderlichen Signale von Sensoren und Aktoren über eine Vielzahl von Leitungen auf einen zentral angeordneten Leitrechner geschaltet (Bild 4.1). Man sprach in diesem Zusammenhang von einer *zentralen Leittechnik* (ZLT), siehe auch Abschnitt 1.7.

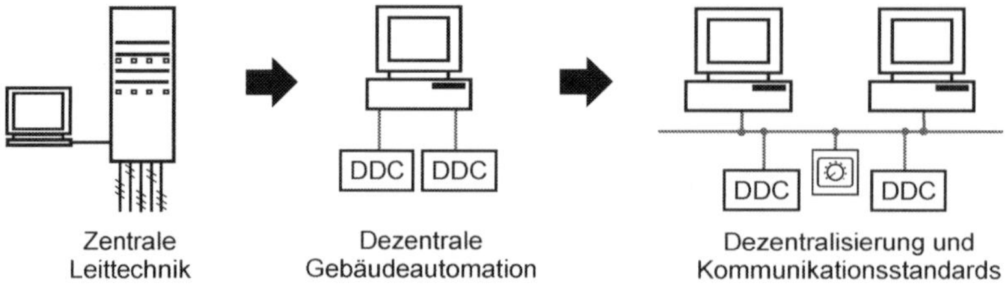

Bild 4.1 Technologischer Wandel in der Gebäudeautomation

Der nächste Schritt ergab sich Ende der 1980er-Jahre durch die Einführung immer leistungsfähigerer Mikrocomputersysteme. Hierdurch war es möglich, die Abarbeitung von Regelungsaufgaben ortsnah zur Anlagentechnik mithilfe von DDC-Bausteinen (siehe Abschnitt 1.2) durchzuführen. Diese ersetzten durch die integrierte Kommunikationsschnittstelle die bis dahin nötigen, umfangreichen Leitungsverbindungen zum Leitrechner. Man sprach in diesem Zusammenhang von dezentraler Gebäudeautomation (Bild 4.1).

Ein weiterer Schritt ergab sich Ende der 1990er-Jahre durch die fortschreitende Miniaturisierung der Mikrocomputer bei gleichzeitigem Ansteigen ihrer Leistungsfähigkeit. Hierdurch war es möglich, die Funktionalitäten in der Gebäudeautomation und -systemtechnik noch stärker zu dezentralisieren. Sensoren und Aktoren ließen sich direkt mit lokaler Intelligenz ausstatten. Ein auf der gleichen Platine untergebrachtes Businterface sorgte für die Kommunikation mit anderen Komponenten. Damit dies auch bei Geräten unterschiedlicher Hersteller möglich war, mussten die hierbei eingesetzten Kommunikationssysteme und Protokolle offen und nicht mehr herstellerspezifisch sein. Insbesondere bei der komfortablen und flexibel zu programmierenden Steuerung von Licht und Jalousien setzten sich derartige Systeme erstmals am Markt durch. Die Zeit der Dezentralisierung und der Kommunikationsstandards war angebrochen (Bild 4.1). Die genormten Kommunikationssysteme KNX (siehe Kapitel 3) und LON fassten am deutschen Markt Fuß. Durch den offenen Busstandard war es erstmals möglich, aus einem breiten Angebot von Komponenten unterschiedlicher Hersteller das jeweils optimal zur Aufgabe passende Gerät auswählen, z. B. das in Bild 4.2 dargestellte Raumbediengerät mit LON-Schnittstelle.

Heutzutage haben sich beide Systeme ihren festen Platz am Markt gesichert. Im Bereich der Gebäudesystemtechnik steht die LON-Technik in Konkurrenz zum KNX. Beide Systeme haben hierbei einen ähnlichen Systemansatz. Teilweise ergänzen sich die Systeme derart, dass auf einen LON-Busankoppler auch ein KNX-Bedienoberteil montiert werden kann (Bild 4.3).

Bild 4.2 Raumbediengerät mit LON-Schnittstelle zur dezentralen Montage [ELKA/GIRA]

Bild 4.3 LON-Busankoppler (links) mit KNX-Bedienoberteil (rechts) [ELKA/JUNG]

4.2 Nutzen der LonWorks-Technologie

4.2.1 Einsatz in der Gebäudesystemtechnik

Im Bereich der Gebäudesystemtechnik hat die LON-Technik einen festen Platz eingenommen. Durch die Verteilung von Mess-, Steuer- und Regelfunktionen auf örtlich dezentral angebrachte Komponenten werden vielfältige, auf einen einzelnen Raum abgestimmte Komfortlösungen möglich.

So ist am Markt eine Fülle von Sensoren und Aktoren für die Übernahme der Funktionen:

- Heizung, Kälte, Lüftung,
- Lichtsteuerung,
- Beschattung/Jalousie,
- Sicherheit,
- Multimedia

verfügbar.

Der Schwerpunkt der Gebäudesystemtechnik liegt dabei auf der Wahrnehmung der Aufgaben im Rahmen der Raumautomation. Diese gewinnt sowohl im privaten Wohnungsbau als auch im Zweckbau zunehmend an Bedeutung. So bieten auch einige Fertighaushersteller die Option, ein Haus statt mit konventioneller Installationstechnik in LON-Technik ausgestattet zu erhalten.

4.2.1.1 Ersatz der konventionellen Verdrahtung in der Raumautomation

Konventionelle Steuerungen in einzelnen Räumen erfolgen ausschließlich drahtgebunden. Befehle für die Lichtsteuerung und die Betätigung der Jalousien werden über das 230-V-Netz gegeben. Die Einschaltsignale erfolgen direkt über die mechanisch zu betätigenden Bedientaster. Sie versorgen die Leuchtmittel und Motoren ohne Umweg mit elektrischer Energie (Bild 4.4). Die konventionelle Installationstechnik zeichnet sich auf der einen Seite durch die Einfachheit der Verlegung und Inbetriebnahme aus, auf der anderen Seite sind automatisch ablaufende Funktionen nur mit erheblichem zusätzlichen Aufwand umsetzbar.

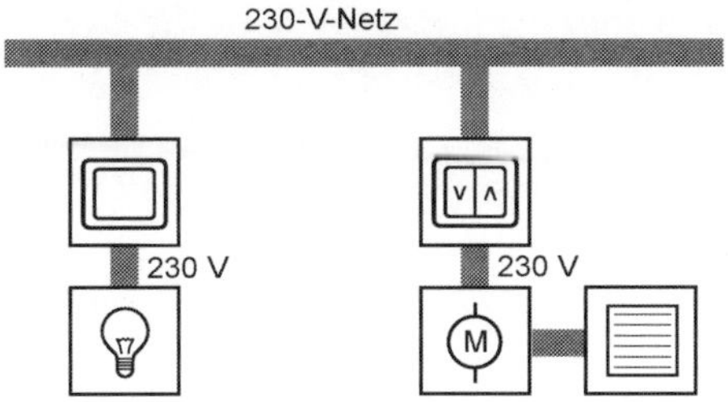

Bild 4.4 Konventionelle Installationstechnik

Betrachtet man jedoch die gestiegenen Anforderungen im Hinblick auf Komfortfunktionen, wie beispielsweise die Umsetzung von Lichtszenen, so kann man feststellen, dass derartige Funktionen mit konventioneller Technik so gut wie gar nicht umsetzbar sind. Es ist nahezu unmöglich, in einem Raum mit nur einem Befehl unterschiedliche Leuchten an- und auszuschalten. Auch die Vergabe unterschiedlicher Stellbefehle an die Dimmaktoren der Leuchten gestaltet sich als sehr aufwendig. Hier bietet sich die LON-Technik als Alternative an.

4.2.1.2 Wirtschaftliche Vorteile durch vernetzte Gewerke

Ein weiterer Aspekt ist die Ausführung von Energiemanagementfunktionen. Im Zweckbau ist ein Gebäude als Produkt zu verstehen, eine wirtschaftliche Betriebsweise ist dabei unabdingbar. Sollen beispielsweise im Rahmen von Zeitschaltprogrammen nach Büroschluss alle Leuchten ausgeschaltet werden, so erfordert dieses einen enorm hohen konventionellen Verdrahtungsaufwand. Sollen gleichzeitig noch die Raumthermostate in den unbenutzten Räumen auf niedrigere Sollwerte abgesenkt werden, so sind derartige funktionale Vernetzungen von einzelnen Gewerken in der konventionellen Technik gar nicht vorgesehen. Hier ergeben sich die eigentlichen Vorteile der dezentralen Struktur der LON-Technik [HANSEMANN03].

Wie in Bild 4.5 ersichtlich, besteht das Prinzip der LON-Technik in der Trennung zwischen Sensoren und Tastern auf der einen Seite sowie Aktoren auf der anderen, der befehlsausführenden Seite.

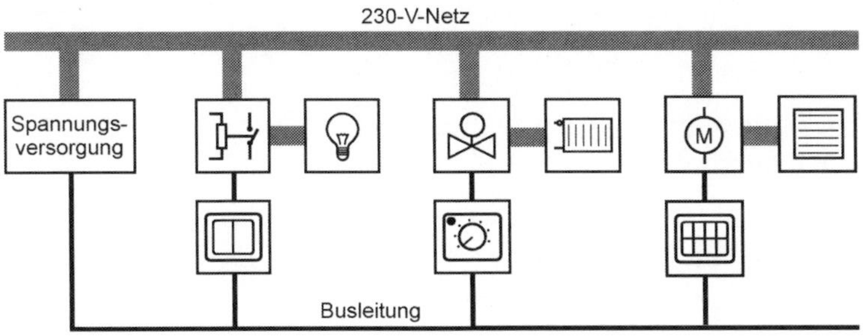

Bild 4.5 Funktionsprinzip der LON-Technik in der Raumautomation

Die Sensoren und Aktoren tauschen ihre Befehle über die Busleitung aus. Die Leitungen des 230-V-Netzes werden von den Sensoren separiert und örtlich mit den Aktoren verbunden. So lassen sich auch funktionale Kombinationen zwischen der Lichtsteuerung und der Heizungsregelung über ein einziges Gerät steuern. Bild 4.6 zeigt einen Sollwertsteller zur Beeinflussung der Raumtemperatur mit einem eingebauten Temperatursensor und Präsenztaster.

Bild 4.6
Sollwertsteller mit Temperatursensor und Präsenztaster [BJE09, THERMOKON00]

Bei Anwesenheit wird der oben angebrachte Präsenztaster betätigt, was durch die daneben eingebaute Leuchtdiode angezeigt wird. Über das Bussystem erfolgt eine Freigabe an die neben den Lampen montierten Schalt-/Dimmaktoren, und es wird eine mit Helligkeitssensoren verbundene Konstantlichtregelung aktiviert. Das hierfür notwendige Programm ist direkt im Schalt-/Dimmaktor hinterlegt.

Gleichzeitig wird in dem abgebildeten Gerät der Sollwert für die Raumtemperatur auf eine Komforthöhe von beispielsweise 20 °C angehoben. Die im Sollwertsteller eingebaute Regelung vergleicht diesen neuen Wert mit der gemessenen Raumtemperatur und sendet bei Abweichungen ein entsprechendes Signal über das Bussystem an den elektronischen Stellantrieb am Heizkörper.

Zusätzlich können die aktuellen Zustände und Werte an den Leitrechner der Gebäudeautomation übertragen werden. Im Rahmen von übergeordneten Zeitschaltprogrammen kann die Ausschaltung des Lichts bei gleichzeitiger Absenkung des Raumtemperatursollwerts auch vom Leitrechner erfolgen. Nach Dienstschluss ermöglicht dieses dann den energiesparenden Nachtbetrieb der Räumlichkeiten.

4.2.1.3 Höhere Flexibilität durch Umprogrammierung statt Umverdrahtung

Im Laufe der Zeit kann sowohl im Privathaushalt als auch im Bürogebäude der Bedarf bestehen, die Nutzung von Räumlichkeiten geänderten Bedürfnissen anzupassen. Dieses wäre im Zweckbau die Umnutzung von bisherigen Konferenzräumen als zusätzliche Büroräume für neue Angestellte, oder es kann in der eigenen Wohnung die Umgestaltung eines Raums sein.

Ergeben sich hieraus beispielsweise neue Zuordnungen von Lichtschaltern zu Leuchten – im Konferenzraum hat ein Taster die gesamte Beleuchtung im Raum eingeschaltet, jetzt sollen zwei Taster getrennte Lichtkreise schalten –, so ist das in der konventionellen Verdrahtungstechnik nur durch das Umklemmen der elektrischen Leitungen zu bewerkstelligen [MERZ01].

Im Rahmen der Gebäudesystemtechnik ermöglicht dagegen die LON-Technik die Anpassung an die neuen Forderungen durch eine Umprogrammierung anstelle der sonst notwendigen Umverdrahtung. Diese Vorgehensweise ist meist mit einem zeitlichen Vorteil verbunden, darüber hinaus ergibt sich die neue Dokumentation direkt aus dem Programmiertool zur LON-Technik.

4.2.1.4 Bereitstellung zusätzlicher Sicherheitsfunktionen

Sowohl die Vernetzung der Komponenten unterschiedlicher Gewerke als auch das Senden eines Befehls an mehrere Busteilnehmer bieten gegenüber der konventionellen Technik einen Zusatznutzen an sicherheitstechnischen Möglichkeiten.

So kann das Signal von Rauchmeldern im Büroraum mit der Ansteuerung elektrischer Fenster und Türen sowie einer Lüftungsanlage gekoppelt werden. Im Brandfall erfolgen dann ein automatisches Schließen der Bürotür, die Abschaltung der Lüftungsanlage und ein Rauchabzug über ein elektrisch betätigtes, sich öffnendes Bürofenster. Bild 4.7 zeigt hierzu eine LON-Komponente zur Ansteuerung des Volumenstromreglers einer Lüftungsvorrichtung.

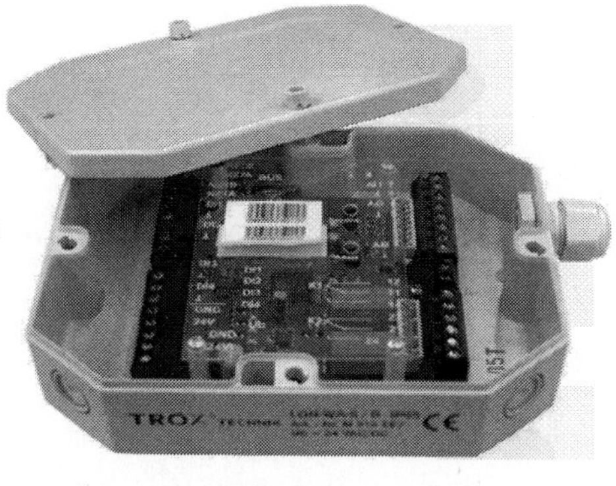

Bild 4.7
LON-Komponente zur Ansteuerung eines Volumenstromreglers [TROX04]

Im Privathaushalt ergibt sich durch eine frei programmierbare Verknüpfung auch mehrerer Schalt-/Dimmaktoren mit nur einem Taster die Möglichkeit einer Panikschaltung. Im Falle der Wahrnehmung nächtlicher Geräusche durch die Bewohner lässt sich mit nur einem Tastendruck die Beleuchtung im gesamten Haus einschalten. Eine logische Verknüpfung mit einer Alarmanlage ist ebenfalls denkbar.

Zusammenfassend ergibt sich bei Verwendung der LON-Technik in der Gebäudesystemtechnik also folgender Nutzen:

- Komfortfunktionen
- Wirtschaftlichkeit durch Energiemanagementfunktionen
- Flexibilität durch Umprogrammiermöglichkeiten
- Sicherheitsfunktionen.

4.2.2 Einsatz der LON-Technik auf der Automationsebene

Im Bereich der Gebäudesystemtechnik steht bei der LON-Technik die dezentrale Abarbeitung von Automationsfunktionen in der Raumautomation im Vordergrund. Die Leistungsfähigkeit ist durch den Einsatz unterschiedlicher Prozessoren skalierbar, das System erlaubt daher auch den Einsatz auf der Automationsebene. Hier können Mess-, Steuer- und Regelaufgaben für betriebstechnische Anlagen, wie sie in Heiz- und Lüftungszentralen vorkommen, übernommen werden.

Diese breit gefächerten Einsatzgebiete ermöglichen dann eine Durchgängigkeit des Bussystems von den Anforderungen im einzelnen Raum bis zur Signalweitergabe an die Primäranlagen. Sind beispielsweise in den Büroräumen alle Stellantriebe an den Heizkörpern bereits voll geöffnet, so kann dieser Zustand an den als Regler eingesetzten DDC-Baustein (Bild 4.8) in der Heizzentrale übermittelt werden. Hier kann dann die Vorlauftemperatur des Heizwassers erhöht und diese somit an den Bedarf in den Büroräumen angepasst werden.

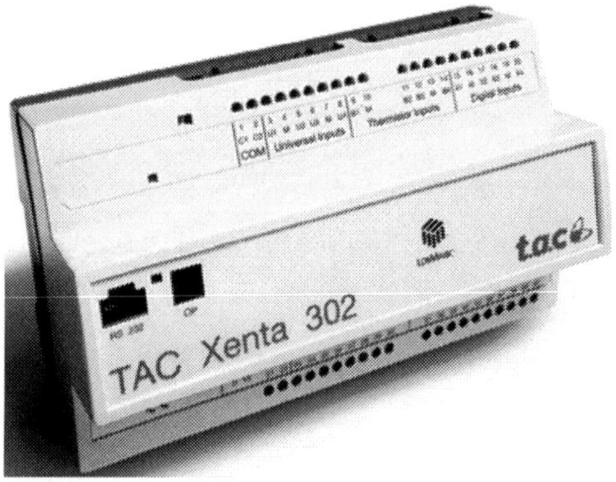

Bild 4.8
DDC-Baustein für eine Heizzentrale in LON-Technik [TAC02]

Beim Einsatz der LON-Technik auf der Automationsebene steht damit nicht die starke Dezentralisierung von Einzelfunktionen im Vordergrund, sondern die Verfügbarkeit eines genormten, durchgängigen Bussystems zur Vernetzung aller Anlagen.

4.3 Historie der LonWorks-Technologie

Der Grundstein zur LON-Technik wurde in den 1980er-Jahren vom Mitbegründer der Firma Apple Computer, Mike Markkula, gelegt. Hier entstand die Idee, einen Mikrocomputer so klein und kostengünstig zu bauen, dass er in Haushaltsgeräte, wie Kaffeemaschinen, eingebaut werden kann. Darüber hinaus sollte er eine Kommunikationsschnittstelle zum Datenaustausch mit anderen Geräten enthalten. Zusammen mit Dr. Ken Oshmann gründete Mike Markkula 1986 die Firma Echelon mit Sitz im kalifornischen Palo Alto. Der Zweck der Firma war die Entwicklung einer universellen Technologie für dezentrale Netzwerke. Hierzu wurde die LonWorks-Technologie entworfen. Das Kernstück der LON-Technik bildet der eigentliche Mikrocontroller, der Neuron-Chip. Dieser wurde 1990 vorgestellt. Als Hersteller hierfür konnten zunächst die Firmen Toshiba und Motorola gewonnen werden. Nach dem späteren Ausstieg von Motorola übernahm die Firma Cypress die Rolle des zweiten Chip-Herstellers.

Es folgte 1997 die Einführung der LonWorks-Network-Services, einer Entwicklungs- und Anwendungsplattform für herstellerunabhängige Anwendungen und Inbetriebnahmewerkzeuge. Durch diesen Schritt, in Kombination mit der Einführung einer herstellerneutralen Instanz zur Festlegung standardisierter Variablen und Applikationen, gelang der eigentliche Durchbruch der Technik. Heute sind weltweit mehr als 300 Mitarbeiter mit Schwerpunkten in Nordamerika, Europa, China und Japan beschäftigt. Sie entwickeln und vertreiben Tools und Geräte sowie die passenden Anwendungsprogramme [ECHELON]. Im Jahr 2018 wurde die Firma Echelon von der amerikanischen Firma Adesto übernommen.

4.3.1 Einsatzgebiete der LonWorks-Technologie

Die eigentliche Vielzahl der Anwendungen und Geräte ergibt sich dadurch, dass die Firma Echelon ihre Technik offen zugänglich gestaltet hat. Hersteller und Anwender aus allen Branchen und Erdteilen haben Zugriff auf die Entwicklungswerkzeuge, die Neuron-Chips und die passenden Programmier- und Inbetriebnahmetools. So finden sich Einsatzgebiete für die LON-Technik in allen Branchen (Bild 4.9).

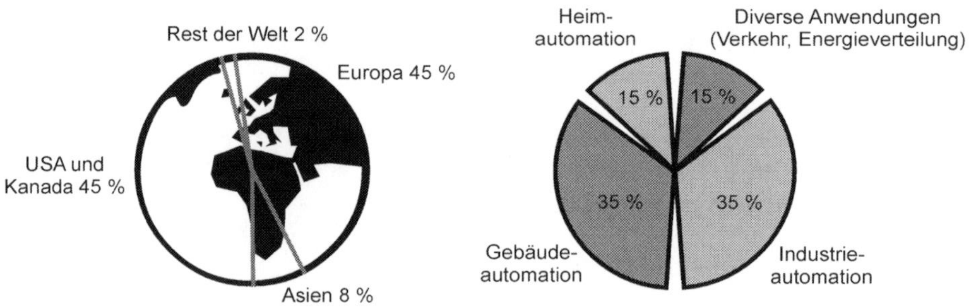

Bild 4.9 Einsatzgebiete der LON-Technik

Weltweit findet sich etwa ein Drittel der Anwendungen im Bereich der Industrieautomation. Einen gleich großen Anteil bildet die Gebäudeautomation im Zweckbau. Sie wird ergänzt durch Applikationen auf dem Gebiet der Gebäudesystemtechnik für die Heimautomation. Weitere Anwendungen ergeben sich in den Bereichen Verkehr und Energieverteilung. Die Produktdatenbank der Firma Echelon weist insgesamt mehr als 1300 Produkte verschiedener Hersteller in den oben genannten Branchen aus. Europaweit ergibt sich eine deutliche Dominanz der Anwendungen auf den Gebieten der Gebäudeautomation, die Einsatzgebiete in der Industrieautomation sind hier nachrangig.

4.3.2 Organisationseinheiten

Neben der Firma Echelon als Inhaber der Systemhoheit haben sich die Hersteller und Anwender in Deutschland zur LON-Nutzer-Organisation (LNO) zusammengeschlossen. Sie firmiert mittlerweile unter dem Namen LonMark-Deutschland [*www.lonmark.de*]. Hier existieren verschiedene Arbeitskreise aus den Bereichen Heim- und Gebäudeautomation, Ausbildung und Schulung, Industrie, Kältetechnik sowie Systemintegration.

Darüber hinaus hat die weltweit operierende LonMark International die Aufgabe der Sicherstellung einer herstellerunabhängigen Weiterentwicklung der LonWorks-Technologie [*www.lonmark.com*]. Hier sind insgesamt mehr als 300 Firmen organisiert. Die Hauptaufgabe besteht in der Festlegung von standardisierten LON-Variablen sowie von Mindestanforderungen an neu entwickelte Baugruppen.

4.3.3 Normung

LON ist als ANSI/EIA-709.x und EIA-852 standardisiert und wurde als EN ISO/IEC 14 908 in das europäische Normenwerk übernommen.

4.4 Grundlagen der LonWorks-Technologie

4.4.1 Elemente der LonWorks-Technologie

Die LonWorks-Technologie besteht aus einer Vielzahl von miteinander verbundenen Elementen. Hierbei handelt es sich einerseits um hardwaremäßig verfügbare Komponenten, andererseits gehören zu dieser Technik auch Softwareanwendungen und organisatorische Strukturen (Bild 4.10).

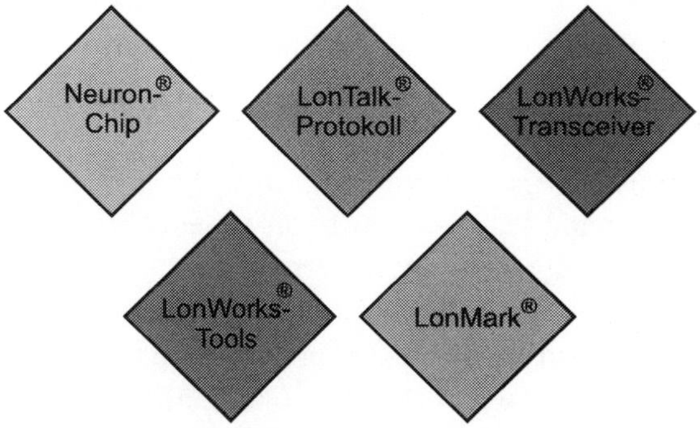

Bild 4.10
Elemente der LonWorks-Technologie

4.4.1.1 Neuron-Chip

Das Herzstück der LON-Technik bildet der Neuron-Chip (Bild 4.11). Hierbei handelt es sich um ein von Echelon entwickeltes Prozessorsystem. Intern besteht der Neuron-Chip aus mehreren Einzelprozessoren, die unterschiedliche Aufgaben übernehmen. Mit wenigen zusätzlichen Bauelementen bildet er in einem lokal operierenden Netzwerk (Local Operating Network) einen vollständigen Teilnehmer.

Der Begriff Neuron-Chip ist aus der Systemtopologie der LON-Technik abgeleitet und deutet auf ein neuronales Verbundsystem hin. Das Vorhandensein eines physikalischen Neuron-Chips ist mit der Existenz eines Netzwerkknotens gleichzusetzen. Man spricht in der LON-Technik daher auch von einem Knoten (Node).

Bild 4.11
Neuron-Chip als Herzstück der LON-Technologie [ECHELON]

4.4.1.2 LonTalk-Protokoll

Mit dem LonTalk-Protokoll wird beschrieben, in welcher Art und Weise die Neuron-Chips für unterschiedliche Applikationen programmiert werden und wie sie in der Funktion als Netzwerkknoten miteinander kommunizieren. Hierzu ist eine einheitliche Sprache, ein Kommunikationsprotokoll, notwendig. Das LonTalk-Protokoll ist ein fester Bestandteil des Neuron-Chips und wird als sogenannte Firmware bei der Herstellung direkt in den Prozessor implementiert. Mit dieser Maßnahme ist eine grundsätzliche Einheitlichkeit aller LON-Knoten gegeben.

4.4.1.3 Transceiver

Der Anschluss des Neuron-Chips an das physikalische Netzwerk erfolgt durch einen separaten Baustein auf der Geräteplatine (Bild 4.12).

Bild 4.12
Transceiver zur physikalischen Anbindung an das Medium [ECHELON]

Je nach gewünschtem oder verfügbarem Medium sind unterschiedliche Transceiver erhältlich. Das Wort Transceiver ergibt sich aus der Funktion als Sender (Transmitter) und Empfänger (Receiver). Das am häufigsten genutzte Medium ist die verdrillte Zweidraht-Leitung (Twisted-Pair-Leitung). Es sind jedoch auch Transceiver zur Nutzung der Datenübertragung über das 230-V-Netz oder über Funkverbindungen verfügbar.

4.4.1.4 LonWorks-Tools

Zur vollständigen Nutzung der LON-Technologie werden seitens des Herstellers Echelon wie auch von Fremdfirmen verschiedene Programmier- und Inbetriebnahmetools angeboten:

- Entwicklerwerkzeuge: Hierbei handelt es sich um Softwarewerkzeuge, welche die Programmierung eigener Anwendungen in den Neuron-Chips erlauben. Auf der Basis einer Programmierhochsprache werden neue Funktionalitäten für LON-Knoten entwickelt und getestet, insbesondere mit den Echelon-Programmen LonBuilder und NodeBuilder. Der normale Anwender und Nutzer eines LON-Systems greift üblicherweise auf bereits fertige LON-Geräte mit einer vorgegebenen Applikation zu und kommt mit diesen Werkzeugen nicht in Berührung.
- Inbetriebnahmewerkzeuge: Dies sind Softwarewerkzeuge, um einzelne LON-Geräte innerhalb ihrer durch den Entwickler vorgegebenen Funktionalität anzupassen und zu einem funktionierenden Netzwerk zusammenzuschalten. Neben dem LonMaker der Firma Echelon gibt es eine Vielzahl derartiger Inbetriebnahmetools von unterschiedlichen Herstellern.

4.4.1.5 LonMark Interoperability Association

Eine sehr wichtige Aufgabe kommt der Interoperabilität der einzelnen Komponenten zu. Unter Interoperabilität versteht man den Datenaustausch zwischen mehreren Komponenten auch unterschiedlicher Hersteller. Die Vielfalt der LON-Technologie erlaubt die freie Entwicklung von Funktionalitäten. So hat jeder Hersteller seine eigenen Vorstellungen davon, welche Funktionen das von ihm entwickelte Gerät haben soll, um sich am Markt gut verkaufen zu können. Die LonMark Interoperability Association hat dabei die Aufgabe, sowohl die Grundfunktionalität und Mindestanforderungen für ein Gerät als auch die Art der verwendeten Variablen sicherzustellen. Lässt ein Hersteller seine Komponente nach Abschluss der Entwicklung bei der LonMark Interoperability Association erfolgreich prüfen, so soll damit die problemlose Zusammenschaltung mit den Komponenten anderer Hersteller garantiert werden. Die daraus resultierenden Anforderungen werden in Abschnitt 4.5.5 vertieft. Erst die Einführung eines solchen Verfahrens hat auf dem europäischen Markt für den wirtschaftlichen Durchbruch der LON-Technologie gesorgt. Die Aufgaben der LonMark Interoperability Association werden von der weltweit operierenden LonMark International [*www.lonmark.com*] übernommen.

4.4.2 Aufbau und Funktionsweise eines LON-Knotens

Vom Prinzip her besitzen alle LON-Knoten den gleichen Aufbau. Ihre Grundplatine besteht aus den in Bild 4.14 gezeigten Komponenten. Die Bedeutung der einzelnen Baugruppen im LON-Knoten wird nun anhand des in Bild 4.13 dargestellten Sollwertstellers mit Temperatursensor und Präsenztaster erläutert [DIETRICH01].

Bild 4.13 Sollwertsteller mit zugehörigem Busankoppler [ELKA]

4.4.2.1 Funktionsweise des Neuron-Chips mit Speicher

Die Intelligenz eines LON-Geräts bildet der Neuron-Chip (Bild 4.11). Er enthält das LonTalk-Protokoll. In seinem Speicher sind alle Programme abgelegt, um die Funktionalität und damit die gewünschten Applikationen bereitzustellen. Am häufigsten findet man als Neuron-Chip die Typen 3120 und 3150. Sie werden von den Firmen Toshiba und Cypress gefertigt. Für einfache Geräte ohne aufwendige Regelungsfunktionen reicht üblicherweise der Neuron-Chip 3120 aus.

Beim Sollwertsteller wird beispielsweise das Signal des eingebauten Temperatursensors ausgewertet und als Variable auf dem Bus zur Verfügung gestellt. Das Gleiche erfolgt mit dem am Drehsteller vorgewählten Wert zur Sollwertanpassung sowie dem neben der Leuchtdiode angebrachten Taster zur Präsenzerfassung. Bei aufwendigeren Geräten, wie dem in Bild 4.8 gezeigten DDC-Baustein, ist eine höhere Komplexität der Anwendungsprogramme gefordert. Hierzu wird dann der Neuron-Chip 3150 in Kombination mit einem zusätzlichen, externen Speicher verwendet. In ihm lassen sich dann auch komplexe Regelalgorithmen ablegen.

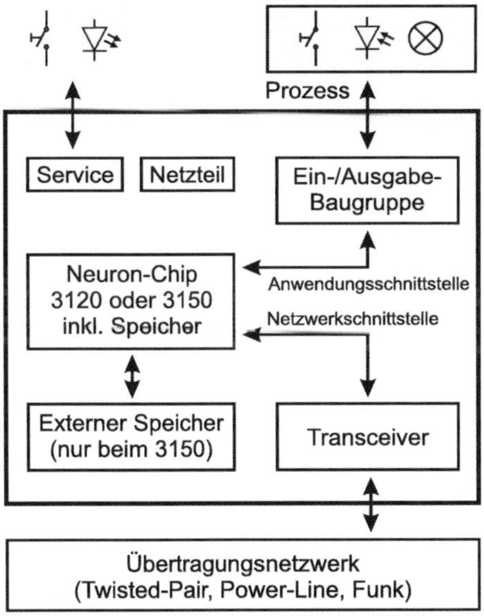

Bild 4.14
Prinzipieller Aufbau eines LON-Knotens

Beide Neuron-Chips verfügen über jeweils drei interne Prozessoren, die unterschiedliche Aufgaben übernehmen (Bild 4.15):

- Die CPU 1 ist für den physikalischen Medienzugriff zuständig. Der Zugriff auf den Transceiver erfolgt über eine Netzwerkschnittstelle. Hier werden die Schichten 1 (Bitübertragungsschicht) und 2 (Sicherungsschicht) des ISO/OSI-Modells (siehe Kapitel 2) repräsentiert.
- Die CPU 2 ist für den Versand der Netzwerkvariablen verantwortlich. Damit werden die Schichten 3 bis 6 des ISO/OSI-Modells umgesetzt.
- Die Abarbeitung der Anwendungsprogramme erfolgt durch die CPU 3. Sie ist dabei von den Netzwerkzugriffsaufgaben befreit, die durch die beiden anderen internen Prozessoren erledigt werden. Der Datenaustausch zwischen den CPUs geschieht durch Zugriffe auf den gemeinsamen RAM-Speicher.

Das Applikationsprogramm und die bei der Inbetriebnahme gewählten Konfigurationsparameter werden im EEPROM abgelegt. Bei den Konfigurationsdaten handelt es sich beispielsweise um den voreingestellten Raumtemperatursollwert des Sollwertstellers. Die Daten bleiben auch bei einem Spannungsausfall erhalten und stehen bei Spannungswiederkehr erneut unverändert zur Verfügung.

Im ROM werden beim Neuron-Chip 3120 das LonTalk-Protokoll, das Neuron-Betriebssystem sowie vorgefertigte Betriebsroutinen für den Zugriff auf die Eingabe- und Ausgabebeschaltung gespeichert. Beim Modell 3150 entfällt das interne ROM zugunsten eines externen Speicherbereichs, der neben den bereits aufgezählten Funktionen des EEPROMs ausreichend Platz für aufwendige Applikationsprogramme bietet.

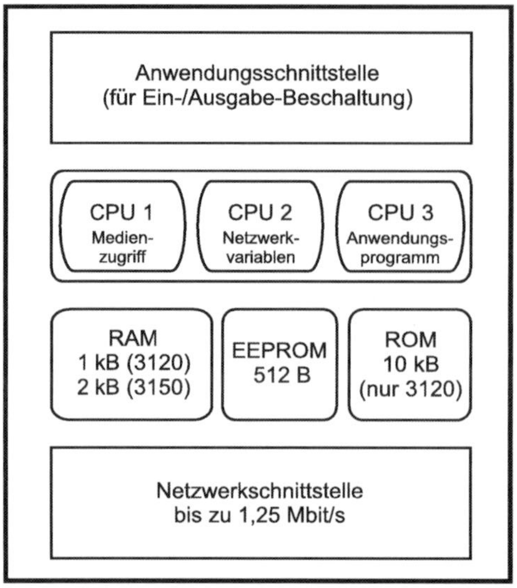

Bild 4.15
Innenaufbau der Neuron-Chips 3120 und 3150

4.4.2.2 Eingabe- und Ausgabebeschaltung

Damit der Neuron-Chip seine Verbindung zur Außenwelt sicherstellen kann, sind noch weitere Komponenten nötig. Um das Signal des auf der Platine aufgebrachten Temperaturfühlers zu erhalten, muss es dem Prozessor über eine Eingabebaugruppe zugeführt werden (Bild 4.14). Diese wandelt den temperaturabhängigen Widerstandswert des Fühlers mithilfe eines Analog-Digital-Wandlers so um, dass der Neuron-Chip diesen als Byte-Eingabe versteht. Hierzu ist eine Eingabe- und Ausgabebeschaltung notwendig. Sie variiert je nach Hersteller und gewünschter Applikation.

Beim Sollwertsteller wird hier zusätzlich zur Temperatur auch der Wert des Potentiometers zur Sollwertverstellung erfasst und dem Prozessor als Byte-Eingabe übermittelt. Ebenso wird ausgewertet, ob der auf dem Gerät angebrachte Drucktaster zur Präsenzerfassung betätigt wurde. Ist der Taster gedrückt, so sendet die Eingabe-/Ausgabebaugruppe ein 1-Bit-Signal an den Prozessor. Dieser wertet es aus, stellt es als Variable auf dem Bus zur Verfügung und gibt über die Ausgabebaugruppe wiederum ein 1-Bit-Signal zur Aktivierung der neben dem Taster angebrachten Leuchtdiode aus.

Die Verbindung zwischen dem Neuron-Chip und der Eingabe-/Ausgabebaugruppe wird als Anwendungsschnittstelle bezeichnet. Sie kann vom Gerätehersteller frei konfiguriert und mit vorprogrammierten Betriebssystemroutinen an die Funktion des Geräts angepasst werden. Für die Konfiguration stehen beispielsweise die folgenden Funktionen zur Verfügung:

- Bit-Eingabe und Bit-Ausgabe,
- Byte-Eingabe und Byte-Ausgabe,
- serielle Eingabe und serielle Ausgabe,

- flankengesteuerter Eingang,
- Periodendauermessung und Pulszählereingang,
- Frequenzausgang.

Zur Vereinfachung der Programmierung seitens der Entwickler stehen hierfür standardisierte Schnittstellensteuerprogramme für den Neuron-Chip zur Verfügung.

4.4.2.3 Spannungsversorgung und Netzteil

Zur erforderlichen Versorgung eines LON-Knotens mit elektrischer Spannung existieren unterschiedliche Methoden. Bei aufwendigeren Geräten mit einem hohen Bedarf an elektrischer Leistung erfolgt der Anschluss an die Betriebsspannung über separate Kontakte am Gerät. Hier wird eine von einer externen Spannungsquelle gelieferte Gleichspannung in Höhe von typischerweise 24 V angeschlossen. In dieser Art und Weise verfährt man üblicherweise bei dem in Bild 4.8 gezeigten DDC-Baustein. Insbesondere für die Ausrüstung von einzelnen Räumen mit Komponenten der Gebäudesystemtechnik bietet sich eine einfachere Möglichkeit an. Da die Leistungsaufnahme beispielsweise eines Sollwertstellers sehr gering ist, erfolgt hierbei die Spannungsversorgung über die Busleitung. Dafür ist dann ein spezieller Transceiver notwendig. Eine weitere Möglichkeit bietet der direkte Anschluss an das 230-V-Netz. Damit werden sowohl die Spannungsversorgung als auch die Übertragung der Daten realisiert. Auch hierzu ist ein speziell auf diesen Zweck angepasster Transceiver notwendig. In allen Fällen erfolgt geräteintern eine Wandlung und Stabilisierung der erforderlichen Spannung. Dies wird durch das auf der Platine untergebrachte Netzteil (Bild 4.14) geleistet.

4.4.2.4 Service-Taste und Neuron-ID

Bei Betätigung des üblicherweise als Drucktaste ausgeführten Service-Pins (Bild 4.14 und Bild 4.16) sendet der Neuron-Chip seine Identifikationsnummer, die sogenannte Neuron-ID, an das Netz. Hierbei handelt es sich um eine weltweit einmalige 48-Bit-Seriennummer, die bereits bei der Chipherstellung vergeben wird. Sie dient dazu, das Gerät bei der programmtechnischen Einbindung mittels der LonWorks-Tools eindeutig zuzuordnen. Alternativ kann die Neuron-ID auch über eine Eingabemaske per Hand oder durch das Scannen mit einem Barcodeleser eingegeben werden. Hierzu werden alle LON-Geräte ab Werk mit einem Aufkleber versehen, der die Neuron-ID als Text und als Strichcode trägt.

4.4.2.5 Service-LED

Nahezu jedes LON-Gerät verfügt über eine in der Regel gelbe Service-LED. Diese stellt ein gut geeignetes Hilfsmittel bei der Inbetriebnahme oder der Fehlersuche dar. Sie meldet durch Blinksignale den aktuellen Zustand des LON-Knotens. Beim Zuschalten der Spannungsversorgung des Geräts führt der Neuron-Chip einen Selbsttest durch.

Das Ergebnis dieses Selbsttests wird durch die Service-LED gemäß Tabelle 4.1 angezeigt.

Tabelle 4.1 Anzeigen der Service-LED

Zustand der Service-LED	Zustand des LON-Knotens
Nach Selbsttest 0,5 s an, dann aus	Applikation des Knotens ist geladen und ins Netzwerk eingebunden, alles o.k.
Blinkt nach Selbsttest im 2-s-Takt	Applikation des Knotens ist geladen, aber nicht ins Netzwerk eingebunden
Nach Selbsttest 1 s an, dann 2 s aus, dann Dauerlicht	Applikation des Knotens ist nicht geladen
Blinkt im 0,8-s-Takt	Watch-Dog löst ständig Reset aus

Manche LON-Geräte müssen durch ein Applikationsprogramm an die gewünschte Funktion angepasst werden. Insbesondere ein Busankoppler, wie er in Bild 4.16 dargestellt wird, erlaubt die Kombination mit verschiedenen Bedienoberteilen.

Bild 4.16 Busankoppler mit Neuron-Chip, Speicher sowie Service-LED und Service-Taste [ELKA]

So kann er die Funktion eines Jalousieschalters, eines Lichttasters oder auch die eines Sollwertstellers übernehmen. In diesem Fall wird in den LON-Knoten eine Applikation geladen, die dem Busankoppler die Eigenschaften des Bedienoberteils mitteilt.

Die Service-LED gibt dann Auskunft, ob ein solches Programm geladen und ob der Busankoppler bereits zur Kommunikation mit anderen LON-Knoten ins Netzwerk eingebunden ist. Zusätzlich wird während des Betriebs ständig der Zustand der Applikation überprüft. Hierzu ist eine sogenannte Watch-Dog-Funktion hinterlegt. Ihr Auslösen wird bei intakter Applikation durch ein wiederkehrendes Signal verhindert. Tritt innerhalb der Applikation ein Fehler auf, so fehlt dieses Signal und die Watch-Dog-Funktion löst aus. Parallel zur Anzeige dieser Auslösung durch die Service-LED führt der LON-Knoten eine Reset-Funktion durch und startet die Applikation neu. Sollte durch das Rücksetzen der Applikation der Fehler nicht behoben werden können, so wiederholt sich dieser Vorgang und führt zu den in Tabelle 4.1 beschriebenen Fehlermeldungen [MEYER03].

4.4.2.6 Transceiver

Die Anbindung des Neuron-Chips an das Übertragungsnetz erfolgt mithilfe eines Transceivers (Bild 4.14). Die Verbindung zwischen dem Chip und dem Transceiver bezeichnet man als Netzwerkschnittstelle. Sie kann eine Bitrate von bis zu 1,25 Mbit/s erreichen. Durch Transceiver ist sichergestellt, dass das gleiche Gerät an unterschiedliche Übertragungsmedien angepasst werden kann. Hierzu stehen verschiedene Transceiver-Typen zur Verfügung. Einige Hersteller bauen ihre Geräte dabei modular auf, sodass es durch einen Tausch des Transceivers an unterschiedliche Medien angepasst werden kann. Die im Neuron-Chip abgelegte Grundfunktionalität bleibt dabei gleich. Die Ausführung kann als eigenständige Platine (Bild 4.12) oder als vergossenes Modul (Bild 4.17) erfolgen. In beiden Fällen wird durch eine Steckverbindung die Austauschbarkeit ermöglicht.

Bild 4.17 Transceiver FTT-10 A für freie Netztopologie als vergossenes Modul [ECHELON]

Für den Datenaustausch mit anderen LON-Geräten über das physikalische Übertragungsnetzwerk stehen die in Tabelle 4.2 aufgeführten Typen zur Verfügung.

Freie-Topologie-Transceiver FTT-10 A

In der Gebäudeinstallation bietet sich insbesondere in Einzelräumen eine unstrukturierte, freie Verlegung des Bussystems an. Hierbei kann die Busverbindung je nach Lage im Raum von einem LON-Gerät zum folgenden erstellt werden. Dies kommt der Ausstattung der Räume mit Sensoren und Aktoren am nächsten, auf eine Einhaltung bestimmter Linienstrukturen kann dabei verzichtet werden. Es ist sogar möglich, die LON-Geräte in einem Ring zu verbinden. Aufgrund dieser großen Freiheitsgrade bei der Verlegung ist jedoch die Ausdehnung des Netzwerks auf maximal 500 m beschränkt. Sollen größere Netzausdehnungen bis zu 2700 m erreicht werden, so müssen die Busteilnehmer in einer Linienstruktur angeschlossen werden. Als Medium kommt die Twisted-Pair-Leitung zum Einsatz.

Der FTT-10 A-Transceiver ist zur galvanischen Trennung des LON-Geräts vom Netzwerk transformatorgekoppelt. Zusätzlich ermöglicht diese Art der Kopplung, die Komponenten in beliebiger Polung an die Busleitung anzuschließen. Lediglich bei einer Ringstruktur muss die Polung beachtet werden. Die Spannungsversorgung der LON-Knoten hat separat über die in der Automatisierungswelt übliche 24-V-Gleichspannung oder über das 230-V-Netz zu erfolgen. Die Bitrate ist mit 78 kbit/s hoch genug, um auch analoge Werte zu übertragen.

Tabelle 4.2 Transceiver für häufig verwendete Medien und Netzstrukturen

Medium	Transceiver	Bitrate	Netzstruktur	Netzgröße	Spannungs-versorgung
Zweidrahtleitung (Twisted Pair)	FTT-10 A	78 kbit/s	freie Topologie Linie	500 m 2700 m	getrennt
Zweidrahtleitung	LPT-10	78 kbit/s	freie Topologie Linie	500 m 2700 m	über Bus
Zweidrahtleitung	TPT/XF-78	78 kbit/s	Linie	1400 m	getrennt
Zweidrahtleitung	TPT/XF-1250	1,25 Mbit/s	Linie	130 m	getrennt
230-V-Netz	PLT-22	5 kbit/s	freie Topologie	*)	über spezielles Netzteil

*) je nach Dämpfung und Störung

Link-Power-Transceiver LPT-10

Zur Vermeidung einer separaten Betriebsspannungsversorgung eignet sich der Link-Power-Transceiver. Die Versorgung der LON-Knoten erfolgt dann direkt über die Busleitung. Es wird dem Datensignal (Wechselspannung) eine Gleichspannung in Höhe von 42 V überlagert (Bild 4.18). Hierzu schließt man an einer beliebigen Stelle ein Netzteil an den Bus an und versorgt somit alle Knoten mit der erforderlichen Betriebsspannung.

Im Transceiver erfolgt die Auftrennung in das Datensignal und die Betriebsspannung für das Gerät. Es kann dem Netzwerk seitens der LON-Knoten ein Strom von bis zu 100 mA entnommen werden. Dies ist ausreichend, um Stellantriebe für Heizventile zu versorgen und um Leuchtdioden und Relais zu betreiben.

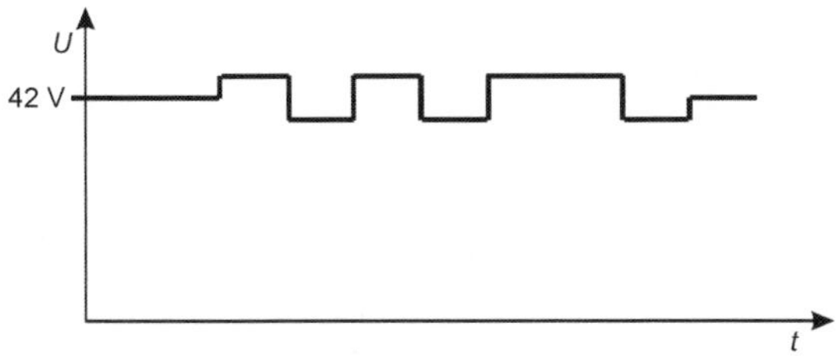

Bild 4.18 Überlagerung des Datensignals mit einer Gleichspannung beim Link-Power-Transceiver LPT-10

> **!** Die Verwendung von *Freie-Topologie-Transceivern* (FTT) und *Link-Power-Transceivern* (LPT) ist in einem gemeinsamen Netzwerk möglich. Die Busleitung kann in beliebiger Verlegungsart angeschlossen werden. Die Polung der Busleitung ist bei allen Topologien beliebig, nur bei der Ringstruktur muss sie beachtet werden.

Wie beim FTT ist beim LPT eine freie Topologie möglich, die Ausdehnung des Netzes ist auf maximal 500 m beschränkt. Sollen größere Netzausdehnungen bis zu 2700 m erreicht werden, so müssen auch hier die Busteilnehmer in einer Linienstruktur angeschlossen werden. Als Medium kommt wiederum die verdrillte Zweidrahtleitung zum Einsatz. Die Bitrate ist mit 78 kbit/s bei FTT und LPT identisch.

Smart-Transceiver FT 5000

Der FT 5000 Smart Transceiver integriert einen Neuron-Chip mit einem Freie-Topologie-Transceiver (Bild 4.19). Er ist kompatibel zu den oben beschriebenen Freie-Topologie-Transceivern (FTT) und Link-Power-Transceivern (LPT). Durch diese Kombination lassen sich etwas kostengünstigere Produkte entwickeln. Für den Anwender ergeben sich zusätzliche Kostenvorteile bei der Einbindung in das LON-Netz unter gleichzeitiger Verwendung des in Abschnitt 4.6.2.2 beschriebenen Inbetriebnahmewerkzeugs LonMaker.

Bild 4.19
FT 5000 Smart-Transceiver [ECHELON]

Twisted-Pair-Transceiver TPT/XF-78 und TPT/XF-1250

Zusätzlich zu den oben beschriebenen gibt es für die Verwendung mit Zweidrahtleitungen noch weitere Typen. Sie haben einen eingebauten Übertrager zur galvanischen Entkopplung vom Netzwerk. Dies wird durch den Zusatz XF gekennzeichnet. Die Spannungsversorgung der LON-Geräte erfolgt getrennt.

Die Eigenschaften erlauben nur eine Netzstruktur in Linienform ohne weitere Verzweigungen. Die Busteilnehmer werden entweder über kurze Teilstücke angeschlossen, oder es erfolgt eine Durchschleifung des Signals von Gerät zu Gerät. Hierdurch werden einerseits große Netzausdehnungen erreicht, andererseits sind diese Typen damit für die Anbindung von LON-Komponenten in einem Einzelraum eher ungeeignet.

Insbesondere der Typ TPT/XF-1250 zeichnet sich aber durch eine sehr große Bitrate in Höhe von 1,25 Mbit/s aus. Er eignet sich damit für Verbindungen, bei denen eine große Datenmenge übertragen werden soll. Als Einsatzort bietet sich die Verbindung leistungsfähiger DDC-Bausteine mit der Managementebene an. Eine weitere Möglichkeit ist der Einsatz als Hauptübertragungsleitung (Backbone) zur Kopplung unterschiedlicher LON-Teilnetze über die in Abschnitt 4.5.1.3 beschriebenen Router (Bild 4.26).

LON-Geräte mit *Twisted-Pair-Transceivern* (TPT) und *Freie-Topologie-Transceivern* (FTT) beziehungsweise *Link-Power-Transceivern* (LPT) können trotz des gleichen verwendeten Übertragungsmediums nicht miteinander gemischt werden.

Power-Line-Transceiver PLT-22

Power-Line-Transceiver (PLT) stellen insbesondere in der Nachrüstung von bereits bestehenden Gebäuden eine Alternative zu den FT- und LP-Transceivern dar. Beispielsweise werden Energiezähler mit einem PLT ausgestattet (Bild 4.20).

Mit PLTs ist die Übertragung der Bussignale über das 230-V-Netz möglich. Die Aufmodulierung des Datensignals auf das Stromsignal macht eine Verlegung zusätzlicher Busleitungen überflüssig. Damit entfällt bei Bestandsbauten der sonst zur Nachrüstung nötige Installationsaufwand einschließlich möglicher Stemmarbeiten zur Leitungsverlegung.

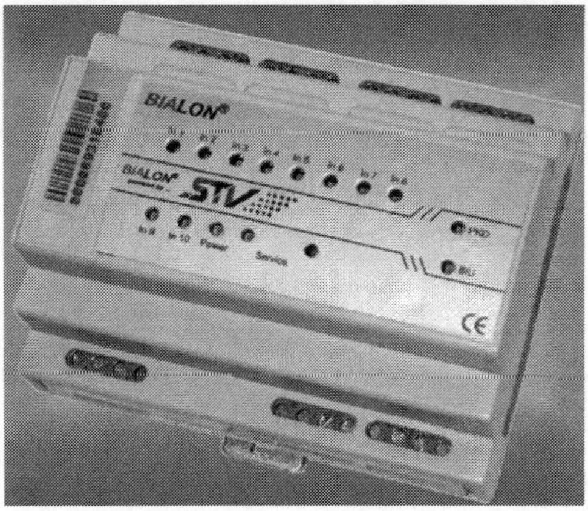

Bild 4.20
Energiezähler mit Power-Line-Transceiver [STV03]

Beim Transceiver PLT-22 erfolgt die Datenübertragung in einem speziellen, dafür frei gegebenen Frequenzband von 125 kHz bis 140 kHz. Erfolgt die Übertragung bei den vorher genannten Transceivern über jeweils separate Busleitungen, so sind bei der Power-Line-Technik auch andere Verbraucher am 230-V-Netz parallel zu den LON-Geräten angeschlossen. Durch die Art der Verbraucher können unterschiedliche Signalstörungen entstehen. So belasten Energiesparlampen und ältere Schaltnetzteile das Netz besonders. Zusätzlich kann es durch die elektrischen Eigenschaften des bestehenden 230-V-Netzes zu Signaldämpfungen kommen. Diese Tatsachen führen dazu, dass die maximale Netzausdehnung abhängig von Dämpfungen und Störungen ist. Die Verlegung kann wie beim 230-V-Netz in freier Topologie erfolgen. Die Bitrate ist zur Erhöhung der Störsicherheit auf maximal 5 kbit/s abgesenkt.

Mit dem Transceiver PLT-30 gibt es einen weiteren Typ, der in dem für europäische Energieversorgungsunternehmen reservierten Frequenzband von 9 kHz bis 95 kHz arbeitet. Hiermit werden insbesondere Energiezähler zur Datenfernabfrage ausgerüstet.

Weitere Transceiver

Die in Tabelle 4.2 aufgeführten Transceiver zählen zu den am häufigsten eingesetzten Typen. Darüber hinaus gibt es weitere Arten für die nachfolgenden Einsatzbereiche und Medien:

- RS-485/EIA-485-Twisted-Pair-Standardnetz,
- 900-MHz- und 2,4-GHz-Funkübertragung,
- 400-MHz- bis 450-MHz-Funkübertragung,
- 1,25-Mbit/s-Koaxialleitung,
- Lichtwellenleiter,
- Infrarot-Übertragung.

Bei einigen neueren LON-Geräten ist unter der Bezeichnung FT 6000 auch eine weitere Kombination aus Neuron-Chip und Transceiver erhältlich. Zusätzlich wurde von der Firma Adesto ein Smart Transceiver FT 6050 entwickelt, der neben dem LON-Protokoll auch das BACnet-Protokoll unterstützt.

4.5 Informationsübertragung zwischen LON-Geräten

In diesem Abschnitt soll aufzeigt werden, wie aus einzelnen LON-Geräten ein Gesamtnetz aufgebaut wird. Hierzu wird als Erstes eine physikalische Verbindung zwischen den Komponenten hergestellt. Für die in Abschnitt 4.4.2.6 beschriebenen Transceivertypen sind entsprechende Netzstrukturen zu berücksichtigen. In einem zweiten Schritt werden dann die logischen Verbindungen zwischen den LON-Knoten hergestellt. Hierbei erfolgt der Datenaustausch über die in den Applikationen zur Verfügung stehenden Variablen der Geräte.

4.5.1 Physikalische Netzstrukturen

Ein LON-Netz zeichnet sich physikalisch durch eine eindeutige Struktur aus. Die kleinste Einheit bildet der durch einen Neuron-Chip repräsentierte LON-Knoten. Enthält ein Gerät, beispielsweise ein besonders leistungsfähiger DDC-Baustein, mehrere Neuron-Chips, so stellt jeder eingebaute Neuron-Chip einen LON-Knoten dar. Anhand der am häufigsten verwendeten Transceiver, FTT und LPT, wird im Folgenden der Aufbau eines LON-Netzes erläutert.

4.5.1.1 Netze in Linienstruktur

Sinnvollerweise werden LON-Knoten, die in einer unmittelbaren Beziehung zueinander stehen, durch eine möglichst direkte physikalische Verbindung berücksichtigt. Die größte Netzwerkausdehnung erreicht man bei einer Anordnung gemäß Bild 4.21 (Linienstruktur).

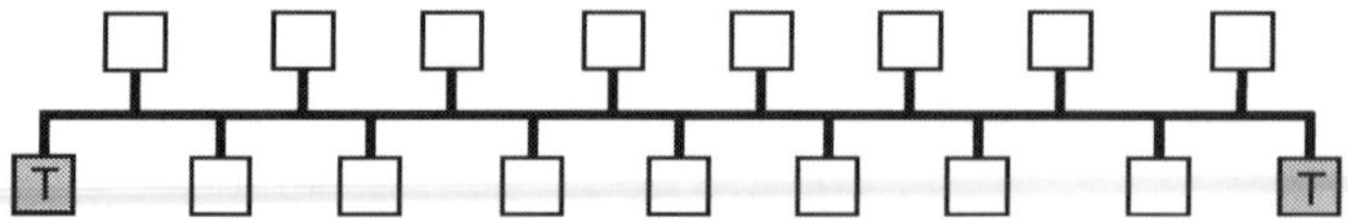

Bild 4.21 LON-Knoten in Linienstruktur mit Terminatoren

Hierbei ist je nach verwendetem Kabeltyp beim FTT und LPT eine Ausdehnung des Netzes bis zu einer Länge von 2700 m möglich. Die einzelnen Verbindungsleitungen zu den LON-Knoten sollten die Länge von 3 m nicht überschreiten.

Zur Vermeidung von Signalreflexionen sollte an beiden Enden der Busleitung ein Abschlusswiderstand mit dem Wert $R = 107\ \Omega$ angebracht werden. Einen solchen Abschlusswiderstand bezeichnet man als Terminator (T). Bei Verwendung von LPT beinhaltet das dann erforderliche 42-V-Netzteil üblicherweise bereits einen dieser Terminatoren.

Eine Linienstruktur ist bei der Unterputzinstallation nur schwer einzuhalten und daher meist unbrauchbar. Sie kommt aber insbesondere in der industriellen Anwendung und als Verbindung zwischen den Automationsstationen und der Managementebene zum Einsatz.

4.5.1.2 Netze in Stern- und Ringstruktur

Die Stern- und die Ringstruktur (Bild 4.22) gehören zu den Möglichkeiten bei Verwendung von Transceivern für eine freie Verlegung der Busleitung. Hierbei ist eine Ausdehnung des Netzes bis zu einer Länge von 500 m möglich. Der maximale Abstand zwischen zwei LON-Knoten sollte je nach verwendetem Kabeltyp die Länge von 320 m nicht überschreiten. Als Netzabschluss ist jeweils ein Terminator mit dem Widerstandswert $R = 52{,}3\ \Omega$ vorzusehen. Bei Einsatz von LPT-Geräten ist dieser im dann erforderlichen Netzteil bereits eingebaut.

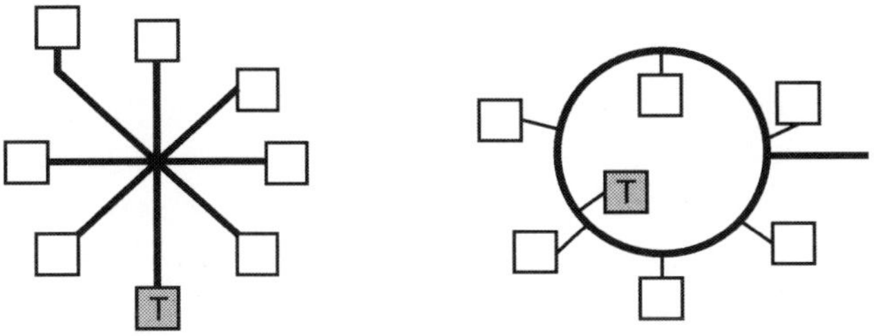

Bild 4.22 Physikalische Anbindung von LON-Knoten in Sternstruktur (links) und in Ringstruktur (rechts)

In sich geschlossene Ringstrukturen bieten sich insbesondere bei der Installation von LON-Geräten in Räumen an. Sie erlauben die spätere Nachrüstung von Komponenten, ohne über die Einhaltung bestimmter Verlegerichtlinien nachdenken zu müssen. Hierbei ist jedoch darauf zu achten, dass die Polung der Busleitung einzuhalten ist. Bei Nichtbeachtung erfolgt ein Zusammenbruch des Netzes infolge eines Kurzschlusses.

4.5.1.3 Subnet als physikalische Netzstruktur

Innerhalb des kleinsten Netzsegments lassen sich bis zu 128 LON-Knoten adressieren. Ein solches Teilnetz bezeichnet man in der LON-Terminologie als Subnet (Bild 4.23).

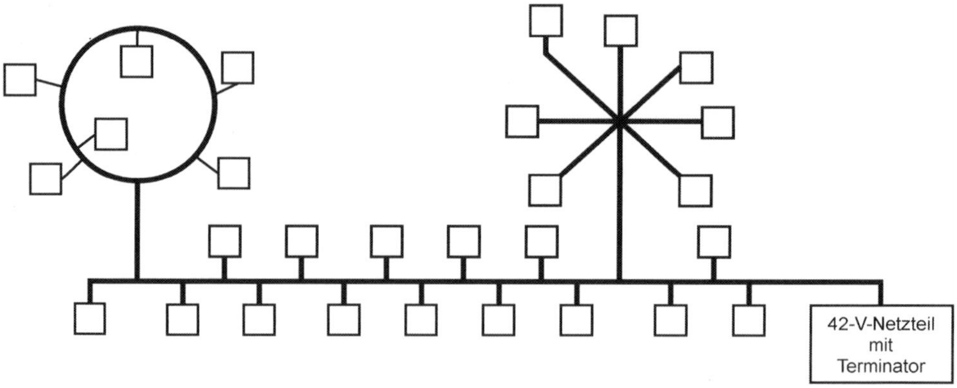

Bild 4.23 Subnet in freier Topologie mit bis zu 128 adressierbaren LON-Knoten

Handelt es sich dabei um Knoten mit LPT, so stellen diese Teilnehmer aufgrund der Versorgung des Netzabschnitts mit einem eigenen Netzteil nur eine geringe Busbelastung dar. Der Zusammenschluss von bis zu 128 Knoten innerhalb eines Subnets ist dann ohne weitere Maßnahmen möglich.

Geräte mit FTT bilden dagegen eine höhere Buslast. In einem Leitungssegment ist die Anzahl der Knoten daher auf maximal 64 Teilnehmer beschränkt. In Netzen mit gemischten Transceivern werden zur Ermittlung der maximalen Knotenanzahl pro Segment die Geräte mit FTT doppelt und die Geräte mit LPT einfach gezählt.

Geräte, deren Funktionen unmittelbar miteinander zu tun haben, sollten im selben Subnet platziert werden. Mit dieser Maßnahme lassen sich ungewollt lange Reaktionszeiten bei der Befehlsausführung vermeiden. So sollten sich z. B. Lichttaster und die zugehörigen Schaltaktoren für Leuchten nach Möglichkeit immer im selben Subnet befinden.

Repeater

Ist es erforderlich, mehr als 64 FTT-Teilnehmer innerhalb eines Subnets zu adressieren, so wird ein sogenannter Repeater benötigt (Bild 4.24). Darüber hinaus kann dieser eingesetzt werden, wenn die maximal zulässige Länge innerhalb eines Segments überschritten wird.

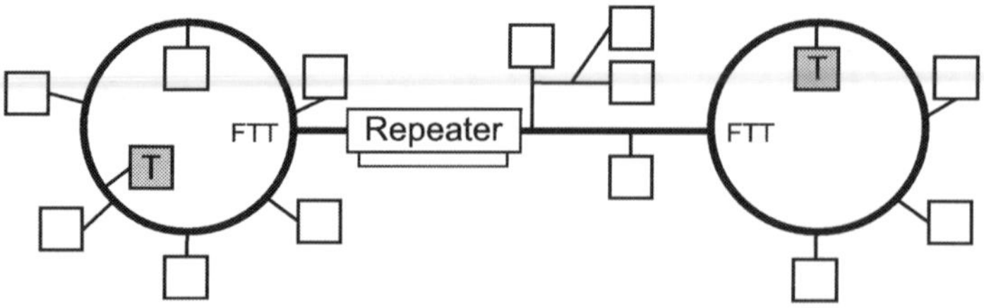

Bild 4.24 Subnet mit Repeater

Der Repeater verbindet zwei Teilsegmente des gleichen Mediums miteinander. Hierbei leitet er gültige Telegramme zwischen den Segmenten weiter, eine Filterung erfolgt nicht. Es dürfen maximal drei Repeater in Reihe hintereinandergeschaltet werden, da es sonst zu Kommunikationsproblemen durch zeitliche Signalverschiebungen kommt.

Router und Channels

Sollen in einem LON-Netzwerk unterschiedliche Medien genutzt werden, so ist zur Verbindung ein Router einzusetzen. Die beiden Teilsegmente bezeichnet man in der LON-Terminologie als Channels. Beispielsweise lassen sich auf diese Weise Power-Line-Geräte mit FTT-Knoten verbinden (Bild 4.25). Es ist jedoch zu beachten, dass sich der Adressierungsbereich von Subnets nicht über einen Router erstrecken kann. Ein Router teilt damit die unterschiedlichen physikalischen Channels auch gleich in unterschiedliche Subnets auf.

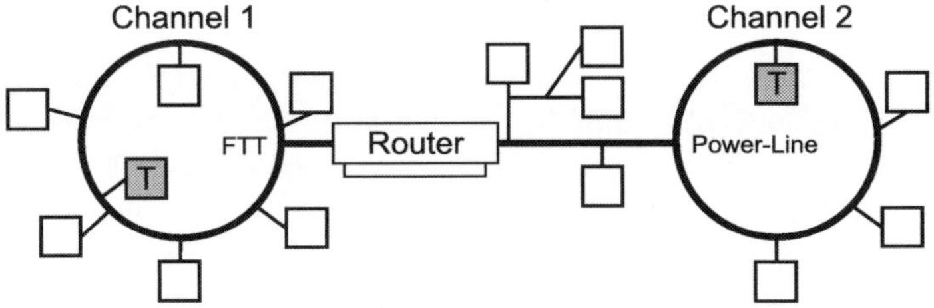

Bild 4.25 Router verbinden Channels

Als weiteren Unterschied zu Repeatern beinhalten die Router auch Filterfunktionen. Sie können anhand von Vermittlungstabellen feststellen, ob ein gesendetes Telegramm seinen Adressaten innerhalb des gleichen Netzsegments hat. Nur wenn dies nicht der Fall ist, leitet der Router es an das nächste Netzsegment weiter. Auf diese Art lassen sich mehrere Subnets zu einem Gesamtnetz zusammenschalten. Der eingesetzte Router zählt dabei als zusätzlicher LON-Knoten.

4.5.1.4 Domain als größte Netzstruktur

Werden die Grenzen von 128 LON-Knoten innerhalb eines Subnets erreicht, so muss das Netz erweitert werden. Hierzu nutzt man die in Abschnitt 4.5.1.3 vorgestellten Router. Bei der Erweiterung der Netzstruktur bietet es sich dann an, den Datenaustausch zwischen den Subnets über eine Verbindung mit hoher Übertragungsrate zu wählen. Sehr geeignet ist hierbei der Einsatz von Routern, die einen Transceiver TPT/XF-1250 eingebaut haben. So lässt sich die höhere Datenmenge auf dieser als Backbone bezeichneten Linie durch eine höhere Übertragungsgeschwindigkeit wieder ausgleichen (Bild 4.26).

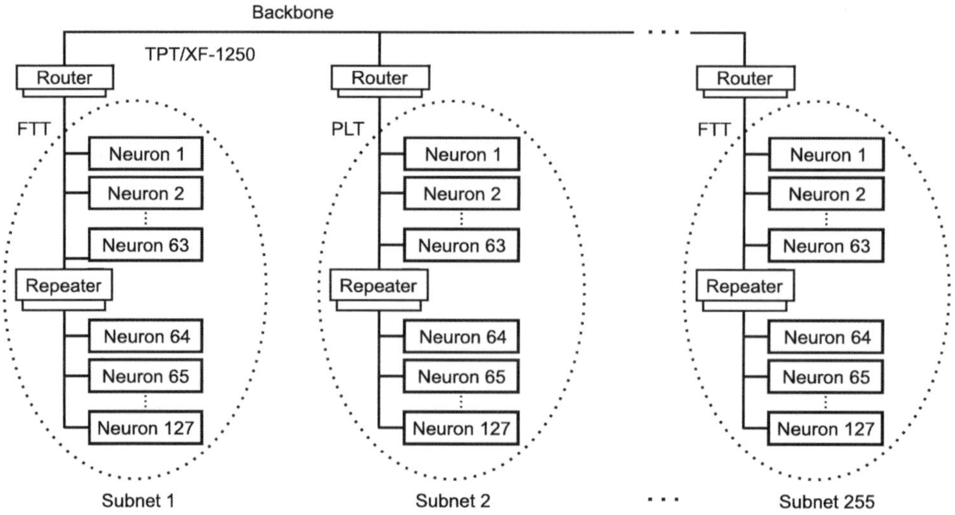

Bild 4.26 Zusammenführung mehrerer Subnets zu einer *Domain*

In der LON-Terminologie bezeichnet man den Zusammenschluss mehrerer Subnets über Router als Domain. Mithilfe des LonTalk-Protokolls lassen sich innerhalb eines Subnets bis zu 128 Knoten adressieren. Hierbei stellt der verwendete Router den 128. Teilnehmer dar. Hiervon lassen sich dann wiederum bis zu 255 Subnets verbinden. Befinden sich alle Busteilnehmer innerhalb der gleichen Domain, so kann bei der Adressierung die Domain-Information entfallen. Dadurch ergeben sich kürzere Telegramme und damit eine höhere Nutzdatenrate.

Innerhalb einer Domain lassen sich 255 Subnets mit bis zu 127 LON-Knoten, also maximal 32.385 Teilnehmer, adressieren.

Für den eher unwahrscheinlichen Fall, dass diese Teilnehmerzahl überschritten werden sollte, lassen sich zwei Domains über einen leistungsfähigen Router oder den Leitrechner der Gebäudeautomation koppeln.

4.5.1.5 Erstellung der Netzstruktur

Zur Erstellung der Netzstruktur werden die in Abschnitt 4.6.2.2 beschriebenen Inbetriebnahmetools verwendet. Die Zuordnung der LON-Knoten zu den oben beschriebenen Subnets und Domains erfolgt dabei grafisch.

4.5.2 Telegrammstruktur

Für den Anwender ist die bei der Erstellung der Netzstruktur hinterlegte Telegrammstruktur weder ersichtlich noch zugänglich. Für das grundlegende Verständnis der LON-Technik ist sie auch nicht nötig. Weitergehende Informationen hierzu, die sich speziell an Entwickler eines LON-Geräts oder eines Inbetriebnahmetools wenden, finden sich bei [DIETRICH98].

4.5.3 Buszugriffsverfahren und Signalcodierung

4.5.3.1 Prädiktives P-Persistent-CSMA-Verfahren

Im LonTalk-Protokoll wird für die Kommunikation zwischen den Teilnehmern das prädiktive P-Persistent-CSMA-Verfahren (Predictive p-persistent Carrier Sense Multiple Access) verwendet. Es handelt sich hierbei um ein Protokoll zum Datenaustausch zwischen gleichberechtigten Busteilnehmern. Alle hören das Übertragungsmedium ab und erkennen dadurch das Ende einer Datenübertragung seitens der anderen Teilnehmer. Wird das Busfreigabesignal erkannt, beginnt für alle Teilnehmer nach einer Wartezeit für alle eine individuelle, zufallsgesteuerte Wartezeit (Bild 4.27, oben).

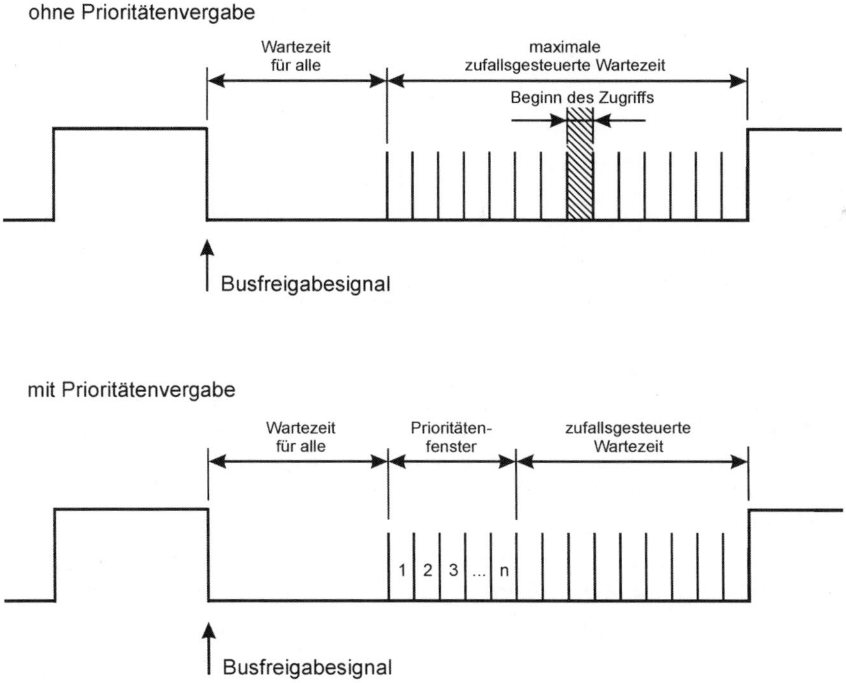

Bild 4.27 Prädiktives P-Persistent-CSMA-Verfahren für den Netzzugriff durch die LON-Knoten

Die Länge der Wartezeiten (und der Telegramme) ist abhängig vom verwendeten Transceiver. Übt während der Wartezeit eines bestimmten Teilnehmers kein anderer LON-Knoten einen Zugriff auf das Netz aus, so beginnt dieser Teilnehmer mit seiner Telegrammversendung. Haben zwei Teilnehmer genau die gleiche Wartezeit und wollen gleichzeitig senden, so wird dies von beiden erkannt und der Buszugriff abgebrochen. Insbesondere bei einer großen Knotenzahl können sich hierdurch erhebliche Wartezeiten ergeben.

Eine Abhilfe kann hierbei die Vergabe von Prioritäten schaffen (Bild 4.27, unten). Einzelnen Knoten kann dabei eine feste Wartezeit entsprechend der Wichtigkeit des Teilnehmers zugeordnet werden. Dieser muss damit nicht mehr die zufallsgesteuerte Wartezeit einhalten, sondern kann im Bedarfsfall gemäß dem ihm zugewiesenen Prioritätenfenster mit dem Senden beginnen [MEYER03].

4.5.3.2 Differential-Manchester-Code

Bei der Vorstellung der Transceiver FTT-10 A und LPT in Abschnitt 4.4.2.6 wurde beschrieben, dass diese an das physikalische Netz in beliebiger Polung angeschlossen werden können. Der Grund hierfür liegt in der Verwendung des Differential-Manchester-Codes zur physikalischen Signalcodierung. Bei diesem Verfahren wird bei jeder Bitübertragung eine Taktflanke erzeugt. Die logische 0 wird durch eine zusätzliche Flanke innerhalb der Taktperiode dargestellt. Dabei ist es unbedeutend, ob zuerst ein Low-Signal oder ein High-Signal erfolgt. Fehlt die zusätzliche Flanke, so wird das als logische 1 interpretiert (Bild 4.28).

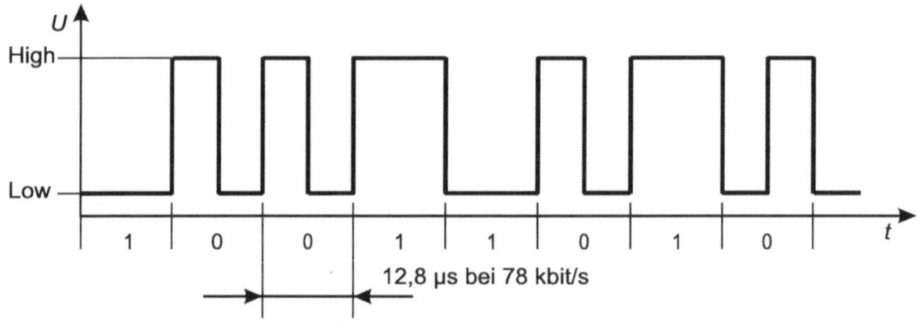

Bild 4.28 Differential-Manchester-Code

Somit ist für die Unterscheidung zwischen 0 und 1 nur die Anzahl der Flanken innerhalb einer Taktperiode ausschlaggebend. Eine Abhängigkeit von der Polung der Busleitung ist nicht gegeben. Ein weiterer Vorteil des Verfahrens besteht darin, dass sich auch bei einer Übertragung mehrerer logischer 1 stets ein Flankenwechsel ergibt. Dies kann gut zur Synchronisierung der Teilnehmer genutzt werden.

4.5.4 Logische Netzwerkstrukturen mit Netzwerkvariablen

Die Voraussetzung für eine Kommunikation von LON-Geräten ist die in Abschnitt 4.5.1 beschriebene physikalische Verbindung. Der eigentliche Datenaustausch erfolgt dann über sogenannte Netzwerkvariablen.

4.5.4.1 Bedeutung der Netzwerkvariablen

Bei der Entwicklung eines LON-Knotens wird bereits festgelegt, welche Funktionen und Informationen das Gerät bereithalten soll. Bei einem LON-Netz in der Gebäudesystemtechnik handelt es sich um ein dezentral arbeitendes Netz mit verteilten, intelligenten Komponenten. Damit eine Systemfunktionalität entsteht, ist ein Datenaustausch zwischen einzelnen LON-Knoten über das Netzwerk also notwendig. Der Informationsaustausch erfolgt über Netzwerkvariablen (nv).

Der Datenaustausch zwischen einem Sensor und einem Aktor wird in Bild 4.29 gezeigt. In diesem Fall soll ein Temperatursensor den aktuellen Wert der Raumtemperatur an ein Heizventil übermitteln. Im Sensor wird hierzu eine Ausgangsvariable, in der LON-Terminologie eine Output-Netzwerkvariable (nvo), deklariert. Die zur Verfügung stehenden Ausgangsvariablen und deren Bezeichnung wurden bei der Entwicklung des Geräts festgelegt. Sie lässt sich durch einen Blick in das Datenblatt des Herstellers des Temperatursensors ermitteln. Die gewählte Variable enthält dann den aktuellen Wert der vom Sensor gemessenen Raumtemperatur. Im Beispiel ist dies die Output-Netzwerkvariable nvo_Raumtemperatur.

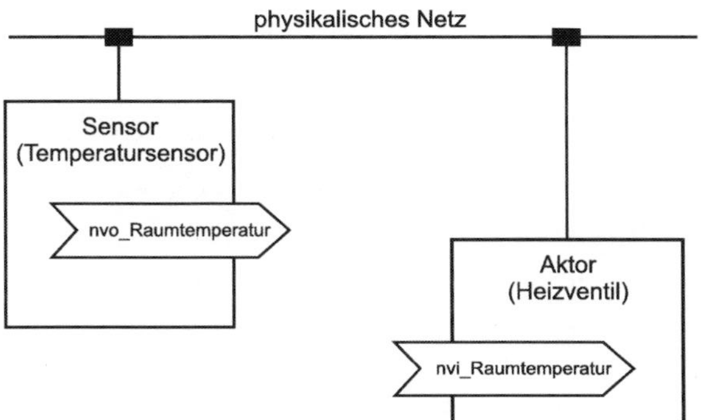

Bild 4.29 Kommunikation zwischen LON-Knoten über Netzwerkvariable (nv)

Das Heizventil soll den Raumtemperaturwert als aktuellen Istwert erhalten. Das vom Hersteller des Aktors gelieferte Applikationsprogramm vergleicht diesen Istwert dann mit dem Sollwert für die Raumtemperatur. In Abhängigkeit von der Größe der Abweichung zwischen Soll- und Istwert wird dann das Heizventil weiter geöffnet oder geschlossen. Im Aktor wird hierzu die passende Eingangsvariable, eine Input-Netzwerkvariable (nvi), deklariert. Damit die richtige Variable gewählt wird, empfiehlt sich auch hier wieder ein Blick in das Datenblatt. Es muss jedoch das Datenblatt des Herstellers des Heizventils sein, da dieser die zur Verfügung stehenden Eingangsvariablen und deren Bezeichnungen festgelegt hat. Im obigen Beispiel ist dies die Input-Netzwerkvariable nvi_Raumtemperatur.

Es ist zu berücksichtigen, dass es insbesondere bei unterschiedlichen Herstellern von Sensor und Aktor möglich ist, dass die Variablen nicht die gleichen Bezeichnungen tragen. Die Auswahl der passenden Variablen erfolgt mithilfe der in Abschnitt 4.6 beschriebenen Programmiertools.

4.5.4.2 Binding

Nachdem in beiden LON-Geräten die passenden Variablen gemäß Abschnitt 4.5.4.1 ausgewählt wurden, werden diese mithilfe eines sogenannten Binding-Tools miteinander verknüpft. Diese Verknüpfung erfolgt mit den später in Abschnitt 4.6 beschriebenen Programmiertools auf grafische Weise (Bild 4.30).

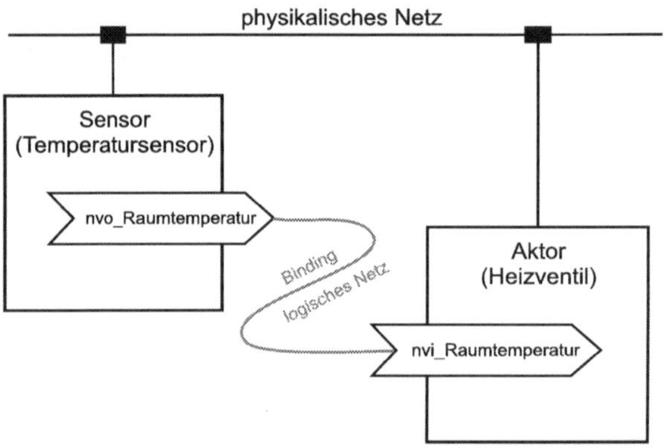

Bild 4.30 Verknüpfung der Netzwerkvariablen durch grafisches Binding

Nach diesem Schritt sind die gewählten Variablen des Sensors und des Aktors logisch miteinander verknüpft. Das Binding-Tool prüft dabei automatisch, ob die verwendeten Variablen prinzipiell zueinander passen. Sollte das nicht der Fall sein, so wird die Ausführung des Bindings verhindert. Es ist nur möglich, eine Ausgangsvariable mit einer Eingangsvariablen zu verbinden. Die Weitergabe des neuen Temperaturwerts seitens des Sensors an den Aktor erfolgt dann automatisch. Die Häufigkeit der Werteübertragung durch einen Sensor kann während der Inbetriebnahme konfiguriert werden:

- bei prozentualer Änderung (nur bei Analogwerten),
- bei Zustandsänderungen (nur bei Binärwerten),
- nach fest programmierten Zeiten (Heart Beat, Herzschlagfunktion).

4.5.4.3 Quittierungsprinzipien

Zur Verhinderung von Übertragungsstörungen kann bei der Inbetriebnahme der LON-Knoten für jede Verbindung von Netzwerkvariablen festgelegt werden, welcher Mechanismus zur Quittierung einer Übertragung verwendet werden soll (Tabelle 4.3).

Tabelle 4.3 Quittierungsprinzipien für logische Netzverbindungen

Quittierungsprinzip	Auswirkung
Unacknowledge	Telegramm wird einmal gesendet und nicht bestätigt.
Unacknowledge repeated	Telegramm wird n-mal gesendet und nicht bestätigt.
Acknowledge	Telegramm wird einmal gesendet und von jedem angesprochenen Teilnehmer bestätigt.
Request/Response	Telegramm wird einmal gesendet, Antwort enthält die angeforderten Daten.

Die Wahl des am besten geeigneten Prinzips ist von der Wichtigkeit der Meldungen sowie der Anzahl der Busteilnehmer und der Telegramme im Netz abhängig:

- Zur Reduzierung der Buslast wird das Prinzip Unacknowledge angewendet. Es wird keine Bestätigung vom Empfänger erwartet, das Telegramm wird nur einmal gesendet und auch nicht wiederholt. Der Nachteil ist hierbei, dass Übertragungsstörungen nicht erkannt werden können.
- Eine Abwandlung bildet das Prinzip Unacknowledge repeated. Auch hier wird vom Empfänger keine Bestätigung erwartet, das Telegramm wird jedoch mehrfach wiederholt. Kurzzeitige Übertragungsstörungen sind dann unbedeutend, längerfristige Störungen werden ebenfalls nicht erkannt.
- Das Quittierungsprinzip Acknowledge ist die Standardeinstellung für die Netzwerkverbindungen. Für jeden Befehl wird durch alle Adressaten eine Bestätigung erwartet. Anderenfalls wird das Telegramm solange wiederholt, bis alle Quittierungen vorliegen. Es entsteht damit eine gesicherte Datenübertragung. Bedenkt man jedoch, dass bei einem Sammelbefehl an mehrere Teilnehmer von jedem eine Quittierung gesendet wird, so kann daraus eine hohe Buslast entstehen.
- Für die Datenübertragung zu Visualisierungssystemen oder Alarmanlagen bietet sich das Request-Response-Prinzip an. Schickt das Alarmsystem beispielsweise eine Anfrage (Request) an einen oder mehrere Knoten, so geben die Knoten nur auf diese spezielle Anfrage eine Antwort (Response). Erfolgt keine Anfrage, so werden keine Daten zwischen den Geräten ausgetauscht.

4.5.5 Interoperabilität von LON-Geräten

Um einen Datenaustausch auch zwischen Geräten unterschiedlicher Hersteller fehlerfrei zu gewährleisten, werden durch die LonMark Interoperability Association Regeln für die Programmierung von Applikationen festgelegt. Die Einhaltung dieser Regeln basiert auf Freiwilligkeit. Es werden jedoch bei Nichteinhaltung die Marktchancen für ein solches Gerät eingeschränkt, weil es nicht mit anderen Produkten kompatibel ist.

Das Regelwerk fußt dabei auf folgenden Vereinbarungen:

- Jeder LonMark-Knoten muss bestimmte anwendungsbezogene Objekte und Funktionsprofile mit einem vorgegebenen Mindestumfang der Applikation besitzen. (Ein als Lichttaster einzusetzender Busankoppler muss z. B. ein Objekt mit dem Funktionsprofil Switch enthalten.)
- Innerhalb der Objekte müssen mindestens bestimmte anwendungsbezogene Netzwerkvariablen zur Verfügung stehen. (Ein Lichttaster muss z. B. eine Netzwerkvariable für das Schalten und Dimmen ausgeben können.)
- Jeder LonMark-Knoten beinhaltet anwendungsbezogene Konfigurationsparameter. (Bei einem Lichttaster sollte beispielsweise ein maximaler auszugebender Helligkeitswert für einen Dimmer einstellbar sein.)
- Alle verwendeten Netzwerkvariablen müssen standardisierten Typen entsprechen.

4.5.5.1 Objekte und Funktionsprofile nach LonMark

Ein LON-Gerät ist in der Lage, unterschiedliche Aufgaben wahrzunehmen. So kann der in Bild 4.3 gezeigte LON-Busankoppler der Firma ELKA mit dem KNX-Bedienoberteil der Firma JUNG beispielsweise als Taster zur Licht- oder Jalousiesteuerung, aber auch als Sollwertsteller eingesetzt werden.

Die Unterscheidung wird einerseits durch die Wahl des Bedienoberteils vorgenommen, andererseits wird hierzu in der im Gerät ab Werk einprogrammierten Software-Applikation das entsprechende Objekt für das Bedienoberteil ausgewählt. Das Funktionsprofil für ein solches Objekt enthält dann alle für die Ausführung benötigten Eingangs- und Ausgangsnetzwerkvariablen sowie eventuell nötige Konfigurationsdaten. Die Auswahl der passenden Objekte geschieht bei der Inbetriebnahme des LON-Knotens mithilfe der in Abschnitt 4.6 beschriebenen LonWorks-Tools.

Damit der Datenaustausch mit den Produkten anderer Hersteller ohne weitere Absprachen vorgenommen werden kann, wurden seitens der LonMark Interoperability Association bestimmte Funktionsprofile der Objekte festgelegt. Eine Auswahl dieser Funktionsprofile zeigt Tabelle 4.4. Eine vollständige Auflistung ist erhältlich unter [*www.lonmark.com*].

Tabelle 4.4 Funktionsprofile

Funktionsprofil	Zweck
#0 Node object	Basisfunktionen und -informationen des LON-Knotens
#3200 Switch	Allgemeine Schaltaufgaben und Ausgabe von Steuersignalen zwischen 0 % und 100 %, auch für Dimmfunktionen
#3250 Scene panel	Anwahl von Lichtszenen
#1060 Occupancy sensor	Objekt für Präsenztaster und Präsenzmelder
#1040 Temperature sensor	Ausgabe eines gemessenen Temperaturwerts
#8060 Thermostat	Objekt für Temperaturregler mit Ausgang für Heiz- und Kühlventile
#3040 Lamp actuator	Ankopplung von Schalt- und Dimmaktoren

Soll beispielsweise eine Lichtsteuerung in einem Raum realisiert werden, so werden aus den Produktkatalogen der Hersteller die geeigneten LON-Geräte, ein Lichttaster und ein Schaltaktor, ausgesucht. In den Produktbeschreibungen der Geräte sind die verwendeten Funktionen aufgeführt. Handelt es sich um LonMark-konforme Geräte, so beinhalten diese entsprechende Funktionsprofile gemäß der Auflistung in Tabelle 4.4.

Im Fall einer Lichtsteuerung sollten

- der Schaltaktor das Funktionsprofil #3040 Lamp actuator (Bild 4.31) und
- der Lichttaster das Funktionsprofil #3200 Switch (Bild 4.32)

enthalten. Mithilfe der in den Funktionsprofilen festgelegten Netzwerkvariablen können die benötigten Bindings zwischen dem Taster und dem Schaltaktor erstellt werden. Durch diese Methodik ist gewährleistet, dass ein Mindestumfang an Funktionen auch bei der Verwendung von LON-Geräten unterschiedlicher Hersteller zur Verfügung steht.

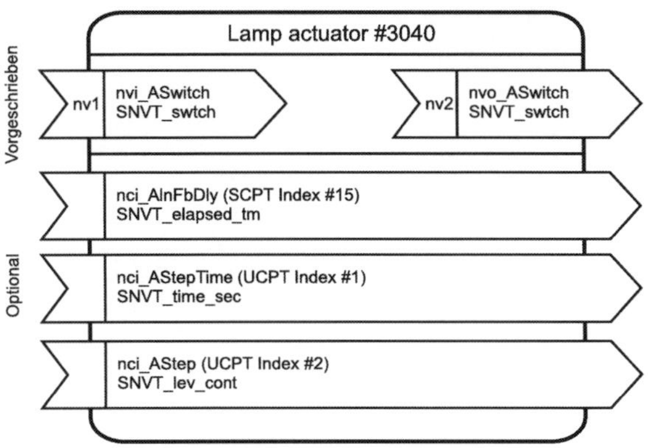

Bild 4.31 Funktionsprofil nach LonMark-Standard für einen Schaltaktor [ELKA]

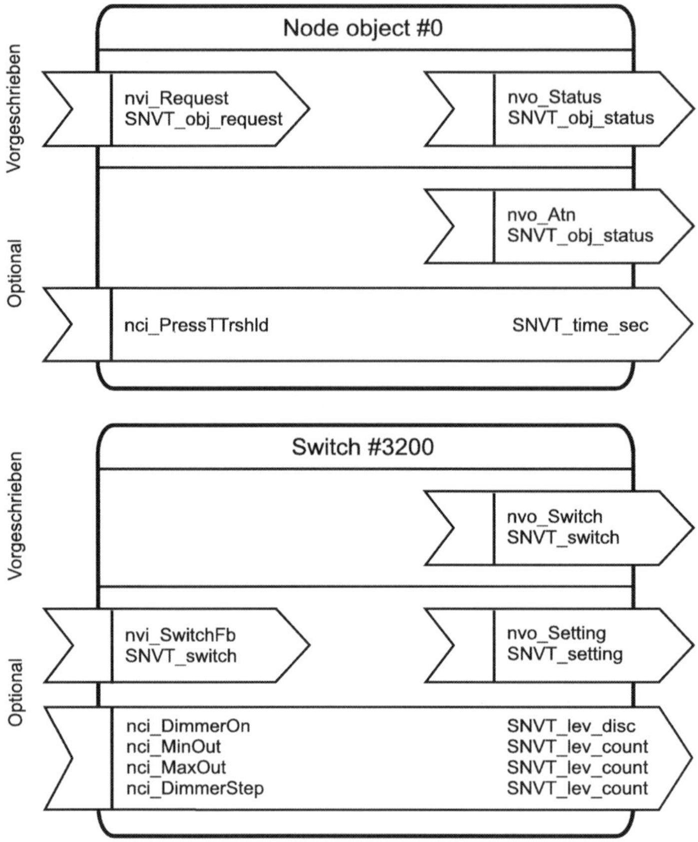

Bild 4.32 Funktionsprofil nach LonMark-Standard für einen Lichttaster [ELKA]

4.5.5.2 Konfigurationsparameter

In den Funktionsprofilen des Lichttasters und der Schaltaktors sind neben den im Netzwerk genutzten Variablen auch noch sogenannte Konfigurationsparameter aufgeführt. Bei den in Bild 4.31 und Bild 4.32 abgebildeten Profilen handelt es sich um optionale, also nicht vorgeschriebene Netzwerkkonfigurationseingänge (Network Configuration Inputs – nci). Der Entwickler legt bei der Erstellung der Applikation fest, über welche Konfigurationsparameter das Gerät verfügen soll. Der spätere Anwender kann dann die Eigenschaften des Geräts mithilfe seines Inbetriebnahmetools anpassen. In Bild 4.33 wird der Konfigurationsparameter nci_MaxOut mit dem Inbetriebnahmetool LonMaker geändert. Die maximal auszugebende Helligkeitsstufe wird für einen zu schaltenden Dimmer auf den Wert 85 % festgelegt.

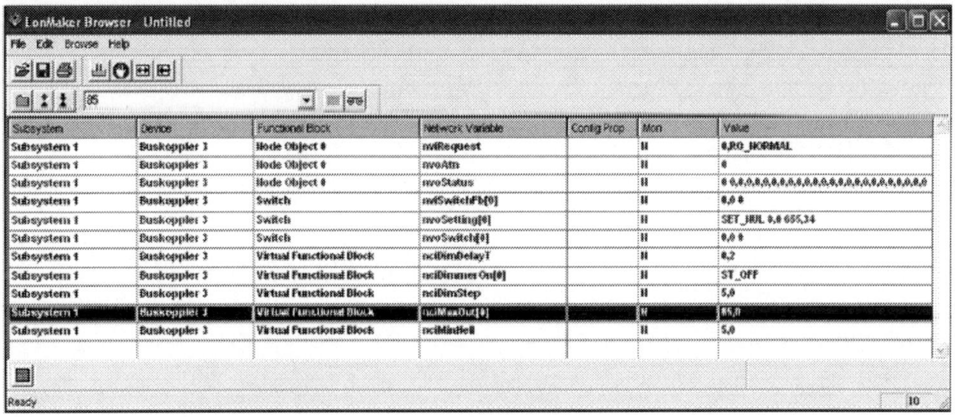

Bild 4.33 Einstellung von Konfigurationsparametern mit dem Inbetriebnahmetool LonMaker

Über derartige Konfigurationsparameter sind auch weitere Eigenschaften wie beispielsweise eine Dimmfunktion, die Schrittweite der Dimmstufen oder ein minimaler Helligkeitswert einstellbar. Die Anpassung ist möglich über:

- Netzwerk-Konfigurationsvariablen (Network Configuration Variables – NCV): Sie werden wie Netzwerkvariablen verwendet. Damit lassen sich auch die Konfigurationen über das Netzwerk ändern. Dies ist sinnvoll bei der Anpassung von Sollwerten.
- Konfigurationsparameter (Configuration Properties – CP): Sie werden geräteintern mithilfe der Inbetriebnahmetools geändert und in der Datenbank der Tools gespeichert. Sie können daher bei einem Austausch des Knotens wieder abgerufen werden.
- Standard-Konfigurationsparameter-Typen (Standard Configuration Property Types – SCPT): Hierbei handelt es sich um Konfigurationsparameter, die in eine durch LonMark geführte Liste als Standards aufgenommen wurden.
- Nutzerspezifische Konfigurationsparameter (User defined Configuration Property Types – UCPT): Diese Parameter werden durch den Nutzer frei festgelegt und entsprechen nicht dem LonMark-Standard.

4.5.5.3 Standard-Netzwerkvariablen-Typen in der Gebäudeautomation

Frei definierte Netzwerkvariablen

Der Hersteller eines Geräts ist in der Auswahl und Festlegung seiner Netzwerkvariablen völlig frei. Möchte der Entwickler eines Temperatursensors den Wert dem LON-Netz zur Verfügung stellen, so legt er hierbei den Wertebereich und die Auflösung fest. In dem in Tabelle 4.5 gezeigten Beispiel hat er sich für einen zu übertragenden

Temperaturbereich von 0 °C bis 6553,5 °C entschieden. Der Sensor soll eine Auflösung von 0,1 °C besitzen. Der Entwickler definiert hierzu eine Netzwerkvariable mit der Bezeichnung nvo_Temperatur und einer Datenlänge 2 Byte. Eine derartige Variable kann dann Zahlenwerte von 0 bis 65535, entsprechend $2^8 \times 2^8$ bzw. 256 × 256, annehmen.

Tabelle 4.5 Beispiel eines Konflikts für den Wertebereich einer 2-Byte-Netzwerkvariablen

Temperaturwert seitens des Sensorherstellers	Wert der Netzwerkvariablen des Sensorherstellers	Wert der Netzwerkvariablen des Aktorherstellers	Temperaturwert seitens des Aktorherstellers
0,0 °C	0	0	0,00 °C
5,0 °C	50	50	0,50 °C
10,0 °C	100	100	1,00 °C
21,5 °C	215	215	2,15 °C
50,0 °C	500	500	5,00 °C
215,5 °C	2150	2150	21,55 °C
550,0 °C	5500	5500	55,00 °C
6553,5 °C	65.535	65.535	655,35 °C

Der Hersteller des in Abschnitt 4.5.4 erwähnten Heizventils kann dagegen andere Vorstellungen haben. Er möchte seinen Aktor vielleicht so entwickeln, dass er Temperaturen im Bereich von 0 °C bis 655,35 °C mit einer Auflösung von 0,01 °C verarbeiten kann. Er legt hierfür ebenfalls eine Netzwerkvariable der Länge 2 Byte an. Bei einem späteren Binding der beiden Netzwerkvariablen wird es dann zu inhaltlichen Problemen kommen.

Derartige Missverständnisse lassen sich durch gezielte Absprachen zwischen den Entwicklern vermeiden. Schwierig gestaltet sich dieses aber, wenn die Entwickler unterschiedlichen Firmen angehören und deren Entwicklungsaktivitäten unbekannt sind. Hierzu sind dann herstellerübergreifende Regeln notwendig.

Standard-Netzwerkvariablen-Typen gemäß LonMark-Standard

Die wichtigste Festlegung seitens der LonMark Interoperability Association bezieht sich auf die verwendeten Netzwerkvariablen. Man bezeichnet diese festgelegten Variablen dann als *Standard-Netzwerkvariablen-Typen* (SNVT).

Um die oben dargelegten Missverständnisse zu vermeiden, wurde ein Regelwerk festgelegt. Für die am häufigsten verwendeten Größen wurden folgende Definitionen bestimmt:

- Anwendungsbereich,
- Name des Typs der Netzwerkvariablen,
- Zusammensetzung der Variablen,
- Gesamtlänge in Byte,
- Wertebereich, Auflösung und Einheit.

Einen Auszug aus der Menge der zur Verfügung stehenden Standard-Netzwerkvariablen-Typen zeigt Tabelle 4.6.

Tabelle 4.6 Beispiele für Standard-Netzwerkvariablen-Typen (SNVT) in der Gebäudeautomation

Anwendungsbereich	Name des Typs	Wertebereich	Auflösung/Einheit
Dimmen und Schalten	SNVT_switch	0 bis 100 0/1	0,5 % aus/ein
Temperatur, allgemein	SNVT_temp	–274 bis +6279,5	0,1 °C
Temperatur für Heizung, Kälte, Lüftung	SNVT_temp_p	–273,17 bis +327,66	0,01 °C
Prozentwerte, allgemein	SNVT_lev_cont	0 bis 100	0,5 %
Helligkeit	SNVT_lux	0 bis 65 535	1 lux
Durchfluss	SNVT_flow	0 bis 6553,5	0,1 Liter/s

Besondere Bedeutung haben die beiden letzten Spalten der Tabelle 4.6. Werden für eine Netzwerkvariable neben der Einheit auch der Wertebereich und die Auflösung vorgegeben, kann es nicht mehr zu einer Missdeutung wie bei frei definierten Netzwerkvariablen kommen [TIERSCH01].

Die Hersteller des Temperatursensors und des Heizventils legen dazu in ihrer Applikation ein passendes Funktionsprofil gemäß Abschnitt 4.5.4.1 an. In dem Profil #1040 des Temperatursensors wird dann der für den Anwendungszweck passende Standard-Netzwerkvariablen-Typ zur Temperaturausgabe verwendet. Die geeignete Variable ist gemäß Tabelle 4.6 der Typ SNVT_temp_p für die Anwendung in der Gebäudeautomation. Hat der Entwickler des Heizventils sich ebenfalls an die LonMark-Vorgaben gehalten, so benutzt er das Profil #8060 und damit für den Empfang der aktuellen Temperatur über das Netzwerk den gleichen Standard-Netzwerkvariablen-Typ (Bild 4.34). Haben beide Hersteller sich an die LonMark-Vorgaben gehalten, so interpretiert das Heizventil einen über die Standard-Netzwerkvariable SNVT_temp_p empfangenen Wert von 29.317 in seiner Applikation dann automatisch als eine Raumtemperatur von +20,00 °C.

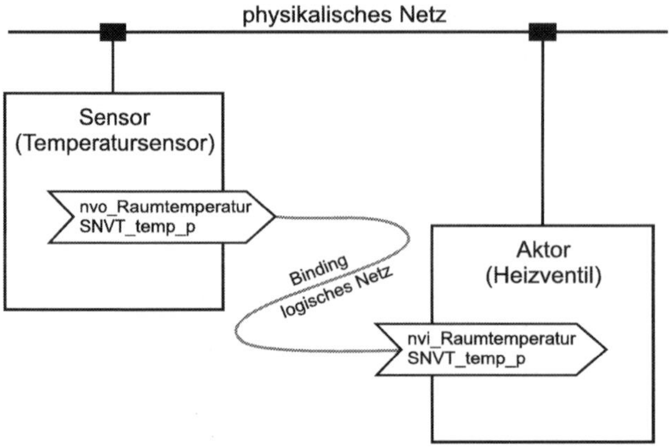

Bild 4.34 Kommunikation zwischen LON-Knoten über Standard-Netzwerkvariablen-Typen

Die Auflösung des Temperaturwerts mit zwei Nachkommastellen ist übrigens deshalb nötig, damit der zur Verfügung gestellte Istwert besser ist als die Regelgenauigkeit des Geräts. Im besten Fall kann die Temperatur durch einen Heizungsregler mit einer Abweichung von 0,1 °C eingehalten werden. Ein Wert kleiner als der absolute Nullpunkt bei –273,15 °C wird als Kabelbruch interpretiert.

4.6 LonWorks-Tools

Bei den LonWorks-Tools unterscheidet man zwischen Tools zur Programmierung der Neuron-Chips und zur Inbetriebnahme eines LON-Netzes.

4.6.1 Entwicklerwerkzeuge LonBuilder und NodeBuilder

Bei den Programmiertools LonBuilder und NodeBuilder handelt es sich um eine Ausrüstung für Entwickler. Den Geräteherstellern wird damit ein Werkzeug zum Programmieren der Neuron-Chips sowie eine Testumgebung an die Hand gegeben. Die Entwicklungsumgebung besteht aus Hardware- und Softwarekomponenten, sie kann über die Firma Echelon käuflich erworben werden. Die Programmierung der Applikationen erfolgt am PC unter Verwendung einer Hochsprache namens Neuron-C. Mit den enthaltenen Hilfsprogrammen ist die direkte Erstellung von LonMark-konformen

Knoten möglich. Des Weiteren können mit den Softwarepaketen die in Abschnitt 4.5.5.1 vorgestellten Objekte und Funktionsprofile erstellt werden. Die eigentliche Applikation wird im Speicherbereich des LON-Knotens dauerhaft abgelegt und kann dann durch den Nutzer nicht mehr verändert werden. Ihm werden jedoch Dateien als Mustervorlagen oder eine Plug-in-Funktion zur Verfügung gestellt, welche die Übernahme der Knotenfunktionalitäten in die Inbetriebnahmewerkzeuge ermöglichen.

4.6.2 Inbetriebnahmewerkzeuge

Die Parametrierung der LON-Knoten sowie die Einbindung der vom Gerät bereitgestellten Variablen in das Netz erfolgen mit speziellen Inbetriebnahmewerkzeugen. Hierzu wird auf dem Markt eine Vielzahl solcher Tools von verschiedenen Herstellern angeboten. Im Zweckbau setzt man bei der Ausstattung der in Abschnitt 1.6 beschriebenen Raumautomation mit LON-Komponenten eine Vielzahl von Geräten ein. Die dafür nötigen Netze erreichen eine große Dimension. Soll bei einer später nötigen Erweiterung ein anderes Inbetriebnahmetool als bei der Erstinbetriebnahme eingesetzt werden, so ist es nötig, dass die Projektdaten gesondert zur Verfügung stehen.

4.6.2.1 LonWorks Network Services

Die LonWorks Network Services (LNS) stellen ein von den Inbetriebnahmetools unabhängiges Datenbanksystem dar. Es funktioniert nach dem Client-Server-Prinzip. Hierbei verwaltet der Server das zentrale Datenbanksystem, auf dem die für das Netz relevanten Daten abgelegt werden. Alle Indices der Geräte, die Netzwerkvariablen wie auch die Namensbezeichnungen werden hier in einem standardisierten Format gespeichert. Als Clients arbeiten die eigentlichen Inbetriebnahmetools, welche die grafischen Verknüpfungen und Bindings vornehmen. Das Übertragen der Daten in die LON-Geräte wird dann über das LNS-Datenbanksystem vorgenommen. Es stellt also die unabhängige Schnittstelle zwischen den Inbetriebnahmewerkzeugen und der Hardware her. Ein weiterer Vorteil dieser Struktur ergibt sich durch den gleichzeitigen Zugriff mehrerer Clients auf den Server. So kann insbesondere bei großen Projekten gleichzeitig gearbeitet werden. Auch ist der parallele Ablauf einer Visualisierung der Betriebszustände im Gebäude und der Umparametrierung einer Anwendung möglich. Der Zugriff auf den Server kann wahlweise über ein PC-Netzwerk oder auch über das Internet erfolgen.

4.6.2.2 Inbetriebnahmewerkzeug LonMaker

Das am häufigsten eingesetzte Inbetriebnahmewerkzeug ist das kostenpflichtige Programm LonMaker von Echelon. Mit dessen Hilfe ist es möglich, ein LON-Netz mit allen erforderlichen Netzkomponenten sowie den gewünschten Sensoren und Aktoren aufzubauen. Die Anbindung des Inbetriebnahmerechners an das physikalische

Netzwerk kann über einen externen USB-Adapter erfolgen. Dieser arbeitet als Gateway zwischen dem LON-Netz und der seriellen Schnittstelle des PC. Der Adapter selbst enthält einen Neuron-Chip und ist ebenfalls Teilnehmer im LON-Netz (Bild 4.35).

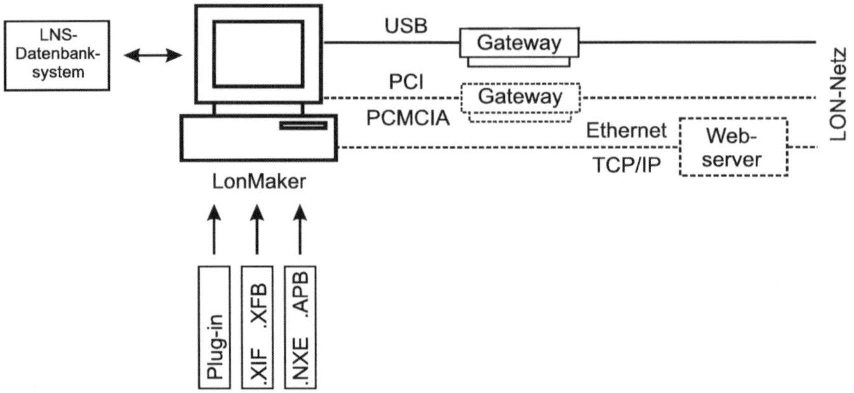

Bild 4.35 Anbindung eines Inbetriebnahmerechners an ein LON-Netz

Eine weitere Möglichkeit besteht in der Kopplung über eine direkt im PC zu montierende Steckkarte. Für stationäre Systeme bietet sich eine PCI-Steckkarte, für transportable Systeme, wie Inbetriebnahme-Laptops, eine PCMCIA-Karte an. Als dritte Variante kann das LON-Netz auch mit einem Webserver ausgestattet werden. Der Zugriff seitens des Inbetriebnahmetools kann über diesen erfolgen.

Im Gegensatz zu anderen Systemen geschehen die Netzwerkerstellung sowie das Binding von Netzwerkvariablen mit einer grafischen Oberfläche (Bild 4.36). Hierzu ist das Grafikprogramm Microsoft Visio als fester Bestandteil integriert.

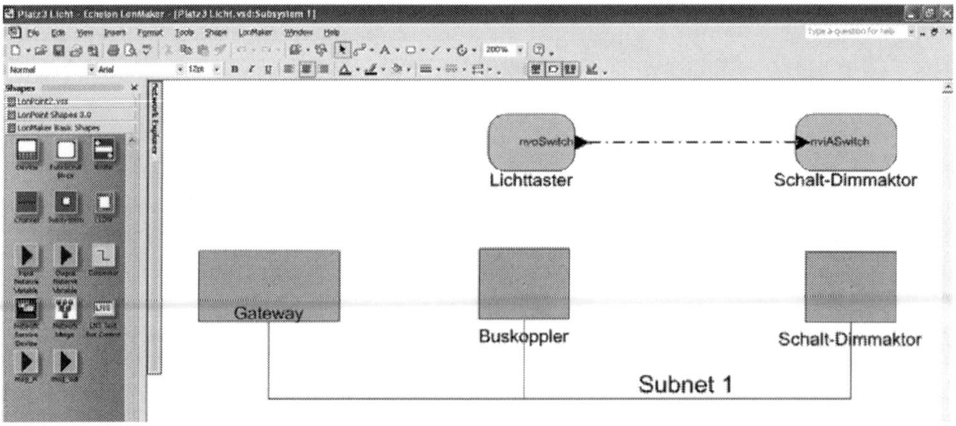

Bild 4.36 Projekterstellung mit LonMaker

Die Zuordnung der LON-Komponenten zu den in Abschnitt 4.5.1.3 erläuterten Subsystemen geschieht durch Platzierung auf der Bildschirmoberfläche. Im Moment der Platzierung wird auch die zu der Komponente gehörige Knotenvorlage, das Device Template, geladen. Eine Bildleiste ermöglicht dann die Auswahl der vom Hersteller vorgesehenen Objekte und Funktionsprofile mit allen bereits hinterlegten Netzwerkvariablen. Die Erstellung der Bindings erfolgt durch eine grafische Verbindung zwischen den entsprechenden Variablen. Sollten diese in ihrer Struktur nicht übereinstimmen, also nicht auf den gleichen SNVT basieren, so wird automatisch eine Fehlermeldung erzeugt.

Bild 4.36 zeigt die Zuordnung eines Lichttasters und eines Schalt-/Dimmaktors (Schreibweise beim LonMaker: Schalt-Dimmaktor) zu einem Subnet. Zusätzlich ist das Gateway zur Ankopplung des Inbetriebnahmerechners zu sehen. Die physikalische Verbindung zwischen den Komponenten wird durch die Grundlinie unterhalb der Komponenten symbolisiert. Oberhalb von diesen sind die den Objekten zugeordneten Funktionsprofile zu sehen. Für die innerhalb dieser Profile ausgewählten SNVT ist das Binding zwischen den beiden Variablen nvoSwitch und nviASwitch, zu erkennen durch die gestrichelte Linie, bereits vorgenommen worden. Abhängig von den Einstellungen innerhalb der Inbetriebnahmesoftware kann dabei eine sofortige Übertragung der Daten an die Komponenten im Netzwerk erfolgen. Die Auswirkungen sind dann unmittelbar wirksam und sichtbar.

Knotenvorlagen (XIF, XFB, NXE und Plug-in)

Zur Vereinfachung der Inbetriebnahme liefert der Entwickler eines LON-Geräts neben der fest im LON-Gerät abgelegten Applikation noch weitere Dateien. Die in den Anwendungsprogrammen enthaltenen Funktionsprofile und Netzwerkvariablen werden seitens des Herstellers als Mustervorlagen oder Plug-ins erstellt. Den Komponenten sind diese beigefügt, oder sie liegen auf der Internetseite des Herstellers zum Abruf bereit. Diese Zusatzdateien können von den Inbetriebnahmewerkzeugen eingelesen werden. Die Eigenschaften und Daten der betroffenen LON-Komponente sind damit ohne Zusatzeingaben verfügbar.

Die einfachste Ausführung einer solchen Datei ist ein sogenanntes External Interface File (mit der Dateiendung XIF). Es enthält alle Daten zu den Netzwerkvariablen im Klartext. Parallel hierzu gibt es eine binär codierte, komprimierte Form als XFB-Datei, sie wird vom Inbetriebnahmeprogramm als Knotenvorlage eingelesen. Eine etwas aufwendigere Ausführung stellt die NXE-Datei dar. Sie wird für LON-Komponenten geladen, die je nach Einsatzzweck unterschiedliche Applikationsprogramme ausführen können. Ein Beispiel hierfür ist der in Bild 4.3 gezeigte Busankoppler. Er ist für die Aufnahme verschiedener Bedienoberteile mit abweichenden Applikationen einsetzbar. Auch zu dieser Datei gibt es eine binär codierte, komprimierte Form. Sie wird als APB-Datei vom Inbetriebnahmeprogramm für die Knotenvorlage eingelesen. Notfalls gibt es Hilfsprogramme, die aus einer NXE-Datei eine versionsgleiche APB-Datei erzeugen.

Plug-ins werden für besonders komplexe Anwendungen, wie Heizungsregler (Bild 4.37), vorgesehen.

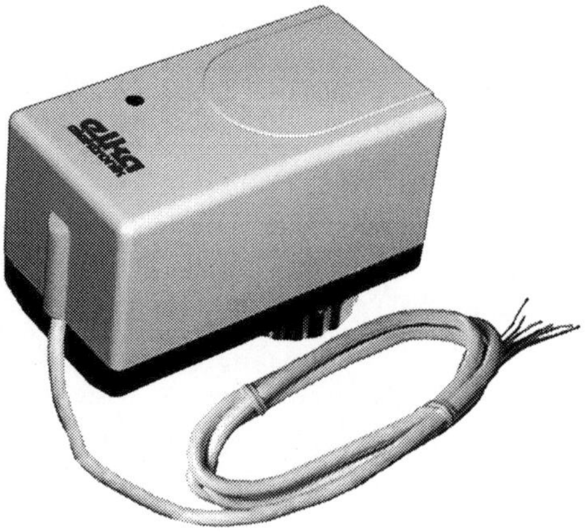

Bild 4.37
Heizungsregler [ELKA]

Sind die Einstellmöglichkeiten für die Reglerparameter sehr vielfältig, so halten die Hersteller hierfür häufig Zusatzprogramme bereit. Diese werden beim Start des Inbetriebnahmeprogramms als Unterprogramm geladen. Beim Aufruf aus dem Inbetriebnahmetool erscheinen sie in einem eigenen Fenster und mit einer eigenständigen Bedienoberfläche (Bild 4.38).

Werden über das Plug-in Änderungen von Parametern vorgenommen, so werden diese über das oben beschriebene LNS-Datenbanksystem an die LON-Komponenten übertragen. Die Auswahl von Netzwerkvariablen und die Erstellung von Bindings ist mit einem Plug-in nicht möglich. Das ist die Aufgabe des Inbetriebnahmetools.

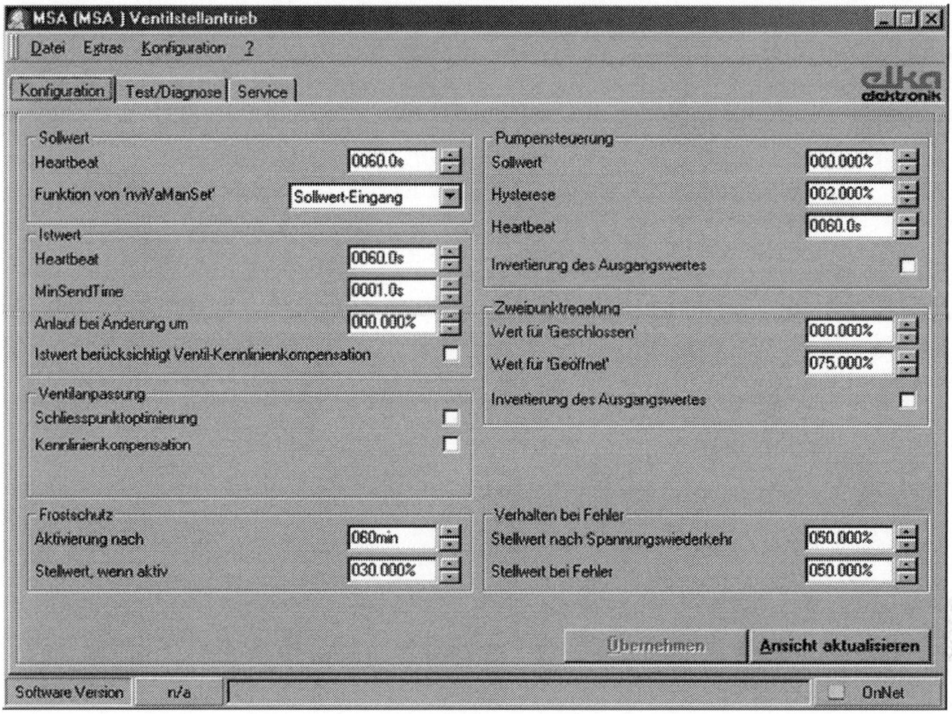

Bild 4.38 Stellantrieb für Heizventil mit Reglerfunktion und dazugehörigem Plug-in [ELKA]

4.7 Systemstrukturen der LonWorks-Technologie

In den vorherigen Abschnitten wurden auf Basis der LON-Technik Lösungen im Bereich der Gebäudeautomation und auch speziell im Bereich der Gebäudesystemtechnik vorgestellt. Zur Regelung von betriebstechnischen Anlagen werden gemäß Abschnitt 4.2.2 LON-fähige DDC-Bausteine eingesetzt, zur Raumautomation nutzt man nach Abschnitt 4.2.1 vorrangig stark dezentralisierte Komponenten mit eigener Intelligenz und Funktionalität.

4.7.1 Gebäudeautomationssystem mit LON

In einem Gebäudekomplex bietet gerade die LON-Technik den Vorteil, dass hierbei ein durchgängiges Bussystem auf allen hierarchischen Ebenen eingesetzt werden kann. Die Erstellung einer durchgängigen Systemstruktur ist dabei möglich. Ein typischer Aufbau eines Gebäudeautomationssystems mit LON wird in Bild 4.39 gezeigt.

Die DDC-Bausteine und die in der Raumautomation eingesetzten Systemkomponenten werden entsprechend den örtlichen und logischen Gegebenheiten zu Subnets zusammengefasst. Über die in den Leitrechner eingebaute Schnittstellenkarte ist die Kommunikation mit dem LON-Netz möglich. Je nach verwendetem Leitrechnersystem lässt sich die grafische Darstellung aller Betriebszustände und Messwerte der Anlagen realisieren. Zusätzlich kann die Vorgabe neuer Sollwerte oder die Übernahme der in Abschnitt 1.5.3 erläuterten Energiemanagementfunktionen erfolgen. Der Datenaustausch mit anderen Leitrechnern wird über die eingezeichnete Ethernet-Verbindung vorgenommen.

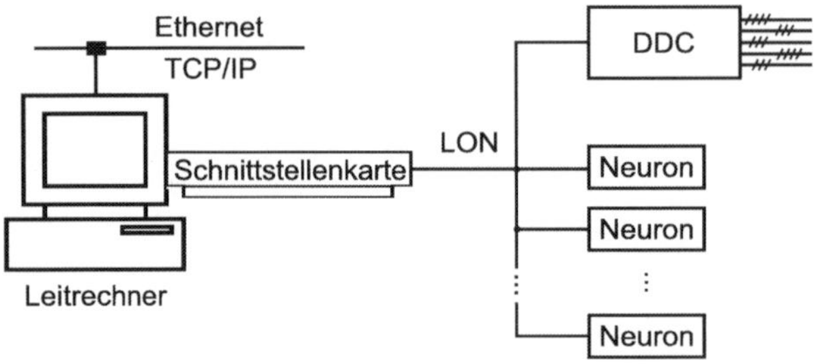

Bild 4.39 Anbindung eines LON-Netzes an einen Leitrechner

4.7.2 Web-Anbindung von LON-Netzen

Auf der Managementebene bieten sich neben der Ausrüstung mit konventionellen Leitrechnern der Gebäudeautomationssysteme auch webbasierte Lösungen an. Zum einen könnte der in Bild 4.39 dargestellte Leitrechner die Funktion eines Webservers übernehmen. Hierzu sind auf dem Markt vielfältige Produkte erhältlich.

Anstelle des Leitrechners kann insbesondere bei kleineren LON-Netzen auch eine direkt als Webserver dienende Baugruppe eingesetzt werden (Bild 4.40).

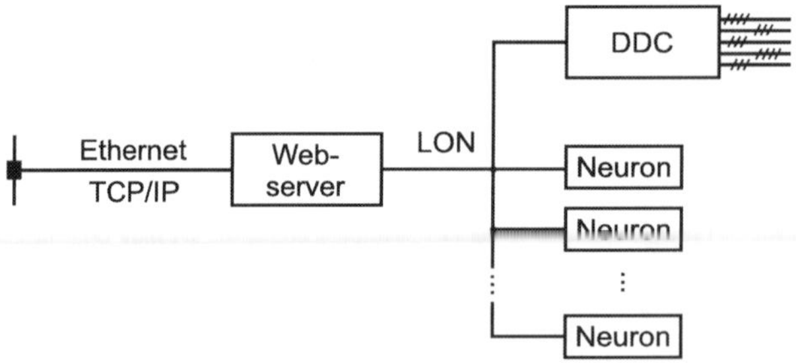

Bild 4.40 Direkte Anbindung eines LON-Netzes an das Internet über einen LON-Webserver

Ein solches Gerät – ein Beispiel zeigt Bild 4.41 – beinhaltet einen Speicherbereich für die grafische Darstellung der Anlagenzustände sowie Ereignis- und Alarmlisten.

Bild 4.41 LON-Webserver i.LON™ 100 Internet Server [ECHELON]

Darüber hinaus kann die Ausführung von Zeitschaltprogrammen übernommen werden. Die Abarbeitung umfangreicherer Energiemanagementfunktionen ist jedoch nicht möglich. Besonders zu erwähnen ist jedoch, dass alle Anlagenzustände mittels der eingebauten Ethernet-Schnittstelle auch über das Internet abgerufen werden können. Das stellt sowohl für den privaten Wohnungsbau als auch für kleine Gebäude ohne eigene Leitzentrale eine Alternative dar.

4.8 Applikationsbeispiele

4.8.1 Lichtsteuerung über LON

In einem Raum sollen anstelle einer konventionellen Lichtsteuerung LON-Komponenten eingesetzt werden. Dazu wählt man als Erstes die passenden Geräte aus. Für eine einfache Lichtsteuerung sind folgende Baugruppen nötig:

- 1 Busankoppler
- 1 Bedienteil als Taster für den Busankoppler
- 1 Schaltaktor mit oder ohne Dimmfunktion
- 1 Spannungsversorgung mit Abschlusswiderstand
- 3 Meter verdrillte Zweidraht-Leitung
- 1 Laptop mit installiertem Inbetriebnahmetool LonMaker
- 1 LON-USB-Gateway.

Der Busankoppler dient zur Aufnahme des Bedienteils. Über den Bedientaster können je nach Konfiguration entweder Schaltbefehle oder Dimmwerte gesendet werden. Da es nicht möglich ist, jedes beliebige Bedienteil mit jedem beliebigen Busankoppler zu verbinden, wird zur Auswahl des Bedienteils die Dokumentation zum Busankoppler studiert. Der Entwickler des Busankopplers muss die möglichen Kombinationen bei der Erstellung der Applikation berücksichtigen und hält dann die entsprechende XIF-Dateien oder ein Plug-in bereit.

Die Befehlsausführung erfolgt über den bereits in Kapitel 1 vorgestellten Schaltaktor (Bild 1.5). Er wird mithilfe einer verdrillten Zweidraht-Leitung (LON-Netz) gemäß Bild 4.42 mit dem Busankoppler verbunden.

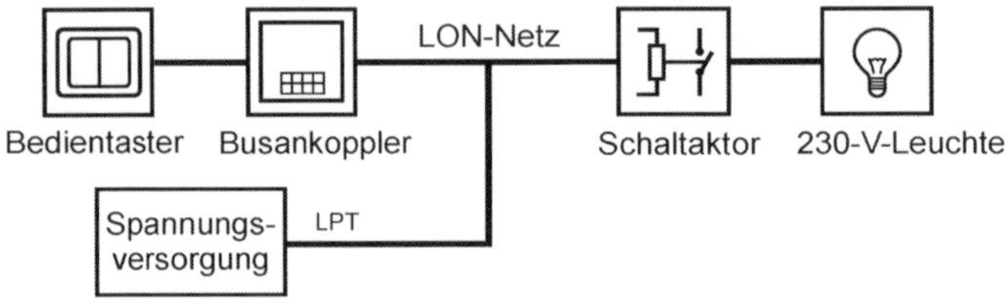

Bild 4.42 Auswahl der Komponenten und Erstellung der physikalischen Verbindung

Zusätzlich ist eine Spannungsversorgung nötig. Sie stellt die Energie für die an das LON-Netz angeschlossenen Geräte mit Link-Power-Transceiver (LPT) zur Verfügung. Der für das Netzsegment nötige Abschlusswiderstand ist integriert.

Damit es bei der später vorzunehmenden logischen Verknüpfung keine Probleme gibt, sollte darauf geachtet werden, dass alle Geräte dem LonMark-Standard entsprechen. Ist dies der Fall, so weist der Busankoppler für das ausgewählte Bedienteil ein Objekt mit dem Funktionsprofil #3200 Switch auf und der Schaltaktor dazu passend ein Objekt mit dem Funktionsprofil #3040 Lamp actuator (Bild 4.43).

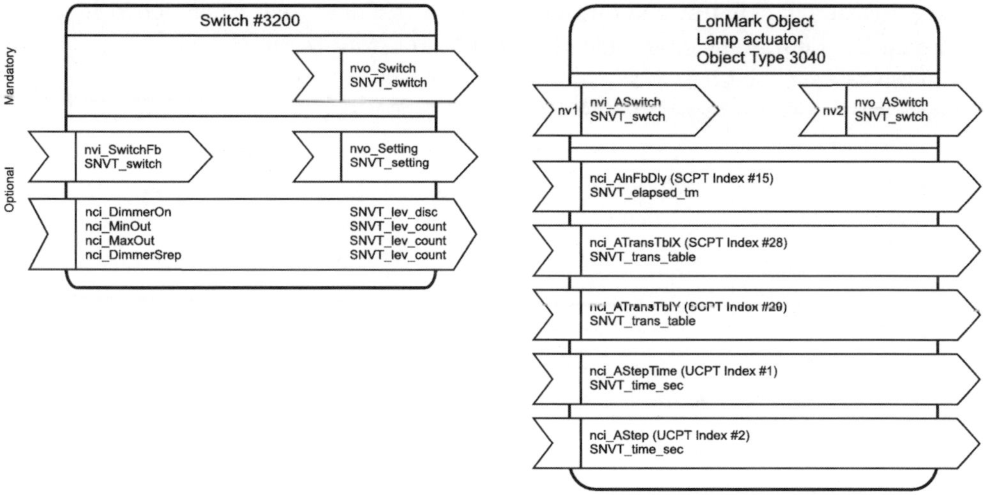

Bild 4.43 Funktionsprofile #3200 Switch des Busankopplers und #3040 Lamp actuator des Schaltaktors

Im nächsten Schritt wird mit dem Laptop und dem darauf bereits installierten Inbetriebnahmetool LonMaker über ein LON-USB-Gateway eine Verbindung zum LON-Netz erstellt. Wie in Abschnitt 4.6.2.2 beschrieben, werden der Busankoppler und der Schaltaktor grafisch einem Subnet zugeordnet und die nötigen Funktionsprofile ausgewählt. Als Netzwerkvariable wird für den Busankoppler die im Funktionsprofil #3200 hinterlegte Ausgangsvariable nvoSwitch deklariert. Für den Schaltaktor wird die passende Eingangsvariable des gleichen Typs, hier nviASwitch, ausgesucht. Abschließend erfolgt die grafische Erstellung des Bindings zwischen beiden Variablen (Bild 4.44).

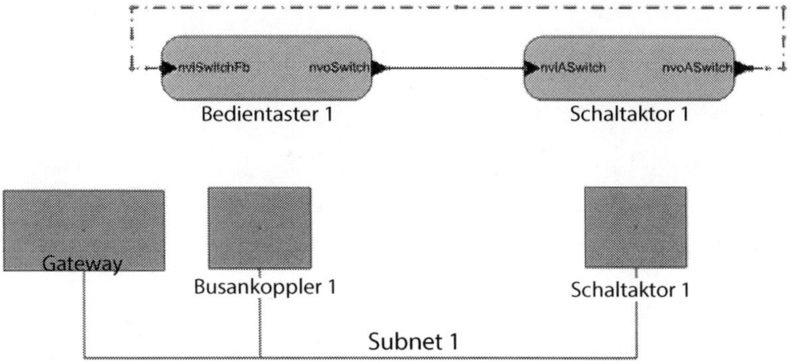

Bild 4.44 SVNTs (nvoSwitch, nviASwitch) und Binding für das Applikationsbeispiel Lichtsteuerung

Die Auswahl der Dimmfunktion kann durch Aufruf der in der Knotenvorlage hinterlegten Konfigurationsparameter (vgl. Bild 4.33) erfolgen. Ist die Dimmfunktion auf diesem Wege aktiviert worden, so sollte zusätzlich die in Bild 4.44 dargestellte Verbindung einer Ausgangsvariable nvoASwitch des Schaltaktors mit der Eingangsvariable nviSwitchFb des Busankopplers vorgenommen werden. Dieses dient der Rückkopplung des aktuellen Schaltaktorzustands an den Bedientaster. Insbesondere wenn eine Leuchte an mehreren, örtlich verteilten Tastern bedient werden kann, ist eine solche Rückkopplung sinnvoll. Befindet sich die Leuchte in einem gedimmten Zustand, so erhält jeder Taster diesen aktuellen Wert. Bei einer erneuten Betätigung durch einen beliebigen Taster wird dann ein Dimmsignal ausgehend von dem aktuell eingestellten Wert gesendet. Anderenfalls könnte jeder Taster nur sein eigenes zuletzt gesendetes Signal berücksichtigen, die Folge wären sprungartige Übergänge der Leuchte bei jeder Tasterbetätigung.

4.8.2 Lichtsteuerung mit Panikschaltung über LON

Ein besonderer Vorteil der Bustechnik ergab sich daraus, dass mehrere Teilnehmer gleichzeitig adressiert werden können. So lassen sich mit vergleichsweise geringen Aufwendungen Schaltungen realisieren, bei denen durch einen einzigen Taster eine Vielzahl von Leuchten ein- und ausgeschaltet werden kann. Eine solche Anordnung kann zur Erhöhung der Sicherheit als Panikschaltung eingesetzt werden. In diesem Applikationsbeispiel soll die gesamte Einrichtung aus zwei unabhängigen Schaltkreisen für jeweils eine Leuchte sowie einem zusätzlichen Paniktaster aufgebaut werden. Dazu sind folgende Geräte (Bild 4.45) nötig:

- 3 Busankoppler,
- 3 Bedienteile als Taster für die Busankoppler,
- 2 Schaltaktoren mit oder ohne Dimmfunktion,
- 1 Spannungsversorgung mit Abschlusswiderstand,
- 5 Meter verdrillte Zweidraht-Leitung,
- 1 Laptop mit installiertem Inbetriebnahmetool LonMaker,
- 1 LON-USB-Gateway.

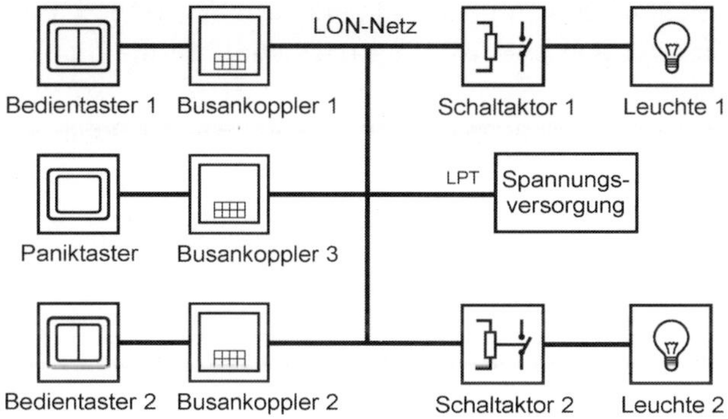

Bild 4.45 Lichtsteuerung für zwei Leuchten und einen Paniktaster

Mit Taster 1 soll wie im vorherigen Applikationsbeispiel die Leuchte 1 geschaltet werden. Ergänzt wurde der Taster 2, mit dem die zusätzliche Leuchte 2 angesteuert wird. Der Busankoppler 3 mit Bedientaster soll als Paniktaster fungieren und bei Betätigung beide Leuchten gleichzeitig schalten. Das Binding der Eingangs- und Ausgangsvariablen aller Taster und Schaltaktoren ist in Bild 4.46 dargestellt.

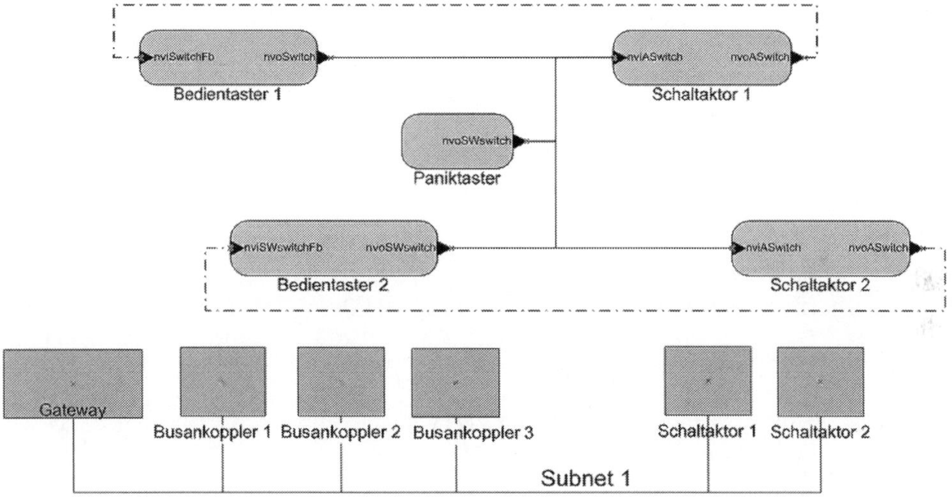

Bild 4.46 SVNTs und Binding für das Applikationsbeispiel Lichtsteuerung mit Paniktaster

Für die logische Verknüpfung wurde die aus Abschnitt 4.8.1 bekannte Schaltung erst einmal um den 2. Bedientaster und den 2. Schaltaktor erweitert. Diese sind in der gleichen Weise wie Bedientaster 1 und Schaltaktor 1 verknüpft worden. Als Nächstes wurde der als Paniktaster einzusetzende Busankoppler dem Subnet zugeordnet und für ihn ebenfalls das Funktionsprofil #3200 Switch ausgewählt. Die anschließend deklarierte Ausgangsvariable nvoSwitch des Paniktasters kann dann in zwei Schritten mit den Schaltaktoren 1 und 2 verbunden werden: Als Erstes wird ein Binding zur Eingangsvariable nviASwitch des Schaltaktors 1 erstellt, danach wird ein weiteres Binding zwischen derselben Ausgangsvariablen und der Eingangsvariablen des Schaltaktors 2 erzeugt. Somit wirken auf jeden Schaltaktor nun zwei Ausgangsvariablen. Beide sind gleichberechtigt in der Lage, die entsprechende Leuchte zu schalten.

4.9 Übungsaufgaben

Aufgabe 4.1

Welche Bedeutung hat die Abkürzung LON?

Aufgabe 4.2

Erläutern Sie den Begriff der zentralen Leittechnik und den weiteren technologischen Wandel zu den heutigen Kommunikationsstandards.

Aufgabe 4.3

Was versteht man unter einem DDC-Baustein?

Aufgabe 4.4

Welche genormten Bussysteme werden in der Gebäudesystemtechnik eingesetzt?

Aufgabe 4.5

Welche Funktionen können durch die LON-Technik im Bereich der Gebäudesystemtechnik übernommen werden? Geben Sie hierzu die Oberbegriffe an!

Aufgabe 4.6

Skizzieren Sie das Funktionsprinzip der LON-Technik unter Berücksichtigung von zwei Leuchten und drei Lichttastern!

Aufgabe 4.7

Welcher Nutzen ergibt sich durch den Einsatz der LON-Technik in der Gebäudesystemtechnik?

Aufgabe 4.8

Welche Firma hat die LON-Technologie entwickelt?

Aufgabe 4.9

Welche Aufgabe hat die LonMark Interoperability Association?

Aufgabe 4.10

In welcher europäischen Norm wird die LON-Technik als Standard festgelegt?

Aufgabe 4.11

Aus welchen Baugruppen besteht ein LON-Knoten?

Aufgabe 4.12

Welche Bedeutung hat die Service-Taste eines LON-Geräts?

Aufgabe 4.13

Welche Hauptarten von Transceivern gibt es bei LON und welche Vor- und Nachteile haben sie jeweils?

Aufgabe 4.14

Strukturieren Sie das erforderliche physikalische LON-Netz für ein Bürohochhaus mit 570 identisch aufgebauten Räumen mit jeweils zwei Fenstern und einer Tür. Es soll eine belegungsabhängige Steuerung des Lichts sowie der Funktionen Heizen und Kühlen erfolgen. Bei der Netzauslegung ist jeweils eine Ausbaureserve in Höhe von 20 % zu berücksichtigen.

Aufgabe 4.15

Warum ist es möglich, eine Busverbindung zwischen zwei LON-Knoten zu erstellen, ohne dass die Polung der Leitung beachtet werden muss?

Aufgabe 4.16

Welche Eigenschaften muss ein LON-Gerät aufweisen, damit es LonMark-konform ist?

Aufgabe 4.17

Was versteht man in der LON-Technik unter dem Begriff SNVT?

Aufgabe 4.18

Eine 2-Byte-Netzwerkvariable des Typs SNVT_temp_p hat den binären Wert

0111 0010 1000 0100.

Welcher Größe und Einheit entspricht das?

Aufgabe 4.19

Welche Bedeutung haben die LonWorks Network Services (LNS)?

Aufgabe 4.20

Strukturieren Sie ein LON-Netz für einen Gebäudekomplex mit drei Lüftungszentralen, einer Heiz- sowie einer Kältezentrale! Diese Gewerke sollen zusammen mit den Informationen aus der Elektroversorgung und der Sanitärtechnik auf einen Leitrechner aufgeschaltet werden. Der Leitrechner muss an einem abgesetzten Bedienplatz einen Zugriff über das Internet ermöglichen.

Aufgabe 4.21

Skizzieren Sie alle nötigen Komponenten für die Temperaturregelung in einem Raum mit vier statischen Heizkörpern! Erstellen Sie in einem zweiten Schritt auch alle erforderlichen logischen Verknüpfungen auf der Basis von LonMark-konformen Funktionsprofilen!

Literatur

[BJE09] *BJE – Busch-Jaeger Elektro*: Technische Unterlagen zu KNX-Geräten. Lüdenscheid, 2009

[DIETRICH01] *Dietrich, D.; Fischer, P.*: LonWorks-Planerhandbuch. Berlin: VDE, 2001

[DIETRICH98] *Dietrich, D.; Loy, D.; Schweinzer, H.-J. (Hrsg.)*: LON-Technologie-Technologie. Heidelberg: Hüthig, 1998

[ECHELON] *www.echelon.com*

[ELKA06] *ELKA*: Technisches Handbuch LON. Lüdenscheid, 2006

[KRANZ97] *Kranz, R. u. a.*: Building Control. Renningen-Malmsheim: expert, 1997

[HANSEMANN03] *Hansemann, Th.; Merz, H. (Hrsg.)*: Kommunikationssysteme für die Gebäudeautomation – Wirtschaftlicher Bedienungskomfort in Gebäuden mit Hilfe von Bussystemen. Aachen: Shaker, 2003

[LON13] *LONMARK Deutschland e. V.*: LON-Installationshandbuch. Berlin: VDE, 3. Auflage 2013

[MERZ01] *Merz, H. (Hrsg.)*: Kommunikationssysteme für die Gebäudeautomation – Theoretische Grundlagen und Praxisbeispiele. Aachen: Shaker, 2001

[MEYER03] *Meyer, W.; Stock, G.*: Praktische Gebäudeautomation mit LON. München, Heidelberg: Hüthig & Pflaum, 2003

[STV03] *STV Automation*: Zählererfassungsmodul. Schloß-Holte, 2003

[TAC02] *TAC*: Handbuch TAC Xenta® 280-300-401. Malmö, 2002

[THERMOKON00] *Thermokon*: LonWorks-Technologie. Mittenaar, 2000

[TIERSCH01] *Tiersch, F.*: Die LonMark-Technologie. Erfurt: Desotron, 2001

[TROX04] *Trox*: Automation und Systemtechnik LON-WA5/B. Neunkirchen-Vluyn, 2004

5 BACnet

5.1 Einführende Übersicht

Bereits in Abschnitt 1.7.2.3 wurde darauf hingewiesen, dass BACnet sich zwar grundsätzlich für alle Ebenen der Gebäudeautomation eignet, jedoch aus Kostengründen vorwiegend für große und räumlich ausgedehnte Systeme eingesetzt wird. Dort werden der Leistungsumfang und die gute Skalierbarkeit von BACnet besonders benötigt. Aufgrund der Komplexität von BACnet können hier nur die wesentlichen Grundlagen besprochen werden.

Unter BACnet (**B**uilding **A**utomation and **C**ontrol **Net**work) versteht man das von der **A**merican **S**ociety of **H**eating, **R**efrigeration and **A**ir-Conditioning **E**ngineers (ASHRAE) entwickelte und 1995 standardisierte Kommunikationsprotokoll für die Gebäudeautomation, mit dem Geräte und Systeme untereinander Informationen austauschen können. Die gemeinsame Sprache BACnet wird weltweit in zahlreichen Anlagen zur Gebäudeautomation eingesetzt und ist seit 2003 auch als DIN EN ISO 16484-5 genormt.

5.1.1 Was ist BACnet?

BACnet entstand aus der Notwendigkeit, die unterschiedlichsten Automations- und Steuerungskomponenten in einem Gebäude mit einem einheitlichen, standardisierten Datenkommunikationsprotokoll ansprechen zu können. Damit sollen erstrebenswerte Ziele wie Interoperabilität und Herstellerunabhängkeit gewährleistet werden.

Vor der Einführung von BACnet war die Gebäudeautomation vielfach durch proprietäre Technologien der verschiedenen Hersteller gekennzeichnet. So konnte beispielsweise die Heizungssteuerung eines Herstellers A nicht mit der Leitstellensoftware des Herstellers B kommunizieren. Die einzelnen Gewerke, wie z. B. Klima, Lüftung, Beleuchtung oder Gefahrenmeldetechnik, wurden häufig unabhängig voneinander geplant und ohne geeignete Schnittstellen zum gegenseitigen Informationsaustausch und zur Anbindung an eine gemeinsame Leitstelle versehen. Für den Bauherrn ergaben sich dadurch erhebliche Nachteile. Entweder verzichtete er auf eine einheitliche Steuerung und Überwachung aller Automationseinrichtungen und die daraus folgenden Synergien, oder er musste sich an einen einzigen Hersteller binden und von diesem eine Gesamtlösung erstehen. Bei Erweiterungen war er dann wieder auf diesen Hersteller angewiesen und konnte nicht auf eventuell günstigere oder geeignetere Komponenten anderer Hersteller zurückgreifen. BACnet bietet hingegen ein offenes und herstellerübergreifendes Kommunikationsprotokoll, das den gemischten Betrieb von Komponenten unterschiedlicher Hersteller ermöglicht und damit mehr Markttransparenz und -wettbewerb verspricht.

Eine ähnliche Entwicklung wie in der Gebäudeautomation war zuvor bei Rechnernetzen zu beobachten. Offene Protokolle, wie z. B. das im Internet gebräuchliche TCP/IP (Transmission Control Protocol/Internet Protocol), haben sich weitgehend gegenüber proprietären Protokollen durchgesetzt. Für den Endanwender ist es heute selbstverständlich, dass er sowohl bezüglich Hardware (Netzwerkkarten, Modem) als auch Software (Betriebssystem, Anwendungsprogramme) freie Auswahl unter einer Vielzahl von Herstellern hat.

Mit BACnet als herstellerneutraler und lizenzfreier Spezifikation rückt dieses Ziel auch für die Gebäudeautomation in greifbare Nähe und erleichtert dadurch, mit dem dazugehörigen Gewinn an Komfort, Energieoptimierung, Sicherheit und Kostensenkungspotenzialen, die funktionale Verbindung gebäudetechnischer Systeme.

5.1.2 BACnet-Organisationen

In der BACnet Interest Group Europe (BIG-EU) [*www.big-eu.org*] haben sich Betreiber, Planer, Berater, Hersteller und Institute zu einer BACnet-Interessengemeinschaft zusammengeschlossen. Sie koordiniert die BACnet-Aktivitäten in Europa und vertritt die Interessen der europäischen Mitglieder und Länder gegenüber der ASHRAE [*www.ashrae.org*], der amerikanischen Herstellervereinigung [*www.bacnetinternational.org*] sowie den weltweit verteilten anderen BACnet Interest Groups.

Die BIG-EU veröffentlicht im BACnet Europe Journal umfangreiche Informationen über Referenzlösungen und Beispielanwendungen. Sie gibt darüber hinaus BACnet-Literatur heraus. Neben dem Standard und seinen Erweiterungen sind dies vor allem der Leitfaden zur Ausschreibung interoperabler Gebäudeautomation auf Basis von DIN EN ISO 16484-5 [VDI09]. Dieser Leitfaden und das Buch „BACnet Gebäudeautomation" von Hans R. Kranz [KRANZ13] können als die wichtigsten Anlaufstellen zur weiteren Vertiefung des Themas dienen.

5.1.3 Einsatzgebiete

Zweckbauten haben oft eine erhebliche räumliche Ausdehnung. Gleichzeitig bestehen unterschiedliche Anforderungen an die Heizungs-, Lüftungs- und Klimaregelung in einzelnen Bereichen. Aus diesem Grund arbeitet man nicht mit einer zentralen Steuerung, sondern mit verteilten Stationen, die für die Regelung von Gebäudeteilen bis hin zum einzelnen Raum zuständig sind. Die Daten der dezentralen Stationen (Messwerte, Betriebszustände, Alarmierungen) werden von einer Leitzentrale erfasst, die mit einer grafischen Darstellung den vereinheitlichten gewerkeübergreifenden Zugriff auf alle Gebäudedaten und Steuerungsfunktionalitäten ermöglicht. In der Gebäudeautomation bildet man dieses verteilte System mit einem Schichtenmodell ab (Bild 5.1).

Die Feldebene beinhaltet einzelne Sensoren (Temperaturfühler, Schalter), Aktoren (Regelventile, Antriebe, Relais) und Raumbediengeräte sowie deren Anbindung an Automationsstationen (DDC) auf der Automationsebene. Diese Stationen sind wiederum mit der Managementebene verbunden, von wo aus alle Teile des Netzes überwacht werden können. Dort erfolgen die Betriebsführung und die Auswertung von Störungsmeldungen. Auf zentrale GLT (Gebäudeleittechnik)-Server kann mit entsprechenden Clients von Netzen zur Bürokommunikation aus zugegriffen werden.

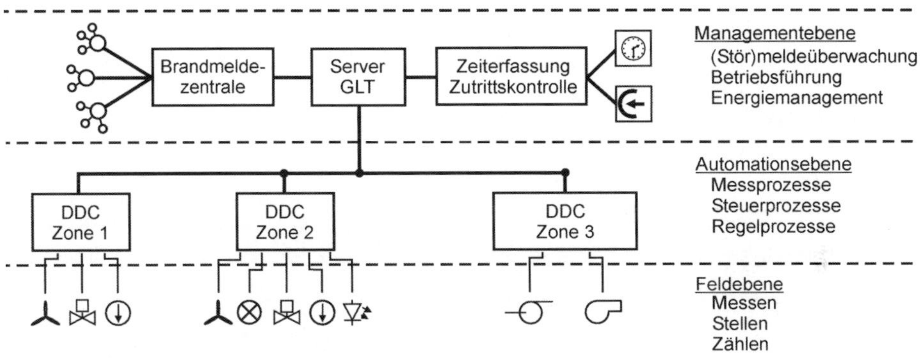

Bild 5.1 Schichtenmodell der Gebäudeautomation

Während auf der Feldebene der Austausch von Prozessdaten in der Regel nur geringe Datenübertragungsraten verlangt, steigen diesbezüglich die Anforderungen auf der Managementebene. Dort laufen die gesammelten Daten aller Teilbereiche zusammen.

Auf der Managementebene werden jedoch geringere Ansprüche an die Reaktionszeiten gestellt. Beispielsweise darf die Anzeige des Betriebszustands einer Heizungsanlage mit einigen Sekunden Verzögerung an der Leitstelle erscheinen. Auf der Feldebene erwartet man hingegen eine schnellere Reaktion. So soll z. B. die Betätigung eines Tasters innerhalb einiger zehn Millisekunden zum Ein- oder Ausschalten einer Lampe führen.

BACnet ist grundsätzlich für alle Ebenen der Gebäudeautomation geeignet, zeichnet sich aber durch besondere Stärken in den Managementfunktionen aus. Deshalb wird es auch gerne als übergeordnetes System in größeren Installationen verwendet, die ansonsten auf der Feldebene mit LonWorks und KNX arbeiten.

Eines der bekanntesten Referenzprojekte für den Einsatz von BACnet ist der Verbund der Parlamentsbauten in Berlin. Diese bestehen aus zahlreichen vernetzten Liegenschaften, in denen unterschiedliche Fabrikate für die Gebäudeautomation und -leittechnik eingesetzt werden. Über BACnet findet die Anbindung an die Hauptleitzentrale im Reichstagsgebäude statt. Mehr als 100 000 Datenpunkte, die auch als Informationspunkte bezeichnet werden (Eingabe- oder Ausgabefunktion, wie z. B. Sensorwerte, Ventilstellungen), aus Geräten von sieben unterschiedlichen Herstellern werden in der gemeinsamen BACnet-Managementeinrichtung zusammengeführt. Die inzwischen erweiterte Systemfunktionalität ermöglicht es, auf dezentrale Zeitprogramme in Automationsstationen anderer Hersteller zuzugreifen, einen zentralen Betriebskalender zu verwalten oder die Parameter dezentraler Regler, unabhängig vom Fabrikat, zu optimieren.

Zahlreiche weitere Installationen sind diesem Vorzeigeprojekt interoperabler Gebäudeautomation inzwischen gefolgt. Ein typisches Beispiel ist die Universität Rostock, deren 262 Liegenschaften im Radius von 15 km um das Hauptgebäude schrittweise an eine zentrale Leittechnik mithilfe von BACnet angebunden wurden. Über diese und weitere Referenzprojekte wird im BACnet Europe Journal berichtet.

5.1.4 Grundkonzepte im Überblick

5.1.4.1 Arten von Information

BACnet legt in seiner Protokollbeschreibung fest, wie und welche Nachrichten von einem Gerät oder System zu einem anderen transportiert werden können. Die Nachrichten können dabei z. B. folgende Informationen enthalten:

- digitale Eingangs- und Ausgangswerte (z. B. „Pumpe ein/aus“, „Fenster zu/offen“),
- analoge Eingangs- und Ausgangswerte (z. B. „Strom durch Temperaturfühler“, „Steuerspannung für Ventil“),
- errechnete digitale und analoge Eingangs- und Ausgangswerte (z. B. durch einen Temperaturfühler über eine Kennlinie aus dem Strom berechnete Temperatur in °C),
- Zeitschaltprogramme (z. B. Heizungssteuerung mit Kalender zur Berücksichtigung von Sonn- und Feiertagen),
- Ereignis- und Alarmfunktionen (z. B. Bewegungsmelder, Türkontakte),
- Dateien (zur Sicherung von Konfigurationseinstellungen),
- Steuer- und Regelinformationen.

5.1.4.2 Transportwege

Die Weiterleitung der Nachrichten kann über unterschiedliche Transportwege erfolgen. Besonders günstig ist die Mitverwendung vorhandener lokaler Netze (LANs) zur Bürokommunikation. BACnet-Nachrichten lassen sich über solche, als Ethernet bezeichneten Netze, übertragen. Daneben können andere lokale Netze, wie MS/TP, LonTalk oder ARCNET, verwendet werden. Für größere Entfernungen eignen sich Point-to-Point-Wählverbindungen über Telefonleitungen.

5.1.4.3 Objekte

Um einzelne Geräte mit ihren Funktionen ansprechen zu können, verwendet BACnet sogenannte Objekte. Jedes Gebäudeautomationsgerät wird dabei als Menge von Datenstrukturen bzw. Objekten abgebildet.

Hat man beispielsweise 4 digitale Ausgänge, 2 analoge Eingänge und einen Regler in einem Gerät, so gehört eine entsprechende Anzahl von Objekten dazu. Jedes von ihnen besitzt bestimmte Eigenschaften (z. B. Name und aktueller Zustand), die man abfragen oder einstellen kann. Mithilfe dieser Objekte erhält man Informationen über das jeweilige Gerät, ohne im Detail dessen inneren Aufbau oder die Konfiguration kennen zu müssen.

Das Objektkonzept hängt unmittelbar mit der Interoperabilität zusammen. Gleiche Funktionalitäten können mit unterschiedlicher Hard- und Software realisiert werden. Standardisierte Objekte ermöglichen dabei einen herstellerunabhängigen Zugriff.

5.1.4.4 Kommunikationsarchitektur

BACnet orientiert sich am ISO/OSI-Modell, das für die strukturierte Beschreibung von Kommunikationssystemen entwickelt wurde. Bild 5.2 zeigt die BACnet-Schichten und ihre Zuordnung zu den Schichten des OSI-Modells.

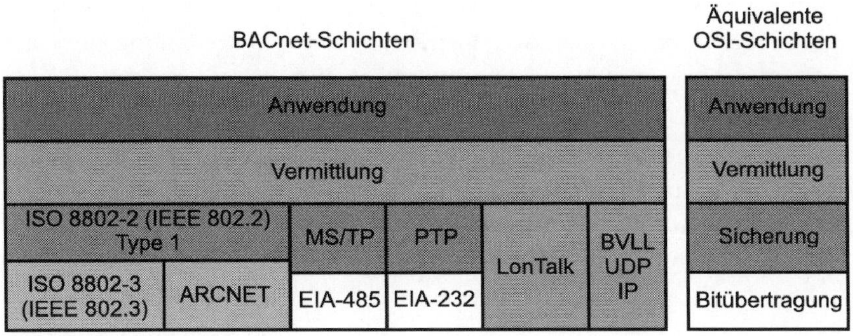

Bild 5.2 Zuordnung der BACnet-Schichten zu OSI-Schichten

Die Funktionen der Darstellungs-, Sitzungs- und Transportschicht (Schicht 4 bis 7 des OSI-Modells) sind, soweit erforderlich, in die BACnet-Anwendungsschicht integriert.

Die Gründe für diese schlanke Kommunikationsarchitektur waren die Reduzierung des Overheads (zusätzliche Bits zur Organisation des Kommunikationsablaufs, siehe Bild 5.3), der mit zunehmender Anzahl der Schichten wächst, und möglichst geringe Anforderungen an die Hard- und Software für die Datenübertragung. Das Ziel war die kostengünstige Entwicklung und Produktion von BACnet-Geräten. Sie sollten ausgestattet werden mit preiswerten Mikrocontrollern, die gegenüber einem modernen Personal Computer weniger Rechenleistung und insbesondere weniger Speicher zur Verfügung haben. Auch wird man in diesen BACnet-Geräten weder eine Festplatte noch einen Lüfter finden. Sie müssen ohne diese Komponenten, die eh nur eine begrenzte Lebensdauer haben, auskommen und haben deshalb zwangsläufig eine geringere Leistungsfähigkeit. Bei der Ausgestaltung der Schichten berücksichtigte man, dass BACnets vorwiegend lokale Netze sind, die über wenige Schnittstellen nach außen (Internet) verfügen und deren Komponenten an festen Standorten über lange Zeiten gleichbleibende Funktionalitäten liefern sollen.

Die Bitübertragungsschicht (OSI-Schicht 1) zur Definition der Anschlüsse und der elektrischen Verbindung der Geräte wird bei BACnet selbstverständlich benötigt. Auch die Sicherungsschicht (OSI-Schicht 2) mit ihren Aufgaben, die Bits in Rahmen zu gliedern, den Zugriff auf das Übertragungsmedium zu regeln, Adressierung, Flusskontrolle und Fehlersicherung vorzunehmen, ist erforderlich.

Bei der Vermittlungsschicht (OSI-Schicht 3) konnte der Aufwand reduziert werden. Innerhalb eines einzelnen Teilnetzes wird sie nicht benötigt. Es kommt jedoch häufig vor, dass Teilnetze mit unterschiedlichen Schicht-2-Technologien über eine Vermittlungsstation (Router) verbunden werden sollen. Hier ist sowohl eine globale Adressierung als auch eine Weiterleitung der Daten über den Router erforderlich. Der BACnet-Standard fordert dabei, dass nur ein einziger Pfad bzw. Weg zwischen zwei Stationen vorhanden sein darf. Deshalb ist die Pfadfindung und Weiterleitung (Routing) wesentlich einfacher als im Internet. Dessen Topologie entspricht eher einem teilvermaschten Netz mit mehreren alternativen Wegen. Es werden wesentlich aufwendigere Routingverfahren als bei BACnet benötigt, um die Weiterleitung von Paketen an weltweit verstreute Empfänger über unterschiedliche Wege zu ermöglichen.

Bei der Transportschicht (OSI-Schicht 4) sind viele Funktionen, wie die Zerlegung der Daten in Teilstücke und die Flusskontrolle, schon von der Sicherungsschicht bekannt. Dort werden sie jedoch nur auf einem Teilstück zwischen zwei Stationen eingesetzt, während Schicht 4 die Ende-zu-Ende-Verbindung behandelt. Die genannten Funktionalitäten der Transportschicht sind bereits in der BACnet-Anwendungsschicht enthalten.

Sitzungsschicht (OSI-Schicht 5) und Darstellungsschicht (OSI-Schicht 6) brauchen ebenfalls nicht separat ausgeführt zu werden, da BACnet-Nachrichten in der Regel sehr kurz sind und keine Unterbrechungs- und Wiederaufnahmemechanismen benötigen. Auch Formatkonvertierung oder Datenkomprimierung haben keine Bedeutung. Aus diesen Gründen kann sich BACnet auf vier Schichten beschränken und dadurch eine einfache und kostengünstige Implementierung in Hard- und Software ermöglichen.

Bei der Erstellung einer Nachricht in BACnet werden die in Bild 5.3 gezeigten Schichten durchlaufen:

- Die Anwendungsdaten (Befehle zur Manipulation von Objekten) werden mit einem Kopf (Application Header – AH) versehen und bilden die Dateneinheit (Application Protocol Data Unit – APDU) der Anwendungsschicht (Application Layer).
- Die APDU wird an die Vermittlungsschicht (Network Layer) weitergereicht und mit einem weiteren Kopf (Network Header – NH) versehen, der globale Netzadressen enthält.
- Diese Network Protocol Data Unit (NPDU) bekommt von der Sicherungsschicht (Data Link Layer) noch Informationen zu Adressen im lokalen Netz und wird dann von der Bitübertragungsschicht (Physical Layer) auf dem Übertragungsmedium als Bitstrom versendet.
- Der Vorgang der Einkapselung wird auf der Empfangsseite rückgängig gemacht, und die Daten werden an das dortige Anwendungsprogramm ausgeliefert.

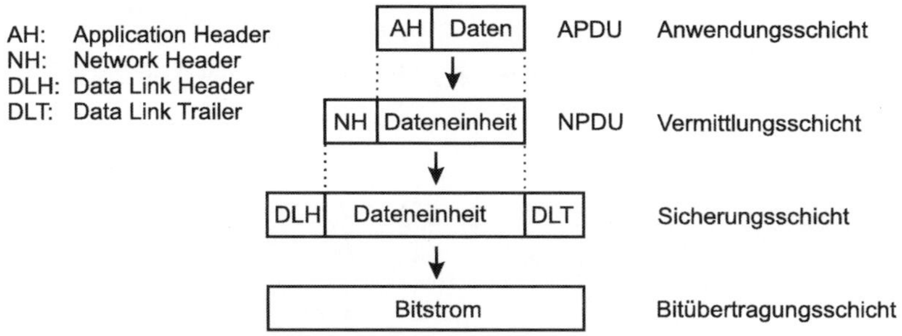

Bild 5.3 Einkapselung der BACnet-Daten

5.2 Bitübertragungsschicht und Sicherungsschicht

Die Datenübertragung bei BACnet kann über unterschiedliche Netze erfolgen. BACnet unterstützt die in Bild 5.4 gezeigten LAN-Technologien sowie zusätzlich Wählverbindungen über Telefonnetze.

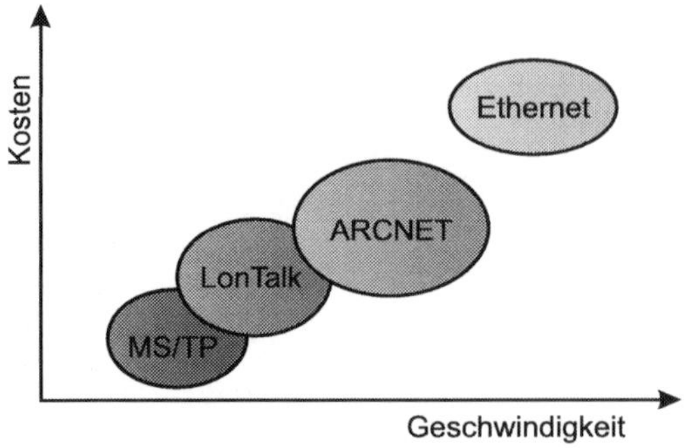

Bild 5.4 LAN-Technologien für BACnet

Diese Technologien unterscheiden sich in ihrer Leistungsfähigkeit, den Kosten und den zur Verfügung stehenden Übertragungsmedien, die von der einfachen Zweidrahtleitung über Koaxialkabel bis hin zu Lichtwellenleitern reichen. Bei der Auswahl der geeigneten LAN-Technologie für ein BACnet wird man sich u.a. an folgenden Kriterien orientieren:

- Bitrate: Dabei ist zu beachten, dass der tatsächliche Datendurchsatz oft erheblich geringer als die Bitrate ist. Ein Grund dafür sind die Zusatzinformationen (Adressen, Fehlersicherung usw.), die durch das Kommunikationsprotokoll zu den Nutzdaten hinzugefügt werden und so den Nettodatendurchsatz schmälern.
- Reaktionszeit: Die Reaktionszeit gibt an, wie lange es dauert, bis ein Befehl übertragen und eine Aktion ausgelöst wird. Bei nicht deterministischen Übertragungsverfahren, wie z.B. Ethernet, ist diese Zeitdauer nicht genau vorhersagbar, meist jedoch vernachlässigbar klein.
- Anzahl der Teilnehmer,
- maximale Leitungslänge,
- Kosten.

5.2.1 Master-Slave/Token-Passing

Mit Master-Slave/Token-Passing (MS/TP) steht eine einfache und kostengünstige Übertragungstechnologie zur Verfügung. Sie eignet sich insbesondere für kleinere Steuerungen und Bedienelemente mit geringen Anforderungen an die Datenübertragungsrate.

5.2.1.1 Bitübertragungsschicht (EIA-485 und EIA-232)

Als Kabel wird ein abgeschirmtes verdrilltes Leitungspaar mit einer Länge bis zu 1200 m verwendet. Die Bitübertragungsschicht basiert auf dem EIA-485-Standard (RS-485). Eine EIA-485-Verbindung stellt eine serielle Datenübertragung dar, d.h., die Bits werden nacheinander auf die Leitung gegeben (Bild 5.5).

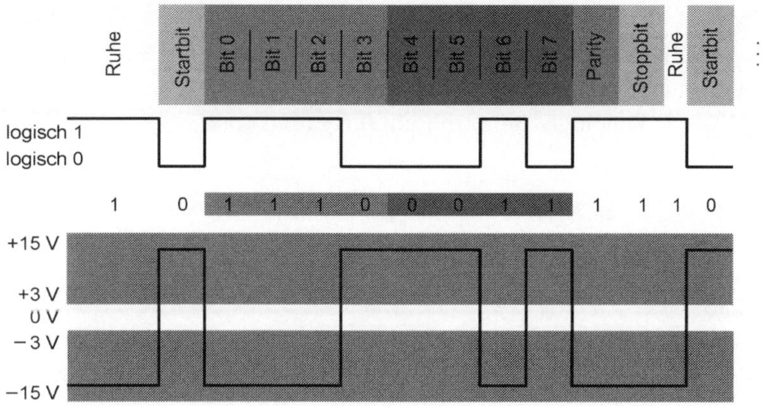

Bild 5.5 Asynchrone Zeichenübertragung am Beispiel von EIA-485 und EIA-232 (Die Zuordnung der logischen Zustände zu Spannungen auf der Leitung gilt nur für EIA-232.)

Die Übertragung erfolgt dabei in Zeichen. Ein Zeichen entspricht in der Regel 8 Bits. Der Beginn eines Zeichens wird durch ein Startbit und das Ende durch 1 oder 2 Stoppbits gekennzeichnet (1 Stoppbit bei MS/TP). Der Zeitabstand zwischen zwei Zeichen (Ruhephase) kann prinzipiell beliebig lang sein. Man spricht deshalb auch von einer asynchronen Datenübertragung. Bei MS/TP ist die Standardmodulationsgeschwindigkeit 9600 Bd, es können jedoch auch 19 200, 38 400 oder 76 800 Bd von den Geräteherstellern unterstützt werden. Aufgrund der geringen Modulationsgeschwindigkeiten und des einfachen Protokolls ist eine Implementierung auf preiswerten Mikrocontrollern möglich.

Zu der vom Personal Computer bekannten seriellen Schnittstelle EIA-232 (RS-232) gibt es zwei wesentliche Unterschiede: Die EIA-232 ist eine massebezogene Spannungsschnittstelle, d. h., die Bits werden in Spannungspegel umgesetzt, wobei eine Spannung zwischen –3 V und –15 V gegenüber Masse eine logische 1 und eine Spannung zwischen +3 V und +15 V eine logische 0 darstellt. Im einfachsten Fall benötigt man deshalb nur drei Leitungen zur Verbindung von zwei Stationen (Bild 5.6).

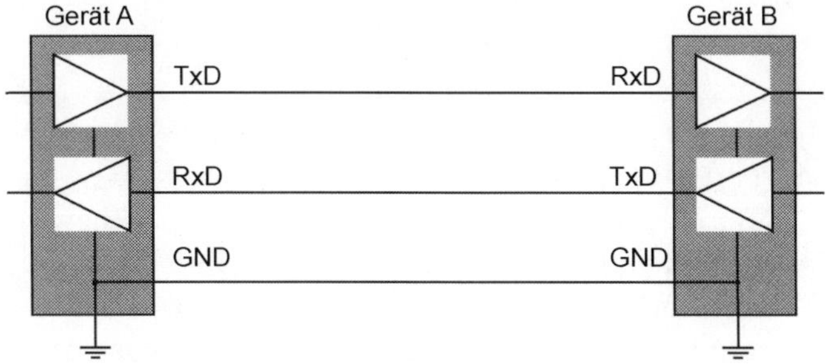

Bild 5.6 EIA-232 (RS-232) mit 3 Leitungen: TxD (Transmit Data), RxD (Received Data), GND (Ground)

Die EIA-485 hingegen ist eine differenzielle Spannungsschnittstelle, bei der auf der Empfangsseite nur Spannungsunterschiede ausgewertet werden (Bild 5.7). Der Sender legt dazu eine Spannung U_{AB} = ± (3 V bis 6 V) zwischen den Leitern A und B an. Eine positive Spannung U_{AB} wird als logische 1 und eine negative Spannung U_{AB} als logische 0 betrachtet.

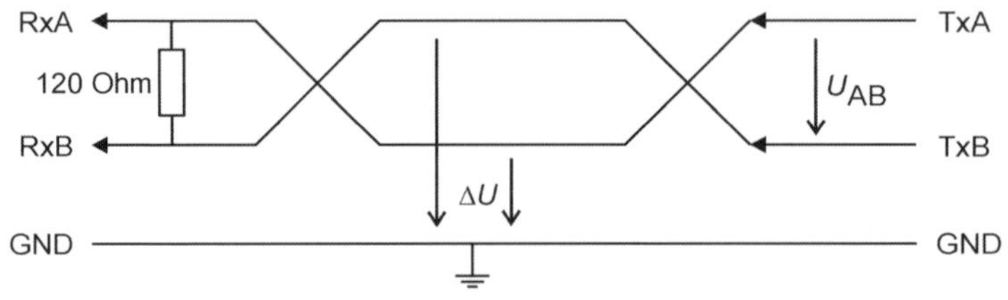

Bild 5.7 EIA-485 (RS-485) mit 3 Leitungen (Halbduplex)

Bei großen Leitungslängen und in der Nähe von elektrischen Verbrauchern können Störungen auf dem Kabel entstehen, die auf beiden Leitern zu einer Potenzialerhöhung ΔU führen. Die Spannungsdifferenz U_{AB} bleibt von diesen sogenannten Gleichtaktstörungen jedoch unbeeinflusst. Aus diesem Grund ist die EIA-485-Schnittstelle besonders störsicher. Sie ermöglicht größere Leitungslängen und ist deshalb weit verbreitet.

EIA-232 wird hingegen nur für kurze Distanzen, meist deutlich kleiner als 15 m, mit typischen Modulationsgeschwindigkeiten von 9,6 kBd bis 115 kBd eingesetzt. Ein weiterer Unterschied ist, dass die EIA-232 Schnittstelle als sogenannte Point-to-Point-Verbindung Vollduplex, d. h. die gleichzeitige Datenübertragung in beide Richtungen, erlaubt. Bei EIA-485 ist nur Halbduplex möglich, d. h. ein abwechselndes Senden in die eine oder andere Richtung. Dafür bietet EIA-485 als Multipoint-Bussystem den Anschluss von bis zu 32 Teilnehmern an eine Leitung (Bild 5.8). Dabei ist die korrekte Terminierung an den Enden der Leitung zu beachten. Darunter versteht man das Anbringen von ohmschen Widerständen, die dem Wellenwiderstand der Leitung entsprechen. Dies ist erforderlich, um störende Reflexionen der Datensignale an offenen Leitungsenden zu vermeiden.

Speist ein Sender ein elektrisches Signal auf der Leitung ein, so breitet sich dieses mit einer charakteristischen Ausbreitungsgeschwindigkeit (typisch: etwa 2/3 Lichtgeschwindigkeit) auf der Leitung aus. Gelangt das Signal an das offene Ende einer Leitung, so wird es vollständig reflektiert. Dies folgt aus dem Energieerhaltungssatz, da die Signalenergie nicht verloren gehen kann. Ähnliche Effekte kennt man von akustischen oder mechanischen Wellen (Echo, Wasserwelle trifft auf Hindernis). Das reflektierte Signal kann sich mit dem Sendesignal überlagern und beim Empfänger zu Störungen führen. Man terminiert deshalb die Leitungsenden mit einem Widerstand, wandelt die ankommende Signalenergie in Wärme um und verhindert somit

Reflexionen. Der Widerstand ist so zu wählen, dass er dem Wellenwiderstand der Leitung entspricht.

Unter dem Wellenwiderstand versteht man eine von der Leitungslänge unabhängige Eigenschaft der Leitung mit der Einheit Ohm, die nicht mit dem ohmschen Leitungswiderstand der Kupferdrähte verwechselt werden darf. Vielmehr gibt der Wellenwiderstand das Verhältnis von Spannung und Strom einer elektromagnetischen Welle an, mit der Daten über die Leitung transportiert werden. Das Produkt aus Spannung und Strom ergibt die Signalenergie. Entspricht der Abschlusswiderstand dem Wellenwiderstand, so kann diese Energie ohne Reflexion in Wärme umgewandelt werden.

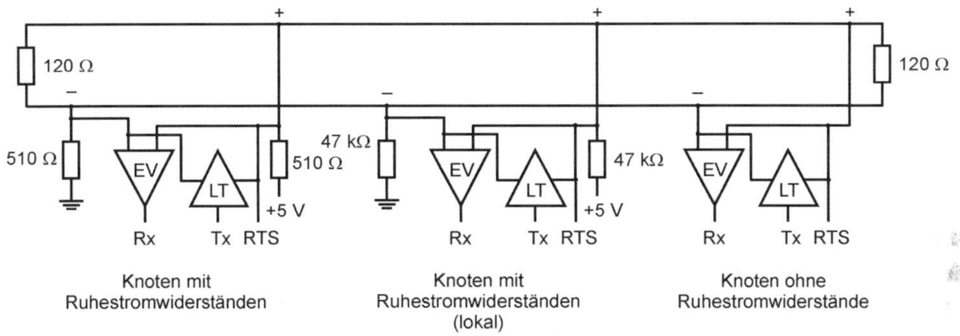

Bild 5.8 EIA-485-Netz mit mehreren Stationen im Halbduplexbetrieb

Bei EIA-485 wird man eine Leitung darüber hinaus mit Bias- bzw. Ruhestromwiderständen versehen (Bild 5.8). Ohne diese Widerstände würde die Differenzspannung gegen null gehen, wenn gerade kein Sender aktiv ist. Rauschen (hochfrequente Signale) auf der Leitung könnte dazu führen, dass die Differenzspannung ständig leicht zwischen positiven und negativen Werten schwankt. Die angeschlossenen Stationen würden dann fälschlicherweise eine Datensendung vermuten. Deshalb ist es besser, für die Ruhephasen eine feste Spannungsdifferenz auf der Leitung über ein Widerstandsnetzwerk vorzugeben: siehe in Bild 5.8 den Spannungsteiler +5 V → 510 Ω → Terminatoren (mit je 120 Ω) → 510 Ω → GND.

Einzelnen Stationen ist darüber hinaus eine zusätzliche lokale Ruhestromeinstellung erlaubt. Die Empfangssignale werden dabei über einen Eingangsverstärker und die Sendedaten über einen Leitungstreiber verstärkt.

5.2.1.2 Sicherungsschicht

Auf der Sicherungsschicht von MS/TP werden die einzelnen Zeichen zu Rahmen verknüpft. Dabei wird das in Bild 5.9 dargestellte Format angewendet.

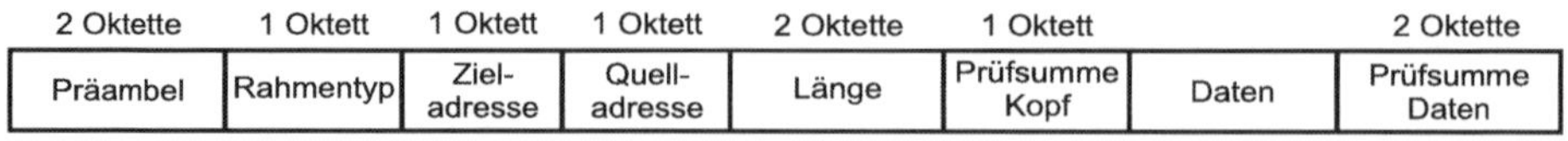

Bild 5.9 Rahmenaufbau bei MS/TP

Mit der Präambel wird der Beginn eines Rahmens signalisiert. Der Rahmentyp gibt an, ob es sich um eine Datensendung oder um Steuerinformationen für das Token-Passing-Protokoll handelt. Quell- und Zieladresse belegen jeweils ein Oktett. Die Adresse 255 ist für Sendungen an alle Teilnehmer reserviert (Broadcast). Die restlichen 254 Adressen stehen für die angeschlossenen Stationen zur Verfügung. Danach folgt eine Längenangabe mit 2 Oktetten für den Datenteil, wobei jedoch nur Werte zwischen 0 und 501 zugelassen sind. Sowohl der Rahmenkopf als auch der Datenteil werden durch eine eigene CRC-Prüfsumme gesichert.

Die Sicherungsschicht regelt auch den Zugriff auf das Übertragungsmedium. Beim Token-Passing wird dazu eine Sendeberechtigung (Token) von einer Station zur anderen weitergeleitet. Sobald eine Station das Token erhält, darf sie mit anderen Stationen kommunizieren. Im MS/TP-Netz unterscheidet man dabei zwischen Master- und Slave-Stationen. Nur ein Master kann ein Token erhalten und einen Datenaustausch initiieren. Slave-Stationen warten hingegen auf Anfragen und sind nicht an der Token-Weitergabe beteiligt. Als Master wird man z. B. eine Automationsstation vorsehen, an die BACnet-fähige Feldgeräte (z. B. Sensoren, Aktoren) als Slaves über MS/TP angeschaltet werden. Bei mehreren Mastern muss das Token nach einer gewissen Zeit weitergegeben werden. Nach einer berechenbaren Wartezeit kommt somit jeder Master wieder an die Reihe. Man bezeichnet das Übertragungsverfahren deshalb auch als deterministisch.

5.2.2 Point-to-Point-Verbindung

Zwei BACnet-fähige Geräte (Halbrouter) können über eine Point-to-Point-Verbindung (PTP-Verbindung) auf der Basis von EIA-232 Nachrichten austauschen (Bild 5.10). Weit entfernte Liegenschaften ohne Internetanschluss lassen sich so über eine Wählverbindung mit einem Modem erreichen.

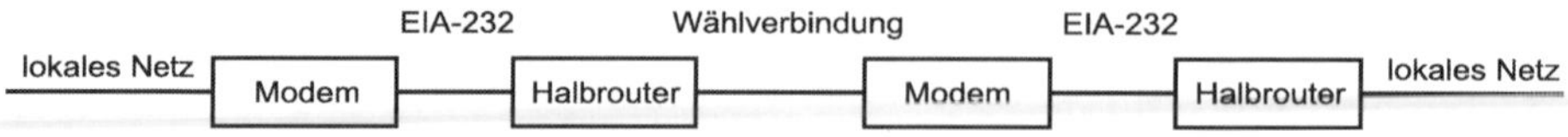

Bild 5.10 Point-to-Point-Wählverbindung mit zwei Halbroutern

5.2.2.1 Bitübertragungsschicht

In der BACnet-Norm ist nicht festgelegt, wie der Aufbau der physikalischen Verbindung erfolgt. Die Norm befasst sich nur mit den Protokollen auf der Sicherungsschicht, um auf einer existierenden Schicht-1-Verbindung eine gesicherte Datenübertragung von Rahmen zu ermöglichen. Dabei ist zu beachten, dass PTP-Verbindungen zwar Vollduplex erlauben, aber in der Regel nur zeitweise verfügbar sind und eine geringe Bitrate aufweisen.

Sicherheitsmechanismen, wie z. B. Passwortabfragen, werden durch die Norm nicht festgelegt. Viele Modems bieten jedoch die Möglichkeit zum automatischen Rückruf (Callback). Ist dieser aktiviert, so trennt das Modem bei einem Anruf sofort nach erfolgreichem Verbindungsaufbau die Leitung und ruft eine voreingestellte Nummer zurück. Dadurch wird verhindert, dass ein nicht autorisierter Anrufer von einem anderen Telefonanschluss den Modemzugang missbrauchen kann. Manche Modems bieten zudem die Möglichkeit, einen automatischen Rückruf mit einer Passwortabfrage zu kombinieren.

5.2.2.2 Sicherungsschicht

Sobald die physikalische Verbindung steht, werden Steuerrahmen (Bild 5.11) zum Aufbau der Schicht-2-Verbindung ausgetauscht. Danach können BACnet-Datenrahmen transportiert werden, bis ein Verbindungsabbau durch Steuerrahmen ausgelöst oder die physikalische Verbindung unterbrochen wird. Das Rahmenformat kommt bei einer PTP-Verbindung selbstverständlich ohne Adressen aus, da nur zwei Stationen beteiligt sind. Die Präambel signalisiert den Beginn des Rahmens. Der Rahmentyp gibt an, ob es sich um eine Daten- oder um eine Steuerinformationssendung handelt. Beispielsweise kann über einen Rahmen vom Typ Connect Request eine Verbindung aufgebaut und über einen Rahmen vom Typ Disconnect Request wieder abgebaut werden. Diese Anfragen zum Auf- oder Abbau werden durch die entsprechenden Steuerrahmen Connect Response bzw. Disconnect Response von der Gegenstation beantwortet. Eine Besonderheit des PTP-Protokolls ist, dass jeder Datenrahmen durch eine Bestätigung mit speziellen Steuerrahmen gesichert wird. Wie bei MS/TP wird im Rahmen auch die Datenlänge angegeben, und der Rahmenkopf sowie die Daten werden mit einer CRC-Prüfsumme gesichert.

2 Oktette	1 Oktett	2 Oktette	1 Oktett		2 Oktette
Präambel	Rahmentyp	Länge	Prüfsumme Kopf	Daten	Prüfsumme Daten

Bild 5.11 Rahmenaufbau bei einer PTP-Verbindung

5.2.3 Ethernet

Bei Ethernet handelt es sich um die am meisten verbreitete LAN-Technologie, die ihren Ursprung in der Bürokommunikation hat und inzwischen auch für den industriellen Einsatz und Weitverkehrsverbindungen verwendet wird. Büro- und Industriebauten werden heutzutage durchgängig mit Ethernet vernetzt, sodass die Anwendung in der Gebäudeautomation eine logische Folge ist.

Ethernet wurde bereits Anfang der 70er-Jahre entwickelt und als IEEE-802.3-Standard bekannt. Im Laufe der Jahre hat Ethernet eine Reihe von Weiterentwicklungen durchlaufen, deren wesentliches Merkmal die Vervielfachung der Bitrate (10 Mbit/s, 100 Mbit/s, 1 Gbit/s, 10 Gbit/s) bei gleichzeitig weitgehender Abwärtskompatibilität war [TANENB12]. Zudem wurden Übertragungsmedien, wie z. B. Lichtwellenleiter, für Ethernet verfügbar gemacht. Auch Funktechnologien, wie Wireless LAN, sind eine Erweiterung des ursprünglichen Ethernets. Echtzeitfähige Varianten (Industrial Ethernet) wurden entwickelt, spielen aber in der Gebäudeautomation eine untergeordnete Rolle, da hier die Prozesse eher langsam sind.

Das klassische Ethernet umfasst nur die Schichten 1 und 2 des OSI-Modells. Höhere Protokolle sind vorzugsweise TCP/IP in der Bürokommunikation und BACnet in der Gebäudeautomation. In den folgenden Abschnitten werden die möglichen Varianten der Bitübertragungsschicht näher beschrieben. Danach wird der Rahmenaufbau der Sicherungsschicht erläutert.

5.2.3.1 Übertragung mit Twisted Pair

Was ist Twisted Pair?

Unter Twisted Pair versteht man Kupferkabel mit mehreren verdrillten Leitungspaaren, die sich durch einfache Installation der Steckverbindungen und geringe Kosten auszeichnen (siehe auch Abschnitt 3.4 und 4.4). Im einfachsten Fall benötigt man zwei Paare (4 Adern) für die Signalübertragung. Ein Paar dient zum Senden (Tx), das andere für den Empfang (Rx) (Bild 5.12). Die Verdrillung der Leitungspaare reduziert Störungen durch elektromagnetische Felder, die von benachbarten signalführenden Leiterpaaren oder von der Umgebung des Kabels einwirken. Zusätzlich kann man jedes Leiterpaar mit einer metallischen Abschirmung und das Kabel mit einem Gesamtschirm versehen. Die Auswahl eines geeigneten Kabels hängt von den Anforderungen der Datenübertragung ab. In der Regel gilt, dass eine höhere Bitrate der digitalen Signale mit höheren in ihnen enthaltenen Frequenzkomponenten korrespondiert. Dies hat Auswirkungen auf die Dämpfung und das Übersprechen zwischen Leiterpaaren.

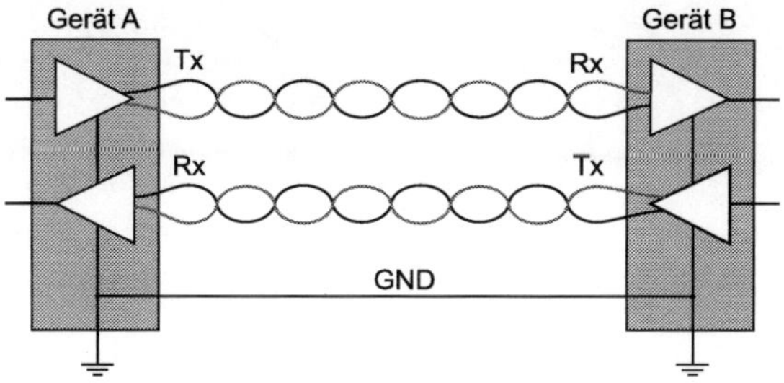

Bild 5.12
Verdrillte Leitungen zur Datenübertragung (Twisted-Pair-Leitung)

Unter der Dämpfung versteht man dabei die Verringerung der Signalenergie auf dem Weg vom Sender zum Empfänger. Ursächlich verantwortlich dafür sind die ohmschen Verluste im metallischen Draht und die dielektrischen Verluste im Isolationsmaterial. Beide steigen mit zunehmender Frequenz, sodass die maximal erlaubte Kabellänge mit höherer Datenübertragungsrate abnimmt.

Unter Übersprechen versteht man eine unerwünschte Signalübertragung von einem Leiterpaar auf das andere, die auf der gesamten Länge der Kabelstrecke erfolgen kann. Die Ursachen sind kapazitive und induktive Kopplungen zwischen benachbarten Leiterpaaren durch sich überlagernde elektrische und magnetische Felder. Auch dieser Effekt nimmt mit steigender Frequenz zu und zwingt deshalb ggf. zur Verwendung von Abschirmungen um jedes einzelne Leiterpaar. Dämpfung und Übersprechen begrenzen somit die maximal mögliche Datenübertragungsrate.

Übertragungsvarianten 100Base-TX und 1000Base-T

Auf der Basis von Twisted Pair gibt es verschiedene Ethernet-Varianten. Bevorzugt werden die in Tabelle 5.1 aufgeführten eingesetzt, die 100-Mbit/s-Version üblicherweise für die Anbindung von Arbeitsplatzrechnern und die 1-Gbit/s-Version zur Verbindung zwischen Netzkomponenten, wie Switch und Router, oder für den Anschluss von Servern.

Tabelle 5.1 Ethernet-Varianten bei Twisted Pair

Bezeichnung	Geschwindigkeit	Maximale Leitungslänge
100Base-TX	100 Mbit/s	100 m
1000Base-T	1 Gbit/s	100 m

100Base-TX wird häufig auch als Fast-Ethernet bezeichnet, da es um den Faktor 10 schneller als der davor übliche 10Base-T-Standard ist. Die Geschwindigkeitssteigerung gegenüber 10Base-T wurde durch die Verwendung eines besonderen Übertragungsverfahrens möglich, das als MLT-3 (Multi Level Transmission 3) bezeichnet wird. Es handelt sich um eine dreiwertige Übertragung, d. h., es gibt 3 mögliche Symbole (–1, 0, +1) oder Ausgangszustände des Senders (Bild 5.13).

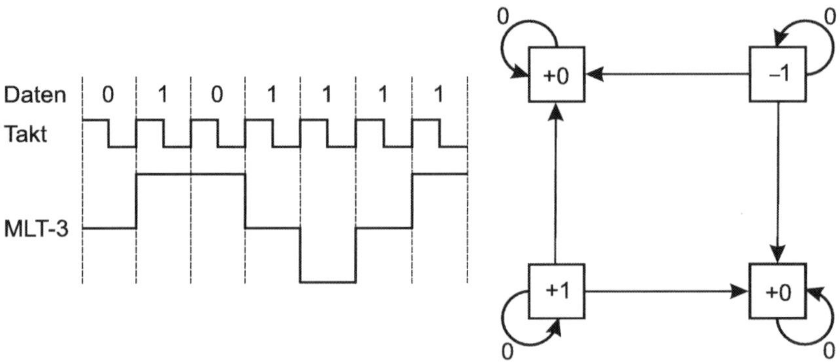

Bild 5.13 MLT-3-Übertragung (Beispielsignal und Zustandsdiagramm)

Bei einer logischen 0 bleibt das Ausgangssignal auf dem vorherigen Pegel, während bei einer logischen 1 ein Pegelwechsel nach oben oder unten gemäß dem Zustandsdiagramm stattfindet. Der Vorteil dieses Verfahrens ist, dass sich die Spannungspegel immer nur langsam ändern (keine Sprünge vo +1 nach –1 und umgekehrt) und somit die im Signal enthaltenen Frequenzen vergleichsweise niedrig sind. Niedrige Frequenzen sind wiederum günstig, da sich die Dämpfung und das Übersprechen zwischen benachbarten Leitern verringern. Aus diesem Grund können mit Fast-Ethernet bis zu 100 m Kabellänge sicher erreicht werden.

Die üblicherweise verwendeten Kabel besitzen 8 Adern, von denen jedoch nur 4 genutzt werden (2 Adern für Tx und 2 Adern für Rx). Die restlichen Adern lassen sich anderweitig einsetzen, z. B. um Telefonsignale zu übertragen (Cable Sharing). Aus Gründen der Erweiterbarkeit für Gigabit-Ethernet, das alle 8 Adern benötigt, sollte man aber darauf verzichten.

Bei der Auswahl eines Kabels kann man auf eine Klassifizierung nach EIA/TIA-568 (Electronic Industries Association/Telecommunications Industry Association) zurückgreifen. Dort werden bestimmte Anwendungsklassen und dazugehörige Kabeleigenschaften beschrieben. Für Fast-Ethernet eignet sich ein Kategorie-5-Kabel, das hinsichtlich der frequenzabhängigen Dämpfung und des Übersprechens bestimmte Mindestkriterien erfüllt.

In Deutschland verwendet man in der Regel Kabel mit einem Gesamtschirm. Sie werden als Screened Twisted Pair (ScTP) bezeichnet (Bild 5.14). Der Gesamtschirm reduziert sowohl Störungen durch von außen kommende Signale als auch die unerwünschte Abstrahlung von Signalenergie.

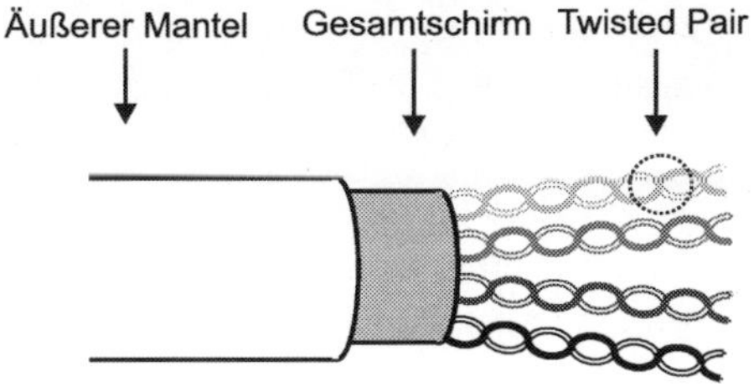

Bild 5.14
Screened Twisted Pair (ScTP)

In den USA sind hingegen unabgeschirmte Kabel (Unshielded Twisted Pair – UTP) verbreitet (Bild 5.15). Man vertraut allein auf die Störungsverminderung durch das Verdrillen jeweils zweier Adern. Die Vorteile von UTP gegenüber ScTP sind der günstigere Preis und der kleinere Durchmesser, der das Verlegen erleichtert.

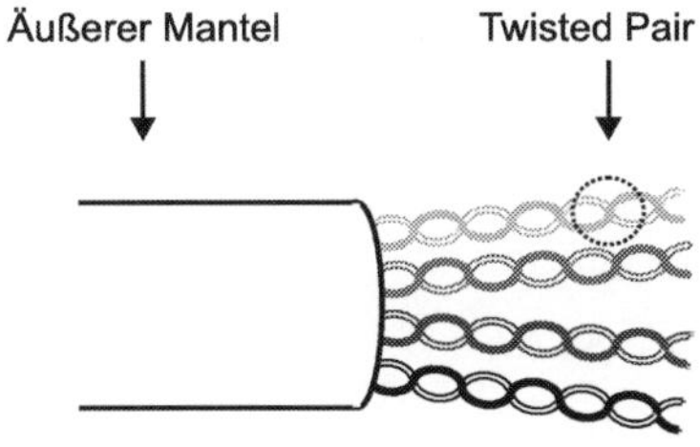

Bild 5.15
Unshielded Twisted Pair (UTP)

Die übertragungstechnisch beste Variante ist ein paarig abgeschirmtes Kabel mit zusätzlichem Gesamtschirm, das als STP (Shielded Twisted Pair), manchmal auch als SSTP (Screened Shielded Twisted Pair) bezeichnet wird (Bild 5.16). Hier ist nicht nur eine Störunempfindlichkeit gegenüber von außen kommenden Störsignalen gegeben, sondern auch im Kabel selbst befindliche benachbarte Paare beeinflussen sich nicht gegenseitig. Aufgrund der Kosten und der schwierigeren Steckermontage wird diese Kabelvariante allerdings seltener verwendet.

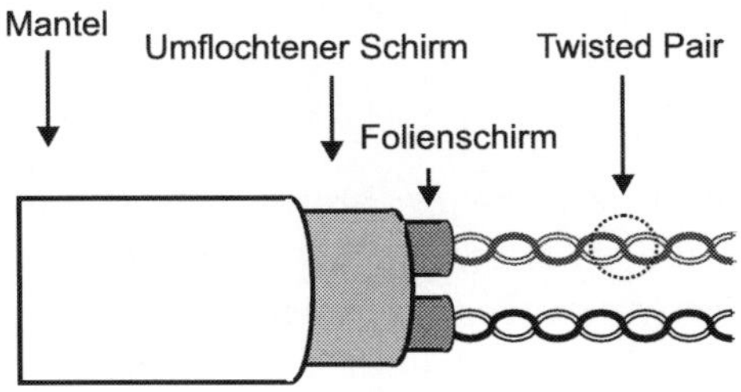

Bild 5.16
Screened Shielded Twisted Pair (SSTP)

Im Zuge der Weiterentwicklung des Ethernets hin zu höheren Bitraten steigen auch die Anforderungen an die Kabel, was sich in den neuen Kategorien 6 und 7 widerspiegelt. Mit 1000Base-T ist es gerade noch möglich, vorhandene Kabel der Kategorie 5 bzw. 5e zur Übertragung von 1 Gbit/s über eine Distanz von bis zu 100 m zu verwenden. Dabei muss man sich jedoch einiger übertragungstechnischer Kniffe bedienen, um das Frequenzspektrum zu begrenzen und somit die Dämpfung sowie das Übersprechen in Grenzen zu halten. Man nutzt alle 4 Adernpaare des Kabels gleichzeitig und reduziert damit die Bitrate pro Paar auf 250 Mbit/s. Die Daten fließen auf den Paaren gleichzeitig in beide Richtungen (bidirektional), sodass man sie mit einer besonderen Schaltungstechnik (Hybrid) wieder trennen muss (Bild 5.17). Gleichzeitig nutzt man bei 1000Base-T fünf Symbole (Signalstufen) und kann dadurch die Modulationsgeschwindigkeit noch weiter reduzieren.

Eine zusätzliche Geschwindigkeitssteigerung über 1 Gbit/s hinaus wird durch die Verwendung besserer Kabel möglich sein. So arbeitet man inzwischen an einem Standard zur Übertragung von 10 Gbit/s über Twisted-Pair-Leitungen.

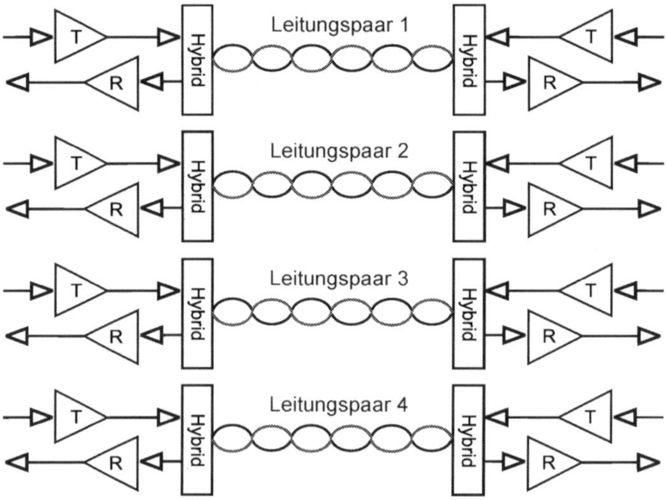

Bild 5.17 Nutzung aller 4 Leitungspaare bei 1000Base-T (1 Gbit/s) über Twisted-Pair; T: Transmitter, R: Receiver

Auto Negotiation

Viele Netzwerkkarten und Netzkomponenten beherrschen mehrere Übertragungsvarianten. Andererseits setzt man gelegentlich auch ältere Geräte ein, die nur den 10-Mbit/s-Standard 10Base-T verstehen. Um dem Anwender das lästige Einstellen der jeweils benötigten Standards abzunehmen, hat man ein Verfahren zur automatischen Feststellung der Verbindungsparameter entwickelt: Auto Negotiation.

Nach dem Herstellen einer Kabelverbindung zwischen zwei Stationen senden diese in regelmäßigen Abständen sogenannte Link Pulses aus. Ursprünglich konnte darüber nur das Vorhandensein eines Kommunikationspartners auf der anderen Seite festgestellt werden. Eine Erweiterung zum Normal Link Pulse, bei dem mehrere

Pulses in Gruppen gesendet werden, ermöglicht den Austausch von Informationen. Somit können sich die verbundenen Stationen je nach ihren Fähigkeiten auf die günstigsten gemeinsamen Übertragungsparameter (Geschwindigkeit, Voll- bzw. Halbduplex) einstellen. Falls erforderlich, kann dieser Automatismus durch eine manuelle Einstellung im jeweiligen Gerät überschrieben werden.

Auto Sensing

Neuere Netzkomponenten beherrschen häufig auch eine automatische Erkennung und Berücksichtigung des Kabeltyps (Auto Sensing).

Ungekreuzte (Straight Through) Kabel verwendet man zur Verbindung zwischen Netzwerkkarten und Netzkomponenten, z. B. einem Switch (Bild 5.18). Die Steckerpins werden über die Adern 1:1 miteinander verbunden. Dann ist gewährleistet, dass die Sendersignale (TD+, TD–) jeweils an die entsprechenden Empfängereingänge (RD+, RD–) auf der Gegenseite gelangen. Bei der Verbindung gleichartiger Stationen (Netzwerkkarte zu Netzwerkkarte oder Switch zu Switch) benötigt man ein gekreuztes Kabel (Cross-over-Kabel), damit die Sender jeweils mit ihren dazugehörigen Empfängern verbunden sind. Mit Auto Sensing spielt der verwendete Kabeltyp durch die automatische Einstellung jedoch keine Rolle mehr.

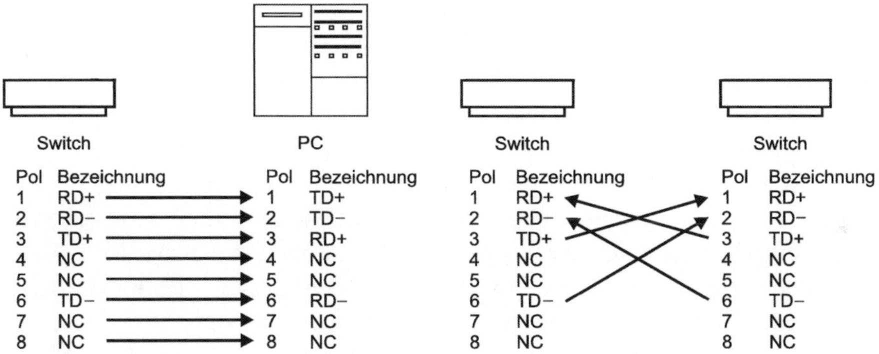

Bild 5.18 Straight-through-Kabelbelegung (links) und Cross-over-Kabelbelegung (rechts)

Power over Ethernet

Über Twisted-Pair-Leitungen kann neben der Datenübertragung gleichzeitig die Stromversorgung der angeschlossenen Geräte erfolgen. Dieses als Power over Ethernet bezeichnete Verfahren reduziert den Verkabelungsaufwand und den Platzbedarf, den eine separate Stromversorgung erfordern würde. Gleichzeitig ermöglicht es ein ferngesteuertes Ein- und Ausschalten. Netzkomponenten, wie Switches, werden häufig schon mit Power-over-Ethernet-Funktionalität angeboten und ermöglichen die Versorgung der angeschlossenen Geräte im Leistungsbereich bis etwa 10 W. Zur Speisung können unbelegte Adern verwendet (z. B. bei Fast Ethernet) oder den Datensignalen Gleichspannungen überlagert werden.

5.2.3.2 Netzkomponenten (Repeater, Bridge, Hub, Switch)

Die Ursprungsvariante des Ethernet besteht aus einem Koaxialkabel, an das alle Stationen eines lokalen Netzes angeschlossen sind (Bild 5.19).

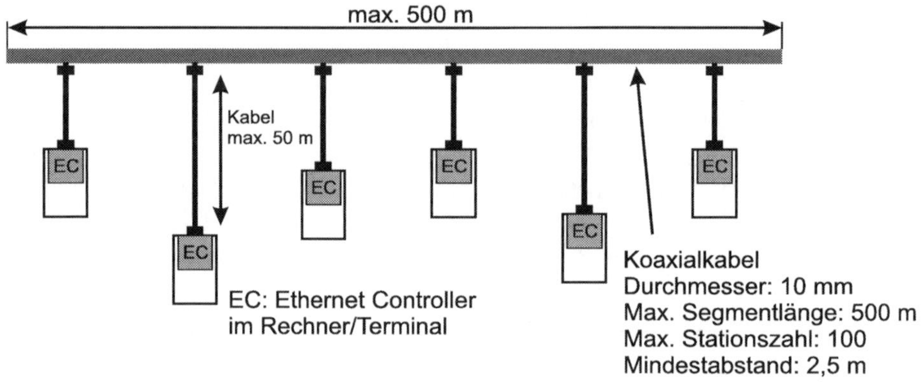

Bild 5.19 Ursprungsvariante von Ethernet (10Base5) mit Koaxialkabel

Eine Station kann ihre Daten senden, sofern keine andere Station das Übertragungsmedium gerade belegt. Bei geringer Auslastung des Netzes kann es zu gelegentlichen Kollisionen kommen, wenn 2 Stationen zum gleichen Zeitpunkt mit ihrer Übertragung beginnen. Darunter versteht man, dass sich beide Sendungen überlagern und gegenseitig stören. Die Netzwerkkarten hören ihre eigene Sendung ständig ab, können somit die Kollision erkennen und die Übertragung vorzeitig abbrechen. Nach zufällig gewählten Zeiten werden die zuvor kollidierten Rahmen neu übertragen. Dieses als CSMA/CD bezeichnete Verfahren – Carrier Sense Multiple Access/Collision Detection – funktioniert bei geringer Netzauslastung sehr gut, bei hoher Netzauslastung kann es jedoch zu zahlreichen Kollisionen bis hin zum zeitweiligen Ausfall des Netzes kommen. Aus diesem Grund wurden Ethernet und die dazugehörigen Komponenten so weiterentwickelt, dass heutige kabelgebundene lokale Netze in der Regel kein CSMA/CD mehr verwenden, sondern mit Punkt-zu-Punkt-Vollduplex-Verbindungen auf der Basis von Switches arbeiten. Zum Verständnis ist es von Vorteil, die historische Entwicklung sowie die dazugehörigen Topologien und Netzkomponenten kennenzulernen. Außerdem leben die CSMA-Verfahren beim Wireless LAN wieder auf, da dort das Übertragungsmedium Luft als sogenanntes Shared Medium von mehreren Stationen genutzt wird und deshalb Kollisionen auftreten können.

Repeater

Die maximale geometrische Ausdehnung eines Netzsegments hängt u.a. von der Dämpfung der elektrischen Signale auf der Leitung ab. Zur Verstärkung der Signale kann ein Repeater zwischen 2 Segmenten eingebaut und so das Netz vergrößert werden (Bild 5.20).

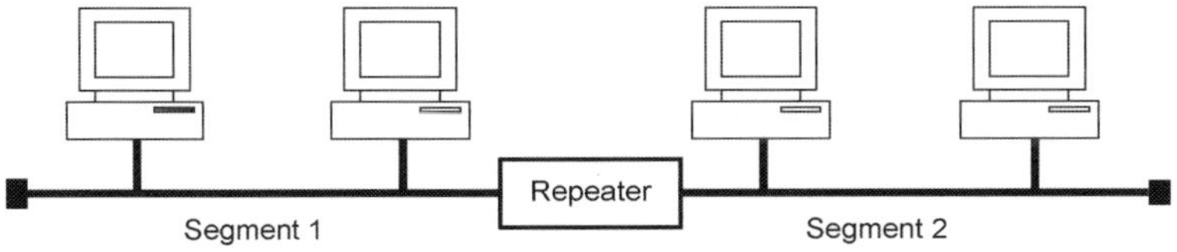

Bild 5.20 Segmente und 1 Repeater

Einen Repeater bezeichnet man auch als Schicht-1-Komponente, da er lediglich die elektrischen Signale aufbereitet, aber keine Bits oder Rahmeninhalte auswerten kann. Er hat den Nachteil, dass er alle Signale verstärkt. Auch der Datenaustausch zwischen 2 Stationen im gleichen Netzsegment wird an alle anderen über Repeater angeschlossenen Netzsegmente weiterverbreitet, obwohl dies nicht notwendig wäre. Dieses Verhalten führt zu einer unnötigen Auslastung der Segmente mit Datenverkehr und begrenzt damit die maximal mögliche Anzahl der Stationen im Gesamtnetz. Darüber hinaus kann es nicht nur zu Kollisionen zwischen zwei Stationen im gleichen Segment (Local Collision), sondern auch in unterschiedlichen Segmenten kommen (Remote Collision), da der Repeater alle eingehenden Signale weiterleitet. Man bezeichnet die durch Repeater verbundenen Netzsegmente deshalb auch als Kollisionsdomäne.

Bridge

Zur Unterteilung eines Netzes in kleinere Kollisionsdomänen dient eine Bridge, die im OSI-Modell als Schicht-2-Gerät eingeordnet werden kann. Eine Bridge verbindet 2 Netzsegmente miteinander und fällt eine Entscheidung über die Weiterleitung eingehender Datenrahmen in das jeweils andere Segment (Bild 5.21). Die Weiterleitung erfolgt nur dann, wenn sich die Zielstation tatsächlich in dem anderen Segment befindet. Dazu muss die Bridge eine Adresstabelle besitzen, in der die Adressen der angeschlossenen Stationen mit ihrer jeweiligen Segmentzuordnung aufgeführt sind, sogenannte MAC-Adressen (MAC: Media Access Control, siehe Abschnitt 5.2.3.6). Diese Adresstabelle wird nach dem Einschalten der Bridge im Laufe der Zeit automatisch und ohne Zutun eines Administrators gefüllt (Tabelle 5.2).

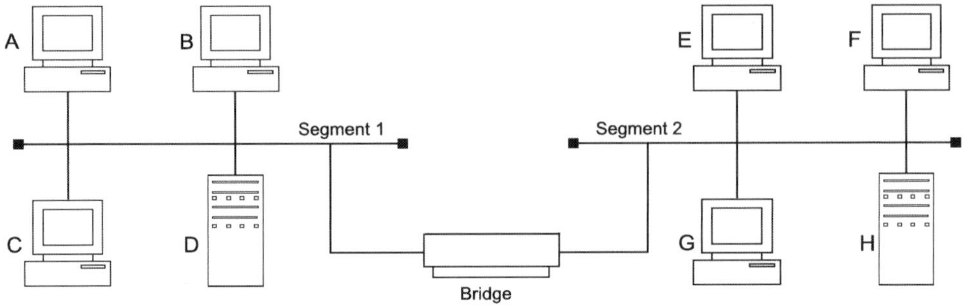

Bild 5.21 Segmente mittels einer Bridge verbunden

Sobald ein Datenrahmen eine Bridge erreicht, werden die MAC-Adresse des Absenders und der Anschluss (Port, siehe Abschnitt 5.3.4), über den er angebunden ist, in die Adresstabelle eingetragen. Danach prüft die Bridge, ob die MAC-Adresse des Empfängers bereits in der Adresstabelle vorzufinden ist. Wenn ja, dann wird der Datenrahmen nur dann auf dem anderen Port ausgegeben, wenn sich der Empfänger in dem daran angeschlossenen Segment befindet. Ansonsten wird der Datenrahmen verworfen. Wenn noch kein Adresseintrag existiert, erfolgt die Ausgabe des Datenrahmens sicherheitshalber auch auf dem anderen Port.

Tabelle 5.2 Aufbau der Adresstabelle in der Bridge in Bild 5.21 nach einem Neustart

Aktionen der Rechner	Aktionen der Bridge	Liste Segment 1	Liste Segment 2
A sendet Rahmen an B	A wird in Liste Segment 1 eingetragen, Rahmen wird auch in Segment 2 gesendet	A	–
B antwortet A	B wird in Liste Segment 1 eingetragen, Rahmen wird nicht in Segment 2 gesendet	A, B	–
B sendet Rahmen an G	Rahmen wird auch in Segment 2 gesendet	A, B	–
G antwortet B	G wird in Liste Segment 2 eingetragen, Rahmen wird auch in Segment 1 gesendet	A, B	G
F sendet Rahmen an E	F wird in Liste Segment 2 eingetragen, Rahmen wird auch in Segment 1 gesendet	A, B	G, F
E antwortet F	E wird in Liste Segment 2 eingetragen, Rahmen wird nicht in Segment 1 gesendet	A, B	G, F, E

Eine Besonderheit stellen Broadcast-Rahmen dar. Sie werden von einer Bridge immer weitergeleitet, da sie an alle Stationen im Netz gerichtet sind. Man sagt deshalb zu den durch eine Bridge verbundenen Netzsegmenten auch Broadcast-Domäne.

Hub

Die ursprünglichen Ethernet-Netzwerke mit Koaxialkabeln waren entweder vergleichsweise fehleranfällig (Unterbrechung des Buskabels legte ein Netzsegment lahm) oder teuer durch spezielle Transceiver zum Abzweigen der Signale vom Bus an den einzelnen Stationen. Aus diesem Grund entwickelte man sternförmige Netze und ersetzte zugleich das Koaxialkabel durch günstigere Twisted-Pair-Leitungen. Im zentralen Punkt des Netzes benötigte man dann eine neue Netzkomponente, die man als Hub bezeichnet. Seine Funktion kann auch mit dem Begriff Multiport Repeater beschrieben werden. Es handelt sich um ein Schicht-1-Gerät, das die an einem beliebigen Anschluss eingehenden Signale verstärkt und an alle andere Anschlüsse weiterleitet. Ein Hub und die damit verbundenen Rechner bilden somit eine große Kollisionsdomäne (Bild 5.22).

An einen Hub kann man statt eines Rechners auch einen weiteren Hub anschließen, sodass weitere Verbindungen für Rechner zur Verfügung stehen. Alle angeschlossenen Stationen müssen sich jedoch die Bandbreite teilen, d.h., bei 100 Mbit/s und 100 Stationen steht bei Gleichverteilung theoretisch für jede 1 Mbit/s bereit, was sich aber aufgrund von Kollisionen noch weiter verringert.

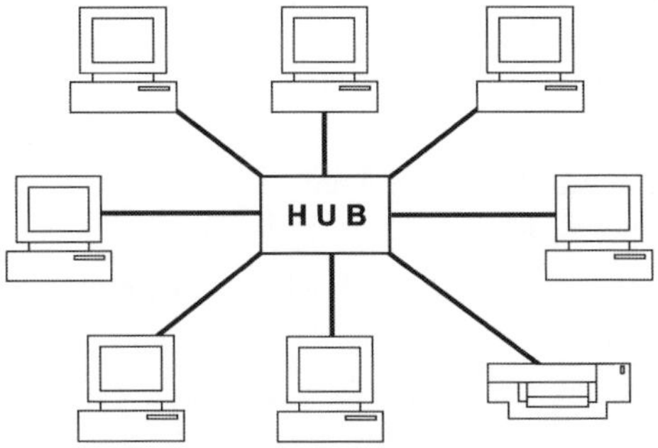

Bild 5.22
Topologie mit Hub

Switch

Ähnlich wie eine Bridge wird ein Switch zur Erhöhung der Leistungsfähigkeit eines Ethernet-LANs eingesetzt, indem eine Unterteilung in mehrere Kollisionsdomänen stattfindet (Bild 5.23). Dadurch wird das Datenaufkommen in einzelnen Netzsegmenten reduziert und die nutzbare Bandbreite erhöht.

Einen Switch kann man auch als Multiport Bridge bezeichnen und im OSI-Modell als Schicht-2-Gerät einordnen. An seinen Anschlüssen empfängt er eingehende Rahmen und leitet sie an die entsprechenden Ausgänge weiter. Im Gegensatz zu einem Hub findet eine gezielte Weiterleitung statt, d. h., der Switch prüft anhand einer Adresstabelle, auf welchen Ausgang der Rahmen gegeben werden muss. Die Adresstabelle wird genau wie bei der Bridge im Laufe der Zeit automatisch gefüllt.

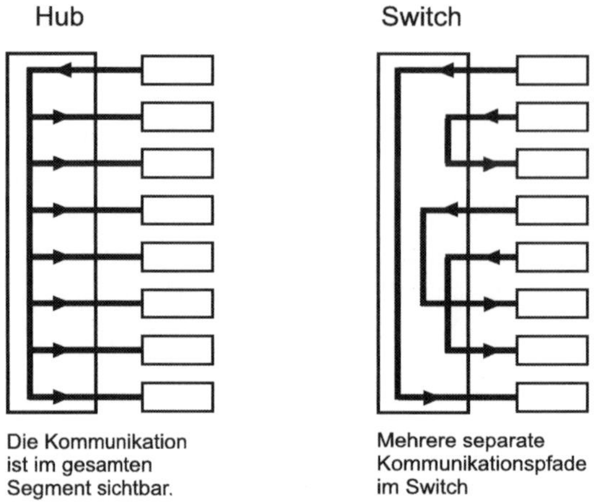

Bild 5.23 Vergleich von Hub und Switch

Bei einem Switch mit 10 Anschlüssen à 100 Mbit/s wäre es im Idealfall möglich, dass je 5 Stationspaare gleichzeitig miteinander Daten austauschen. Die Gesamtdatenrate würde dann 500 Mbit/s betragen, was eine Verfünffachung der Datenrate gegenüber einem Hub bedeuten würde. Schließt man an einen Anschluss eines Switch nur einen Rechner an und keinen weiteren Hub, so kann in diesem Mikrosegment die Betriebsart von Halbduplex auf Vollduplex umgeschaltet werden. Damit wird die mögliche Datenübertragungsrate noch einmal verdoppelt. In dem genannten Beispiel müsste der Switch mit einer internen Datenrate von mindestens 1 Gbit/s arbeiten, um bei Vollauslastung keine Rahmen zu verlieren.

In der Praxis findet man kaum eine Gleichverteilung des Datenverkehrsaufkommens zwischen den Anschlüssen eines Switch. Zumeist gibt es viele Arbeitsplatzrechner, die auf einen oder mehrere Server zugreifen. Für die Arbeitsplatzrechner gibt es dann Anschlüsse mit 100 Mbit/s, während die Server mit 1 Gbit/s an den Switch angeschlossen werden.

Die Anschlüsse eines Switch sind in der Regel abwärtskompatibel, sodass auch ältere oder langsamere Komponenten angeschlossen werden können. Das Aushandeln der Geschwindigkeit und die Betriebsart (Voll- bzw. Halbduplex) laufen dabei automatisch ab (Auto Negotiation).

In der Gebäudeautomation sind die Anforderungen an die Bitrate eher gering, und selbst ein 10-Mbit/s-Ethernet wäre meist ausreichend. Bei gemischtem Betrieb mit IT-Anwendungen, VoIP (Voice over IP) und eventuell sogar Bewegtbildübertragung kann man jedoch sehr schnell an die Belastungsgrenzen des LANs gelangen. In diesem Fall sollte ein Netzwerkmanagement mit Überwachung der Komponenten und ihrer Auslastung eingesetzt werden, um frühzeitig Engpässe zu erkennen. Da Ethernet kein deterministisches Protokoll ist, das Nachrichten innerhalb einer gewissen Mindestzeit zustellt, und Datenrahmen von Netzkomponenten bei Überlast verworfen werden dürfen, sind sporadisch auftretende und schwer zu identifizierende Fehler denkbar. Ein Ethernet-LAN sollte man deshalb großzügig auslegen.

Virtuelle LANs

Ein Switch leitet Rahmen für eine einzelne Station nur an ihren dazugehörigen Ausgangsanschluss weiter. Broadcasts hingegen sind an alle Stationen gerichtet und werden deshalb auch auf allen Anschlüssen ausgegeben. Ein mit Switches aufgebautes Netz bezeichnet man deshalb auch als Broadcast-Domäne.

In großen Netzen mit vielen Teilnehmern kann es zu einer entsprechend hohen Anzahl an Broadcasts kommen, die im gesamten Netz verteilt werden. Diese Broadcasts nehmen einen Anteil der zur Verfügung stehenden Bandbreite in Anspruch und belasten die angeschlossenen Stationen, da sie ausgewertet werden müssen. In einem geswitchten Netz kann darüber hinaus prinzipiell jede Station mit jeder anderen Station Nachrichten austauschen. Aus Sicherheitsgründen will man dies gerne unterbinden und nur bestimmten Benutzergruppen untereinander eine Kommunikation erlauben.

Beispielsweise könnte es an einer Hochschule 3 Gruppen geben: Professoren, Studenten und die Verwaltung. Diese Gruppen sollten voneinander getrennt sein, um den unbefugten Zugriff auf gespeicherte Klausuren oder personenbezogene Daten zu verhindern. Die dafür vorhandenen Sicherheitsmaßnahmen, wie Passwortschutz, sind häufig nicht ausreichend genug oder könnten umgangen werden. Eine aufwendige Lösung wäre der Aufbau physikalisch getrennter Netze, wie es in Bild 5.24 gezeigt ist.

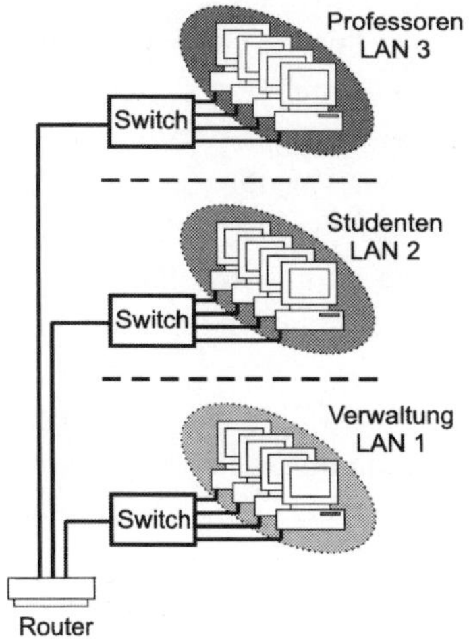

Bild 5.24
Netzaufbau ohne VLANs mit Unterteilung in 3 Benutzergruppen (Professoren, Studenten, Verwaltung)

Für jede Gruppe gibt es einen eigenen Switch und dazugehörige Kabelverbindungen. Bei organisatorischen Änderungen, wie z. B. dem Umzug von Mitarbeitern, müsste ggf. eine entsprechende Anpassung der Verkabelung erfolgen, um den Anschluss an den bisherigen Switch beizubehalten.

Die Trennung der Gruppen kann jedoch wesentlich schneller und kostengünstiger durch virtuelle LANs (VLANs) erfolgen. Bei einem VLAN-fähigen Switch kann jeder Anschluss per Software einer Gruppe zugeordnet werden. Bei einem Wechsel der Gruppenzugehörigkeit eines Anschlusses ist somit keine Änderung der Verkabelung notwendig. In dem in Bild 5.25 gezeigten Beispiel sind die Anschlüsse mit der Gruppenzugehörigkeit markiert.

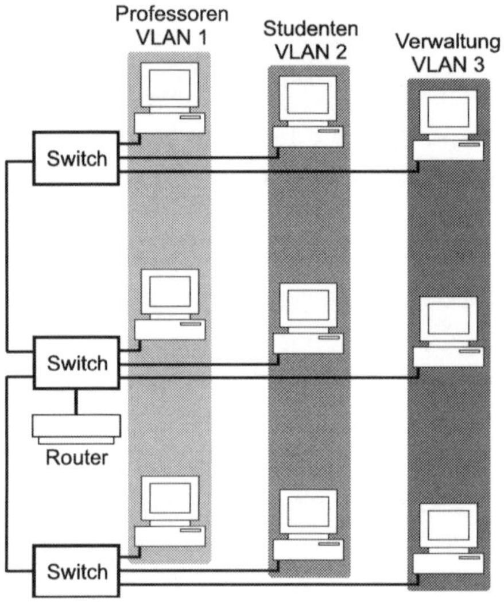

Bild 5.25
Netzaufbau mit VLANs und Unterteilung in 3 Benutzergruppen (Professoren, Studenten, Verwaltung)

Der Switch leitet nur Datenrahmen zwischen den Anschlüssen gleicher Gruppenzugehörigkeit weiter. Auch Broadcasts werden nur an die in der gleichen Gruppe befindlichen Rechner übermittelt. Damit dieses Verfahren auch über mehrere Switches hinweg funktioniert, müssen die Rahmen, die von einem Switch zum anderen weitergeleitet werden, markiert sein. Man bezeichnet dies auch als Tagging. Dazu werden die an einem Switch eingehenden Rahmen mit einer zusätzlichen Gruppenkennung versehen. Bei einem Broadcast würde ein solcher Rahmen an alle Switches weiterverteilt werden. Diese entfernen die Gruppenkennung und stellen den Rahmen allen angeschlossenen Rechnern gleicher Gruppenzugehörigkeit zu. Für die Rechner ist dieses Verfahren völlig transparent, da die Veränderungen am Rahmen vom ausliefernden Switch wieder rückgängig gemacht werden. Will man dennoch eine Kommunikation zwischen verschiedenen Gruppen erlauben, so wird als Koppelelement ein Router (siehe Abschnitt 5.3.1) benötigt. Dieser kann Daten zwischen Gruppen transportieren, wobei mit einer gezielt eingestellten Filterung und Untersuchung des Datenstroms (Firewall) unbefugter Zugriff verhindert wird.

5.2.3.3 Übertragung mit Glasfasern

Bei Glasfasern werden die Daten mithilfe von Lichtimpulsen auf einem optischen Wellenleiter übertragen. Diese Technologie ist heute noch zwar teurer als die Verwendung elektrischer Nachrichtenkabel, zeichnet sich aber durch die folgenden positiven Eigenschaften aus:

- übertragungstechnische Vorteile
  - geringe Signaldämpfung
  - hohe Bandbreite und damit hohe Übertragungsraten
  - hohe Abhörsicherheit im Vergleich zu elektrischen Nachrichtenkabeln oder Funk
- beeinflussungstechnische Vorteile
  - keine Beeinflussung durch Blitzeinschlag oder Hochspannungs-/Energie-Leitungen
  - gefahrlose Anwendung in explosionsgefährdeter Umgebung (keine Zündfunken)
  - keine Signalabstrahlung (hohe elektromagnetische Verträglichkeit)
  - galvanische Trennung der Netzkomponenten (keine Ausgleichsströme durch Potenzialunterschiede)
- mechanische Vorteile
  - kleiner Kabeldurchmesser und geringes Gewicht (somit Platzeinsparung und einfache Verlegung)
  - große Lieferlängen und lange Leitungsstrecken ohne Zwischenstationen
  - korrosionsunempfindlich.

Den Vorteilen stehen als Nachteile die höheren Kosten und die aufwendigere Montage von Steckverbindungen gegenüber. Bei einer Glasfaser ist darüber hinaus besonders auf die Einhaltung minimaler Biegeradien zu achten, um Beschädigungen des Wellenleiters zu vermeiden.

Faseraufbau

Eine Glasfaser besteht im Innern aus einem Kern aus Quarzglas (Siliziumdioxid), der von einem ebenfalls aus Quarzglas bestehenden Mantel umgeben ist (Bild 5.26). Kern und Mantel werden unterschiedlich dotiert (gezielte Zugabe von Fremdsubstanzen), um einen gewünschten optischen Brechungsindex *n* einzustellen.

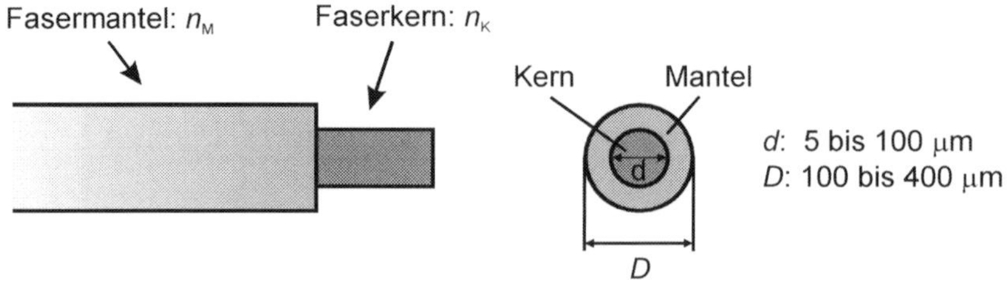

Bild 5.26 Aufbau einer Glasfaser

Dies führt dazu, dass ein in die Faser einlaufender Lichtstrahl gemäß den Gesetzen der Optik an der Grenze zwischen Kern und Mantel reflektiert wird. Dazu muss der Brechungsindex des Kerns größer als der des Mantels sein. Der Lichtstrahl kann sich so entlang des Wellenleiters über wiederholte Totalreflexionen ausbreiten (Bild 5.27). Die Winkel können über Brechungsgesetze berechnet werden.

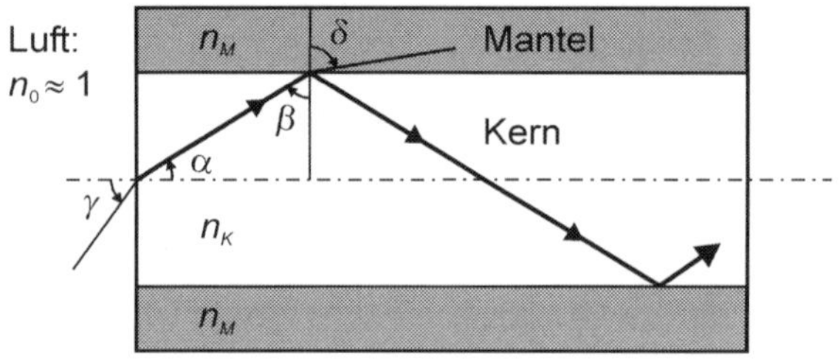

Bild 5.27 Einkopplung und Ausbreitung des Lichts in einer Glasfaser

Zum Schutz der empfindlichen, haardünnen Glasfaser vor mechanischer Beschädigung wird eine weitere Ummantelung mit mehreren Kunststoffschichten (z. B. aus Kevlar) angebracht. Es gibt auch Fasern, deren Lichtwellenleiter anstelle von Glas aus Kunststoff besteht. Aufgrund der schlechteren optischen Eigenschaften werden diese Fasern jedoch nicht für die schnelle Datenübertragung auf langen Strecken eingesetzt, sondern z. B. bei der digitalen Audioübertragung (CD/DVD-Geräteverbindung zum optischen Anschluss eines Audioverstärkers). Die polymer-optischen Fasern werden inzwischen auch für die Vernetzung von Steuergeräten in Automobilen eingesetzt, und man forscht an kostengünstigen Hochgeschwindigkeitssystemen, die einmal DSL (Digital Subscriber Line) ablösen sollen.

Dämpfungseigenschaften

Unter der Dämpfung versteht man die Verringerung der Lichtsignalstärke auf dem Weg vom Sender zum Empfänger. Diese sollte möglichst klein sein, um bei gegebener Lichtleistung des Senders und Empfindlichkeit des Empfängers eine möglichst große Strecke überbrücken zu können.

Die Dämpfung bei Glasfasern hat mehrere Ursachen:

- Unter intrinsischen Verlusten versteht man die Rayleigh-Streuung (Streueffekte infolge von Materialinhomogenitäten in Analogie zur Lichtstreuung an Wassertröpfchen bei Nebel) und die Infrarotabsorption.
- Extrinsische Verluste entstehen durch Materialverunreinigungen, die ebenfalls zu Streueffekten führen und so den Lichtdurchgang behindern.
- Weitere Verluste ergeben sich durch die Krümmung der Glasfaser beim Verlegen (Biegedämpfung) und beim Verlängern (Spleißdämpfung, Dämpfung von Steckverbindungen).
- Darüber hinaus können größere Verluste bei der Einkopplung des Lichts in die dünne Faser entstehen.

Die Dämpfung einer Faserstrecke wird wie in der Nachrichtentechnik üblich in dB bzw. längenbezogen in dB/km angegeben.

Die Dämpfung D in dB berechnet sich zu:

$$D = 10 \cdot \log \frac{P_E}{P_A}$$

mit P_E als eintretender Lichtleistung und P_A als austretender Lichtleistung.

Typische längenbezogene Dämpfungswerte für Glasfasern liegen zwischen 0,5 dB/km und 3 dB/km. Da die Verlustmechanismen in der Glasfaser frequenzabhängig sind, nutzt man vorzugsweise die als optische Fenster bezeichneten Wellenlängenbereiche um 850 nm, 1300 nm und 1550 nm, die sich durch besonders geringe Dämpfung auszeichnen.

Dispersionseigenschaften

Das in die Glasfaser eingekoppelte Licht kann sich unter bestimmten Reflexionswinkeln entlang des Wellenleiters ausbreiten (Bild 5.28). Dies ist der Fall bei der sogenannten Multimode-Faser, die einen vergleichsweise großen Kerndurchmesser um 50 μm besitzt.

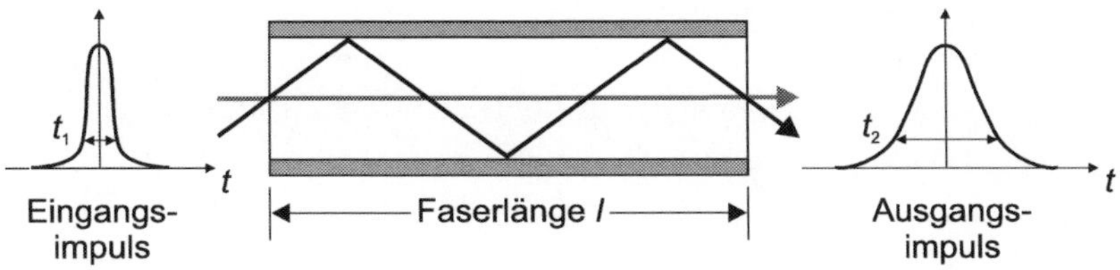

Bild 5.28 Ausbreitungswege in einer Multimode-Faser und dazugehörige Impulsverbreiterung

Aufgrund der unterschiedlichen Wegstrecken treffen bestimmte Anteile eines Lichtimpulses früher und andere Anteile später am Empfangsort ein. Dies führt zu einer Impulsverbreiterung, die man als Modendispersion bezeichnet. Bei der Übertragung von digitalen Signalen mit Lichtimpulsen muss man deshalb darauf achten, die einzelnen Bits nicht zu schnell hintereinander zu senden. Ansonsten würden sie sich auf der Empfangsseite überlagern und eine Erkennung des logischen Zustands erschweren oder verhindern. Da die Impulsverbreiterung mit zunehmender Länge der Glasfaser steigt, führt man das sogenannte Bandbreiten-Längen-Produkt ein. Es stellt eine Maßzahl für die maximal mögliche Bitrate auf einer Glasfaserstrecke dar. Eine Faser mit 1000 MHz km kann eine Frequenz von 1000 MHz über eine Strecke vom 1 km weitgehend unverzerrt übertragen und damit eine Bitrate von etwa 1000 Mbit/s realisieren. Verdoppelt man die Entfernung auf 2 km, so müssen die Abstände zwischen den Lichtimpulsen länger ausfallen, und es ist nur noch eine Frequenz von 500 MHz bzw. eine Bitrate von 500 Mbit/s möglich.

Die Modendispersion kann durch Verkleinerung des Kerndurchmessers verhindert werden. Bei einem Kerndurchmesser von wenigen µm breitet sich das Licht im Wellenleiter annähernd geradlinig aus (Zentralstrahl). Man bezeichnet solche Fasern deshalb auch als Monomode-Fasern, da es nur noch einen Ausbreitungsweg und somit keine Modendispersion gibt. Monomode-Fasern weisen deshalb wesentlich höhere Bandbreiten-Längen-Produkte als Multimode-Fasern auf (typisch 100 GHz km statt 1 GHz km).

Die maximale Übertragungsrate wird hier durch einen weiteren Effekt, die Materialdispersion, begrenzt. Unterschiedliche Wellenlängen (Farben) des Lichts breiten sich mit verschiedener Geschwindigkeit in der Glasfaser aus. Ein Lichtimpuls mit einer bestimmten spektralen Breite (Farbenbereich) wird deshalb beim Durchgang in seine einzelnen Wellenlängenanteile aufgespaltet und somit zeitlich verbreitert. Verringert werden kann dies nur durch die Verwendung von Lichtquellen mit besonders hoher Farbreinheit, wie sie bei Lasern näherungsweise anzutreffen sind.

Optisches Übertragungssystem

Ein optisches Übertragungssystem besteht neben dem Lichtwellenleiter aus den in Bild 5.29 gezeigten Komponenten. Als Sender kommen entweder Halbleiterlaser oder Leuchtdioden zum Einsatz. In Abhängigkeit des elektrischen Datensignals wird deren Lichtintensität gesteuert. Die Laser zeichnen sich insbesondere durch ihre geringe spektrale Bandbreite (geringe Materialdispersion) sowie durch die Bündelung und die gute Einkopplung des Lichts in die Faser aus. Als Empfänger verwendet man Photodioden, welche die Lichtimpulse wieder in elektrische Signale umwandeln.

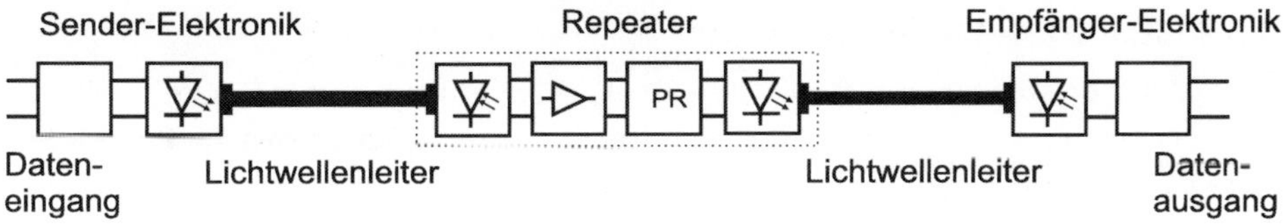

Bild 5.29 Optisches Übertragungssystem

Längere Glasfaserstrecken benötigen gegebenenfalls Zwischenverstärker (Repeater). Dabei wird das Lichtsignal in ein elektrisches Signal rückgewandelt, verstärkt, aufbereitet (Pulsregenerierung – PR) und dann wieder in ein Lichtsignal umgesetzt. Bei Weitverkehrsstrecken setzt man auch rein optische Verstärker ein. In Zukunft ist mit dem verbreiteten Einsatz weiterer optischer Komponenten (Schalter, Filter, Koppler) zu rechnen.

Ethernet-Glasfaserübertragungsvarianten

Bei Ethernet werden die in der Tabelle 5.3 aufgeführten Varianten der Glasfaserübertragung bevorzugt eingesetzt, wobei die 1-Gbit/s-Standards am weitesten verbreitet sind.

Tabelle 5.3 Ethernet-Varianten bei Glasfaserübertragung

Bezeichnung	Geschwindigkeit	Maximale Faserlänge
100Base-FX	100 Mbit/s	ca. 400 m
1000Base-SX	1 Gbit/s	ca. 500 m
1000Base-LX	1 Gbit/s	ca. 5 km

Für den Datentransport in die Hin- und in die Rückrichtung (Tx und Rx) wird jeweils eine eigene Glasfaser verwendet. Aufgrund der getrennten Signalpfade für Tx und Rx ist deshalb eine Übertragung im Vollduplex möglich. Zum Anschluss sind zwei unterschiedliche Steckverbinder gebräuchlich, die mit ST bzw. SC bezeichnet werden. Für das oft gebräuchliche 1000Base-SX werden Multimode-Fasern eingesetzt und eine Wellenlänge von 850 nm benutzt. Bei der Auswahl von Komponenten ist auf einen einheitlichen Kerndurchmesser zu achten, da sowohl 50 µm als auch 62,5 µm handelsüblich sind. 1000Base-LX überbrückt mit Monomode-Fasern (Kerndurchmesser 10 µm) die größten Distanzen bis ca. 5 km und verwendet dazu eine Wellenlänge von 1300 nm. In Zukunft werden auch verstärkt 10-Gbit/s-Ethernet-Varianten (10Gbase-LX4, 10Gbase-SR, 10Gbase-LR usw.) eingesetzt, die sich durch die Art der verwendeten Faser, den Wellenlängenbereich und die Maximaldistanz unterscheiden.

5.2.3.4 Strukturierte Verkabelung

Bei der strukturierten Verkabelung (Bild 5.30) mit Lichtwellenleitern (LWL) und Kupferkabeln verfolgt man das Ziel, möglichst wenig unterschiedliche Medien und Netze für die Übertragung möglichst vieler Anwendungen einzusetzen.

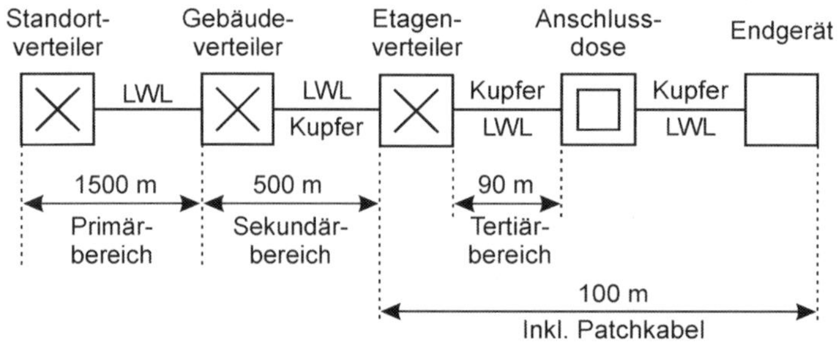

Bild 5.30 Strukturierte Verkabelung

Die Europanorm EN 50713 definiert dazu die Merkmale einer hersteller- und anwendungsneutralen Verkabelung für flexible und zukunftssichere Verbindungen. Dabei bildet man Hierarchiestufen für 3 unterschiedliche Einsatzbereiche:

- Beim Primärbereich handelt es sich um die gebäudeübergreifende Verkabelung, die an Gebäudeverteilern beginnt bzw. endet. Aufgrund der relativ großen Entfernungen und zur Vermeidung von Ausgleichsströmen durch Potenzialunterschiede werden hier Lichtwellenleiter (LWL) verwendet.
- Unter dem Sekundärbereich versteht man den gebäudeinternen Backbone, der den Gebäudeverteiler mit den einzelnen Etagenverteilern verbindet. Hier sind sowohl Kupferkabel als auch Lichtwellenleiter erlaubt.
- Im Tertiärbereich findet schließlich der Anschluss der Endgeräte an die Etagenverteiler statt. Üblich ist eine sternförmige Verkabelung mit Twisted-Pair-Kupferkabeln. Je nach örtlichen Gegebenheiten kann man auch auf die Etagenverteiler verzichten und alle Endgeräte sternförmig mit einer leistungsfähigen Netzkomponente am Gebäudeverteiler verkabeln.

Im Zuge aktueller Trends, wie VoIP, nutzt man diese strukturierte Verkabelung sowohl für die Rechnervernetzung als auch zum Telefonieren. Eine Nutzung für die Gebäudeautomation wäre nur konsequent. Dabei darf man eventuelle Sicherheitsprobleme jedoch nicht außer Acht lassen, da ohne besondere Maßnahmen ein Zugriff auf Systeme der Gebäudeautomation von jedem Bürorechner aus möglich wäre. Außerdem muss gewährleistet sein, dass eine eventuelle Überlastung des Netzes durch andere Dienste die zuverlässige Funktion der Gebäudeautomation nicht gefährdet.

5.2.3.5 Funkübertragung (Wireless LAN)

Die meisten Ethernet-Netze, die für die Gebäudeautomation eingesetzt werden, basieren auf Kupferkabel- bzw. Glasfaserverbindungen. Ein Wireless LAN (WLAN) kann in einigen Fällen eine Alternative sein, wenn z. B. in denkmalgeschützten Altbauten keine Neuverkabelung erfolgen kann oder entfernte Gebäude miteinander verbunden werden sollen.

Die Funkübertragung mit WLAN ist transparent, d. h., ein Anwender wird meist keinen Unterschied zu einer leitungsgebundenen Übertragung feststellen. Die Zuverlässigkeit sowie die Stör- und Abhörsicherheit eines WLANs sind jedoch prinzipiell geringer. Folgende von der IEEE (Institute of Electrical and Electronics Engineers) aufgestellte Standards sind verbreitet (Tabelle 5.4):

Tabelle 5.4 WLAN-Varianten

Bezeichnung	Bitrate	Frequenzbereich
802.11b	bis 11 Mbit/s	2,4 GHz
802.11 g	bis 54 Mbit/s	2,4 GHz
802.11a	bis 54 Mbit/s	5 GHz
802.11n	bis 600 Mbit/s	2,4 GHz und 5 GHz

Tatsächlich realisierbare Übertragungsraten betragen etwa die Hälfte der in der Tabelle aufgeführten Geschwindigkeiten. Gründe dafür sind der Halbduplex-Betrieb und der Overhead (zusätzliche Bits für die Kommunikationsablaufsteuerung), der für die geregelte Nutzung des Funkkanals durch mehrere Stationen notwendig ist.

Am weitesten verbreitet sind die kostengünstigen Funksysteme bei 2,4 GHz, die meist auch einen Mischbetrieb von 802.11b und 802.11 g erlauben. Die zur Verfügung stehenden Funkkanäle sind teilweise schon überbelegt. Zudem existieren noch weitere Funkanwendungen, wie Bluetooth, Zigbee und die drahtlose Audio/Video-Übertragung, im gleichen Frequenzbereich, sodass es zu gegenseitigen Störungen kommen kann. Aufgrund des lizenz- und anmeldungsfreien Betriebs kann kein Schutz vor Störungen garantiert werden. Lediglich die begrenzte Reichweite (etwa 300 m im Freien) ermöglicht eine Entkopplung frequenzgleicher Systeme. Die Frequenzbelegung bei 5 GHz ist zurzeit noch wesentlich geringer. Nachteilig ist jedoch, dass die höhere Frequenz aufgrund der höheren Dämpfung durch Wände mit einer wesentlich geringeren Reichweite in Gebäuden verbunden ist.

Eine Planung von WLAN-Systemen ist durch die Unwägbarkeiten bei der Funkausbreitung vergleichsweise schwierig und erfordert häufig Vorortmessungen zur Bestimmung der Reichweite bzw. Funkabdeckung.

5.2.3.6 Sicherungsschicht: Rahmenaufbau und MAC-Adresse

Ethernet ist ein paketorientiertes Datenübertragungsverfahren. Die Nutzdaten werden vom Sender in Stücke zerteilt und in Rahmen eingebettet. Die Rahmen werden dann über das Transportmedium übertragen und die Nutzdaten auf der Empfangsseite wieder entnommen.

Der Vorteil dieses Verfahrens besteht darin, dass ein vorhandenes Medium von mehreren angeschlossenen Stationen scheinbar gleichzeitig benutzt werden kann. Tatsächlich werden die Datenrahmen der einzelnen Teilnehmer aber nacheinander übertragen. Bei kabelgebundenem Ethernet beträgt die maximale Rahmenlänge 1518 B. Nach einer entsprechenden Wartezeit besteht für andere Stationen wieder die Möglichkeit des Zugriffs auf das Übertragungsmedium. Ethernet-Rahmen haben den in Bild 5.31 gezeigten Aufbau.

8 Bytes	6 Bytes	6 Bytes	2 Bytes	variabel	4 Bytes
Präambel	Empfänger-adresse	Sender-adresse	Länge/Typ	Daten	FCS

Bild 5.31 Rahmenaufbau bei Ethernet

Die Präambel zu Beginn der Übertragung signalisiert den angeschlossenen Stationen, dass gleich mit der Datenübertragung begonnen wird. Danach folgt die Hardwareadresse des Empfängers. Anhand dieser Adresse erkennt eine Station, ob die Nachricht für sie bestimmt ist oder ignoriert werden kann.

Die Vergabe der Hardwareadresse, der sogenannten Media-Access-Control-Adresse (MAC-Adresse), für Sender und Empfänger erfolgt durch die IEEE. Die MAC-Adresse hat eine Länge von 6 B bzw. 48 bit (Bild 5.32).

I/G	U/L	Herstellerkennung	Seriennummer
1 Bit	1 Bit	22 Bits	24 Bits

Bild 5.32 Aufbau von MAC-Adressen

Das I/G (Individuell/Gruppe)-Bit gibt an, ob es sich um eine an eine einzelne Station gerichtete Nachricht (Unicast) oder um eine Sendung an eine Gruppe von Stationen handelt (Multicast). Das U/L (Universell/Lokal)-Bit unterscheidet, ob die MAC-Adresse den Konventionen der IEEE folgt oder vom lokalen Netzbetreiber selbstständig vergeben wurde. Zur Kennzeichnung der Hersteller von Netzwerkkarten stehen 22 Bits zur Verfügung, denen dann 24 Bits als Geräte- oder Seriennummer folgen.

Bei den meisten Netzwerkkarten lässt sich die MAC-Adresse bei Bedarf per Software ändern. Dabei ist darauf zu achten, dass keine Adresse in einem lokalen Netz doppelt vergeben wird. Eine besondere Bedeutung hat die MAC-Adresse 0xFFFFFFFFFFFF. Darunter versteht man einen Broadcast, d.h. eine Sendung an alle im Netz befindlichen Stationen.

Nach der MAC-Adresse des Absenders folgt bei dem am häufigsten verwendeten Ethernet-Rahmen-Format ein 2-Byte-Typenfeld, das zur Kennzeichnung der Nutzdaten eingesetzt wird. Der Wert 0x0800 zeigt z. B. an, dass im Nutzdatenbereich ein IP-Paket vorhanden ist. Die Nutzdaten selbst dürfen eine Länge zwischen 46 B und 1500 B aufweisen, denen dann eine 4-Byte-CRC-Prüfsumme (sogenannte Frame Check Sequence) zur Fehlererkennung folgt.

5.2.4 Attached Resource Computer Network (ARCNET)

ARCNET, standardisiert in ATA/ANSI 878.1, ist eine LAN-Technologie, die in der USA für die Bürokommunikation entwickelt hat, aber vom schnelleren Ethernet verdrängt wurde. Im Gegensatz zum klassischen Ethernet weist ARCNET jedoch ein deterministisches Übertragungsverhalten auf, das es für den Einsatz in der industriellen Kommunikationstechnik interessant macht. Insbesondere beruht ARCNET wie MS/TP auf einem Token-Passing-Verfahren. Die wesentlichen Vorteile sind:

- Echtzeitfähigkeit, d. h. garantierte Antwortzeiten,
- OSI-Schichten 1 und 2 in Hardware (als Chip) realisiert,
- variable Topologie (Bus, Baum, Stern),
- Vielzahl von Medien (Koaxialkabel, Twisted-Pair, Lichtwellenleiter),
- variable Datenraten von 30 bit/s bis 10 Mbit/s,
- hohe Effizienz durch geringen Overhead (Übertragungsrate bis 71 % der Baudrate).

ARCNET hat jedoch außerhalb der USA keine größere Bedeutung erlangen können, sodass auch nur wenige BACnet-Geräte ARCNET unterstützen.

5.2.5 LonTalk

LonTalk ist eine der möglichen LAN-Technologien, um BACnet-Nachrichten zu transportieren. Unter LonTalk versteht man dabei das Kommunikationsprotokoll von Echelon im Rahmen der LonWorks-Protokollfamilie, die in Kapitel 4 ausführlich erläutert wird. Als Übertragungsmedien stehen verdrillte Leitungen, Koaxialkabel, Lichtwellenleiter und Funksysteme zur Verfügung, die skalierbare Bitraten bis zu 1,25 Mbit/s erlauben.

Die Fähigkeit, BACnet-Nachrichten über LonTalk zu verbreiten, bedeutet jedoch nicht, dass gleichzeitig auch die höheren Schichten von BACnet und LonWorks miteinander kommunizieren können. LonTalk ist nur das Transportmedium, die Abbildung zwischen BACnet-Objekten und LonWorks/LonMark ist eine Aufgabe entsprechender Gateways.

5.3 Vermittlungsschicht

5.3.1 Aufgabe

Die Aufgabe der Vermittlungsschicht ist die Weiterleitung von Nachrichten zwischen verschiedenen Netzen, unabhängig von der verwendeten Schicht-2-Technologie (Bild 5.33).

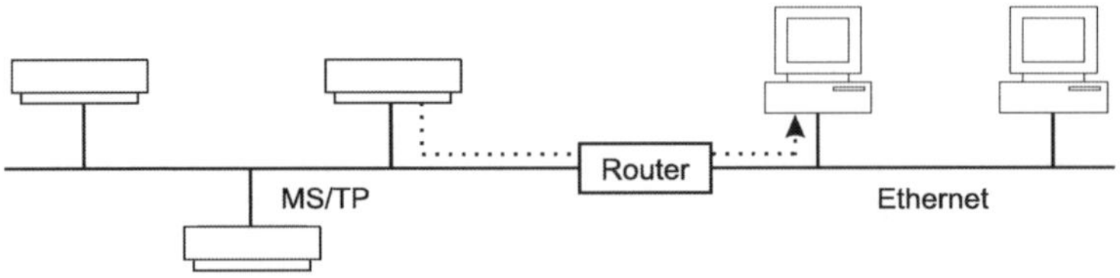

Bild 5.33 Vermittlung zwischen zwei Netzen durch einen Router

Während sich die Sicherungsschicht nur mit lokalen Adressen befasst, muss die Vermittlungsschicht eine globale Adressierung ermöglichen. Beispielsweise sind in einem MS/TP-Netz 254 lokale Adressen und die Broadcast-Adresse verfügbar. Ein zweites MS/TP-Netz hat den gleichen Adressraum. Will man die beiden Netze verbinden, so muss ein zusätzliches Entscheidungskriterium zur eindeutigen Identifikation der Stationen im Gesamtnetz eingeführt werden. Dies ist die von BACnet verwendete 2-Byte-Netznummer (für maximal 65.535 Teilnetze). Eine BACnet-Station ist somit durch die Netznummer und die Schicht-2-Adresse eindeutig gekennzeichnet.

5.3.2 Router

Geräte, die mehrere Netze miteinander verbinden und die Weiterleitung von Nachrichten übernehmen, nennt man Router. Die Netze können dabei gleiche oder unterschiedliche Schicht-2-Technologien haben. Die Routing-Funktionalität kann auch in eine BACnet-Automatisierungsstation integriert sein. Die Weiterleitung von Nachrichten basiert dabei auf Tabellen in den Routern, in denen Weiterleitungsregeln eingetragen sind. Diese Routingtabellen können automatisch durch Austausch von Weginformationen zwischen Routern erstellt werden. Wie der Austausch erfolgt, ist durch ein sogenanntes Routingprotokoll festgelegt. Im Gegensatz zum Internet ist das bei BACnet verwendete Verfahren sehr einfach gehalten. Dazu müssen die Netze aber so aufgebaut werden, dass es jeweils nur einen aktiven Pfad zwischen zwei Stationen gibt.

Die Vermittlungsschicht setzt einen Kopf (Header) vor die Dateneinheit (DA) der Anwendungsschicht (Bild 5.34). Nach der Versionsnummer (aktuell 0x01) folgt ein Steuerfeld, in dem steht, ob es sich um eine Nachricht des Routingprotokolls (also um Routingnachrichten) oder um Daten von der BACnet-Anwendung (also um BACnet-Nachrichten) handelt. Bei den Adressen muss zusätzlich die Länge der Schicht-2-Adresse angegeben werden, da sie von 1 B (MS/TP) bis 7 B (LonTalk mit Neuron-Identifikationsnummer) reichen kann.

Version	1 Oktett	
Steuerfeld	1 Oktett	
DNET	2 Oktette	DNET: Netzadresse des Empfängers
DLEN	1 Oktett	DLEN: Länge der MAC-Adresse des Empfängers
DADR	variabel	DADR: MAC-Adresse des Empfängers
SNET	2 Oktette	SNET: Netzadresse des Senders
SLEN	1 Oktett	SLEN: Länge der MAC-Adresse des Senders
SADR	variabel	SADR: MAC-Adresse des Senders
Hop Counter	1 Oktett	
Nachrichtentyp	1 Oktett	
Herstellerkennung	2 Oktette	
DA	*N* Oktette	DA: Dateneinheit für Anwendungsschicht

Bild 5.34 Aufbau der Dateneinheit (NPDU) der Vermittlungsschicht

Eine Sendung von einer BACnet-Station zu einem Router beinhaltet die Zieladresse. Die Quelladresse ist über die in der Sicherungsschicht enthaltene lokale Adresse, und das Netz ist über den Router-Anschluss, auf dem die Sendung eingeht, bekannt. Die NPDU zwischen Routern beinhaltet die Quell- und die Zieladresse, während die Sendung vom Router zum BACnet-Gerät nur die Quelladresse enthält. Über den Hop-Count-Zähler wird verhindert, dass BACnet-Nachrichten endlos im Netz kreisen, wenn, entgegen den Designrichtlinien, geschlossene Wege in der Topologie vorhanden sind. Er wird bei jedem Routerdurchgang um 1 vermindert, und die Nachricht wird beim Erreichen des Werts 0 verworfen. Je nach Aufgabe werden bestimmte Felder im Kopf nicht benötigt und weggelassen. Beim BACnet-Nachrichtenaustausch zwischen zwei Stationen in einem lokalen Netz werden z. B. nur das Versions- und das Kontrollfeld verwendet (Bild 5.35).

Bild 5.35 NPDU bei der Übertragung zwischen Stationen im gleichen Netz

Der Austausch von Routinginformationen ist ebenfalls standardisiert und besteht aus Nachrichten der Art:

- Frage nach dem Router zu einem bestimmten Netz (Who Is Router To Network),
- Bekanntgabe der Weiterleitungsmöglichkeit zu einem bestimmten Netz durch einen Router (I Am Router To Network, Rahmenformat siehe Bild 5.36),

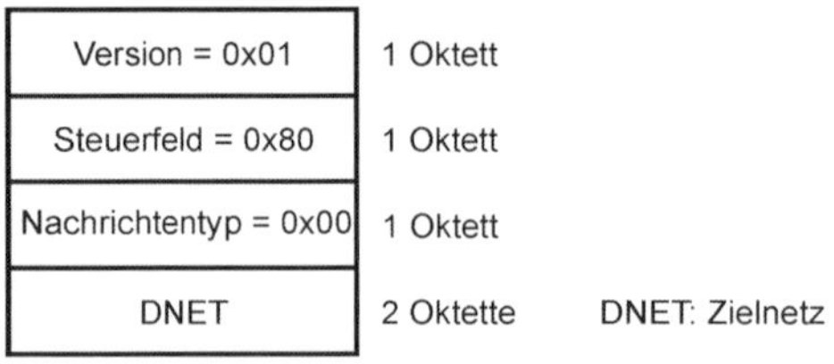

Bild 5.36
Beispiel für eine NPDU zum Austausch von Routinginformationen

- Bekanntgabe der Weiterleitungsmöglichkeit zu einem bestimmten Netz durch einen Router über eine Wählverbindung (I Could Be Router To Network),
- Fehlermeldung (Reject Message To Network), z. B. keine Weiterleitungsmöglichkeit ins Zielnetz gefunden,
- Abfragen, Eintragen und Löschen von Einträgen in Routingtabellen von Routern (Initialize Routing Table) usw.

5.3.3 BACnet und das Internet Protocol (IP)

Aufgrund der weltweiten Anwendung und Bedeutung des Internets durchdringen die dazugehörigen Protokolle zunehmend auch die Gebäudeautomation. BACnet unterstützt das Internet Protocol (IP) und ermöglicht dadurch global vernetzte Systeme.

IP kann im OSI-Modell der Vermittlungsschicht zugeordnet werden und hat deshalb die Aufgabe, für eine zielgerichtete Weiterleitung von Paketen durch ein komplexes Netz zu sorgen. Dazu werden sowohl Adressen der Absender- und Empfängerstationen als auch der bestmögliche Pfad durch das Netz benötigt.

5.3.3.1 IP-Adressen

Bei der Adressierung von Rechnern in verschiedenen Netzen wird im Gegensatz zur flachen Struktur bei Ethernet ein hierarchisches System verwendet. Bei einem flachen Adressierungssystem kann man aus der Adresse keine Information über den Standort einer Station und den möglichen Weg zu ihr erhalten. In einem lokalen Netz mit begrenzter Ausdehnung ist das auch nicht notwendig. Würde man jedoch ein flaches Adressierungssystem im Internet verwenden, müsste in den Vermittlungsstellen (Routern) jede einzelne Station mit ihrem dazugehörigen Weg verzeichnet sein, was äußerst ineffizient und technisch kaum realisierbar wäre.

Vom hierarchisch organisierten Telefonnetz kennt man ein für große Netze besser geeignetes Adressierungssystem: Man verwendet zuerst eine Vorwahl zur Kennzeichnung des Ortsnetzes und eine sich daran anschließende Rufnummer, die innerhalb des Ortsnetzes den Teilnehmeranschluss darstellt. In ähnlicher Weise hat man auch die Adressen beim Internet-Protokoll organisiert.

Diese IP-Adressen bestehen in der noch überwiegend genutzten Version IPv4 aus einer 32-Bit-Zahl, die meist in Form von 4 Oktetten in Dezimalform geschrieben wird (Bild 5.37). Mit der letzteren Darstellung kann sich ein menschlicher Benutzer die Adressen besser merken.

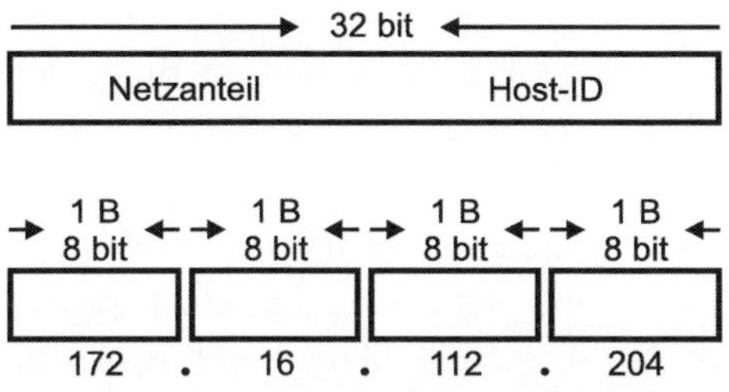

Bild 5.37
Aufbau von IP-Adressen mit Beispiel

Für die Vergabe von weltweit eindeutigen IP-Adressen ist die Internet Assigned Numbers Authority (IANA) zuständig bzw. die von ihr beauftragten Unterorganisationen. Die IP-Adressen werden in einen Netzanteil und einen Hostanteil zerlegt. Der Netzanteil ist vergleichbar mit der Ortsvorwahl beim Telefon, während der Hostanteil der Rufnummer im Ortsnetz entspricht. Die Aufteilung der zur Verfügung stehenden 32 Bits in Netz- und Hostanteil ist variabel. Bei den klassenbasierten IP-Adressen hat man die Unterteilung gemäß Tabelle 5.5 vorgenommen.

Tabelle 5.5 Klasseneinteilung bei IP-Adressen

Klasse	Führende Bits	Wert des 1. Oktetts	Bits für Netzanteil	Bits für Hostanteil	Maximale Rechnerzahl im Netz
A	0	1 – 126	8	24	ca. 16 Millionen
B	10	128 – 191	16	16	ca. 65 000
C	110	192 – 223	24	8	ca. 250
D	1110	224 – 239	Multicast		
E	1111	Reserviert für Forschungszwecke			

Klasse A

Die Adressklasse A ist für sehr große Netze mit vielen Teilnehmern gedacht. Man benötigt deshalb einen großen Hostanteil und hat demzufolge weniger Bits für den Netzanteil zur Verfügung.

Bei einer Klasse-A-Adresse ist das 1. Oktett der Netzanteil und die restlichen 3 Oktette sind der Hostanteil. Dabei darf das 1. Oktett nur Werte zwischen 1 und 126 erhalten. Demzufolge gibt es also nur 126 Klasse-A-Netze mit jeweils $2^{24} - 2 = 16\,777\,214$ Teilnehmern. Von den maximal möglichen 2^{24} Kombinationen für den Hostanteil müssen 2 Adressen abgezogen werden, die für die Netzbezeichnung (alle Bits im Hostanteil sind dann 0) und für Broadcast-Sendungen (alle Bits im Hostanteil sind dann 1) vorgesehen sind.

Zur Kennzeichnung von Netz- und Hostanteil führt man eine weitere 32-Bit-Zahl als sogenannte Netzmaske ein. Auch sie wird üblicherweise als 4 durch Punkte getrennte Oktette in Dezimalform geschrieben. In binärer Darstellung gibt eine 1 oder eine 0 an, ob die betreffende Stelle in der IP-Adresse dem Netz- oder dem Hostanteil zugehörig ist. Mit einer logischen UND-Operation von IP-Adresse und Netzmaske kann man deshalb schnell die zu einer IP-Adresse zugehörige Netzadresse ermitteln. Da bei Klasse-A-Netzen das 1. Oktett den Netzanteil angibt, lautet die Netzmaske 255.0.0.0 (Bild 5.38).

Alternativ kann man anstelle der Netzmaske die IP-Adresse mit durch Schrägstrich getrennter Anzahl der Netzmaskenbits verwenden, um eine kürzere Schreibweise zu erhalten (z. B. 172.16.2.10/8 entsprechend 8 Netzmaskenbits für den Netzanteil).

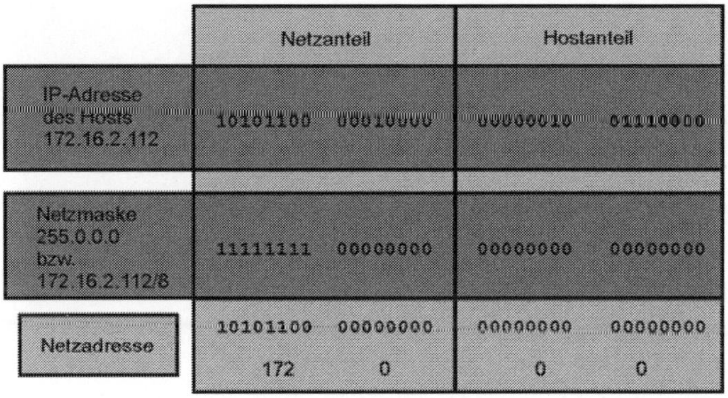

Bild 5.38 Logische UND-Operation zur Bildung der Netzadresse aus IP-Adresse und Netzmaske

Klasse B

Adressen der Klasse B wurden für mittelgroße bis große Netze konzipiert. Netz- und Hostanteil der IP-Adresse nehmen jeweils 16 Bits in Anspruch. Das 1. Oktett darf dabei nur Werte zwischen 128 und 191 aufweisen. Daraus ergeben sich dann insgesamt 2^{14} Netze, in denen jeweils bis zu $2^{16} - 2 = 65.534$ Teilnehmer enthalten sein dürfen. Die Netzmaske für ein Klasse-B-Netz lautet 255.255.0.0.

Klasse C

Klasse-C-Adressen werden für kleinere Netze verwendet. Deshalb sind auch die ersten 3 Oktette für den Netz- und das letzte Oktett für den Hostanteil reserviert. Für das 1. Oktett sind Werte zwischen 192 und 223 vorgesehen. Damit ergeben sich insgesamt 2^{21} Netze mit jeweils maximal $2^{8} - 2 = 254$ Teilnehmern. Die Netzmaske für ein Klasse-C-Netz lautet 255.255.255.0.

Wenn Rechner 1 an Rechner 2 ein Paket sendet, so gelangt dies zuerst an Router 1. Dort wird aus der Ziel-IP-Adresse (12.0.0.01) mithilfe der Netzmaske (255.0.0.0 wegen Klasse A) das Zielnetz (12.0.0.0) ermittelt, aus der Routingtabelle der Ausgangsanschluss (S0) bestimmt und die Weiterleitung vorgenommen. Analog dazu wird der nachfolgende Router 2 den Weg in das lokale Netz zum Rechner 2 bestimmen. Das IP-Paket gelangt also über 2 Router oder 2 Hops (Sprünge) zum Ziel.

Sonstige Klassen

Die verbleibenden Adressbereiche werden für Multicasting (Klasse D) oder wissenschaftliche Zwecke (Klasse E) verwendet. Eine Besonderheit stellt die Adresse 127.0.0.1 dar, die häufig auch als Localhost-Adresse bezeichnet wird. Unter dieser Adresse kann der jeweils eigene Rechner angesprochen werden, was für Testzwecke und Überprüfung eigener Serverdienste vorteilhaft ist. Die Adressbereiche

- 10.0.0.0. bis 10.255.255.255,
- 172.16.0.0. bis 172.31.255.255,
- 192.168.0.0 bis 192.168.255.255

werden nicht öffentlich vergeben. Sie sind private Adressen, die beliebig in lokalen Netzen verwendet werden dürfen, aber nicht ins Internet gelangen sollen und dort auch nicht über die Vermittlungsstellen weitergeleitet werden.

Aufgrund des Mangels an öffentlich verfügbaren IP-Adressen nutzt man gerne private IP-Adressen. An der Schnittstelle zum Internet befindet sich dann ein Router mit Network-Address-Translation-Funktionalität (NAT-Funktionalität). Dort werden die lokal verwendeten Adressen der Stationen in eine einzige öffentliche Adresse umgesetzt, unter welcher der gesamte Verkehr ins Internet abgewickelt wird.

5.3.3.2 Pfadermittlung

Router tauschen in regelmäßigen Abständen Weginformationen mithilfe von Routingprotokollen aus. Aus diesen Informationen werden die Routingtabellen aufgebaut, in denen Zielnetze und dazugehörige Wege abgespeichert sind.

Neben diesem dynamischen Routing können die Einträge in den Routingtabellen auch manuell durch einen Administrator eingegeben werden (statisches Routing). Dies hat den Vorteil, dass die Netzverbindungen nicht durch den Austausch von Routinginformationen belastet werden. Der Nachteil ist jedoch, dass beim Ausfall einer Strecke nicht automatisch eine Ersatzstrecke bestimmt wird, so wie es beim dynamischen Routing der Fall ist.

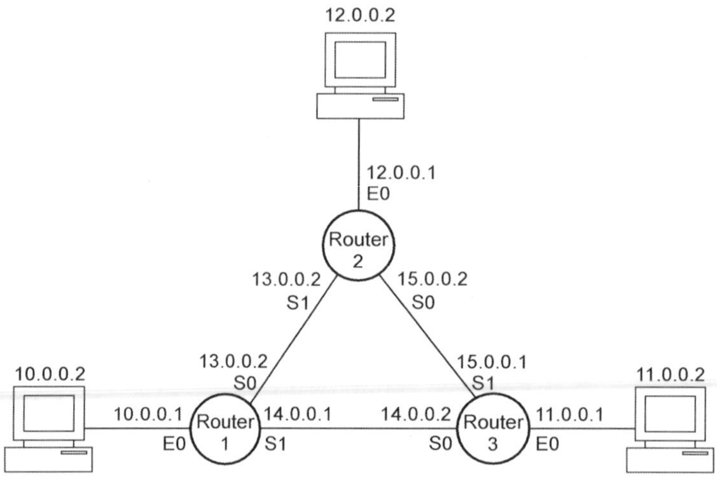

Bild 5.39 Beispielnetz mit 3 Routern

Bild 5.39 zeigt ein Netz mit 3 Routern, an denen jeweils ein lokales Netz mit einem Rechner angeschlossen ist. Die lokalen Netze haben die Netzadressen 10.0.0.0, 11.0.0.0 und 12.0.0.0. Verbindungen zwischen den Routern sind ebenfalls Netze und deshalb auch mit Netzadressen (13.0.0.0, 14.0.0.0 und 15.0.0.0) versehen. Jeder Anschluss eines Routers hat eine eigene IP-Adresse. Zusätzlich sind die Anschlüsse mit E0 für Ethernet und S0 bzw. S1 für die seriellen Weitverbindungen markiert. Die Routingtabellen sind dann z. B. so aufgebaut, wie es in Tabelle 5.6 dargestellt ist.

Tabelle 5.6 Beispielhafter Aufbau der Routingtabellen für das Netz in Bild 5.39

Netz	Einträge für die Anschlüsse zur Weiterleitung		
	Router 1	Router 2	Router 3
10.0.0.0	E0	S1	S0
11.0.0.0	S1	S0	E0
12.0.0.0	S0	E0	S1
13.0.0.0	S0	S1	S1
14.0.0.0	S1	S1	S0
15.0.0.0	S1	S0	S1

5.3.3.3 Paketaufbau

Ein IP-Paket besteht aus einem IP-Header und den sich anschließenden Daten. Der Header (Kopf) hat in der Regel einen Umfang von 20 Bytes, sodass man die Felder nicht alle in einer Zeile nebeneinander, sondern in Zeilen mit je 32 Bits (4 Bytes) untereinander darstellt (Bild 5.40).

Die wichtigsten Einträge im Header sind:

- IP-Version (heute noch zumeist Version 4),
- TTL (Time To Live),
- Protokoll (zeigt an, welches OSI-Transportprotokoll folgt),
- Prüfsumme für den Header zur Fehlererkennung,
- IP-Adressen von Absender und Empfänger.

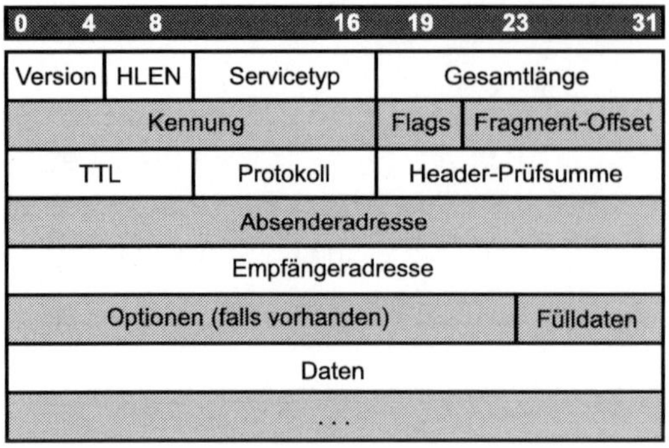

Bild 5.40
Aufbau des IP-Headers (zeilenweise Darstellung mit je 32 Bits)

Das TTL-Feld enthält einen Zählerwert, der sich bei jeder Weiterleitung durch einen Router um 1 verringert (analog zum Hop-Count-Zähler bei BACnet). Wenn der Zähler den Wert 0 erreicht, wird das Paket ungültig und verworfen. Damit kann verhindert werden, dass IP-Pakete aufgrund eventueller Fehleinträge in Routingtabellen endlos im Kreis laufen und nutzlosen Datenverkehr erzeugen. Die Lebensdauer eines IP-Pakets ist also begrenzt. Fehleinträge in Routern können dann vorkommen, wenn durch Ausfall von Strecken eine Neuberechnung der Wege notwendig wird. So kann es durchaus mehrere Minuten dauern, bis ein Netz wieder konvergiert und alle Routingtabellen auf dem aktuellen Stand sind.

Mithilfe des TTL-Felds kann auch der Weg von Paketen durch ein Netz nachvollzogen werden. Dazu bedient man sich des zusätzlichen Protokolls ICMP (Internet Control Message Protocol), dessen bekannteste Funktionalität das Echo ist.

Von den meisten Betriebssystemen lässt sich ein IP-Paket mit einer ICMP-Echo-Anforderung an einen entfernten Rechner mit dem Befehl ping versenden. Der entfernte Rechner sendet eine ICMP-Echo-Antwort zurück, sofern der Dienst aktiviert ist und nicht durch eine Firewall geblockt wird. Auf diese Weise kann die Erreichbarkeit eines Rechners überprüft und durch eine gleichzeitige Zeitmessung auch die Laufzeit des IP-Pakets ermittelt werden.

Versendet man ICMP-Echo-Anforderungen mit unterschiedlichen TTL-Werten im IP-Header, so kann man die einzelnen Router auf dem Weg zum Empfänger herausfinden. Mit Trace-Befehlen wie tracert (Windows) oder traceroute (Linux) kann diese Abfrage automatisiert erfolgen. Dabei profitiert man von Fehlermeldungen, die von Routern erzeugt werden, wenn der TTL-Wert eines Pakets bzw. die Zahl seiner erlaubten Hops überschritten wurde. Der Trace-Befehl sendet mehrere ping-Pakete mit aufsteigendem TTL-Wert und wertet die Fehlermeldungen der auf dem Weg zum Ziel befindlichen Router aus. So wird beim TTL-Wert 1 der erste Router, bei 2 der zweite Router usw. das Verwerfen des IP-Pakets an den Absender zurückmelden.

5.3.3.4 Subnetze

Aufgrund des schnellen Wachstums des Internets ist eine sparsame Verwendung der noch verfügbaren IP-Adressen geboten. Dies wird mithilfe von Subnetzen realisiert. Das folgende Beispiel zeigt, wie IP-Adressen effizient vergeben werden können.

Zwei Standorte mit jeweils 100 Rechnern sollen über einen Router miteinander verbunden werden. Ohne Subnetze müsste man jedem Standort ein Klasse-C-Netz zuweisen, in dem sich jeweils 254 Rechner befinden könnten. Man würde also 508 IP-Adressen verbrauchen, von denen jedoch 308 unbelegt sind (Bild 5.41, links). Eine günstigere Lösung ist die Verwendung eines einzigen Klasse-C-Netzes, dass in zwei Subnetze unterteilt wird (Bild 5.41, rechts).

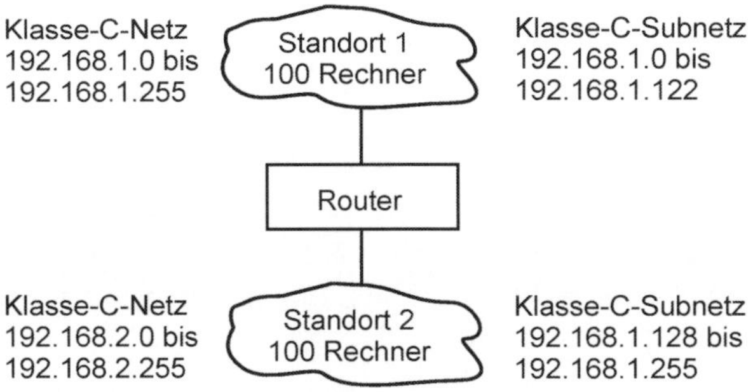

Bild 5.41 Vernetzung von 2 Standorten ohne Subnetze (links) und mit Subnetzen (rechts)

In den IP-Adressen wird also eine Dreiteilung in Netz-, Subnetz- und Hostanteil eingeführt. Vom ursprünglichen Hostanteil wird eine festzulegende Zahl von Bits als Subnetzanteil definiert. Als Beispiel hierfür soll das Klasse-B-Netz 172.16.0.0 in Subnetze unterteilt werden (Bild 5.42).

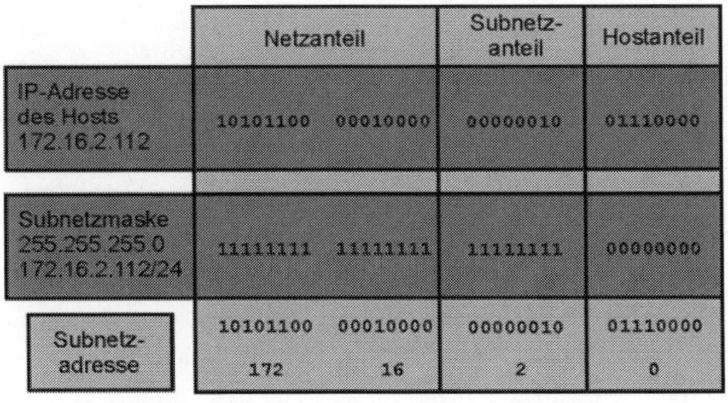

Bild 5.42 Beispiel für eine Unterteilung in Subnetze

Für die Subnetzadressierung wird 1 Byte des Hostanteils verwendet. Der vormals 16 bit breite Hostanteil ist deshalb nur noch 8 bit breit. Mit 8 Bits sind 256 unterschiedliche Subnetze möglich, von den jedoch nur 254 verwendet werden. Das erste und letzte Subnetz (Subnet) bleiben meist ungenutzt. In jedem Subnetz stehen 8 Bits als Hostanteil zur Verfügung, entsprechend 254 Rechnern ($2^8 - 2$). Der Fall, dass alle Hostbits 0 bzw. 1 sind, ist als Netz- bzw. Broadcastadresse reserviert.

Die Subnetzmaske zur Ermittlung der Subnetzadresse lautet in diesem Fall 255.255.255.0, da die Position einer binären 1 entweder einen Netz- oder einen Subnetzanteil kennzeichnet. Alternativ kann man anstelle der Netzmaske die IP-Adresse mit dahintergestellter Anzahl der Netzmaskenbits verwenden, um eine kürzere Schreibweise zu erhalten: 172.16.2.112/24 entsprechend 24 bit für Netz- und Subnetzanteil.

5.3.4 Transmission Control Protocol (TCP)

Im OSI-Modell befindet sich über der Vermittlungsschicht die Transportschicht, zu der das im Internet meist verwendete TCP gehört. Anstelle von TCP wird bei BACnet jedoch das im nachfolgenden Abschnitt 5.3.5 beschriebene UDP (User-Datagram-Protocol) benutzt. Aus Gründen der Vollständigkeit soll TCP hier dennoch vorgestellt werden.

TCP hat die Aufgabe, den übergeordneten Protokollen einen zuverlässigen Transport eines Datenstroms als Dienst zur Verfügung zu stellen. Man kann sich auch vorstellen, dass TCP ein „virtuelles Datenrohr“ zwischen den beteiligten Endstellen aufbaut, das den ungestörten Empfang von Daten in richtiger Reihenfolge und ohne Verluste garantieren soll (Bild 5.43).

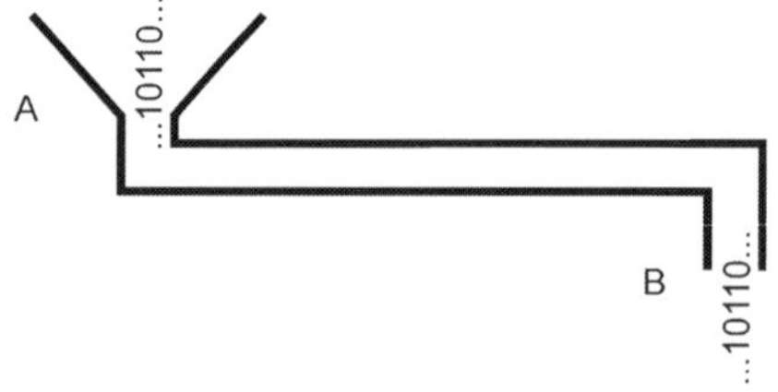

Bild 5.43
„Virtuelles Datenrohr“: Bits gelangen vollständig und in ursprünglicher Reihenfolge von A nach B.

Den Aufbau der Verbindung bezeichnet man auch als Three Way Handshake, bei dem die beiden Enden durch Austausch von 3 Nachrichten – zweimal SYN(...) und einmal ACK(...) – miteinander synchronisiert werden, d.h. ihre Bereitschaft zum bidirektionalen Senden und Empfangen erklären (Bild 5.44).

TCP nutzt die paketorientierte Übertragung von IP und muss deshalb den Datenstrom des übergeordneten Protokolls in sogenannte Segmente zerteilen, die an IP weitergegeben werden. IP selbst stellt ja keinen Mechanismus bereit, um Datenpakete bei Verlust oder Störungen zu wiederholen.

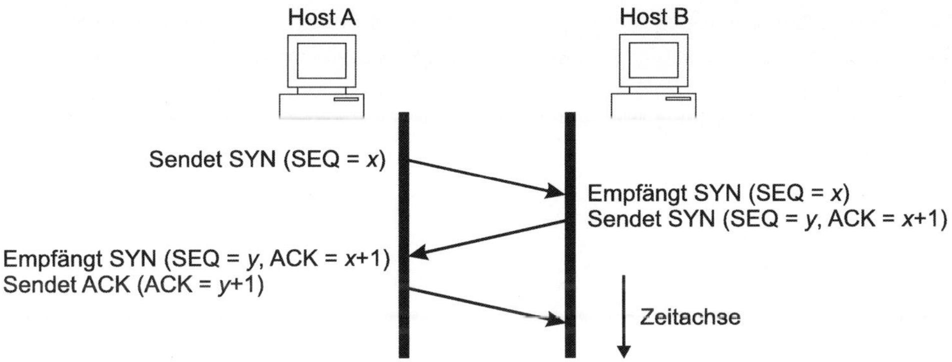

Bild 5.44 Three Way Handshake

TCP erreicht dies durch die Einführung einer Nummerierung, die in dem in der Regel 20 Byte langen TCP-Header zu finden ist (Bild 5.45). Die Anfangsnummern *x* und *y* werden im Zuge des Three Way Handshakes ausgetauscht. Anhand der Sequenznummern können die eingehenden Segmente auf der Empfangsseite wieder in der richtigen Reihenfolge zusammengesetzt werden. Gleichzeitig wird eine Bestätigungsnummer ($x + 1$) zurückgesandt, die dem Sender den korrekten Empfang signalisiert. Auch der Sender bestätigt mit einer Bestätigungsnummer ($y + 1$), wenn der Empfang korrekt war. Erhält der Sender innerhalb einer gewissen Zeit keine Rückmeldung, so wird er das entsprechende Segment erneut aussenden. Für den Fall, dass die Rückmeldung verloren geht, kommt es ebenfalls zu einer nochmaligen Sendung. Der Empfänger wird das Duplikat aber anhand seiner Sequenznummer erkennen, verwerfen und eine nochmalige Rückmeldung erstellen.

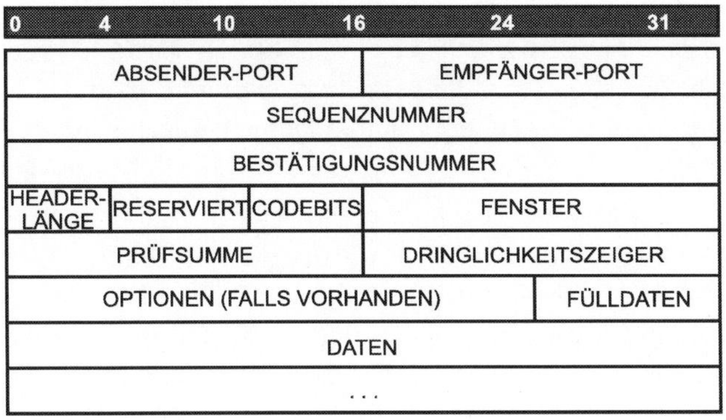

Bild 5.45 Aufbau des TCP-Headers (zeilenweise Darstellung mit je 32 Bits)

Wenn der Absender jedes Mal wartet, bis ein Segment bestätigt wird, bevor er das nächste Segment sendet (Stop and Wait), ist der Durchsatz gering. Je nach Laufzeit zwischen Sender und Empfänger gibt es dann beträchtliche Leerlaufzeiten, in denen keine Datenübertragung stattfindet (Bild 5.46).

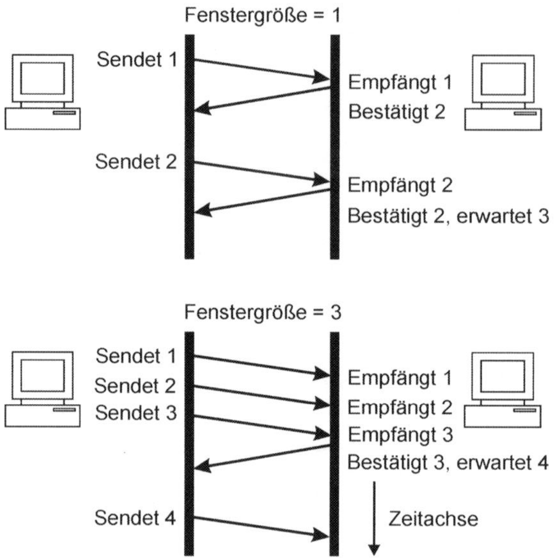

Bild 5.46 Datenübertragung mit Stop and Wait (Fenstergröße = 1), oben; Pipelining (Fenstergröße > 1), unten

Aus diesem Grund erlaubt man, dass mehr als ein Segment gleichzeitig ausstehend, d. h. unbestätigt, sein darf. Der Zeitraum zwischen der Sendung eines Segments und dem Erhalt der dazugehörigen Bestätigung wird zur Übertragung weiterer Daten verwendet (Pipelining). Die Anzahl der Segmente, die verschickt werden dürfen, ohne dass eine Bestätigung eingetroffen sein muss, nennt man allgemein Fenster. Abweichend davon wird bei TCP anstelle der Zahl der Segmente die Anzahl der Oktette verwendet.

Zwei weitere wichtige Felder im TCP-Header sind die Portnummern. Anhand dieser Nummern werden die TCP-Segmente einer Verbindung an das dazugehörige Anwendungsprogramm im Rechner weitergeleitet. Beim gleichzeitigen Surfen im Internet, Empfangen einer E-Mail und Starten eines Downloads gehen z. B. 3 Verbindungen vom eigenen Rechner aus. Jedes der dafür verwendeten Programme benötigt dann eine eindeutige Portnummer.

Die Kombination aus IP-Adresse und Port wird als Socket bezeichnet. Eine Verbindung zwischen zwei Rechnern kann deshalb durch ein Paar von Quell- und Zielsockets sowie die Angabe des Transportprotokolls (TCP oder UDP) eindeutig festgelegt werden (Bild 5.47).

Bild 5.47 Kennzeichnung einer Verbindung über IP-Adressen, Portnummern und Transportprotokoll

Für die Portnummern stehen je 16 Bits zur Verfügung, wobei Werte unter 1024 als sogenannte Well Known Ports für bestimmte Dienste reserviert sind. So werden Webserver im Internet üblicherweise unter der Portnummer 80 angesprochen. Der anfragende Client kann seinen Port aus Werten zwischen 1024 und 65536 zufällig auswählen, wobei Rücksicht auf ebenfalls in diesem Bereich liegende herstellerspezifische Portnummern genommen werden sollte.

5.3.5 User Datagram Protocol (UDP)

TCP ist aufgrund seines Verbindungsaufbaus und -abbaus für BACnet zu aufwendig. Deshalb verwendet man das ebenfalls zu den Internetprotokollen gehörende User Datagram Protocol (UDP). Es ist ein sehr einfaches Protokoll, welches Pakete ohne Bestätigung oder garantierte Auslieferung austauscht. Die gegebenenfalls notwendige Neuübertragung bei Paketverlusten wird von der BACnet-Anwendungsschicht gesteuert. Der einfache Aufbau des UDP-Headers ist in Bild 5.48 gezeigt.

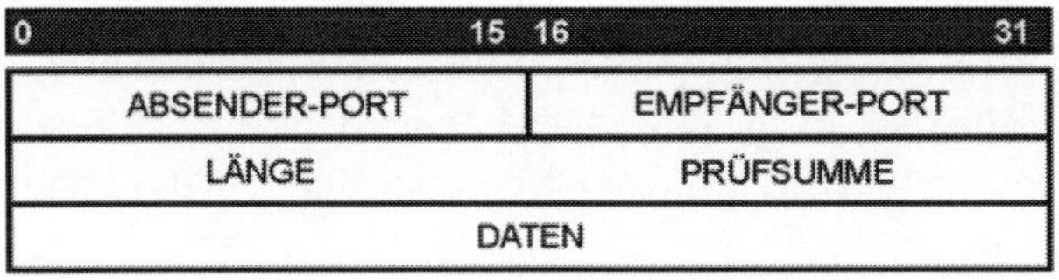

Bild 5.48 Aufbau des UDP-Headers (zeilenweise Darstellung mit je 32 Bits)

5.3.6 Protokolle für die Zuordnung von MAC- und IP-Adressen

An der Schnittstelle zwischen Schicht 2 (Sicherungsschicht) und Schicht 3 (Vermittlungsschicht) muss eine Verknüpfung zwischen MAC-Adressen und IP-Adressen hergestellt werden. Dies und die automatische Zuweisung von IP-Adressen wird mit den nachfolgenden Protokollen durchgeführt.

5.3.6.1 Address Resolution Protocol (ARP)

Zur TCP/IP-Kommunikation in einem Ethernet-Netz benötigt man sowohl die IP-Adresse des Empfängers als auch seine MAC-Adresse. Diese Zuordnung wird mithilfe von ARP automatisch ermittelt. In dem in Bild 5.49 gezeigten Beispiel befinden sich ein Client (Rechner mit Webbrowser, 10.1.1.3) und ein Webserver (10.1.1.6) im gleichen Netz.

Gibt man in der Adresszeile des Browsers die IP-Adresse des Webservers ein, so führt das Betriebssystem zuerst eine Abfrage der dazugehörigen MAC-Adresse mithilfe eines Ethernet-Broadcasts durch. Die Station mit der angefragten IP-Adresse meldet ihre MAC-Adresse zurück. Ab diesem Zeitpunkt ist die Zuordnung zwischen MAC- und IP-Adresse des Servers in der ARP-Tabelle des Clients gespeichert. Der Inhalt der ARP-Tabelle lässt sich beim Betriebssystem Windows in der Eingabeaufforderung mit dem Befehl arp -a abfragen.

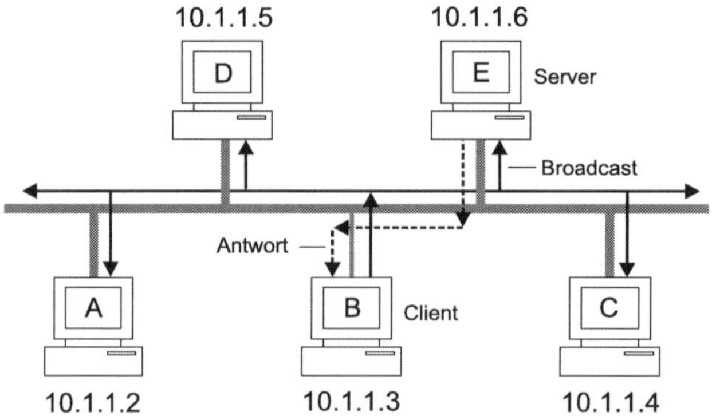

Bild 5.49 Ablauf einer ARP-Anfrage

IP-Pakete können jetzt in Ethernet-Rahmen mit der bekannten MAC-Adresse eingebaut werden. Auf den höheren Schichten des OSI-Modells erfolgt dann der TCP-Verbindungsaufbau. Anschließend kann die Anwendungsschicht z. B. eine HTTP-Anfrage zur Übermittlung einer Webseite absetzen.

5.3.6.2 Dynamic Host Configuration Protocol (DHCP)

IP-Adressen können entweder manuell oder automatisch mittels DHCP eingestellt werden. Bei Letzterem sendet eine Station (DHCP-Client) beim Einschalten einen Broadcast aus, in dem um eine IP-Adresse gebeten wird, siehe das Beispiel in Bild 5.50.

Ein DHCP-Server beantwortet dies mit der Zuweisung einer IP-Adresse (1.0.0.3) und zusätzlichen Informationen, wie der Netzmaske (255.0.0.0) und der IP-Adresse des zuständigen Routers (1.0.0.1) zur Weiterleitung von Paketen in andere Netze. Die Zuweisung einer IP-Adresse kann entweder zufällig aus einem Pool vorhandener Adressen erfolgen oder gemäß einer Liste, in der die MAC-Adresse der anfragenden Station und die dazugehörige IP-Adresse eingetragen sind.

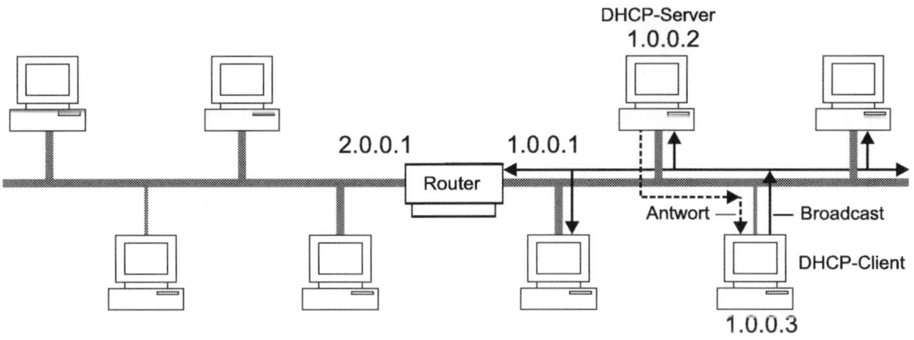

Bild 5.50 DHCP-Adresszuweisung

DHCP hat den Vorteil, den Netzwerkadministrator zu entlasten, da bei eventuellen Änderungen von Adressen, Netzmasken oder Router-Zugängen nur der DHCP-Server neu konfiguriert werden muss. Die DHCP-Clients erhalten dann automatisch die aktualisierten Informationen. Die individuelle Konfiguration der Netzwerkeinstellungen vor Ort an jeder Station entfällt somit. Die vom DHCP-Server versendeten Informationen können beim Betriebssystem Windows in der Eingabeaufforderung mit dem Befehl ipconfig /all abgefragt werden. DHCP setzt man hauptsächlich bei Arbeitsplatzrechnern und mobilen Systemen ein. Server und Router erhalten in der Regel manuell eingestellte, feste IP-Adressen. Gleiches gilt für Gebäudeautomationssysteme, deren Stationen naturgemäß mit gleichbleibender Konfiguration über einen langen Zeitraum betrieben werden sollen.

5.3.7 Vernetzung von BACnets über das Internet

Lokale Netze zur Bürokommunikation verwenden heute fast ausschließlich Ethernet und Internetprotokolle (IP, TCP usw.). Die Verbindung mehrerer Ethernet-Segmente erfolgt über Switches oder IP-Router, der Anschluss an das Internet immer über einen IP-Router. Diese leiten jedoch nur IP-Pakete weiter, sodass BACnet-über-Ethernet-Nachrichten nicht weitergeleitet werden. Es ist deshalb notwendig, die BACnet-Nachrichten in IP-Pakete zu verpacken, die von IP-Routern weitergeleitet werden können. Dafür stehen zwei Möglichkeiten zur Verfügung, die eine globale Vernetzung von BACnets über das Internet erlauben:

- Tunneling-Router,
- BACnet/IP.

5.3.7.1 Tunneling Routing

Beim Tunneling Routing benötigt man einen BACnet Internet Protocol Packet Assembler Disassembler (B/IP PAD), der lokal gesendete BACnet-Nachrichten empfängt, in IP-Pakete mit UDP als Transportprotokoll verpackt und an einen IP-Router versendet (Bild 5.51). Diese IP-Pakete werden auf der Gegenseite von dem dortigen IP-Router entgegengenommen, an den B/IP PAD weitergeleitet, dort ausgepackt und an die lokalen BACnet-Geräte ausgeliefert.

Damit die Nachrichten über das Internet an den richtigen Empfänger gelangen, ist im B/IP PAD eine Routingtabelle vorhanden. In dieser Tabelle sind BACnet-Netznummern, die IP-Adressen der B/IP PADs in diesen Netzen und die Adresse des nächsten IP-Routers eingetragen. Anhand der Zielnetznummer wird somit die IP-Adresse des zuständigen B/IP PADs gefunden und ein Paket gesendet. Bei einem globalen Broadcast erhalten alle eingetragenen B/IP PADs ein Paket.

Für die BACnet-Geräte in den lokalen Netzen ist das Verfahren transparent, d.h., der B/IP PAD verhält sich so wie ein BACnet-Router, der z.B. ein Ethernet mit einem anderen Ethernet verbindet. Dass die BACnet-Nachrichten tatsächlich in IP-Paketen über das Internet transportiert werden, bleibt verborgen.

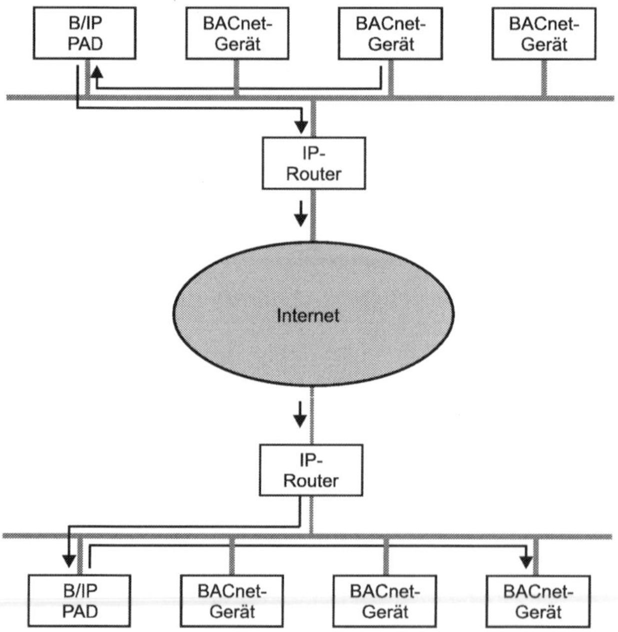

Bild 5.51 Tunneling-Router

Da die BACnet-Geräte keine IP-Pakete interpretieren müssen, sind sie tendenziell preiswert. Bei vielen Ethernet-Segmenten mit jeweils wenigen BACnet-Geräten kann aber durch den pro Segment benötigten B/IP PAD eine insgesamt teure Lösung entstehen. Darüber hinaus müssen in den lokalen Netzen die Nachrichten zu entfernten

Netzen zweimal übertragen werden (BACnet-Gerät zu PAD und PAD zu IP-Router), sodass ein höheres Verkehrsaufkommen zu berücksichtigen ist. Der Trend geht deshalb zu unmittelbar IP-fähigen BACnet-Geräten.

5.3.7.2 BACnet/IP

Bei BACnet/IP sind die einzelnen Geräte IP-fähig, d. h., sie können ohne B/IP PAD über das Internet (d.h. über IP-Router) miteinander kommunizieren. Ein BACnet/IP-Netz besteht aus einem oder mehreren IP-Netzen oder IP-Subnetzen, denen eine BACnet-Netznummer zugeordnet ist. Die Nachrichten werden mithilfe von IP und UDP transportiert, wobei die Kombination aus IP-Adresse (4 B) und UDP-Port (2 B) eine ähnliche Funktion wie eine MAC-Adresse bei Ethernet, MS/TP usw. übernimmt.

IP und UDP werden von BACnet aus als Schicht-2-Protokoll betrachtet, obwohl sie im Internet den OSI-Schichten 3 und 4 zugeordnet sind. IP und UDP stellen also eine Art eingebettetes Protokoll in BACnet dar. Für die BACnet-Netzwerkschicht haben IP und UDP die gleichen Aufgaben wie die anderen möglichen Schicht-2-Protokolle, also den direkten Transport von Nachrichten zwischen 2 Stationen und die Aussendung von Broadcasts.

Dass IP tatsächlich ein Schicht-3-Protokoll ist, macht sich bei der Implementierung der Broadcast-Funktionalität bemerkbar. Ein Broadcast an Geräte im eigenen Netz ist selbstverständlich möglich. Die Weiterleitung von Broadcasts an andere IP-Netze wird durch IP-Router in der Regel unterdrückt. Ansonsten könnte man das Internet durch Broadcasts an weltweit alle Rechner völlig überlasten und zusammenbrechen lassen. Da BACnet auf Broadcasts aufbaut, um z.B. automatisch angeschlossene Geräte zu identifizieren, benötigt man in diesem Fall sogenannte BBMDs (BACnet Broadcast Management Devices), siehe Bild 5.52.

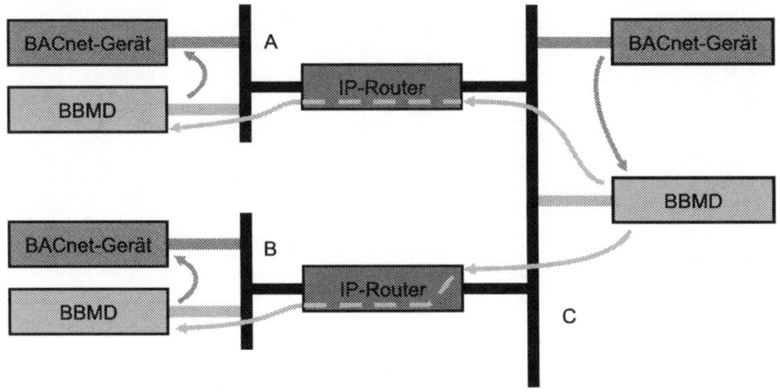

Bild 5.52 BACnet Broadcast Management Devices leiten BACnet-Broadcasts in andere IP-Netze weiter

5.4 Anwendungsschicht

5.4.1 Dateneinheit und Aufgaben

Auf der BACnet-Anwendungsschicht werden die Informationen zum Steuern, Regeln, Abfragen, Alarmieren usw. übertragen. Dies geschieht in Form von codierten Befehlssequenzen, die sich im Datenteil der APDU (Application Protocol Data Unit) befinden (Bild 5.53).

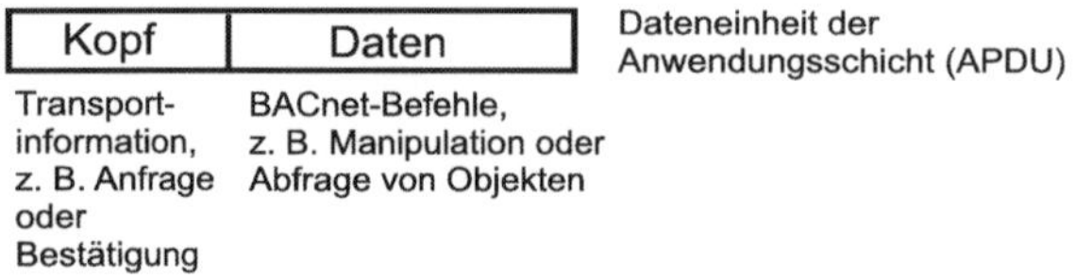

Bild 5.53 APDU mit Kopf und Daten

Die dazugehörigen Konzepte mit Objekten, Diensten und Prozeduren werden in den nachfolgenden Abschnitten erläutert.

Die BACnet-Anwendungsschicht übernimmt auch Aufgaben, die man der Transportschicht des OSI-Modells zuordnen würde. Die entsprechenden Informationen befinden sich im Kopf der APDU. Beispielsweise gibt es bestätigte Dienste, bei denen vom Empfänger der Nachricht eine Rückmeldung erwartet wird (Bild 5.54). Die anfragende Station (Client) muss innerhalb einer gewissen Zeit die Empfangsbestätigung erhalten, ansonsten wird sie die Anfrage noch einmal senden. Erst wenn sie nach mehrmaligem Senden keine Antwort erhält, wird das Anwendungsprogramm darüber informiert. Eine detaillierte Beschreibung der APDU-Codierung und dazugehörige Ablaufdiagramme der Datenübertragung finden sich in der Dokumentation zum BACnet-Standard [DIN14].

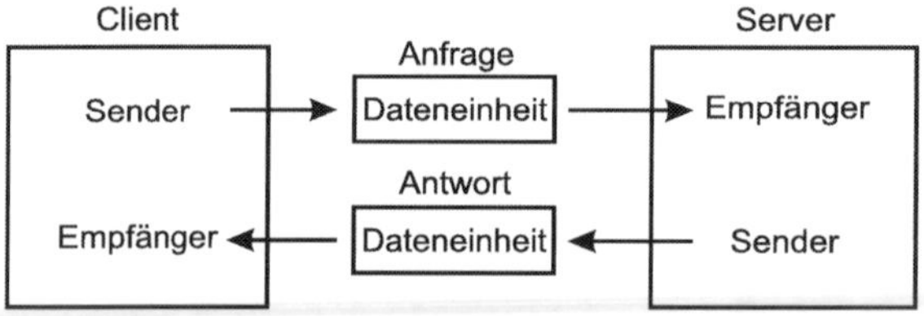

Bild 5.54 Anfrage-Anwort-Datenaustausch zwischen Client und Server

5.4.2 BACnet-Objektkonzept

In BACnet-Geräten werden Informationen gespeichert. Das können z. B. die Temperatur eines angeschlossenen Fühlers, der Schaltzustand einer Pumpe oder ein Kalender mit Feiertagen zur automatischen Absenkung der Raumtemperatur sein. Wie diese Informationen in dem Gerät gespeichert sind, d. h. in welchen Mikrocontrollern/Speichern und mit welchem Betriebssystem, ist für den Planer eines Gebäudeautomationssystems unerheblich. Er muss sich jedoch darauf verlassen können, dass er auf diese Informationen in einer standardisierten Weise über das Netz zugreifen kann. Dafür wurde ein objektorientierter Ansatz gewählt.

5.4.2.1 Was ist ein Objekt?

Unter einem Objekt versteht man eine abstrakte Datenstruktur, in der Informationen als sogenannte Objekteigenschaften gespeichert werden. Ein Objekt kann man sich im einfachsten Fall auch als Tabelle mit 2 Spalten vorstellen, siehe Tabelle 5.7.

Tabelle 5.7 BACnet-Temperaturfühlerobjekt, dargestellt durch eine Tabelle

Objektname	Raumtemperatur
Objekttyp	Analoger Eingang
Aktueller Wert	25.3
Status	Normalbetrieb
Oberer Grenzwert	35.0
Unterer Grenzwert	0.0

Dieses Temperaturfühlerobjekt hat den Namen „Raumtemperatur“ und ist vom Typ „Analoger Eingang“. Die Momentantemperatur ist über die Objekteigenschaft „Aktueller Wert“ auslesbar. Weitere Objekteigenschaften sind ein oberer und ein unterer Grenzwert, bei deren Überschreiten ein Alarm ausgelöst werden könnte. Die soft- und hardwareseitige Realisierung der Abfrage des Temperaturfühlers bleibt dem Anwender verborgen. Das Objekt kapselt sie vor dem Anwender ab und belastet ihn nicht mit technischen Details.

Man beachte, dass Kommazahlen gemäß BACnet-Standard mit einem Punkt als Trennzeichen geschrieben werden.

Die BACnet-Objekte stellen die Basis für die Funktionen der Gebäudeautomation dar. Der BACnet-Standard definiert Objekttypen, die typische Anforderungen der Gebäudeautomation abdecken. Dies sind neben einfachen analogen und digitalen Eingabe-/ Ausgabeobjekten auch kompliziertere Objekte für die Regelung von Anlagen, für Betriebskalender und für Trendaufzeichnungen.

Bei BACnet gibt es nicht nur die in Tabelle 5.7 gezeigten Objekteigenschaften, sondern weitere vielfältige Dateninhalte mit unterschiedlichen Bedeutungen. Deshalb hat man beschlossen, anstelle des Begriffs Eigenschaft den allgemeineren englischen Ausdruck Property zu verwenden. Einige der in den Objekten vorgesehenen Properties sind optional. Man unterscheidet deshalb zwischen verbindlich vorgeschriebenen Properties, die lesbar (R) oder schreib- und lesbar (W) sein müssen, und optionalen Properties (O). Die optionalen Properties können ggf. mit R und W kombiniert werden. Falls die vordefinierten Objekte oder Properties nicht ausreichend sind, so können nicht standardisierte Erweiterungen eingebracht werden. Damit ist es möglich, technischen Entwicklungen zu folgen, die noch nicht den Standardisierungsprozess durchlaufen haben.

5.4.2.2 Datentypen

Die in den Properties gespeicherten Informationen können den in Tabelle 5.8 aufgeführten Grunddatentypen angehören. Weitere Datentypen lassen sich aus diesen Grundtypen aufbauen. Ein BACnet-Array, z. B. BACnetARRAY[3] of BACnetTimestamps (Tabelle 5.11), besteht aus einer geordneten Folge von Elementen mit dem gleichen Grunddatentyp. Auf jedes Element dieser Folge kann mithilfe eines Index zugegriffen werden. Ohne Indexangabe erhält man beim Lesen die komplette Folge zurück. Bei einem Aufruf mit dem Indexwert 0 wird die Zahl der Einträge zurückgeliefert. Mit dem List-Datentyp kann ebenfalls eine Folge von Elementen mit dem gleichen Grunddatentyp gespeichert werden. Der gezielte Zugriff auf einzelne Elemente und die Abfrage der Anzahl der Elemente sind jedoch nicht direkt möglich. BACnet-spezifische Datentypen werden häufig bei der Beschreibung von Objekten eingesetzt. Beispielsweise besteht der Datentyp BACnetReliability aus einer Aufzählung (Enumerated) und kann nur folgende Werte annehmen:

- 0 – NO_FAULT_DETECTED,
- 1 – NO_SENSOR,
- 2 – OVER_RANGE,
- 3 – UNDER_RANGE.

Viele weitere BACnet-Datentypen sind im BACnet-Standard beschrieben.

Tabelle 5.8 Grunddatentypen bei BACnet-Objekten

Datentyp	Inhalt
NULL	Oktett mit Wert 0
Boolean	Bool'sche (logische) Variable, „wahr“ oder „falsch“
Unsigned Integer	Positive ganze Zahlen, z. B. mit 8, 16 oder 32 bit Länge
Signed Integer	Ganze vorzeichenbehaftete Zahlen in Zweierkomplementdarstellung, z. B. mit 8, 16 oder 32 bit Länge
Real	Gleitkommazahl nach IEEE-754 mit einfacher Genauigkeit, z. B. $1234 \cdot 10^7$
Double	Gleitkommazahl nach IEEE-754 mit doppelter Genauigkeit
Octet String	Kette von Oktetten
Character String	Zeichenkette
Bit String	Bitfolge (in Vielfachen von Oktetten)
Enumerated	Auflistung als Binärzahl (in Vielfachen von Oktetten)
Date	Kalenderdatum mit Tag, Monat, Jahr und Wochentag
Time	Uhrzeit im 24-h-Format

5.4.2.3 Namenskonventionen und Adressvergabe

BACnet-Objekte sind innerhalb eines Geräts eindeutig über einen 32 bit langen numerischen Object Identifier ansprechbar. Dieser Identifier ist in einen 10 bit langen Objekttyp und eine 22 bit lange Instanznummer unterteilt (Bild 5.55).

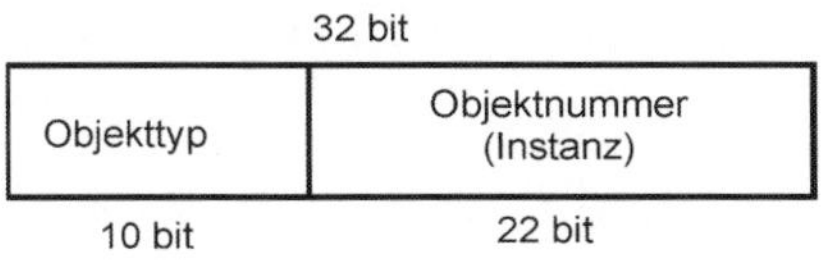

Bild 5.55
Aufbau des Object Identifiers

Beim Senden einer Nachricht wird der benötigte Object Identifier in den APDU-Datenteil eingetragen, um das gewünschte Objekt anzusprechen. Ein Objekttyp kann in einem Gerät auch mehrfach vorkommen. In jedem BACnet-Gerät gibt es zusätzlich ein Objekt für das Gerät selbst, das ebenfalls einen Object Identifier besitzt. Dieser Device Object Identifier muss im Gesamtnetz eindeutig sein. Mit beiden Identifiern kann netzweit auf alle Objekte zugegriffen werden. Da BACnet-Geräte auch als virtuelle „Geräte“ in Software implementiert werden können und somit eine Automationsstation mehrere davon beinhalten könnte, wird im Folgenden der weiter gefasste englische Begriff Device anstelle von Gerät verwendet. Numerische Object Identifier sind für den automatisierten Zugriff auf Objekte günstig. Menschliche Bediener und Programmierer bevorzugen jedoch aussagekräftige Namen. Aus diesem Grund hat BACnet vorgesehen, dass jedes Objekt auch mit einem Objektnamen bezeichnet wird. Auch hier gilt, dass der Objektname des Devices innerhalb des gesamten BACnets eindeutig sein muss. Für den Device Object Identifier sollte man eine nachvollziehbare logische Nummernvergabe anwenden. In einem BACnet sind maximal $2^{22} = 4\,194\,305$ Devices (Object Type Device) entsprechend den verbleibenden 22 Bits des Object Identifiers adressierbar. Gleichzeitig kann es in einem BACnet bis zu 65 535 Teilnetze gemäß den dafür vorgesehenen 2 B langen Netznummern geben. Ein günstiges Schema für die Netznummern ergibt sich dann wie in Tabelle 5.9 und Tabelle 5.10 gezeigt. Gebäude und Stockwerk lassen sich unmittelbar aus der Netznummer ablesen.

Tabelle 5.9 „Sprechende" Netznummerierung bei BACnet

B	B	B	F	F	Netznummerierung
B	B	B			Nummern 001 bis 655, einem Gebäude zugeordnet
			F	F	00 für das Gebäude-Backbone-Netz, 01 bis 35 für das Stockwerk oder für separate Projekte innerhalb des Gebäudes

Beispiel: 54321 für Gebäude 543 und Stockwerk 21

Diese Netznummerierung findet sich auch im Device Object Identifier wieder. Die Gebäudenummer ist dabei die letzte Zahl (BBB), der das Stockwerk bzw. der Gebäude-Backbone (FF) und dann eine Nummer (XX) von 00 bis 40 für das jeweilige Device vorangestellt wird.

Tabelle 5.10 „Sprechende" Device-Object-Identifier-Vergabe

X	X	F	F	B	B	B	Device-Object-Identifier-Vergabe
X	X						Device-Nummern 00 bis 40
		F	F				00 für das Gebäude-Backbone-Netz, 01 bis 35 für die Stockwerkbezeichnung oder für separate Projekte innerhalb des Gebäudes
				B	B	B	Nummern 001 bis 655, einem Gebäude zugeordnet

Beispiel: 1234567 für Device Nr. 12 im Stockwerk 34 von Gebäude 567

Diese Nummernvergabe hat den Vorteil, dass aus dem Device Object Identifier der Standort nach Gebäude und Stockwerk abgelesen werden kann. Bei Kommunikationsproblemen kann dadurch die Fehlersuche vereinfacht werden. Verwendet man diese hierarchische Adressierung, so lassen sich maximal 41 Devices pro Stockwerk, 35 Stockwerke pro Gebäude und 655 Gebäude adressieren. Bei noch umfangreicheren Liegenschaften kann diese Aufteilung ggf. nicht mehr ausreichen, und eine alternative Nummernvergabe wird benötigt.

5.4.3 Standardisierte Objekte

Die Properties der wichtigsten standardisierten Objekte werden nachfolgend erläutert. Für das erste Beispiel des Analog-Eingabe-Objekts sind alle Properties tabellarisch aufgeführt und entweder in der Tabelle selbst oder in der anschließenden Beschreibung erklärt. Bei den weiteren Objektbeispielen werden nur charakteristische Properties dargestellt und beschrieben. Eine vollständige Beschreibung der Properties mit allen Details ist im BACnet-Standard sowie seinen Aktualisierungen und Ergänzungen zu finden.

5.4.3.1 Analog-Eingabe-Objekt

Das Analog-Eingabe-Objekt ist ein Objekttyp, der die Properties eines analogen Hardwareeingangs repräsentiert. An diesen Eingang kann z. B. ein Sensor zur Temperaturmessung angeschlossen werden. Bei mehreren analogen Eingängen in einem Device wird man weitere Instanzen des gleichen Objekttyps mit unterschiedlichem Object Identifier erstellen (Bild 5.56). Über die BACnet-Dienste können die Properties der Objekte abgefragt werden.

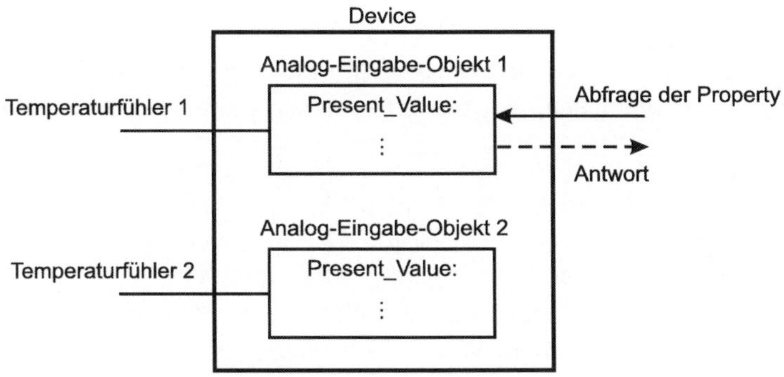

Bild 5.56 BACnet-Device mit 2 Analog-Eingabe-Objekten

In Tabelle 5.11 sind die Properties für ein Beispiel angegeben. Ihre Bedeutung ist wie folgt:

- Object_Identifier: im Device eindeutige Nummer (32 bit) zur Identifizierung des Objekts

- Object_Name: Name des Objekts (minimale Länge: 1 Zeichen)
- Object_Type: Typ des Objekts (hier: Analog-Eingabe)
- Present_Value: aktueller Wert des Analogeingangs unter Berücksichtigung der Einheit (Falls Out_Of_Service auf TRUE gesetzt ist, dann kann er auch beschrieben werden.)
- Description: frei wählbare Objektbeschreibung
- Device_Type: Beschreibung des am Eingang angeschlossenen Sensors
  - Status_Flags: Diese Property besteht aus 4 booleschen Werten, die den Zustand des Analog-Eingangs beschreiben: {IN_ALARM, FAULT, OVERRIDDEN, OUT_OF_SERVICE}IN_ALARM: Steht auf FALSE, wenn die Property Event_State NORMAL ist, ansonsten steht IN_ALARM auf TRUE.
  - FAULT: Steht auf TRUE, wenn die Property Reliability vorhanden und nicht auf NO_FAULT_DETECTED gesetzt ist, ansonsten steht FAULT auf FALSE.
  - OVERRIDDEN: Steht auf TRUE, wenn lokale Einstellungen oder Steuerbefehle vorrangig sind. Die Inhalte der Properties Present_Value und Reliability folgen dann nicht mehr den physikalischen Änderungen des Eingangs, ansonsten steht OVERRIDDEN auf FALSE.
  - OUT_OF_SERVICE: Steht auf TRUE, wenn die Property Out_Of_Service gesetzt ist, ansonsten steht OUT_OF_SERVICE auf FALSE.
- Event_State: Zeigt den Zustand nach einem Ereignis an.
- Reliability: Diese Property gibt einen Hinweis auf die Zuverlässigkeit des Messwerts in der Property Present_Value und kann die Zustände NO_FAULT_DETECTED, NO_SENSOR, OVER_RANGE, UNDER_RANGE, OPEN_LOOP, SHORTED_LOOP, UNRELIABLE_OTHER aufweisen. In einem Device kann z. B. eine Kabelbruchüberwachung für die angeschlossenen Sensoren integriert sein, die eine entsprechende Fehlermeldung ausgibt.
- Out_of_Service: Diese Property gibt an, ob der betreffende Eingang „Außer Betrieb“ (TRUE) oder „In Betrieb“ (FALSE) ist. Im „Außer Betrieb“-Fall wirkt der Eingang nicht mehr auf Present_Value ein. Die Property Reliability und das dazugehörende Status_Flag FAULT werden ebenfalls nicht mehr vom Eingang beeinflusst. Beide Werte können dann jedoch zu Testzwecken beschrieben werden.
- Update_Interval: Diese Property legt das maximale Zeitintervall zwischen den Aktualisierungen des Present_Values in Hundertstelsekunden fest, vorausgesetzt der Eingang befindet sich nicht im OVERRIDEN- oder OUT_OF_SERVICE-Zustand.
- COV_Increment: Mithilfe des Change-of-Value-Dienstes (COV-Dienstes) können bei Änderungen des Eingangssignals automatisch Daten übertragen bzw. Meldungen erstellt werden. Die Property COV_Increment gibt dabei an, um wie viel sich Present_Value mindestens ändern muss, damit dies geschieht.

- Time_Delay: Diese Property gibt die minimale Zeitdauer an, die sich Present_Value außerhalb der Grenzen von High_Limit und Low_Limit befinden muss, damit ein Ereignis Grenzwertverletzung (TO_OFFNORMAL) ausgelöst wird. Die gleiche Zeitdauer gilt für die Rückkehr in den Normalzustand (TO_NORMAL).
- Notification_Class: Verweis auf ein Meldungsklassen-Objekt, das beim Eintritt eines Ereignisses die Weiterverarbeitung (z. B. Meldung an bestimmte Empfänger) übernimmt.
- Deadband: Eine Rückkehr in den Normalzustand (TO_NORMAL) ist nur dann möglich, wenn der Wert des Present_Value kleiner als (High_Limit – Deadband) bzw. größer als (Low_Limit + Deadband) ist. Diese Hysterese verhindert ein ständiges Umschalten zwischen NORMAL- und OFFNORMAL-Zustand, wenn sich der Present_Value gerade um High_Limit bzw. Low_Limit bewegt.
- Limit_Enable: Die Generierung von Ereignissen für die Überschreitung von High_Limit und Low_Limit wird hier freigegeben.
- Event_Enable: Die Erzeugung der Ereignisse TO_OFFNORMAL, TO_FAULT und TO_NORMAL kann hier freigegeben oder gesperrt werden.
- Acked_Transitions: Beim Auftreten eines Ereignisses wird dies gemeldet. Der Erhalt von Bestätigungen für die Ereignisse TO_OFFNORMAL, TO_FAULT und TO_NORMAL wird über gesetzte Bits (TRUE) angezeigt.
- Notify_Type: Zeigt an, ob ein Ereignis als Alarm oder, weniger wichtig, als Event übertragen werden soll.
- Event_Time_Stamps: Datum und Zeitpunkt vorangegangener Meldungen für die Ereignisse TO_OFFNORMAL, TO_FAULT und TO_NORMAL werden gespeichert.
- Profile_Name: Hier kann die Zugehörigkeit des Objekts zu einem bestimmten herstellerspezifischen Objektprofil angegeben werden. Ein Profil beschreibt dabei zusätzliche Properties, die über den Standard hinausgehen.

Tabelle 5.11 Beispiel für ein Analog-Eingabe-Objekt

Property	Datentyp	R/W/O	Information
Object_Identifier	BACnetObjectIdentifier	R	(Analogeingabe, Instanz 4)
Object_Name	CharacterString	R	„Gebäude 7-Raum 004“
Object_Type	BACnetObjectType	R	ANALOG_INPUT
Present_Value	Real	R[1]	25.3
Description	CharacterString	O	„Raumluft-Temperatur“
Device_Type	CharacterString	O	„NTC Typ 4711“

Tabelle 5.11 *((Fortsetzung))*

Property	Datentyp	R/W/O	Information
Status_Flags	BACnetStatusFlags	R	{FALSE, FALSE, FALSE, FALSE}
Event_State	BACnetEventState	R	NORMAL
Reliability	BACnetReliability	O	NO_FAULT_DETECTED
Out_Of_Service	Boolean	R	FALSE
Update_Interval	Unsigned	O	10 (Sekunden)
Units	BACnetEngineering-Units	R	°C (Maßeinheit für Present_Value)
Min_Pres_Value	Real	O	–10.0 (untere Grenze des Messbereichs)
Max_Pres_Value	Real	O	60.0 (obere Grenze des Messbereichs)
Resolution	Real	O	0.2 (Messwertauflösung in gleicher Maßeinheit wie Present_Value)
COV_Increment	Real	O[2]	0.5 (Schwellwert für Übertragung)
Time_Delay	Unsigned	O[3]	10 (Sekunden bis zur Fehlermeldung)
Notification_Class	Unsigned	O[3]	5 (Meldungsklassen-Objekt Nr. 5)
High_Limit	Real	O[3]	40.0 (oberer Grenzwert)
Low_Limit	Real	O[3]	5.0 (unterer Grenzwert)
Deadband	Real	O[3]	2.0 (Hysterese für Grenzwertmeldungen)
Limit_Enable	BACnetLimitEnable	O[3]	{TRUE, TRUE} (alle Grenzwertmeldungen freigeschaltet)
Event_Enable	BACnetEventTransitionBits	O[3]	{TRUE, FALSE, TRUE}
Acked_Transitions	BACnetEventTransitionBits	O[3]	{TRUE, TRUE, TRUE}
Notify_Type	BACnetNotifyType	O[3]	EVENT (Ereignis)
Event_Time_Stamps	BACnetARRAY[3] of BACnetTimeStamp	O[3]	((12-JAN-09,10:23:24.3),(*-*-*,*:*:*.*),(26-FEB-09,23:55:22.3))
Profile_Name	CharacterString	O	„HBN_Temp_Sensor“

R[1]: beschreibbar, wenn Out_Of_Service auf TRUE gesetzt ist

5.4.3.2 Analog-Ausgabe-Objekt

Über das Analog-Ausgabe-Objekt (Tabelle 5.12) werden analoge Werte (Spannungen, Ströme) auf einem Hardwareanschluss eines BACnet-Device ausgegeben. In der Property Priority_Array werden die eingehenden Stellwerte für den Present_Value nach absteigender Priorität gespeichert (siehe auch Abschnitt 5.4.5.2). Der Wert mit der höchsten Priorität wird von Present_Value übernommen. Liegt kein Stellbefehl vor, so gilt der in der Property Relinquish_Default aufgeführte Stellwert. Für die Stellwerte sind auch Prozentangaben bezüglich des Maximalwerts möglich.

Tabelle 5.12 Beispiel für ein Analog-Ausgabe-Objekt

Property	Datentyp	R/W/O	Information
Object_Type	BACnetObjectIdentifier	R	ANALOG_OUTPUT
Present_Value	Real	W	34.6
Units	BACnetEngineeringUnits	R	PERCENT
Priority_Array	BACnetPriorityArray	R	{NULL,NULL,NULL,NULL,34.6,...}
Relinquish_Default	Real	R	50.0

5.4.3.3 Analogwert-Objekt

Das Analogwert-Objekt liefert einen Analogwert, der jedoch nicht einem Hardwareeingang, sondern einer Speicherstelle in einem BACnet-Gerät zugeordnet ist. Der Wert kann sich z. B. aus einer Berechnung ergeben. Bei einer Klimaanlage könnte intern die Enthalpie bestimmt und über ein Analogwert-Objekt nach außen bereitgestellt werden (Tabelle 5.13). Dabei sind der berechnete Wert und die dazugehörige Einheit zu übergeben.

Tabelle 5.13 Beispiel für ein Analogwert-Objekt

Property	Datentyp	R/W/O	Information
Object_Type	BACnetObjectIdentifier	R	ANALOG_VALUE
Present_Value	Real	R	20.5
Description	CharacterString	O	„Berechnung der Enthalpie"
Units	BACnetEngineering-Units	R	Joule pro Kilogramm trockener Luft

5.4.3.4 Mittelwert-Objekt

Das Mittelwert-Objekt (Tabelle 5.14) zeichnet das Minimum, das Maximum und den Mittelwert einer Property über einem bestimmten Zeitintervall auf. Dabei kann sowohl auf Device-interne Objekte als auch Objekte in anderen BACnet-Devices zugegriffen werden. Die Datenquelle für das Mittelwert-Objekt wird über die Property Object_Property_Reference festgelegt. Neben dem Mittelwert (Average_Value) und der optionalen Varianz werden die Minimal-/Maximal-Werte sowie gegebenenfalls die dazugehörigen Zeitpunkte gespeichert.

Das Mittelwert-Objekt verwendet die sogenannte Schiebefenstermethode (Sliding Window). Dabei werden immer die letzten n Werte im zurückliegenden Zeitintervall ΔT ausgewertet. Window_Interval bestimmt den Zeitbereich (500 s), während Window_Samples die Anzahl n der verwendeten Werte (20) in diesem Intervall angibt. Über Valid_Samples kann man die Anzahl der gültigen Werte abfragen, während Attempted_Samples die Anzahl der versuchten Abfragen im Zeitintervall enthält. Im Normalzustand entsprechen beide dem Wert von Windows_Samples. Ist Attempted_Samples hingegen kleiner, so wurde das BACnet Device entweder gerade gestartet, oder es wurden Einstellungsänderungen, z. B. an Windows_Samples, durchgeführt. Ist der Wert von Attempted_Samples größer als der Wert von Valid_Samples, so sind Abfragen verloren gegangen.

Tabelle 5.14 Beispiel für ein Mittelwert-Objekt

Property	Datentyp	R/W/O	Information
Object_Type	BACnetObjectIdentifier	R	AVERAGING
Minimum_Value	Real	R	3.5
Minimum_Value_ Timestamp	BACnetDateTime	O	(23-MRZ-2009,13:23:45.33)
Average_Value	Real	R	24.3
Variance_Value	Real	O	8.6
Maximum_Value	Real	R	35.3
Maximum_Value_ Timestamp	BACnetDateTime	O	(23-MRZ-2009,14:05:22.31)
Attempted_Samples	Unsigned	W	20
Valid_Samples	Unsigned	R	19
Object_Property_ Reference	BACnetDeviceObject-PropertyReference	R	(Analog-Eingabe, Instanz 4)
Window_Interval	Unsigned	W	500
Window_Samples	Unsigned	W	20

5.4.3.5 Binär-Eingabe-Objekt

Mit dem Binär-Eingabe-Objekt (Tabelle 5.15) können logische Zustände (Ein/Aus, 1/0, aktiv/inaktiv usw.) am Hardwareeingang eines BACnet-Device abgefragt werden. Verbreitete Anwendungen sind Störungs- und Betriebszustandsmeldungen.

Je nach verwendeter Hardware kann die Nutzung einer negativen Logik erforderlich sein. So gibt es Relais oder Kontaktgeber mit Schließern und Öffnern. Gegebenenfalls muss deshalb mit der Property Polarity eine Invertierung durchgeführt werden, um die gewünschte logische Funktion zu erzielen.

Einige zusätzliche Properties erleichtern eine Auswertung und Diagnose. So wird die Uhrzeit der letzten Zustandsänderung in Change_Of_State_Time vermerkt oder die Anzahl der Zustandsänderungen seit dem letzten Rücksetzen des Zählers wird gezählt in Change_of_State_Count. Über die Property Elapsed_Active_Time lässt sich die Zahl der Betriebsstunden erfassen.

Tabelle 5.15 Beispiel für ein Binär-Eingabe-Objekt

Property	Datentyp	R/W/O	Information
Object_Type	BACnetObjectIdentifier	R	BINARY_INPUT
Present_Value	BACnetBinaryPV	R	ACTIVE
Polarity	BACnetPolarity	R	NORMAL
Change_Of_State_Time	BACnetDateTime	O	(15-JAN-2009,06:44:12.3)
Change_Of_State_Count	Unsigned	O	34

5.4.3.6 Binär-Ausgabe-Objekt

Das Binär-Ausgabe-Objekt (Tabelle 5.16) ermöglicht das Ein- oder Ausschalten von Komponenten, wie z. B. einem Lüfter, die an ein BACnet-Device angeschlossen sind. Die zwei möglichen Zustände sind ACTIVE und INACTIVE. So wie beim Binär-Eingabe-Objekt kann auch hier je nach verwendeter Hardware (Öffner oder Schließer) eine Signalinvertierung über die Property Polarity durchgeführt werden. Über die optionalen Properties Minimum_Off_Time und Minimum_On_Time kann festgelegt werden, wie lange der jeweilige Zustand mindestens andauern muss, bevor ein erneutes Umschalten möglich ist. Dies ist erforderlich, da einige Komponenten, wie z. B. Motoren, nicht beliebig schnell hintereinander ein- und ausgeschaltet werden dürfen.

Tabelle 5.16 Beispiel für ein Binär-Ausgabe-Objekt

Property	Datentyp	R/W/O	Information
Object_Type	BACnetObjectIdentifier	R	BINARY_OUTPUT
Present_Value	BACnetBinaryPV	R	INACTIVE
Polarity	BACnetPolarity	R	REVERSE
Minimum_Off_Time	Unsigned32	O	5
Minimum_On_Time	Unsigned32	O	15

5.4.3.7 Binärwert-Objekt

Wie beim Analogwert-Objekt (Tabelle 5.17) ist dem Binärwert-Objekt kein Hardwareanschluss, sondern eine Speicherstelle zugeordnet, auf die andere Programme zugreifen können. Beispielsweise könnte darüber eine Lüftungsanlage ein- und ausgeschaltet werden. Ein Programm für die Steuerung der Lüftungsanlage würde den Binärwert aus der Speicherstelle auslesen und in Abhängigkeit weiterer Parameter das Ein- und Ausschalten bewirken. Falls ein Feueralarm auftritt, könnte das Programm trotz Present_Value = INACTIVE die Lüftung weiterlaufen lassen.

Tabelle 5.17 Beispiel für ein Binärwert-Objekt

Property	Datentyp	R/W/O	Information
Object_Type	BACnetObjectIdentifier	R	BINARY_VALUE
Present_Value	BACnetBinaryPV	R	ACTIVE

5.4.3.8 Betriebskalender-Objekt

Mit dem Betriebskalender-Objekt (Tabelle 5.18) kann eine Datumsliste erstellt werden, in der z. B. Feiertage oder Urlaubszeiten gespeichert werden. Die an diesen Tagen auszuführenden Schaltfunktionen befinden sich in einem Zeitplan-Objekt, das auf das Betriebskalender-Objekt verweist.

Tabelle 5.18 Beispiel für ein Betriebskalender-Objekt

Property	Datentyp	R/W/O	Information
Object_Type	BACnetObjectIdentifier	R	CALENDAR
Present_Value	Boolean	R	TRUE
Date_List	List of BACnetCalendarEntry	R	(((23-DEZ-2008)-(6-JAN-2009)), (1-APR-2008),(1-MAY-2009))

5.4.3.9 Gruppenauftrag-Objekt

Mit einem Gruppenauftrag-Objekt (Tabelle 5.19) können gleichzeitig mehrere Properties in unterschiedlichen Objekten beschrieben werden.

Tabelle 5.19 Beispiel für ein Gruppenauftrag-Objekt

Property	Datentyp	R/W/O	Information
Object_Type	BACnetObject-Identifier	R	COMMAND
Present_Value	Unsigned	W	2
In_Process	Boolean	R	FALSE
All_Writes_Success-full	Boolean	R	TRUE
Action	BACnetARRAY[N] of BACnetAction-List	R	{((,(Analogwert, Instanz 4), Present_Value,,23.5,,TRUE,TRUE), (,(Binärausgabe, Instanz 2), Present_Value, ACTIVE, 5,1,TRUE,TRUE)), ((,(Analogwert, Instanz 4), Present_Value,,18.5,,TRUE,TRUE), (,(Binärausgabe, Instanz 2), Present_Value, INACTIVE, 5,2,TRUE, TRUE))}
Action_Text	BACnetARRAY[N] of CharacterString	O	{„belegt", „unbelegt"}

Damit lassen sich Sammelbefehle erstellen, die ganze Gebäude in einen bestimmten Zustand versetzen. Beispielsweise könnte ein Gebäude die zwei Zustände „belegt" oder „unbelegt" aufweisen. Zu diesen Zuständen gehören bestimmte Einstellungen der Raumtemperatur und der Beleuchtung.

In Normalfall befindet sich das Gruppenauftrag-Objekt im passiven Zustand, und die dazugehörige Property In_Process steht auf FALSE. Beschreibt man jetzt die Property Present_Value, so wechselt das Objekt in den aktiven Zustand (In_Process = ACTIVE) und führt die in der Property Action benannten Befehle aus. Die Property Action kann dabei mehrere Listen mit Befehlen enthalten. Der Wert, mit dem man Present_Value beschreibt, entscheidet darüber, welche Liste ausgeführt wird. Der Schreibvorgang selbst löst dabei die Abarbeitung der Liste aus. Deshalb kann eine Liste auch mehrfach hintereinander ausgeführt werden. Ein erneuter Start wird jedoch erst ausgelöst, wenn das Objekt wieder in den passiven Zustand zurückgekehrt ist. Beim Abarbeiten der Liste kann es vorkommen, dass manche Schreibvorgänge nicht ausgeführt werden können. Dann wird die Property All_Write_Successful auf FALSE gesetzt. Je nach Zustand eines Quit_on_Failure-Flags kann die weitere Befehlsausführung nach einem Schreibfehler in den Action-Listen abgebrochen oder fortgesetzt werden.

In keinem Fall werden jedoch vorher erfolgreiche Schaltbefehle rückgängig gemacht. Der Aufbau einer Action-Liste folgt dabei dem in Tabelle 5.20 gezeigten Schema.

Tabelle 5.20 Aufbau einer Action-Liste

Parameter	Datentyp
Device_Identifier (optional)	BACnetObjectIdentifier
Object_Identifier	BACnetObjectIdentifier
Property_Identifier	BACnetPropertyIdentifier
Property_Array_Index (falls notwendig)	Unsigned
Property_Value	Je nach Objekt
Priority (falls notwendig)	Unsigned
Post_Delay (optional)	Unsigned
Quit_On_Failure	Boolean
Write_Successful	Boolean

Der Parameter Post_Delay ermöglicht dabei eine Verzögerung nach jedem einzelnen Schreibvorgang. Falls kein Device_Identifier angegeben ist, so bezieht sich der Befehl auf ein Objekt im selben Device. Das Gruppenauftrag-Objekt ist sehr mächtig und kann unter Umständen falsch konfiguriert werden. Das Aufrufen eines Gruppenauftrag-Objekts durch sich selbst wird zwar durch den passiven Zustand während der Listenabarbeitung verhindert, mit mehreren Objekten wäre jedoch ein Schalten im Kreis möglich. Dies könnte zu Schwingungen und Instabilitäten im Gebäudeautomationssystem führen.

5.4.3.10 Device-Objekt

In jedem BACnet-Device befindet sich ein Device-Objekt (Tabelle 5.21), das die Properties des Devices beschreibt und die verfügbaren Objekte aufzählt. Über die Property System_Status kann der Betriebszustand des Devices abgefragt werden. Weitere Informationen beziehen sich auf Hersteller- und Modellbezeichnungen sowie Firmware- und Softwareversionskennungen.

Tabelle 5.21 Beispiel für ein Device-Objekt

Property	Datentyp	R/W/O	Information
Object_Identifier	BACnetObjectIdentifier	R	(Device, Instanz 1)
Object_Type	BACnetObjectType	R	DEVICE
System_Status	BACnetDeviceStatus	R	OPERATIONAL
Vendor_Name	CharacterString	R	„HBN AG"
Vendor_Identifier	Unsigned16	R	4711
Model_Name	CharacterString	R	„HBNBAC"
Firmware_Revision	CharacterString	R	„1.0"
Application_Software_ Version	CharacterString	R	„1.0"
Protocol_Version	Unsigned	R	1
Object_List	BACnetARRAY[N] of BACnetObjectIdentifier	R	((Analog-Eingabe, Instanz 1), (Analog-Eingabe, Instanz 2), (Binär-Eingabe, Instanz 1))
Local_Time	Time	O	13:22:45.34
Local_Date	Date	O	18-AUG-2009, TUESDAY

5.4.3.11 Ereigniskategorie-Objekt

Mit dem Ereigniskategorie-Objekt (Tabelle 5.22) können Properties von Objekten überwacht und Ereignisse verarbeitet werden (siehe auch Abschnitt 5.4.4.2). Dazu muss die zu überwachende Property in Object_Property_Reference angegeben werden.

Die Property Event_Type bestimmt den Algorithmus für die Ereigniserkennung, z. B. OUT_OF_RANGE, CHANGE_OF_VALUE, CHANGE_OF_BITSTRING.

Tabelle 5.22 Beispiel für ein Ereigniskategorie-Objekt

Property	Datentyp	R/W/O	Information
Object_Type	BACnetObjectIdentifier	R	EVENT_ENROLLMENT
Event_Type	BACnetEventType	R	CHANGE_OF_VALUE
Event_Parameters	BACnetEventParameter	R	(10,0.5)
Notify_Type	BACnetNotifyType	R	ALARM
Object_Property_ Reference	BACnetDeviceObject PropertyReference	R	((Device, Instanz 6), (Analog-Eingabe, Instanz 2), (Present_Value))
Event_State	BACnetEventState	R	NORMAL
Event_Enable	BACnetEventTransitionBits	R	(TRUE, TRUE, FALSE)
Notification_Class	Unsigned	O	3

Zu jedem Ereignistyp gibt es entsprechende Zustände und Parameter (siehe Tabelle 5.23).

Tabelle 5.23 Beispiel für Ereignistypen, Zustände und Parameter

Ereignistyp	Ereigniszustand	Ereignisparameter
CHANGE_OF_VALUE	NORMAL OFFNORMAL	Time_Delay List_Of_Values

Über die Property Event_Enable können Meldungen freigeschaltet werden. Im Beispiel werden Meldungen bei den Übergängen TO_OFFNORMAL und TO_NORMAL erzeugt. Mit der Property Event_Parameters lassen sich dabei die Zeitverzögerung und die Werteabweichung beim CHANGE_OF_VALUE-Algorithmus einstellen. Die Meldungen selbst werden an ein Meldungsklassen-Objekt gesandt, das die Weiterleitung an gewünschte Empfänger übernimmt. Alternativ können über optionale Properties auch Prozesse in BACnet-Devices als Empfänger der Meldung angesprochen werden. Die Details dazu findet man im BACnet-Standard.

5.4.3.12 Datei-Objekt

Das Datei-Objekt (Tabelle 5.24) beschreibt Dateien, auf die über BACnet-Dienste zugegriffen werden kann. Über die Property File_Type kann der Dateityp bzw. der Verwendungszweck angegeben werden. Weitere Properties sind die Dateigröße in B (File_Size), das Datum der letzten Dateiänderung (Modification_Date) und die Schreib-Erlaubnis (Read_Only = FALSE). Mit der Property Archive wird angezeigt, ob die Datei seit der letzten Änderung für Backup-Zwecke gesichert wurde. In der Property File_Access_Method wird die Zugriffsart bekannt gegeben, entweder RECORD_ACCESS für Datensätze oder STREAM_ACCESS für byteweises Lesen und Schreiben.

Tabelle 5.24 Beispiel für ein Datei-Objekt

Property	Datentyp	R/W/O	Information
Object_Type	BACnetObjectIdentifier	R	FILE
File_Type	CharacterString	R	„Trend"
File_Size	Unsigned	R	1234
Modification_Date	BACnetDateTime	R	(4-APR-2009,03:35:55.3)
Archive	Boolean	W	FALSE
Read_Only	Boolean	R	FALSE
File_Access_Method	BACnetFileAccessMethod	R	RECORD_ACCESS

5.4.3.13 Globales Gruppen-Objekt

Mit dem globalen Gruppen-Objekt (Tabelle 5.25) können mehrere Objekte mit ihren Properties zusammengefasst werden. Damit ist ein übersichtlicher Datenaustausch zwischen BACnet-Geräten möglich. Die Property List_Of_Group_Members führt alle referenzierten Objekte mit den gewünschten Properties auf. Die aktuellen Werte sind im Present_Value aufgelistet.

Tabelle 5.25 Beispiel für ein globales Gruppen-Objekt

Property	Datentyp	R/W/O	Information
Object_Type	BACnetObjectType	R	GROUP
List_Of_Group_Members	List of ReadAccess-Specification	R	(((Analog-Eingabe, Instanz 2), Present_Value, Reliability, Description), ((Analog-Eingabe, Instanz 5), Present_Value, Reliability, Description))
Present_Value	List of ReadAccess-Result	R	(((Analog-Eingabe, Instanz 2), Present_Value, 23.5, Reliability, NO_FAULT_DETECTED, Description, „Raum 1"), ((Analog-Eingabe, Instanz 5), Present_Value, 35.4, Reliability, NO_FAULT_DETECTED, Description, „Raum 2"))

5.4.3.14 Gefahrenmelder-Objekt

Das Gefahrenmelder-Objekt (Tabelle 5.26) wird für sicherheitskritische Anwendungen, wie z. B. Brand- und Rauchmelder, als Eingabeeinheit verwendet oder für Sirenen als Ausgabeeinheit. Die Property Present_Value gibt den Zustand (ALARM, FAULT,

BLOCKED usw.) des Objekts an. Die genaue Bedeutung muss projektspezifisch festgelegt werden. Gelangt Present_Value in einen „Nicht-Normal“-Zustand, so verbleibt er dort, bis ein Rücksetzen (Quittierung) erfolgt. Der Tracking_Value zeigt im Gegensatz dazu immer den aktuellen Zustand an. Setzt man die Property Out_Of_Service auf TRUE, so lässt sich Present_Value beschreiben und damit z. B. eine Gefahrensituation simulieren. Die Property Mode bestimmt die Betriebsart (z. B. ON, OFF, TEST) des Gefahrenmelders.

Tabelle 5.26 Beispiel für ein Gefahrenmelder-Objekt

Property	Datentyp	R/W/O	Information
Object_Type	BACnetObjectIdentifier	R	LIFE_SAFETY_POINT
Present_Value	BACnetLifeSafetyState	R	ALARM
Tracking_Value	BACnetLifeSafetyState	O	ALARM
Out_Of_Service	Boolean	R	FALSE
Mode	BACnetLifeSafetyMode	W	ON

Je nach Zustand und Einstellung weiterer Properties können Ereignisse ausgelöst und automatisch an andere BACnet-Devices bzw. eine Leitwarte weitergeleitet werden. Die vergleichsweise komplexen Einstellmöglichkeiten und Bedingungen zum Auslösen von Ereignissen können im BACnet-Standard nachgelesen werden.

5.4.3.15 Sicherheitsbereich-Objekt

Das Sicherheitsbereich-Objekt (Tabelle 5.27) fasst mehrere Gefahrenmelder- oder Sicherheitsbereich-Objekte zu einer Gruppe zusammen. Damit können z. B. Alarmanzeigen für Gebäudebereiche realisiert werden. Die Property Zone_Members enthält die Liste der Objekte, die zum Sicherheitsbereich gehören.

Tabelle 5.27 Beispiel für ein Sicherheitsbereich-Objekt

Property	Datentyp	R/W/O	Information
Object_Type	BACnetObjectIdentifier	R	LIFE_SAFETY_ZONE
Present_Value	BACnetLifeSafetyState	R	PREALARM
Tracking_Value	BACnetLifeSafetyState	O	PREALARM
Zone_Members	List of BACnetDevice-ObjectReference	R	((Gefahrenmelder, Instanz 3), (Gefahrenmelder, Instanz 5))

5.4.3.16 Regler-Objekt

Ein Regler-Objekt beschreibt einen Proportional-Integral-Differenzial (PID)-Regler, dessen Regelparameter sowie Eingangs- und Ausgangssignale über BACnet eingestellt werden. Der Regler benötigt einen Sollwert (Führungsgröße, Setpoint), den er mit dem Istwert (Regelgröße, Controlled Variable) vergleicht und daraus über den PID-Algorithmus die erforderliche Stellgröße (Manipulated Variable) berechnet und ausgibt (Bild 5.57). Ein Regelkreis benötigt deshalb nicht nur das Regler-Objekt, sondern auch

- ein Analogwert-Objekt für den Sollwert (Setpoint Object),
- ein Analog-Eingabe-Objekt für den Istwert (Controlled Variable Object),
- ein Analogwert-Objekt für die Stellgröße (Manipulated Variable Object).

Die wichtigsten Properties des Regler-Objekts sind in Tabelle 5.28 angegeben.

Tabelle 5.28 Beispiel für ein Regler-Objekt

Property	Datentyp	R/W/O	Information
Object_Type	BACnetObjectType	R	LOOP
Manipulated_Variable_Reference	BACnetObjectProperty-Reference	R	((Analog-Ausgabe, Instanz 4), Present_Value)
Controlled_Variable_Value	Real	R	12.3
Controlled_Variable_Reference	BACnetObjectProperty-Reference	R	((Analog-Eingabe, Instanz 2), Present_Value)
Setpoint_Reference	BACnetSetpoint-Reference	R	((Analogwert, Instanz 1), Present_Value)
Setpoint	Real	R	15.0
Proportional_Constant	Real	O	10.0
Proportional_Constant_Units	BACnetEngineeringUnits	O	VOLTS
Integral_Constant	Real	O	5.0
Integral_Constant_Units	BACnetEngineeringUnits	O	AMPERES
Derivative_Constant	Real	O	0.0
Derivative_Constant_Units	BACnetEngineeringUnits	O	NO_UNITS
Maximum_Output	Real	O	20.0
Minimum_Output	Real	O	2.0

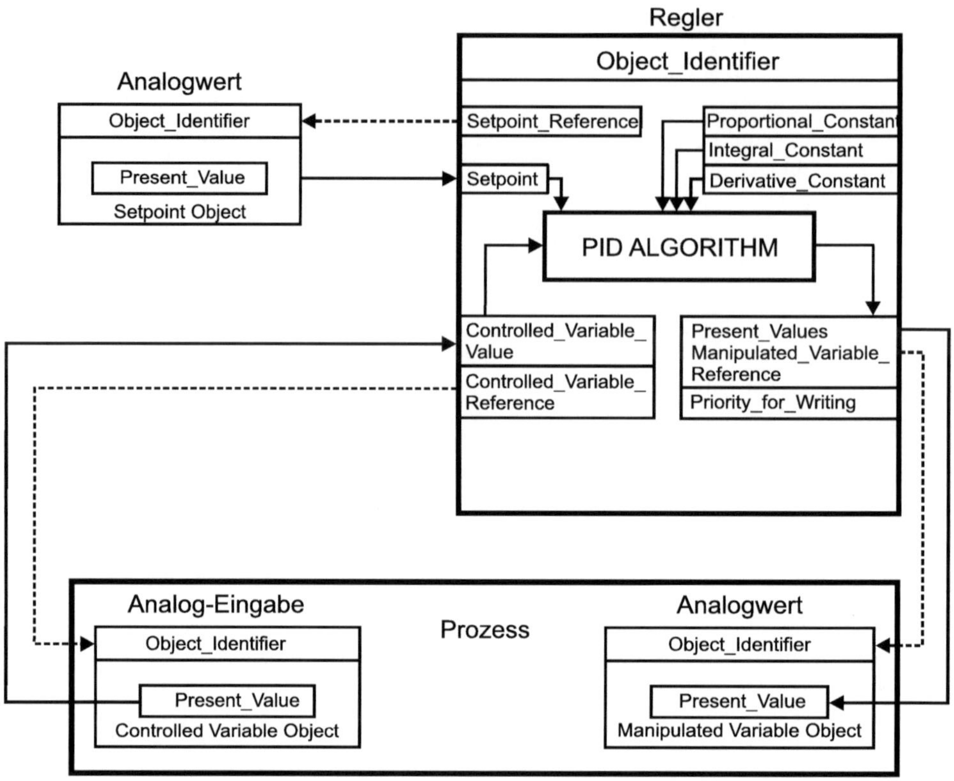

Bild 5.57 Ein Regler-Objekt und seine angeschlossenen Objekte

5.4.3.17 Mehrstufige-Eingabe-Objekt

Das Mehrstufige-Eingabe-Objekt (Tabelle 5.29) ermöglicht die Darstellung diskreter Zustände. Beispielsweise können binäre Eingänge miteinander kombiniert und die dadurch erzeugten Kombinationsmöglichkeiten oder Zustände abgefragt werden. Wie diese Zustände erzeugt oder berechnet werden, ist im BACnet-Device intern festgelegt. Die Property Present_Value enthält einen ganzzahligen Wert, der einen Zustand symbolisiert. Die dazugehörigen Klartextbezeichnungen werden in State_Text angegeben.

Tabelle 5.29 Beispiel für eine mehrstufige Eingabe

Property	Datentyp	R/W/O	Information
Object_Type	BACnetObjectIdentifier	R	MULTISTATE_INPUT
Present_Value	Unsigned	R	2
Number_Of_States	Unsigned	R	3
State_Text	BACnetARRAY[N] of CharacterString	O	{„Hand", „Aus", „Auto"}

5.4.3.18 Mehrstufige-Ausgabe-Objekt

Mit dem Mehrstufige-Ausgabe-Objekt (Tabelle 5.30) können mehrere binäre Ausgänge gesteuert werden. Die Kombinationsmöglichkeiten werden durch einen Zustand gekennzeichnet, der in die Property Present_Value geschrieben wird. Die Zuordnung zu einer Ausgangskombination wird im BACnet-Device intern festgelegt.

Tabelle 5.30 Beispiel für eine mehrstufige Ausgabe

Property	Datentyp	R/W/O	Information
Object_Type	BACnetObjectIdentifier	R	MULTISTATE_OUTPUT
Present_Value	Unsigned	W	1
Number_Of_States	Unsigned	R	3
State_Text	BACnetARRAY[N] of CharacterString	O	{„Aus", „Stufe 1", „Stufe 2"}

5.4.3.19 Mehrstufiger-Wert-Objekt

Das Mehrstufiger-Wert-Objekt (Tabelle 5.31) steht für mehrere binäre Ein- oder Ausgänge, denen jedoch kein Hardwareanschluss, sondern Speicherstellen im BACnet-Device zugeordnet sind. Auf diese Speicherstellen kann z.B. von anderen BACnet-Objekten oder einem Gateway aus zugegriffen werden.

Tabelle 5.31 Beispiel für ein Mehrstufiger-Wert-Objekt

Property	Datentyp	R/W/O	Information
Object_Type	BACnetObjectIdentifier	R	MULTISTATE_VALUE
Present_Value	Unsigned	R	2
Number_Of_States	Unsigned	R	4
State_Text	BACnetARRAY[N] of CharacterString	O	{„Stufe 1", „Stufe 2", „Stufe 3", „Stufe 4"}

5.4.3.20 Meldungsklassen-Objekt

Das Meldungsklassen-Objekt (Tabelle 5.32) wird für die zielgerichtete Weiterleitung von Ereignismeldungen verwendet. Jedes Objekt dieser Art wird durch eine Nummer (Notification_Class) gekennzeichnet, auf die von anderen Objekten verwiesen werden kann. Den 3 möglichen Ereignissen TO_OFFNORMAL, TO_FAULT und TO_NORMAL lassen sich über die Property Priority verschiedene Prioritäten zuweisen. In der Recipient_List sind die Empfängerobjekte aufgeführt, die beim Eintreten eines Ereignisses davon erfahren sollen. Diese Zuordnung kann zeitabhängig eingestellt werden, um unterschiedliche Empfänger zielgerichtet ansprechen zu können. Falls mit der Meldung eine Quittieranforderung versandt werden soll, so sind die entsprechenden Bits in der Property Ack_Required für die jeweiligen Ereignisse zu setzen. Der Aufbau der Recipient_List folgt dem in Tabelle 5.33 gezeigten Schema.

Tabelle 5.32 Beispiel für ein Meldungsklassen-Objekt

Property	Datentyp	R/W/O	Information
Object_Type	BACnetObjectIdentifier	R	NOTIFICATION_CLASS
Notification_Class	Unsigned	R	5
Priority	BACnetARRAY[3] of Unsigned	R	{2, 4, 5}
Ack_Required	BACnetEventTransitionBits	R	(TRUE, TRUE, TRUE)
Recipient_List	List of BACnetDestinations	R	(((Montag, Dienstag, Mittwoch), 5:00, 19:00, (Device, Instanz 23), 3, TRUE, (TRUE, TRUE, FALSE)), ((Montag, Dienstag, Mittwoch), 19:00, 5:00, (Device, Instanz 28), 3, TRUE, (TRUE, TRUE, FALSE)))

Tabelle 5.33 Aufbau der Recipient_List

Parameter	Datentyp	Beschreibung
Valid Days	BACnetDaysOfWeek	Wochentage, an denen Meldungen an den Empfänger geleitet werden
From Time, To Time	Time	Zeitfenster, in dem die Meldungen an den Empfänger geleitet werden
Recipient	BACnetRecipient	Empfangsdevice
Process Identifier	Unsigned32	Kennung im Empfangsdevice für den Prozess, der die Meldung erhalten soll
Issue Confirmed Notifications	Boolean	TRUE für bestätigte Meldungen, FALSE für unbestätigte Meldungen
Transitions	BACnetEventTransitionBits	Zeigen an, ob der Empfänger die Meldungen TO_OFFNORMAL, TO_FAULT oder TO_NORMAL erhalten soll

5.4.3.21 Programm-Objekt

Mit dem Programm-Objekt können herstellerspezifische Anwendungsprogramme in einem BACnet-Device gesteuert werden. Als Beispiel dafür soll die Berechnung des Maximums von zwei Eingabewerten dienen (Tabelle 5.34). Die Herkunft der Eingabewerte wird über die proprietären Properties Ref1 und Ref2 definiert. Die Property Instance_Of gibt den Namen des Anwendungsprogramms im BACnet-Device an. Über Programm_Change findet die Steuerung statt, d.h., wenn dort READY angezeigt wird, so können Befehle wie LOAD (Programm laden), RUN (Programm ausführen), HALT (Programm anhalten), RESTART (Programm initialisieren und neu starten) oder UNLOAD (Programm anhalten und entladen) durch Schreiben in die Property abgesetzt werden. In der Property Programm_State wird der Betriebszustand angezeigt, wie z.B. RUNNING (Programm läuft) oder HALTED (Programm ist angehalten). Im letzteren Fall kann über die Property Reason_for_Halt auf die Ursache geschlossen werden.

Tabelle 5.34 Beispiel für ein Programm-Objekt

Property	Datentyp	R/W/O	Information
Object_Type	BACnetObjectIdentifier	R	PROGRAM
Programm_State	BACnetProgramState	R	RUNNING
Programm_Change	BACnetProgramRequest	W	READY
Reason_for_Halt	BACnetProgramError	O	NORMAL
Instance_Of	CharacterString	O	„Max2Refs“
Ref1	Real	Proprietär	((Analog-Eingang, Instanz 1), Present_Value)
Ref2	Real	Proprietär	((Analog-Eingang, Instanz 2), Present_Value)

5.4.3.22 Zeitplan-Objekt

Mit dem Zeitplan-Objekt können bestimmte Aktionen zeitgesteuert ausgeführt werden. In dem in Tabelle 5.35 gezeigten Beispiel wird ein binäres Ausgabe-Objekt angesprochen, das z.B. für das Ein- oder Ausschalten einer Heizungsanlage stehen kann.

Tabelle 5.35 Beispiel für ein Zeitplan-Objekt

Property	Datentyp	R/W/O	Information
Object_Type	BACnetObjectIdentifier	R	SCHEDULE
Present_Value	je nach Datentyp des Present_Value der referenzierten Objekte	R	ACTIVE
Effective_Period	BACnetDateRange	R	((1-SEP-2009)-(23-DEZ-2009))
Weekly_Schedule	BACnetARRAY[7] of BACnetDailySchedule	O	{(((8:00, ACTIVE), (18:00, INACTIVE)), usw. für jeden Wochentag)}
Exception_Schedule	BACnetARRAY[N] of BACnetSpecialEvent	O	{((11-NOV-2009),(12:00, INACTIVE))}
List_Of_Object_ Property_References	List of BACnetDevice-ObjectPropertyReference	R	((Device, Instanz 3),(Binär-Ausgabe, Instanz 2), Present_Value)
Priority_For_Writing	Unsigned (1 ... 16)	R	14

Über die Property Effective_Period wird der Zeitraum bestimmt, in dem der Zeitplan ausgeführt werden soll. Für jeden Wochentag können über die Property Weekly_ Schedule die Einschalt- und Ausschaltzeiten definiert werden. Ausnahmen, wie z. B. Feiertage, werden über die Property Exception_Schedule behandelt. Über die Property Priority_For_Writing kann die Priorität der Befehle angegeben werden.

5.4.3.23 Trend-Aufzeichnung-Objekt

Das Trend-Aufzeichnung-Objekt (Tabelle 5.36) dient zum Speichern des Zeitverlaufs von Properties, um sie einer späteren Auswertung zugänglich zu machen. Beispielsweise kann die von einem Sensor gemessene Raumtemperatur aufgezeichnet werden. Die Datenquelle wird dabei über Log_DeviceObjectProperty angegeben. Das Ein- und Ausschalten der Aufzeichnung kann über die Property Log_Enable erfolgen. Zusätzlich besteht auch die Möglichkeit, einen definierten Zeitraum mithilfe von Start_Time und Stop_Time anzugeben. Neben einer regelmäßigen Werteabfrage (Polling) kann auch die Speicherung bei Wertänderungen (Change of Value – COV) eingestellt werden. Im ersten Fall wird die Angabe der Zeitdauer in Hundertstel-Sekunden zwischen zwei Abfragen über die Property Log_Intervall benötigt.

Zur Speicherung der Daten stellt das Trend-Aufzeichnung-Objekt einen Speicherbereich bestimmter Größe zur Verfügung, der mit Buffer_Size angegeben wird. Dieser Speicherbereich füllt sich im Laufe der Zeit. Wenn der Speicherbereich voll ist, so kann die Aufzeichnung entweder gestoppt werden (Stop_When_Full = TRUE) oder der älteste Wert wird überschrieben und die Aufzeichnung fortgesetzt. Im Log_Buffer finden sich für jeden Eintrag ein Zeitstempel, der abgefragte Wert und die vier Status-flags des dazugehörigen Objekts. Über die Property Record_Count lässt sich die Zahl der Einträge im Log_Buffer ermitteln. Schreibt man in diese Property eine 0, so werden alle Datensätze gelöscht.

Tabelle 5.36 Beispiel für ein Trend-Aufzeichnung-Objekt

Property	Datentyp	R/W/O	Information
Object_Type	BACnetObjectIdentifier	R	TREND_LOG
Log_Enable	Boolean	W	TRUE
Start_Time	BACnetDateTime	O	(4-JAN-2007, 03:35:55.3)
Stop_Time	BACnetDateTime	O	(14-FEB-2007, 07:44:12.5)
Log_DeviceObject Property	BACnetDeviceObject PropertyReference	O	((Device, Instanz 7), (Analog-Eingabe, Instanz 3), Present_Value)
Log_Intervall	Unsigned	O	100
Stop_When_Full	Boolean	R	FALSE
Buffer_Size	Unsigned32	R	200
Log_Buffer	List of BACnetLogRecord	R	((4-JAN-2007, 03:35:55.3), 23.5, (FALSE,FALSE,FALSE,FALSE))
Record_Count	Unsigned32	W	1

5.4.3.24 Mehrfachtrend-Aufzeichnung-Objekt

Dieses Objekt entspricht im Wesentlichen dem Trend-Aufzeichnung-Objekt, kann aber gleichzeitig mehrere Properties überwachen. In Log_DeviceObjectPropertyList anstelle von Log_DeviceObjectProperty können die Datenquellen aufgeführt werden. Deren Werte werden mit dem dazugehörigen Zeitstempel in Log_Buffer gespeichert.

5.4.3.25 Zählwert-Eingabe-Objekt

Das Zählwert-Eingabe-Objekt (Tabelle 5.37) wird für impulsgebende Messgeräte wie Stromverbrauchszähler oder Wärmemengenzähler benötigt, die an ein BACnet-Device angeschlossen werden. Jeder Impuls zeigt dabei die Abnahme einer bestimmten Mengeneinheit an. Das Zählwert-Eingabe-Objekt zählt diese Impulse und ermöglicht so die Abfrage der insgesamt verbrauchten Menge. Der Konvertierungsfaktor Scale bestimmt, mit welchem Wert Present_Value ggf. zu multiplizieren ist, damit man den Wert in der in Units angegebenen Einheit erhält. Über Prescale kann die Impulszahl noch vorgeteilt werden, um einen gewünschten Wertebereich zu erhalten. Beispielsweise kann man durch Vorteilung mit dem Faktor 10 erreichen, dass aus 10 Impulsen à 1 kWh ein Impuls erzeugt wird, der dann für 10 kWh steht.

Tabelle 5.37 Beispiel für ein Zählwert-Eingabe-Objekt

Property	Datentyp	R/W/O	Information
Object_Type	BACnetObjectIdentifier	R	ACCUMULATOR
Present_Value	Unsigned	R	123
Scale	BACnetScale	R	2
Units	BACnetEngineeringUnits	R	KILOWATT HOURS
Prescale	BACnetPrescale	O	(1,10)

Für das Zählwert-Eingabe-Objekt stehen zahlreiche Auswertemöglichkeiten zur Verfügung. Beispielsweise kann man die Zahl der Impulse (Pulse_Rate) innerhalb einer vorangegangenen Zeit (Limit_Monitoring_Intervall) abfragen. Eine Überschreitung einer vorgegebenen Impulszahl (High_Limit) kann eine Meldung auslösen, und es besteht die Möglichkeit zur Aufzeichnung von Zählwerten mit ihrem jeweiligen Zeitstempel.

5.4.4 Dienste

BACnet hat für die Kommunikation zwischen Devices Dienste (Services) definiert, mit denen auf Objekte zugegriffen werden kann. Ein einfacher Fall wäre z. B. die Abfrage eines Temperatursensors über das dazugehörige Analog-Eingabe-Objekt (Bild 5.58). Die abfragende Station nutzt den Dienst ReadProperty, um Present_Value eines Objekts mit einem bestimmten Object_Identifier als Adresse zu erhalten. Mit einer zusätzlichen Nummerierung der Nachrichten wird die Zuordnung der Antworten zu eventuell mehreren Anfragen sichergestellt. Der Dienst ReadProperty gehört dabei zu den bestätigten Diensten, die im Gegensatz zu unbestätigten Diensten eine Rückantwort verlangen.

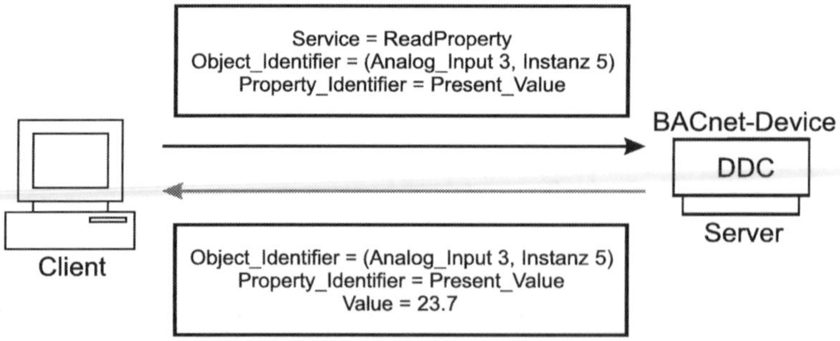

Bild 5.58 Beispiel für die Abfrage eines BACnet-Device

Die bei BACnet verfügbaren Dienste werden in die folgende fünf Gruppen eingeteilt:

- Objektzugriff-Dienste,
- Alarm- und Ereignis-Dienste,
- Device- und Netzwerkmanagement-Dienste,
- Dateizugriff-Dienste,
- Virtual-Terminal-Dienste.

5.4.4.1 Objektzugriff-Dienste

Die Objektzugriff-Dienste ermöglichen das Lesen und Schreiben von Properties (Tabelle 5.38).

Tabelle 5.38 Objektzugriff-Dienste

Dienst	Beschreibung
AddListElement	Einfügen einer oder mehrerer Listenelemente zu einer Property
RemoveListElement	Entfernen einer oder mehrerer Listenelemente aus einer Property
CreateObject	Erzeugen einer neuen Objekt-Instanz
DeleteObject	Entfernen einer Objekt-Instanz
ReadProperty	Auslesen einer Property
WriteProperty	Schreiben einer Property
ReadPropertyMultiple	Auslesen mehrerer Properties aus mehreren Objekten
WritePropertyMultiple	Schreiben mehrerer Properties in mehreren Objekten
ReadPropertyConditional	Auslesen mehrerer Properties von allen Objekten, die bestimmte Kriterien erfüllen
ReadRange	Auslesen von Teilen einer Liste, z. B. eines bestimmten Zeitbereichs einer Trend-Aufzeichnung

BACnet kann darüber hinaus sogar im laufenden Betrieb mit dem Dienst CreateObject neue Objekte erzeugen. In der Praxis wird dies dazu verwendet, um Objekte wie Averaging (Mittelwertbildung), Calendar (Betriebskalender), Event Enrollment (Ereigniskategorie), Group (Gruppenobjekt), Notification Class (Meldungsklasse), Schedule (Zeitplan) und Trend Log (Trendaufzeichnung) zu erzeugen.

Ein sehr mächtiger Dienst ist ReadPropertyConditional, da die Abfragekriterien sowohl Vergleichsoperatoren (=, <, >) als auch logische Verknüpfungen (OR, AND) und Zeitstempel enthalten dürfen. Mit dem folgenden Auswahlkriterium werden z. B. alle

Analog-Eingabe-Objekte mit ihrem Object_Identifier zurückgeliefert, deren Present_Value größer als 30 ist:

(Object_Type, = ,ANALOG_INPUT), (Present_Value, > ,30)

Mit dem folgenden Auswahlkriterium können nicht betriebsbereite Objekte aufgefunden werden:

(Reliability,NO_FAULT_DETECTED), (Out_Of_Service, = , True)

5.4.4.2 Alarm- und Ereignis-Dienste

Über Alarm- und Ereignis-Dienste können Alarmzustände, Betriebszustände und Störungsmeldungen, aber auch einfache Änderungen eines Messwerts mitgeteilt werden. Die dabei zur Verfügung stehenden Dienste sind in Tabelle 5.39 aufgeführt.

Tabelle 5.39 Alarm- und Ereignis-Dienste

Dienst	Beschreibung
AcknowledgeAlarm	Rückmeldung, dass ein menschlicher Bediener den Alarm wahrgenommen und bestätigt hat
ConfirmedCOVNotification	Meldung von Wertänderungen in einem Objekt an abonnierende Objekte mit Empfangsbestätigung
UnconfirmedCOV-Notification	Meldung von Wertänderungen in einem Objekt an abonnierende Objekte ohne Empfangsbestätigung
ConfirmedEvent-Notification	Meldung eines Ereignisses mit Empfangsbestätigung
UnconfirmedEvent-Notification	Meldung eines Ereignisses ohne Empfangsbestätigung
GetAlarmSummary	Anforderung einer Liste anstehender Alarme
GetEnrollmentSummary	Anforderung einer Liste aller im Ereignisfall meldender Objekte. Mit Filtern kann die Liste eingeschränkt werden (z. B. nur Objekte mit bestimmten Ereignisprioritäten)
GetEventInformation	Anforderung einer Liste der Ereigniszustände von einem Device
LifeSafetyOperation	Übertragung von sicherheitsspezifischen Anweisungen von einem Bediener (An-/Abschalten akustischer/optischer Signale, Rücksetzen von Meldeeinrichtungen)
SubscribeCOV	Aufnahmeanforderung für eine Empfängerliste für Wertänderungen
SubscribeCOVProperty	Aufnahmeanforderung für eine Empfängerliste für Wertänderungen mit Angabe der zu überwachenden Eigenschaft

Man unterscheidet dabei drei Varianten für die Behandlung von Ereignissen, die für typische Anwendungen in der Gebäudeautomation entwickelt wurden.

1. Meldung bei Wertänderungen

Eine Stärke von BACnet ist die Möglichkeit zur automatischen Meldung bei Wertänderungen (Change Of Value Reporting oder kurz COV Reporting). Das bedeutet, dass bestimmte Standardobjekttypen (z. B. analoge Ein-/Ausgabe) so konfiguriert werden können, dass sie eine Meldung absetzen, wenn sich ihr Present_Value um einen definierten Schwellenwert ändert. Gleiches gilt für Wertänderungen bei digitalen Zuständen (z. B. bei binärer Ein- und Ausgabe). Man bezeichnet dies dann als Change Of State (COS). Bei Zustandsänderungen eines Objekts, die durch die Status-Flags angezeigt werden, kann ebenfalls eine Meldung erfolgen. Die ereignisorientierte Datenübertragung entlastet das Netz, da im Gegensatz zu einem zyklischen Abfragen (Polling) nicht ständig, sondern nur im Bedarfsfall Nachrichten erzeugt werden.

Damit ein COV-Client (z. B. der Leitrechner) in den Genuss der automatisch generierten Meldungen gelangt, muss er dem COV-Server (BACnet-Device) einen Abonnementauftrag erteilen. Dies erfolgt im laufenden Betrieb. Der Auftrag kann zeitlich befristet oder unbefristet erteilt werden. Da es jedoch nicht sicher ist, dass Aufträge im BACnet-Device bei einem Spannungsausfall oder Neustart erhalten bleiben, empfiehlt es sich, das Abonnement regelmäßig zu erneuern.

Als Beispiel für COV sei auf das Analog-Eingabe-Objekt (Tabelle 5.11) verwiesen. Dort wurde über die Property COV_Increment eingestellt, dass bei einer Änderung des Present_Value um 0,5 °C eine Meldung erzeugt wird. Diese Meldung wird nur an Abonnenten weitergeleitet, die sich über den Dienst SubscribeCOV angemeldet haben. Der COV-Server speichert die Liste der Abonnenten in einer zusätzlichen Property seines Device-Objekts (Active_COV_Subscriptions).

2. Objektinternes Melden

Das objektinterne Melden (Intrinsic Reporting) basiert auf Properties, die innerhalb eines Objekts liegen und für die Überwachung eines Alarms oder Ereignisses zugrunde gelegt werden können. Einige Beispiele sind in Tabelle 5.40 aufgeführt. In allen Fällen muss die Meldung des Ereignisses freigeschaltet sein (Event_Enable = TRUE).

Tabelle 5.40 Beispiele für objektinternes Melden

Objekttyp	Kriterien	Ereignistyp
Analog-Eingabe	Der Messwert befindet sich für einen bestimmten Mindestzeitraum (Time_Delay) außerhalb der durch High_Limit und Low_Limit festgelegten Grenzwerte. Bei Rückkehr in den Normalzustand unter Berücksichtigung der Hysterese (Deadband) wird das Ereignis ebenfalls gemeldet.	Grenzwertverletzung OUT_OF_RANGE
Binär-Eingabe	Der Eingangszustand wechselt für einen Mindestzeitraum (Time_Delay) auf einen anderen Wert.	Zustandswechsel CHANGE_OF_STATE
Regler	Die absolute Differenz zwischen Sollwert und Regelgröße überschreitet einen Grenzwert für einen bestimmten Mindestzeitraum (Time_Delay).	Grenzwertüberschreitung FLOATING_LIMIT

Bei dem Analog-Eingabe-Objekt in Tabelle 5.11 sind Temperaturgrenzwerte eingestellt (High_Limit = 40.0 °C, Low_Limit = 5.0 °C). Eine Überschreitung der Grenzwerte führt zu einem TO_OFFNORMAL-Ereignis und die Rückkehr daraus zu einem TO_NORMAL-Ereignis. Beide Ereignisse erzeugen eine Meldung, da sie in der Property Event_Enable freigeschaltet sind (TO_FAULT-Ereignisse erzeugen im Beispiel jedoch keine Meldung).

Beim objektinternen Melden wird noch ein weiteres Objekt benötigt, in dem die zu benachrichtigenden Empfänger aufgeführt sind (Bild 5.59). So ist im ereignisauslösenden Objekt über die Property Notification_Class festgelegt, welches Meldungsklassen-Objekt zuständig ist. In diesem sind dann alle Empfänger in einer Liste aufgeführt, die von dem Ereignis erfahren sollen. In Tabelle 5.11 ist z. B. das Meldungsklassen-Objekt Nr. 5 festgelegt, das wiederum in Tabelle 5.32 beschrieben ist.

Es ist häufig notwendig, die Meldungen in Abhängigkeit vom Wochentag und der Uhrzeit an verschiedene Ziele weiterzuleiten. Das Personal einer Leitwarte soll vielleicht tagsüber alle Alarme erhalten, während zu unbesetzten Zeiten der Pförtner informiert oder eine Nachricht über SMS zu senden ist. Im Meldungsklassen-Objekt ist es deshalb möglich, für die einzelnen Empfänger spezifische Zeitfenster und Tage anzugeben.

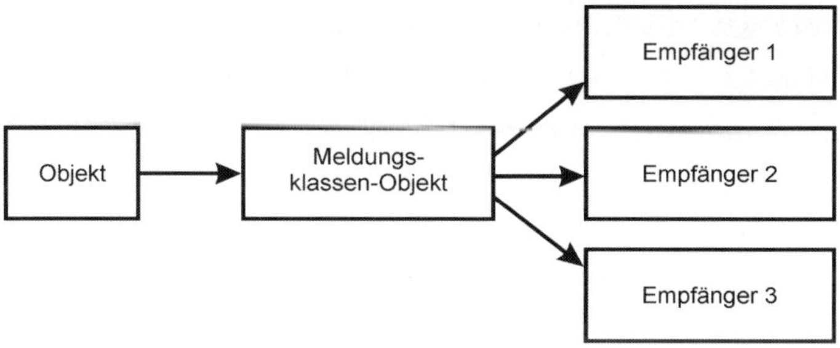

Bild 5.59 Ein Meldungsklassen-Objekt kann Benachrichtigungen an mehrere Empfänger verteilen

3. Regelbasiertes Melden

Beim regelbasierten Melden (Algorithmic Change Reporting) wird mithilfe eines Ereigniskategorie-Objekts festgelegt, welche Properties eines Objekts nach bestimmten Kriterien überwacht werden sollen und wie die Weiterleitung an Meldungsempfänger erfolgt. Als Beispiel sei auf Tabelle 5.22 verwiesen, die ein Ereigniskategorie-Objekt beschreibt. Die Vielzahl möglicher Algorithmen zur Auslösung von Meldungen ist im BACnet-Standard beschrieben.

Alarm- und Ereignismeldungspriorität

BACnet kann jeder automatisch generierten Meldung eine numerische Priorität im Wertebereich zwischen 0 und 255 zuweisen. Die 0 steht dabei für die höchste und 255 für die niedrigste Priorität. Häufig werden nur wenige Prioritätsstufen verwendet, denen dann eine Bedeutung wie niedrig (255), mittel (128) oder wichtig (0) zugeordnet werden kann. Eine in Tabelle 5.41 gezeigte feinere Abstufung kann aber auch sinnvoll sein.

Tabelle 5.41 Beispiel für Alarm- und Ereignisprioritätsgruppen

Meldungsgruppe	Prioritätsbereich	Beispiele
Gefahr für Leben	00 bis 31	Brandmeldung
Gefahr für Eigentum	32 bis 63	Sicherheitsmeldung (z. B. Einbruch, unberechtigter Zutritt)
Überwachung	64 bis 95	Technische Alarmmeldungen (z. B. Ausfall der Heizungsanlage), sofortige Reaktion nötig
Problembeseitigung	96 bis 127	Störungsmeldung (z. B. Ausfall eines Temperaturfühlers), sofortige Reaktion nötig
Wartung und Instandhaltung	128 bis 191	Wartung einer Anlage erforderlich
Betrieb	192 bis 255	Wechsel der Betriebsart (Tag/Nacht)

5.4.4.3 Device- und Netzwerkmanagement-Dienste

Mit Device- und Netzmanagement-Diensten können Administrationsaufgaben erledigt werden, z. B.

- ein BACnet-Device anhalten oder starten (DeviceCommunicationControl),
- einen Neustart eines BACnet-Device veranlassen (ReinitializeDevice),
- die Uhren in BACnet-Devices von einem Time Master (Hauptuhr) aus synchronisieren (TimeSynchronization).

Darüber hinaus besteht die Möglichkeit, das Vorhandensein von BACnet-Devices oder die Zuordnung zwischen Object_Identifier und Object_Name über das Netz abzufragen. Mit einer Who_has-Abfrage (Broadcast) werden BACnet-Devices gesucht, die Objekte mit einer bestimmten Property Object_Identifier oder einer bestimmten Property Object_Name besitzen (Bild 5.60). Die I_have-Antwort liefert den entsprechenden Object_Identifier und im Network-Header die Netzadresse zurück.

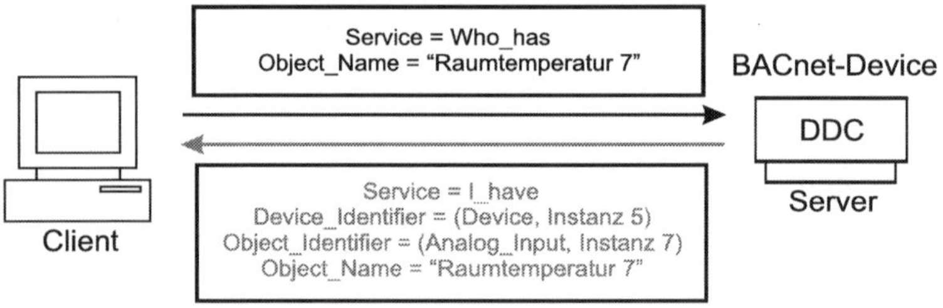

Bild 5.60 Who_has-Abfrage und I_have_Antwort

Mithilfe einer Who_is-Abfrage (Bild 5.61) kann man von allen BACnet-Devices die Netzadresse und den Object_Identifier des Device-Objekts abfragen. Die Antwort bezeichnet man dann als I_am-Dienst. Es ist auch möglich, bei bekanntem Object_Identifier des Device-Objekts nur die dazugehörige Netzadresse zu ermitteln.

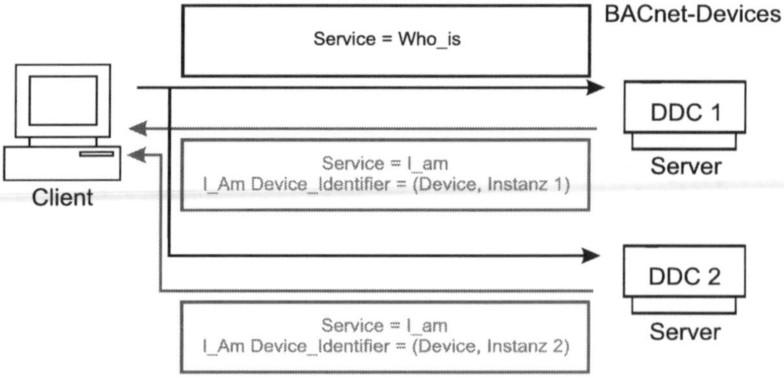

Bild 5.61 Who_is-Abfrage und zwei I_am-Antworten

5.4.4.4 Dateizugriff-Dienste

Unter Dateien versteht man bei BACnet eine Folge von Oktetten ohne nähere Spezifikation ihrer Bedeutung. Sie werden insbesondere für herstellerspezifische Anwendungen benötigt. Für jede Datei, auf die man mit BACnet-Diensten zugreift, ist ein dazugehöriges Datei-Objekt (File Object) vorzusehen. Mithilfe von AtomicReadFile kann man dann lesend und mit AtomicWriteFile schreibend über das File Object auf die Dateien zu greifen. Atomic bedeutet in diesem Zusammenhang, dass keine zwei Dateizugriffe gleichzeitig erfolgen dürfen.

5.4.4.5 Virtual-Terminal-Dienste

Der Begriff Terminal hat seinen Ursprung in den Zentralrechnerzeiten. Damals hatte man keine Arbeitsplatzrechner, sondern aus Tastatur und Bildschirm bestehende Terminals, die über eine serielle Verbindung mit dem Zentralrechner gekoppelt waren. Die auf der Tastatur eingetippten Zeichen wurden an den Zentralrechner gesendet, dessen Rückmeldungen dann auf dem Bildschirm angezeigt. Beim Internet kennt man mit dem Telnet-Protokoll ein vergleichbares Verfahren, bei dem über ein textbasiertes Programm Befehle an entfernte Rechner abgesetzt werden können. BACnet bietet einen vergleichbaren Dienst, der von Administratoren z. B. zur Konfiguration von BACnet-Devices eingesetzt werden kann (Bild 5.62).

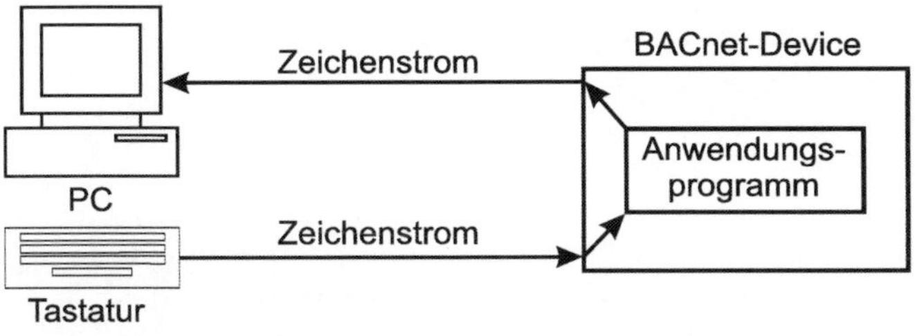

Bild 5.62 Virtual-Terminal-Dienst zur Steuerung eines Anwendungsprogramms

5.4.5 Prozeduren

5.4.5.1 Datensicherung

BACnet-Devices werden meist über herstellerspezifische Programme konfiguriert. Diese Einstellungen sind im Device in Dateien abgelegt. Bei einem Ausfall oder einer technischen Störung können solche Informationen verloren gehen. Deshalb müssen Mechanismen zum Abspeichern (Backup) von Konfigurationsdateien und Programmen sowie zum Wiederherstellen (Restore) zur Verfügung stehen. Dafür bietet BACnet ein standardisiertes Verfahren an, das auf bekannten BACnet-Diensten, wie z. B. AtomicReadFile und AtomicWriteFile, basiert.

5.4.5.2 Priorisierung von Aufträgen

Die Objekte in einem BACnet können nicht nur von einer, sondern prinzipiell von vielen Stellen aus geändert werden. Beispielsweise soll eine Heizungsanlage sowohl über ein lokal vorhandenes Bedienpanel als auch von einer zentralen Leitwarte ein- und ausgeschaltet werden. In diesem Fall muss festgelegt werden, wer beim Zugriff bevorrechtigt ist, d.h. die höhere Priorität besitzt. BACnet hat dafür ein Verfahren entwickelt, das auf 16 Prioritätsstufen (Tabelle 5.42) basiert, die bei dem Schreibvorgang auf Properties von Objekten mit übergeben werden.

Tabelle 5.42 BACnet-Prioritätsstufen

Prioritätsstufe	Anwendung
1	Sicherheitssteuerung, manuell
2	Sicherheitssteuerung, automatisch
3	frei
4	frei
5	Übergeordnete Anlagensteuerung
6	Ein-/Aus-Mindestzeiten
7	frei
8	Manuelle Steuerung
9 bis 16	frei

Nicht jede Property wird dabei unterstützt, sondern nur die sogenannten kommandierbaren Properties. Bei den Objekttypen Analog-Ausgabe und Binär-Ausgabe ist dies der aktuelle Wert (Present_Value). Bei einem Schreibvorgang auf diese Properties kann eine der 16 Prioritätsstufen mit übergeben werden. Die Bedeutung der meisten Prioritätsstufen kann individuell festgelegt werden, einige sind jedoch mit Standardwerten gemäß Tabelle 5.42 besetzt.

Beim Schreiben auf eine kommandierbare Property wird diese nicht sofort geändert, sondern der Wert wird zuerst in eine im Objekt befindliche Prioritätentabelle eingetragen. Je nach mitgegebener Priorität befindet sich der neue Wert in der entsprechenden Zeile. Ein Wert Null in der Tabelle bedeutet, dass kein Befehl dieser Prioritätsstufe vorhanden ist. Ist an jeder Stelle der Tabelle Null eingetragen, so gilt der Vorgabewert (Default). Der aktuelle Wert der Property hängt nur von dem Eintrag mit der höchsten Priorität ab (Tabelle 5.43).

Tabelle 5.43 Prioritätentabelle für das Beispiel

Prioritätsstufe	Kein Auftrag	Auftrag Warte: Priorität 5	Auftrag Panel: Priorität 8	Auftrag Panel: Priorität 8
1 bis 4	null	null	null	null
5	null	aus	aus	null
6 bis 7	null	null	null	null
8	null	null	ein	ein
9 bis 16	null	null	null	null
Default	aus	aus	aus	aus
Present_Value	aus	aus	aus	ein

Die Aufträge des Bedienpanels (Priorität 8) werden zwar in die Tabelle eingetragen, haben aber so lange keine Wirkung, bis der Eintrag der Leitstellenwarte (Priorität 5) entfernt ist. Das Entfernen eines Eintrags erfolgt dabei durch das Schreiben des speziellen Werts null mit entsprechender Prioritätsangabe.

Eine Besonderheit bei dem Prioritätsverfahren ist die Möglichkeit, die minimale Zeit zwischen Umschaltvorgängen festzulegen (siehe das Beispiel in Tabelle 5.44).

Tabelle 5.44 Beispiel für die Priorisierung von Aufträgen mit Mindestwartezeiten

Prioritätsstufe	Kein Auftrag	Auftrag: Priorität 8	Auftrag: Priorität 7	Kein Auftrag
1 bis 5	null	null	null	null
6	null	ein	ein	aus
7	null	null	aus	aus
8	null	ein	ein	ein
9 bis 16	null	null	null	null
Default	aus	aus	aus	aus
Mindestwartezeit Ein	–	läuft	läuft	abgelaufen
Mindestwartezeit Aus	–	–	–	läuft
Present_Value	aus	ein	ein	aus

Manche Elektromotoren müssen z. B. erst zum Stehen kommen, bevor die Drehrichtung umgekehrt werden darf. Ein zu schnelles Umschalten könnte zu einer Beschädigung führen. Solange die Mindestwartezeiten (Auslaufzeiten des Motors) nicht abgelaufen sind, steht in der Prioritätentabelle an Position 6 der Wert des aktuellen Zustands. Ein Umschaltbefehl wird zwar in die Tabelle eingetragen, hat aber keine Auswirkung. Erst wenn die Mindestwartezeit abläuft, wird der Eintrag mit Priorität 6 entfernt und der Umschaltbefehl ausgeführt. Befehle mit höherer Priorität als 6 werden sofort ausgeführt und sollten deshalb für Notfälle reserviert bleiben.

5.5 BACnet-Geräte und Interoperabilität

BACnet wurde als offenes Protokoll für die Gebäudeautomation entworfen, mit dem Ziel, einen einheitlichen Standard für Gebäudeautomationssysteme zu bieten. Der Leitgedanke war dabei die Interoperabilität, d. h. die Fähigkeit von Geräten eines oder mehrerer Hersteller, mit anderen Geräten problemlos zusammenzuarbeiten. Es ist natürlich nicht zwingend erforderlich, Geräte verschiedener Hersteller in einem Projekt einzusetzen. Der Planer hat jedoch eine viel größere Auswahl und kann die sowohl technisch als auch preislich günstigste Kombination wählen.

Gleichzeitig verspricht BACnet auch eine Investitionssicherheit und Erweiterbarkeit über die gesamte Nutzungsdauer eines Gebäudes hinweg, wenn gegebenenfalls mehrere Generationen von Geräten im Laufe der Zeit eingesetzt werden und zusammenarbeiten müssen. Um diese hohen Ansprüche zu erreichen, bedarf es einer vergleichsweise strengen Spezifikation des Standards und einer für den Planer leicht durchschaubaren Gerätedokumentation durch die Hersteller.

5.5.1 Interoperabilitätsbereiche (IOB) und -bausteine

Der BACnet-Standard definiert eine Vielzahl von Funktionen für die Gebäudeautomation, die zur besseren Verständlichkeit und Strukturierung in fünf sogenannte BACnet-Interoperabilitätsbereiche (IOB) eingeteilt werden. Beispielsweise gibt es einen IOB, der sich mit allen notwendigen Funktionen für das Alarm- und Ereignismanagement befasst oder einen IOB für Zeitpläne. Jedem IOB sind wiederum mehrere Interoperabilitätsbausteine, sogenannte BIBBs (BACnet Interoperability Building Blocks), zugeordnet. Diese beschreiben die einzelnen Dienste innerhalb eines IOB. Dabei verwendet man eine Kennzeichnung, aus der Dienst und Funktionalität (Client/Server) hervorgehen, siehe die Beispiele in Bild 5.63.

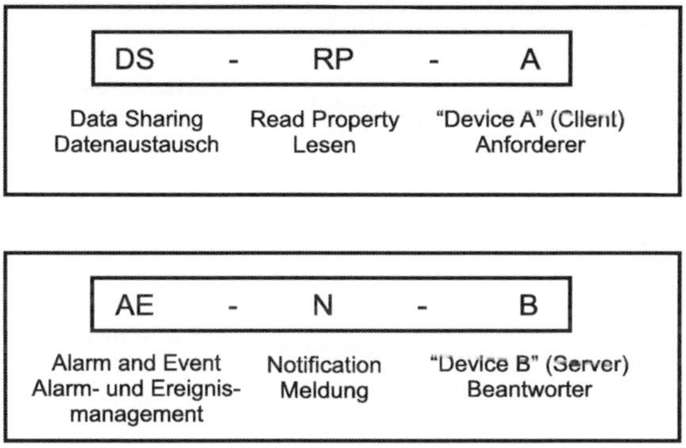

Bild 5.63 Zwei Beispiele für die Kennzeichnung von Interoperabilitätsbausteinen

Will man mit einem BACnet-Device z. B. den Messwert eines Temperaturfühlers an einem anderen BACnet-Device abfragen, so muss das anfragende Device (Client) den BIBB DS-RP-A und das antwortende Device (Server) den BIBB DS-RP-B implementiert haben. Jede Kommunikation zwischen zwei Devices hat somit ein BIBB-Paar, das sowohl die Client- als auch die Server-Funktionalität beschreibt (Bild 5.64). Im Folgenden werden die IOB mit ihrem Funktionsumfang vorgestellt.

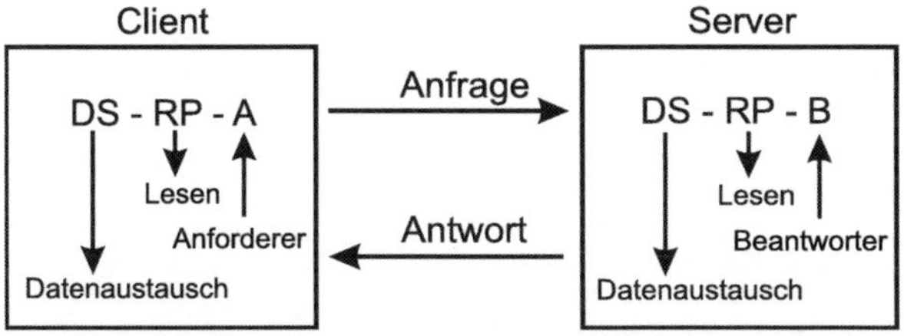

Bild 5.64 Datenaustausch mit BIBB-Paaren

5.5.1.1 IOB Gemeinsame Datennutzung

Der IOB Gemeinsame Datennutzung (Data Sharing – DS) behandelt die notwendigen Funktionalitäten, um Daten zwischen BACnet-Devices auszutauschen, z. B. für:

- die Darstellung von Sensorinformationen oder abgeleiteten berechneten Werten,
- Veränderungen von Properties, Sollwert- und Parameteränderungen,
- die Langzeitspeicherung von Betriebsdaten.

Dazu werden Lese- und Schreibdienste sowie die ereignisorientierte Datenübertragung (COV) benötigt. Typische zu diesem IOB gehörende BIBBs sind:

- DS-RP-A (Data Sharing ReadProperty A) auf der Client-Seite und
- DS-RP-B (Data Sharing ReadProperty B) auf der Server-Seite.

5.5.1.2 IOB Alarm- und Ereignisverarbeitung

Der IOB Alarm- und Ereignisverarbeitung (Alarm and Event Management – AE) umfasst die notwendigen Dienste, um z. B. die folgenden Funktionalitäten zu gewährleisten:

- Anzeige und Verarbeitung von Ereignis- und Alarminformationen,
- Quittierung von Alarmen,
- Protokollierung von Alarmen.

Ein dafür verwendeter BIBB ist z. B. AE-N-A (Alarm and Event Notification A), der die Fähigkeit eines BACnet-Geräts zur Verarbeitung von Alarmmeldungen beschreibt.

5.5.1.3 IOB Zeitplan

Der IOB Zeitplan (Scheduling – SCHED) befasst sich mit zeitabhängigen Steuerungen. Dafür benötigt man Zeitpläne in Form von Wochen- und Ausnahmeplänen, in denen Urlaubs- und Feiertage gespeichert sind. Zu diesem IOB gehört z. B. der BIBB SCHED-I-B (Scheduling Internal B) zum zeitgesteuerten Ausführen von Schalthandlungen. Ein BACnet-Device mit dieser Funktionalität muss mindestens ein Betriebskalender- und ein Zeitplan-Objekt besitzen, wobei in Letzterem mindestens 6 Einträge pro Wochentag erstellt werden können. Selbstverständlich müssen die BIBBs:

- DS-RP-B (Data Sharing ReadProperty B) und
- DS-WP-B (Data Sharing WriteProperty B)

vorhanden sein, damit sich die Einträge in den Objekten lesen und schreiben lassen. Zusätzlich sollten die BIBBs:

- DM-TS-B (Device Management Time Synchronization B) und
- DM-UTC-B (Device Management UTC Time Synchronization B)

unterstützt werden, damit Uhrzeit und Datum im BACnet-Device über das Netz eingestellt werden können (siehe Abschnitt 5.5.1.5).

5.5.1.4 IOB Trendaufzeichnung

Der IOB Trendaufzeichnung (Trending – T) befasst sich mit der Aufzeichnung und Darstellung von gemessenen oder berechneten Werten. Die Erfassung der Werte kann entweder in regelmäßigen Zeitabständen oder ereignisgesteuert erfolgen. Ein BIBB für die Trendaufzeichnung ist z. B. T-VMT-I-B (Trending Viewing and Modifying Trends Internal B). BACnet-Devices, die diesen BIBB unterstützen, können Daten in einem internen Puffer speichern und besitzen mindestens ein Trend-Objekt.

5.5.1.5 IOB Device- und Netzwerkmanagement

Im IOB Device- und Netzwerkmanagement (Device and Network Management – DM) sind zahlreiche Funktionalitäten beschrieben, mit denen BACnet-Devices überwacht, eingerichtet und konfiguriert werden können, wie z. B.:

- Anzeige von Statusinformationen,
- Uhrzeitsynchronisation,
- Neustart von BACnet-Devices,
- Datensicherung und Wiederherstellung,
- Aufbau von Point-to-Point-Verbindungen zwischen Halbroutern.

Ein BACnet-Device, das den BIBB DM-RD-B (Device Management Reinitialize Device B) beinhaltet, kann beispielsweise auf Anforderung einen Neustart durchführen.

5.5.2 Device-Profile

Die Funktionalitäten von BACnet-Devices können anhand der unterstützten BIBBs miteinander verglichen werden. Dies kann aufgrund der zahlreichen BIBBs sehr unübersichtlich werden. Zur Vereinfachung hat man 6 Gruppen (BACnet Device Profiles) gebildet, in die BACnet-Devices eingeordnet werden können. Jede Gruppe spezifiziert dabei einen Mindestumfang an Fähigkeiten, der für die Interoperabilität gewährleistet sein muss. Die Gerätehersteller können darüber hinaus zusätzliche Dienste implementieren.

5.5.2.1 BACnet Operator Workstation

Die BACnet Operator Workstation (B-OWS) ist die Benutzerschnittstelle zum BACnet-System. Neben der Hauptfunktion Bedienung kann die B-OWS auch für Konfigurationsaufgaben eingesetzt werden. Dies ist jedoch herstellerspezifisch und nicht vom BACnet-Standard beschrieben. Eine direkte Steuerung und Regelung von Anlagen durch die B-OWS ist nicht vorgesehen. Vielmehr sollen folgende Aufgaben übernommen werden:

- gemeinsame Datennutzung (DS)Datenspeicherung/-archivierung,
- Datenpräsentation (z. B. Berichte und Grafiken),
- Anzeige von Messwerten und Zuständen,
- Verändern von Sollwerten und Einstellungen,
- Alarm- und Ereignisverarbeitung (AE)Anzeige von Alarmen und Ereignissen,
- Quittierung von Alarmen durch Bediener,
- Alarmübersicht,
- Einstellung von Alarmgrenzen und Alarmweiterleitungspfaden,
- Zeitplan (SCHED)Änderung von Zeitprogrammen,
- Anzeige von Start/Stopp-Zeiten zeitgesteuerter Anlagen,
- Trendaufzeichnung (T)Einstellung von Trend-/Ereignisaufzeichnungen,

- Anzeige und Abspeicherung von Trendaufzeichnungen,
- Device- und Netzwerkmanagement (DM)Statusinformation über jedes BACnet-Device im Netz anzeigen,
- Anzeige von Informationen über BACnet-Objekte im Netz,
- Deaktivieren von fehlerhaften BACnet-Geräten,
- Synchronisation von Datum und Zeit im Netz,
- Neustart von BACnet-Geräten,
- Sicherung und Wiederherstellung von Konfigurationsdateien von BACnet-Geräten,
- Verbindungsaufbau/-abbau/-konfiguration bei Halbroutern.

Eine B-OWS muss die in Tabelle 5.45 aufgeführten BIBBs unterstützen. Für jede Gruppe ist im BACnet-Standard eine entsprechende BIBB-Auflistung inkl. Erläuterungen zu finden.

Tabelle 5.45 BIBBs für die BACnet Operator Workstation sortiert nach IOBs

IOBs:	DS	AE	SCHED	T	DM
BIBBs:	DS-RP-A,B	AE-N-A	SCHED-A	T-VMT-A	DM-DDB-A,B
	DS-RPM-A	AE-ACK-A		T-ATR-A	DM-DOB-A,B
	DS-WP-A	AR-ASUM-A		T-VMMV-A	DM-DCC-A
	DS-WPM-A	AE-ESUM-A		T-AMVR-A	DM-TS-A oder DM-UTC-A
					DM-RD-A
					DM-BR-A
					NM-CE-A

BACnet Operator Workstations weisen je nach Hersteller unterschiedliche grafische Oberflächen, Konfigurations- und Programmierwerkzeuge sowie zusätzliche Hilfsmittel zu Anbindung von Fremdnetzen auf. Eine einheitliche Entwicklungsumgebung, wie sie mit der ETS 3 bei KNX und LonMaker bei LonWorks zur Verfügung stehen, gibt es leider nicht. Die praktische Anwendung von BACnet ist deshalb stark durch herstellerspezifische Werkzeuge geprägt und schränkt den gemischten Betrieb von Komponenten unterschiedlicher Hersteller teilweise ein.

5.5.2.2 BACnet Building Controller

Unter einem BACnet Building Controller (B-BC) versteht man eine programmierbare Automatisierungsstation, die für vielfältige Aufgaben in der Steuerung und Regelung eingesetzt werden kann. Ihre Aufgaben sind:

- gemeinsame Datennutzung (DS) Ausgabe von Informationen über interne BACnet-Objekte und ihre Properties,
- Lesen von Properties anderer BACnet-Devices,
- Schreiben von Properties,
- Alarm- und Ereignisverarbeitung (AE) Auslösen von Alarm- und Ereignismeldungen sowie deren Weiterleitung,
- Führen einer Liste unbestätigter Alarme/Ereignisse,
- Meldungen über Alarmbestätigung verteilen,
- Einstellung von Alarm- und Ereignisparametern,
- Zeitplan (SCHED) Zeitabhängige Steuerungen über eigene Objekte oder über Objekte in anderen BACnet-Geräten ausführen,
- Trendaufzeichnung (T) Speichern und Übertragen von Zeitreihen,
- Device- und Netzwerkmanagement (DM) Rückmeldung von Statusinformationen,
- Rückmeldung von Objektinformationen,
- Reaktion auf Befehle zur Kommunikationssteuerung,
- Synchronisation der eingebauten Uhr auf Anforderung,
- Neustart nach Aufforderung,
- Übertragung von Konfigurationsdateien,
- Auf- und Abbau von Verbindungen über Halbrouter.

5.5.2.3 BACnet Advanced Application Controller

Der BACnet Advanced Application Controller (B-AAC) hat gegenüber dem B-BC geringere Fähigkeiten und eignet sich für Anwendungen mit reduzierten Anforderungen an die Programmierbarkeit. Die dazugehörigen Funktionalitäten sind im BACnet-Standard zu finden und sollen hier, ebenso wie die Funktionen der nachfolgend beschriebenen Geräte (B-ASC, B-SA, B-SS, B-Router) nicht explizit aufgeführt werden. Bild 5.65 zeigt ein Beispiel für einen B-AAC.

5.5.2.4 BACnet Application Specific Controller

Der BACnet Application Specific Controller (B-ASC) ist für die Automatisierung spezieller Anwendungen vorgesehen und weist gegenüber dem B-AAC geringere Fähigkeiten auf. In der Regel finden sich in einem B-ASC vom Hersteller implementierte Programme, die lediglich über Parametereinstellungen beeinflusst werden können.

5.5.2.5 BACnet Smart Actuator und BACnet Smart Sensor

Ein BACnet Smart Actuator (B-SA) ist eine Schalt- oder Stelleinrichtung und ein BACnet Smart Sensor (B-SS) ist ein Messwertaufnehmer. Beide können über BACnet angesprochen werden. Sie verfügen nur über sehr geringe Fähigkeiten, die sich auf das Umsetzen von Schalt- oder Stellbefehlen in elektrische Signale bzw. die Rückgabe von Messwerten eines angeschlossenen Sensors beschränken.

5.5.2.6 BACnet Router

BACnet Router verbinden Netze mit gleichen oder unterschiedlichen Netztechnologien. Häufig ist die Routerfunktionalität bereits im Controller integriert. So kann beispielsweise der in Bild 5.65 gezeigte B-AAC zwischen MS/TP und Ethernet vermitteln.

Bild 5.65 Beispiel für einen BACnet Advanced Application Controller (B-AAC) [SCHNEIDER11]

5.5.3 Protokollumsetzungsbestätigung und BTL-Zeichen

Die Hersteller von BACnet-Devices müssen gemäß BACnet-Standard die Fähigkeiten ihrer Produkte mit Protokollumsetzungsbestätigungen (Protocol Implementation Conformance Statement – PICS) dokumentieren. Ein PICS beschreibt, welche Teile von BACnet in einem Produkt umgesetzt wurden. Zum PICS gehören folgende Angaben:

- Hersteller, Produktbezeichnung, Softwareversion,
- Zuordnung zu einer Gerätegruppe (Device Profile),
- Angabe der unterstützten BIBBs,
- Netzwerkfähigkeiten,
- Objekttypen, die unterstützt werden,
- optionale Properties,
- weitere Merkmale.

Damit kann überprüft werden, ob verschiedene BACnet-Devices miteinander interoperabel sind. So gehören zu jeder Kommunikation aufeinander abgestimmte komplementäre Dienste und die dazugehörigen Objekte. Anhand des PICS lässt sich also schon im Planungsstadium sicherstellen, dass die gewünschten Funktionalitäten bei der späteren Realisierung auch tatsächlich umgesetzt werden können.

Zur Überprüfung der Herstellerangaben in einem PICS wurde ein Prüfverfahren festgelegt. Die Prüfung umfasst alle im PICS angegebenen Funktionen und OSI-Schichten, d.h. vom Zugriff auf einzelne Objekte bis hin zu den Protokollen der Sicherungsschicht. Als unabhängige Institution für diese Aufgabe wurde das BACnet Testing Laboratory (BTL) in den USA gegründet. Nach bestandener Prüfung erhält ein Produkt das BTL-Zeichen. Die für Europa zuständige Stelle ist das BACnet-Testlabor, aufgrund dessen Bewertungen die BIG-EU (BACnet Interest Group Europe) das BTL ebenfalls vergeben kann.

5.6 Gateways zu anderen Systemen

Neben Routern, die BACnets untereinander verknüpfen, spielen Gateways in der BACnet-Welt eine große Rolle. Sie verbinden BACnets mit den unterschiedlichsten Netzen (Bild 5.66), z. B. mit KNX oder mit LonTalk.

Ein Gateway setzt Nachrichten eines Protokolls in Nachrichten eines anderen Protokolls um. Diese Terminologie soll hier verwendet werden. Zuweilen wird der Begriff Gateway jedoch in einer anderen Bedeutung genutzt. So ist das Standardgateway in den Netzwerkeinstellungen des Betriebssystems Windows nichts anderes als die IP-Adresse des nächsten Routers.

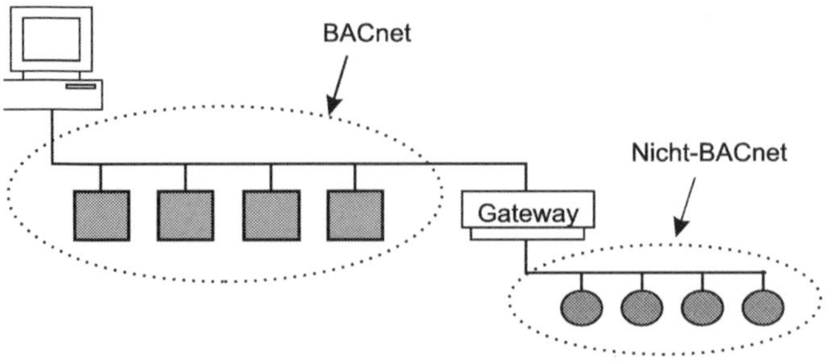

Bild 5.66 Gateway zur Kopplung von BACnet mit proprietären Netzen

Die hier betrachteten Gateways haben eine vergleichsweise schwierige Aufgabe zu bewältigen, da die Konzepte und Datenstrukturen verschiedener Automatisierungssysteme meist nicht ohne Abstriche ineinander überführt werden können. BACnet ist in dieser Hinsicht sehr flexibel und ermöglicht durch die zahlreichen Objekte und Dienste eine hervorragende Anpassung an Fremdsysteme.

Häufig wird es so sein, dass man BACnet als übergeordnetes System verwendet. Bei der Auswahl eines Gateways stellt sich dann die Frage, welche Informationen und Funktionalitäten des Fremdsystems in BACnet verfügbar sind. Auch ist zu klären, inwieweit nur eine reine Abfrage oder auch eine Steuerung von Geräten im Fremdsystem möglich sein soll. Dies erfordert eine detaillierte Festlegung aller Fähigkeiten eines Gateways.

5.7 Weiterentwicklung von BACnet

In der Informationstechnik sind standardisierte Verfahren zur Sicherung der Kommunikationswege durch Verschlüsselung seit Langem in Verwendung. In der Gebäudeautomation hat sich die Cybersicherheit jedoch erst in den letzten Jahren zu einem bedeutenden Thema entwickelt. Dies liegt einerseits an dem Wunsch nach immer stärkerer Vernetzung und Einbindung in Cloudsysteme, andererseits aber auch an der Erkenntnis, dass der physische Zugang zum Übertragungsmedium nicht vollständig kontrolliert werden kann. Auch der Trend zur Nutzung vorhandener IT-Strukturen für die Gebäudeautomation stellt neue Anforderungen an die Sicherung der Übertragungswege. Eine oft genutzte Technologie zur sicheren Verbindung sind Virtual Private Networks (VPN), die jedoch einen hohen Einrichtungs-, Wartungs- und Managementaufwand mit sich bringen. Die 2016 eingeführte Erweiterung BACnet/SC (BACnet Secure Connect) verspricht zahlreiche Vorteile. Eine ausgereifte Netzwerksicherheitslösung basierend auf verbreiteten Standards wie z. B. TLS (Transport Layer Security), die Kompatibilität mit bestehenden BACnet-Systemen und -Geräten und die Funktionsfähigkeit auch in durch Firewalls geschützten IT-Infrastrukturen sind wesentliche Merkmale. Dazu verwendet BACnet/SC einen zentralen Hub für den Nachrichtenaustausch zwischen den angeschlossenen Stationen und Feldgeräten. Ein Failover-Mechanismus sorgt zusammen mit einem Ersatz-Hub für die notwendige Redundanz, um bei einem Ausfall des Failover-Hubs die Funktionsfähigkeit des Gebäudeautomationssystems weiterhin zu gewährleisten. Die Umsetzung dieser neuen Technologie in entsprechenden BACnet-Geräten ist zurzeit in Arbeit und die Hersteller erproben die Interoperabilität ihrer Produkte.

5.8 Übungsaufgaben

Aufgabe 5.1

Welche Bedeutung hat die Abkürzung BACnet?

Aufgabe 5.2

Welche Vorteile haben offene gegenüber proprietären Protokollen?

Aufgabe 5.3

Auf welchen Ebenen der Gebäudeautomation arbeitet man vorwiegend mit BACnet, LonWorks bzw. KNX?

Aufgabe 5.4

Aus welchen Gründen werden bei BACnet nur 4 Schichten anstelle der 7 Schichten des OSI-Modells verwendet?

Aufgabe 5.5

Was versteht man unter der Einkapselung von Daten? Überlegen Sie, welche Schritte durch Hardwarebausteine und welche durch Softwaremodule durchgeführt werden?

Aufgabe 5.6

Welche unterschiedliche Bedeutung haben die Auswahlkriterien „Bitrate“ und „Reaktionszeit“ auf der Feld- und auf der Managementebene?

Aufgabe 5.7

Warum wird für MS/TP der EIA-485-Standard und nicht EIA-232 verwendet?

Aufgabe 5.8

Welche Topologie wird bei EIA-485-basierten Netzen verwendet?

Aufgabe 5.9

Ein Netzwerk besteht aus den Rechnern A bis E und weiteren Netzkomponenten (Hub, Switch). In der nachfolgenden Tabelle ist aufgeführt, welche Rechner jeweils die Datenrahmen sehen, die zwischen den in der linken Spalte angegebenen Rechnern transportiert werden. Gehen Sie davon aus, dass das Netz schon eine Weile läuft, sodass der Switch weiß, welche Rechner an ihm angeschlossen sind.

Datenübertragung von	A	B	C	D	E
A nach E	x		x	x	x
B nach E		x			x
E nach A	x		x	x	x

Erstellen Sie eine Skizze des möglichen Netzes. Markieren Sie auch die Kollisionsdomänen und die Broadcastdomäne.

Aufgabe 5.10

Erläutern Sie, warum in einem vollständig geswitchten Netz keine Local Collisions und Remote Collisions auftreten können.

Aufgabe 5.11

Kollisionsdomänen sind immer kleiner oder gleich Broadcastdomänen. Stimmt diese Behauptung?

Aufgabe 5.12

Vergleichen Sie die verschiedenen Twisted-Pair-Kabel hinsichtlich elektromagnetischer Verträglichkeit (Beeinflussung bzw. Erzeugung von Störungen) und Installationsaufwand.

Aufgabe 5.13

Geben Sie die Vor- und Nachteile einer mehrwertigen Übertragungstechnik an.

Aufgabe 5.14

Geben Sie die Unterschiede zwischen einer Monomodefaser und einer Multimodefaser bezüglich des Dispersionsverhaltens an.

Aufgabe 5.15

Vergleichen Sie Twisted-Pair-Kabel mit Glasfasern bezüglich Bitrate und maximaler Leitungslänge.

Aufgabe 5.16

Finden Sie durch eine Internetrecherche den Hersteller der Netzwerkkarte mit der MAC-Adresse 0x00A02433F217 heraus.

Aufgabe 5.17

Die Aussendung und der Empfang von Rahmen können mit Protokollanalysatoren wie z.B. Wireshark [*www.wireshark.org*] aufgezeichnet werden. Installieren Sie das Programm nach vorheriger Rücksprache mit Ihrem Netzwerkadministrator und untersuchen Sie den Aufbau der von ihnen gesendeten Rahmen gemäß Bild 5.31. Beachten Sie, dass die Präambel nicht angezeigt wird.

Aufgabe 5.18

Erläutern Sie die Vor- und Nachteile von hierarchischen und flachen Adressstrukturen.

Aufgabe 5.19

Geben Sie die Unterschiede zwischen öffentlichen und privaten IP-Adressen an.

Aufgabe 5.20

Vervollständigen Sie die Einträge in der nachfolgenden Tabelle.

IP-Adresse eines Rechners	Netzklasse	Subnetzmaske	Netzadresse	Broadcast-Adresse	Maximale Anzahl der Rechner im Subnetz
100.100.100.20		255.255.255.0			
200.200.1.253			200.200.1.252	200.200.1.255	
143.93.64.7					126
17.3.172.43					1022

Aufgabe 5.21

Finden Sie durch eine Internetrecherche heraus, welche Ports und welches Transportprotokoll für das Senden und Empfangen von E-Mails verwendet werden.

Aufgabe 5.22

Datenpakete der Länge N B sollen auf einer bidirektionalen Strecke (2 Mbit/s Übertragungsrate, einfache Signallaufzeit 100 ms) übertragen werden. Übertragungsfehler treten nicht auf. Der Empfänger bestätigt korrekte Pakete unmittelbar nach deren Eintreffen durch nur 1 bit, d.h., die Zeitdauer ist vernachlässigbar. Wie groß ist das Verhältnis von Nutzdatenrate (Durchsatz) zur Übertragungsrate der Verbindung für die Paketlängen $N = 500$ B und $N = 1500$ B in Prozent beim Stop-and-Wait-Verfahren? Durch welches Verfahren kann ein höherer Durchsatz erzielt werden?

Aufgabe 5.23

Erläutern Sie die Unterschiede zwischen TCP und UDP. Warum benötigt UDP keinen Three Way Handshake?

Aufgabe 5.24

Erläutern Sie die Vor- und Nachteile von Tunneling-Routern gegenüber BACnet/IP.

Aufgabe 5.25

Geben Sie die BACnet-Netznummer und den Device Object Identifier für das Device Nr. 18 in Stockwerk 10 von Gebäude 123 gemäß den Nummerierungsschemata in Tabelle 5.9 und Tabelle 5.10 an.

Aufgabe 5.26

Welches Objekt wird benötigt, um die Properties mehrerer anderer Objekte gleichzeitig ändern zu können?

Aufgabe 5.27

Welche Objekte werden benötigt, um eine Speicherstelle in einem BACnet-Device zeitgesteuert zu beschreiben?

Aufgabe 5.28

In einem Kühlraum soll die mittlere Temperatur über ein Zeitintervall von 2 Stunden bestimmt und aufgezeichnet werden. Dafür steht ein Temperaturfühler mit Spannungsausgang zur Verfügung. Die aufgezeichneten Daten sollen eine Woche umfassen. Ältere Daten sind zu löschen. Welche Objekte werden dafür benötigt? Geben Sie deren charakteristischen Properties an.

Aufgabe 5.29

Was versteht man unter Hysterese bei Grenzwertmeldungen?

Aufgabe 5.30

Mit welchem Objekt können herstellerspezifische Anwendungsprogramme gesteuert werden?

Aufgabe 5.31

Die Aufgabe 5.28 soll so erweitert werden, dass bei Überschreitung der Solltemperatur von –20 °C um 5 °C ein Alarm ausgelöst wird. Dieser Alarm soll werktags die binär ansteuerbare Sirene 1 und am Wochenende die ebenfalls binär ansteuerbare Sirene 2 auslösen. Welche Objekte mit welchen charakteristischen Properties werden benötigt?

Aufgabe 5.32

Welche Meldungsgruppen und Prioritätsbereiche würden Sie folgenden Ereignissen zuordnen: Glasbruchdetektor spricht an, Jalousie klemmt, Ausfall der Pumpe in der Abwasserhebeanlage, Lüftungsfilter verschmutzt?

Aufgabe 5.33

Ergänzen Sie die Tabelle 5.44 für folgenden Fall: Während die Mindestwartezeit „Aus" läuft, kommt ein „Ein"-Auftrag mit der Priorität 4. Was geschieht, wenn innerhalb der Mindestwartezeit „Aus" ein „Ein"-Auftrag mit der Priorität 7 ankommt?

Aufgabe 5.34

Erläutern Sie den Unterschied zwischen IOB und BIBB.

Aufgabe 5.35

Begründen Sie, warum bei der B-OWS kein BIBB SCHED-I-B enthalten ist.

Aufgabe 5.36

Ordnen Sie B-ASC, B-SS, B-BC, B-SA und B-AAC nach steigendem Funktionsumfang.

Aufgabe 5.37

Begründen Sie, warum man den Einsatz von Gateways möglichst vermeiden sollte.

Literatur

[DIN17] *DIN EN ISO 16484-5*, Systeme der Gebäudeautomation – Teil 5: Datenkommunikationsprotokoll, (ISO 16484-5: 2017); Englische Fassung EN ISO 16484-5: 2017. Berlin: Beuth, 2017

[KRANZ13] *Kranz, H.R.*: BACnet Gebäudeautomation 1.12. Karlsruhe: cci Dialog, 2013

[SCHNEIDER11] *www.schneider-electric.com*: Andover-Continuum-BACnet-b3920-Datasheet.pdf, 2011

[TANENB12] *Tanenbaum, A.S., Weatherall, D.J.*: Computernetzwerke. Hallbergmoos: Pearson Studium, 2012

[VDI09] *www.big-eu.org*: VDI-TGA/BIG-EU-Leitfaden zur Ausschreibung interoperabler Gebäudeautomation auf der Basis von DIN EN ISO 16484-5, Systeme der Gebäudeautomation – Datenkommunikationsprotokoll BACnet, 2009

6 Funksysteme in der Gebäudeautomation

Drahtlose Datenübertragung ist inzwischen allgegenwärtig und spielt auch in der Automatisierungstechnik eine immer größere Rolle. In diesem Kapitel werden die Besonderheiten im Vergleich zu kabelgebundenen Systemen beschrieben und verschiedene Funksysteme mit ihren charakteristischen Eigenschaften verglichen.

6.1 Einführende Übersicht

In der Gebäudeautomation werden zunehmend Funksysteme eingesetzt, da sie zahlreiche Vorteile gegenüber kabelbasierten Bussystemen besitzen. Die Vorteile sind:

- Geringer Installationsaufwand
  - Es ist keine Verkabelung erforderlich.
  - Der Einsatz bei denkmalgeschützten Gebäuden ist ohne Eingriff in die Bausubstanz möglich.
  - Insbesondere bei Sanierungsarbeiten sind Funksysteme oft die einzige praktikable Möglichkeit zur Automatisierung.
- Flexible Installation
  - Die Einbauorte von Geräten und Bedienelementen können weitgehend frei gewählt werden.
  - Funksysteme können leicht erweitert und umgestaltet werden.
  - Es gibt weniger Einschränkungen bei Architektur und Design (z. B. Glaskonstruktionen).
- Mobile Bedienbarkeit z. B. durch Handsender oder Smartphone
- Möglichkeit der funkbasierten Ortung von Personen und Objekten

Diesen Vorteilen stehen auch eine Reihe von Nachteilen gegenüber wie:

- Reichweite von Funkverbindungen
  - Die Reichweite von Funkverbindungen ist variabel und stark von der Umgebung abhängig.
  - Die Reichweite kann sich im Laufe der Zeit aufgrund von Veränderungen in der Umgebung verringern (zusätzliche Objekte oder Einbauten, Störungen durch benachbarte Funksysteme).
- Zuverlässigkeit von Funkverbindungen
  - Funksysteme werden durch Rauschen und Störsignale beeinträchtigt.
  - Durch Überlagerung gleichzeitiger Sendungen verschiedener Geräte (Funk-Kollisionen) können Daten verloren gehen.
  - Mehrwegempfang kann zu sogenannten „Funklöchern" führen.
- Strombedarf
  - Bei Batteriebetrieb ist ein regelmäßiger Wechsel der Batterien erforderlich.

Bei Verwendung von Energy Harvesting (Solarzelle, Thermogenerator usw.) ist die ausreichende Energieverfügbarkeit nicht immer garantiert.

- Datenübertragungsrate und Latenzzeit
  - Die Datenübertragungsrate vieler Funksysteme ist oft deutlich geringer als die vergleichbarer kabelgebundener Systeme.
  - Funksysteme können überlastet werden.
  - Aufgrund größerer und variabler Latenzzeiten ist die Reaktionsgeschwindigkeit eingeschränkt (Echtzeitfähigkeit nicht immer gegeben).
- Sicherheit
  - Funksysteme sind anfällig für Attacken (Manipulation, Abhören, Stören), u.a. da die Funkreichweite oft über die Grundstücksgrenze hinausreicht und ein Angreifer somit auch von außerhalb Zugriff erhalten kann.
  - Die funktionale Sicherheit kann durch geringere Datenübertragungsraten, Überlast und schwankende Latenzzeiten eingeschränkt sein.
  - Aufgrund des größeren Gefährdungspotenzials ist eine regelmäßige oder anlassbezogene Aktualisierung der Hard- und Softwarekomponenten des Funksystems erforderlich.
- Frequenznutzung
  - Die gebührenfreie Nutzung von Funkfrequenzen ist auf wenige Frequenzbereiche beschränkt, die mit anderen Anwendern geteilt werden müssen. In der Gebäudeautomation werden vorwiegend die Frequenzen 433 MHz, 868 MHz (Europa)/915 MHz (USA), 2,4 GHz und 5 GHz verwendet.

  - Die zur Verfügung stehenden Frequenzen sind teilweise länder- bzw. regionsspezifisch. Deshalb können funktechnische Geräte nicht weltweit beliebig eingesetzt werden.
- Kopplung mit kabelgebundenen Systemen
  - Häufig ist ein Funksystem nur Teil eines ansonsten kabelgebundenen Gebäudeautomationssystems. Deshalb werden Basisstationen oder Gateways für eine Ankopplung benötigt.
  - Es fällt ein zusätzlicher Aufwand für Standortauswahl inkl. Antennenposition und Konfiguration der Kopplungskomponenten an.

6.2 Technische Merkmale

Funksysteme sind gegenüber kabelgebundenen Bussystemen in der Regel komplexer und fehleranfälliger. Dies liegt an den Besonderheiten der elektromagnetischen Wellenausbreitung, dem größeren Störpotenzial durch benachbarte Anlagen und den hochfrequenztechnisch komplizierteren Baugruppen aus Sendern, Empfängern und Antennen. Zudem kommt es bei Batteriebetrieb auf eine sehr stromsparende Elektronik an, um lange Laufzeiten zu erreichen. In [GESSLER15] werden die Grundlagen der Funkübertragung umfassend und leicht verständlich vermittelt sowie einige Funkstandards miteinander verglichen. Die folgenden Kapitel konzentrieren sich deshalb nur auf einige wesentliche technische Aspekte der Funkkommunikation.

6.2.1 Reichweite und Topologie

Die Ausbreitung von Funkwellen wird durch die Objekte entlang der Funkübertragungsstrecke wie folgt beeinflusst (Bild 6.1):

- Dämpfung

  Funkwellen können Wände, Decken und Einrichtungsgegenstände durchdringen, werden dabei jedoch frequenz- und materialabhängig gedämpft. Die Dämpfung steigt dabei mit zunehmender Frequenz. Je dichter und metallhaltiger ein Material ist, desto höher ist die Dämpfung. Besonders kritisch sind beispielsweise Stahlbetondecken und -wände. Auch im Freiraum ohne störende Objekte nimmt die Empfangsleistung mit zunehmender Entfernung ab, da sich die abgestrahlte Energie auf eine immer größere Fläche verteilt.
- Reflexion, Beugung und Streuung

  Funkwellen breiten sich im freien Raum geradlinig aus, sie können jedoch an zur Wellenlänge großen Objekten reflektiert, an Kanten gebeugt und an zur Wellenlänge kleinen Objekten gestreut werden. Damit ist auch bei fehlender Sichtverbindung eine Funkkommunikation über einen oder mehrere Wege möglich. Bei der Überlagerung mehrerer Funksignale, die auf verschiedenen Wegen zum Empfänger gelangen, spricht man von Mehrwegeausbreitung. Dabei kann im ungünstigen Fall eine Auslöschung der Signale erfolgen (destruktive Interferenz), der man entweder durch eine Standortverschiebung des Empfängers oder dem Einsatz mehrerer Basisstationen bzw. Gateways begegnen kann.

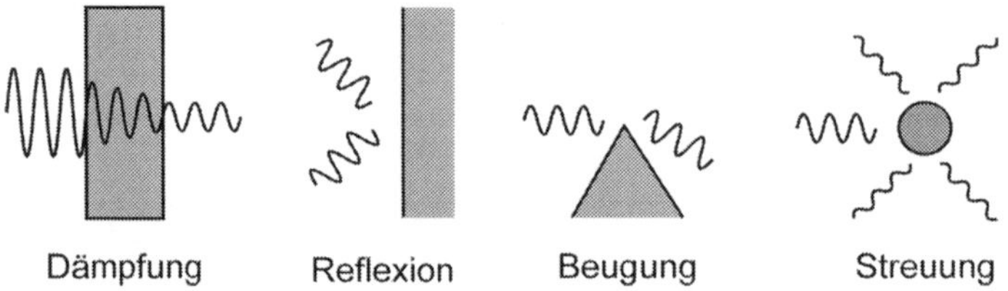

Bild 6.1 Funkausbreitung

Eine Vorberechnung der Reichweite von Funksystemen ist nur in einfachen Fällen möglich. Die Versorgungsabdeckung in realen Gebäuden wird deshalb meist durch praktische Versuche ermittelt. Eine Reichweitenerhöhung ist durch eine Vergrößerung der Sendeleistung P_{TX} möglich, die aber festgelegte Maximalwerte nicht überschreiten darf. Die minimale Empfangsleistung P_{RX} gibt an, bis zu welchem Pegel noch eine einwandfreie Übertragung möglich ist. Die maximale Dämpfung zwischen Sender und Empfänger $L = P_{TX} - P_{RX}$ wird dabei als Linkbudget bezeichnet. Je größer das Linkbudget ist, desto größer ist die Reichweite. Das Linkbudget wird dabei in dB und die Leistungen in dBm (absoluter Pegel bezogen auf 1 mW) logarithmisch angegeben.

Die einfachste Funktopologie ist sternförmig (Bild 6.2). Dabei gibt es eine zentrale Station, die mit allen Teilnehmern direkt kommunizieren kann. Eine Reichweitenvergrößerung kann durch einen Repeater erfolgen. Dieser empfängt Funksignale und strahlt sie wieder verstärkt ab. Eine noch größere Reichweite erhält man durch vermaschte Funknetze. Dabei werden die Funksignale über mehrere Zwischenstationen weitergeleitet. Vermaschte Funksysteme sind dabei wesentlich aufwendiger als sternförmige Anordnungen, da die Weiterleitung (Routing) von Daten über mehrere Teilstrecken (Hops) organisiert werden muss.

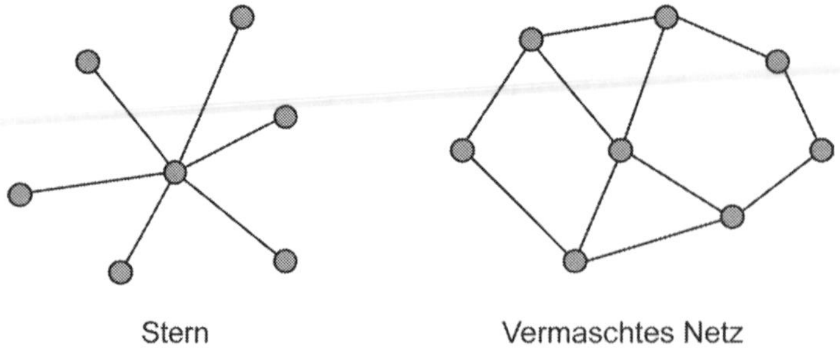

Bild 6.2 Topologien

6.2.2 Datenübertragungsrate und Latenzzeit

Die Datenübertragungsrate ist einer der wichtigsten Parameter eines Funksystems. Sie kann je nach Auslegung und Anforderungen zwischen wenigen kbit/s und einigen Hunderten Mbit/s variieren. Dabei unterscheidet man zwischen der Gesamtdatenübertragungsrate des Funkkanals und dem auf die einzelne Station entfallenden Anteil. Einzelne per Funk übertragene Steuerbefehle wie zum Einschalten einer Beleuchtung benötigen nur geringe Datenmengen, während das Streaming der Bilder einer Kamera je nach Auflösung 10 Mbit/s oder mehr benötigen kann. Die Datenrate bei Funksystemen ist mit der Reichweite verknüpft. Bild 6.3 sortiert gebräuchliche Funksysteme entsprechend ein.

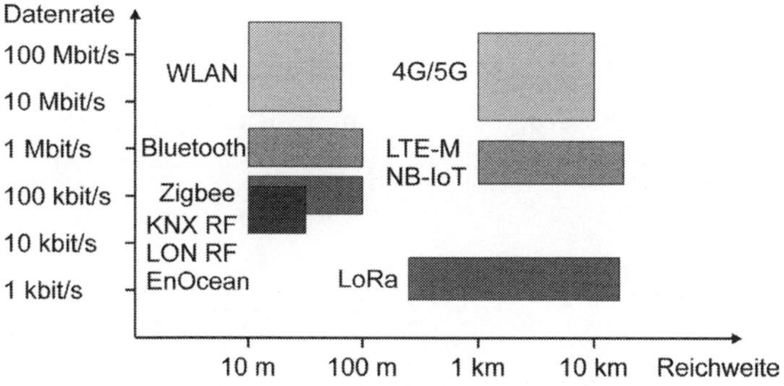

Bild 6.3 Überblick Funktechnologien

Je nach Anforderungen kann man das geeignetste Verfahren auswählen. Dabei spielt auch die Latenzzeit eine Rolle, die ein Maß für die Verzögerungszeit bei der Datenübertragung ist. Bei Schaltbefehlen zur Lichtsteuerung erwartet man eine unmittelbare Übertragung, während bei batteriebetriebenen Funkwasserzählern keine besonderen Anforderungen an die Latenzzeiten gestellt werden. Dort reicht beispielsweise eine tägliche Übertragung des Messwerts aus. In diesem Fall kann auch eine besonders lange Laufzeit von vielen Jahren realisiert werden, da der Funkwasserzähler die meiste Zeit im stromsparenden Schlafmodus betrieben wird und nur kurz für Übertragungen aufwacht. In diesem Zusammenhang ist auch die Fähigkeit eines Funksystems zur unidirektionalen oder bidirektionalen Übertragung von Bedeutung. Beim Simplex-Betrieb (unidirektional) werden nur in eine Richtung Daten versandt, während Duplex-Betrieb (bidirektional) eine Datenübertragung in beide Richtungen ermöglicht. Ein Beispiel für Simplex sind Wetterstationen, die ihre Messwerte periodisch an eine Zentrale versenden. Im einfachsten Fall benötigt man in der Wetterstation nur einen Sender und in der Zentrale nur einen Empfänger. Eine kurzzeitige Störung ist meist akzeptabel. Bei Steuerungsanwendungen hingegen ist ein Duplex-Betrieb vorzuziehen, da das Auslösen der Steuerbefehle durch eine Rückmeldung bestätigt werden kann.

6.2.3 Energieversorgung

Funkbetriebene Geräte benötigen sowohl Energie für die Datenübertragung als auch für angeschlossene Sensoren oder Aktoren. Da viele Aktoren sowieso mit 230 V versorgt werden müssen, kann darüber die Funktechnik ihre Energie erhalten. Weit verbreitet sind beispielsweise Unterputzschalter mit WLAN zum Ein- und Ausschalten angeschlossener Geräte. Eine weitere Klasse sind batteriebetriebene Geräte, die z. B. die Lufttemperatur messen und per Funk an eine Klimaanlage übertragen. Hier sind langlebige Lithium Primärzellen mit geringer Selbstentladung im Einsatz, die mehrjährigen Betrieb ohne lästigen Batteriewechsel erlauben. Eine Herausforderung ist dabei auch die zunehmende Miniaturisierung der Geräte, die durch die Abmessungen und das Gewicht von Batterien begrenzt ist. Gänzlich ohne externe Spannungsquellen kommt man bei Geräten mit integriertem Energy Harvesting aus. Dabei wird die in der Umgebung vorhandene Energie in elektrische Energie umgewandelt. Es können sowohl Licht, Temperatur und mechanische Schwingungen oder Vibrationen von Motoren und Pumpen verwendet werden. Auch mit piezoelektrischen Generatoren kann elektrische Energie aus mechanischem Druck gewonnen werden.

6.3 Funksysteme im Vergleich

6.3.1 Herstellerspezifische Funksysteme

Herstellerspezifische Funksysteme sind in der Regel nicht untereinander kompatibel. Man ist deshalb nur auf die Produkte eines Herstellers eingeschränkt. Die Funktionsauswahl und Erweiterbarkeit ist somit begrenzt, die Gerätekosten mangels Wettbewerbsprodukten ggf. hoch und die langfristige Verfügbarkeit und Nachkaufmöglichkeit unsicher. Viele herstellerspezifische Funksysteme bedienen auch nur einen sehr kleinen Teilmarkt wie z. B. Garagentoröffner, Sprechanlagen oder kabellose Lautsprecher. Eine Kopplung mit anderen Systemen ist aufwendig und teuer. Darüber hinaus werden manchmal keine sicheren Verschlüsselungsmethoden eingesetzt, sondern lediglich die Kommunikationsparameter und Protokolle nicht offengelegt. Durch Reverse Engineering kann es gelingen diese Informationen zu erlangen und damit das Funksystem zu kompromittieren, d. h. Daten zu entschlüsseln oder zu manipulieren. Es gibt auch eine Reihe von proprietären Funksystemen, die eine umfangreiche Palette von Produkten aufweisen oder sogar Funkadapter anbieten, die den Anschluss von Geräten mit standardisierten kabelgebundenen Schnittstellen wie z. B. Modbus erlauben [LOXO23]. Darüber hinaus findet man auch spezielle Lösungen, die eine kompatible Funktechnik als direkten Ersatz eines kabelbasierten Feldbusses versprechen [WIRE22]. Wireless BACnet gehört ebenfalls zu dieser Art von Technologie und stellt ein vermaschtes Funknetz zum Anschluss von BACnet MSTP Geräten zur Verfügung [WIRE22B]. Einen besseren Kundennutzen bieten standardisierte Funksysteme, für die mehrere Hersteller Geräte anbieten und somit die Auswahlmöglichkeiten vergrößern. Sicherheit und Verschlüsselung lassen sich dabei durch die Verwendung anerkannter und bewährter Verfahren der Kryptologie gewährleisten. Die Zuverlässigkeit und Kompatibilität der Produkte wird häufig durch Zertifizierungen nachgewiesen, die oft die Voraussetzung für die Verwendung von Kennzeichen des jeweiligen Standards wie z. B. eines Logos sind.

6.3.2 Bluetooth

Bluetooth ist ein Funkstandard für Datenübertragung auf kurzen Strecken im 2,4 GHz-Bereich. Die Reichweiten liegen zwischen 10 m und 100 m, je nach verwendeter Bluetooth Geräteklasse. Bluetooth wurde ursprünglich für die Punkt-zu-Punkt-Kommunikation von Geräten entwickelt, insbesondere von Computern mit Peripherie wie Tastatur und Maus. Aufgrund der ebenfalls möglichen Audioübertragung eignet sich Bluetooth auch für Freisprechanlagen, Headsets und kabellose Lautsprecher. Die Kommunikation kann verschlüsselt erfolgen und ist durch das verwendete Frequenzsprung-Verfahren besonders störsicher, da die genutzten Frequenzen ständig gewechselt werden. Klassische Bluetooth Netze (Piconetze) bestehen aus bis zu 8 Teilnehmern, die von einem Master gesteuert werden. Beim Verbindungsaufbau ist ein sogenanntes Pairing erforderlich, bei dem sich die Geräte identifizieren und eine Verschlüsselung einrichten. Bluetooth ist überwiegend eine Layer-1-2-Technologie (Abschnitt 2.3), die durch die Bluetooth-Profile in höhere Schichten reicht. In diesen Profilen sind typische Anwendungsfälle gesammelt wie das Streaming von Audiodaten, Dateiübertragung oder Druckdienste. Im Laufe der Zeit wurde das Bluetooth-Protokoll erheblich weiterentwickelt und die Datenrate auf mehrere Mbit/s gesteigert. Für die Gebäudeautomation sind drei Entwicklungen von besonderer Bedeutung:

- Bluetooth Low Energy

  Durch kürzere Aufbauzeiten für eine Verbindung in Kombination mit Schlafphasen wird der Stromverbrauch erheblich reduziert. Damit können z. B. Funksensoren über lange Zeit mit einer Batterie betrieben werden.

- Bluetooth Beacons

  Dies sind kleine und sehr günstige Bluetooth-Low-Energy-Module geringer Reichweite, die in regelmäßigen Abständen Informationen versenden. Damit kann man eine Ortsbestimmung innerhalb von Gebäuden (Indoor Navigation) vornehmen oder Objekte verfolgen (Asset Tracking). Auch in der Werbung werden Bluetooth Beacons zunehmend eingesetzt, um z. B. in Einkaufszentren Informationen zum Kunden zu übertragen (Proximity-Marketing).

- Bluetooth Mesh

  Durch bis zu 32.000 sogenannte Bluetooth Nodes kann eine flächendeckende Versorgung innerhalb von Gebäuden mit einem vermaschten Netz erreicht werden. Verschiedene Arten von Nodes ermöglichen dabei die Weiterleitung von Daten (Relay Node), stromsparende Sensorik (Low Power Node), Zwischenspeicherung von Informationen für Endpunkte (Friend Node) oder die Ankopplung von Bluetooth Geräten ohne Mesh-Funktionalität (Proxy Node). Die Weiterleitung von Nachrichten nutzt ein Managed Flooding anstelle von Routing, sodass bei großen und verzweigten Netzen die Gefahr einer Überlastung und erhöhten Latenzzeiten besteht. Bluetooth Mesh wird insbesondere für die Ansteuerung von Heizventilen in der Raumautomation und für die Beleuchtungssteuerung verwendet. Damit können Lichtgruppen gebildet werden, deren Parameter wie Helligkeit, Nachlaufzeit, und Sonderfunktionen wie mitlaufendes Licht für sich bewegende Personen konfiguriert werden. Damit ergeben sich Energieeinsparpotenziale und ein höherer Komfort.

6.3.3 Wireless LAN (WLAN)

WLAN wurde bereits in Kapitel 5 vorgestellt und ermöglicht die Verwendung von Internetprotokollen über Funk. Der große Vorteil ist, dass WLAN Infrastruktur in den meisten Gebäuden bereits vorhanden ist und somit zusätzlich für Automatisierungszwecke genutzt werden kann. Bei den verwendeten Frequenzen von 2,4 GHz und 5 GHz ist die Durchdringung von Wänden und Decken gering. Die typische Reichweite in Gebäuden beträgt bis zu 50 m, wobei eine flächendeckende Versorgung durch ein Netz von AccessPoints realisiert werden kann. Im privaten Bereich werden häufig auch einfache Repeater eingesetzt, um einzelne Stockwerke zu überbrücken. Die Datenraten sind mit bis zu mehreren Hunderten Mbit/s sehr groß, sodass auch Anwendungen zur Videoübertragung realisiert werden können. Der Strombedarf von WLAN-Geräten ist vergleichsweise groß, sodass die Batterielaufzeit kürzer als bei Bluetooth ist. Netzversorgte WLAN Komponenten werden beispielsweise für geschaltete Steckdosen oder Beleuchtung verwendet. Überwachungskameras werden ebenfalls bevorzugt über Netzteile mit Strom versorgt. Die Anzahl der an einen WLAN Router angemeldeten Geräte ist je nach Hersteller beschränkt, da es sonst zu einer Überlastung kommt. Darüber hinaus ist zu bedenken, dass die gemeinsame Nutzung einer einzigen Kommunikationsinfrastruktur für den Internetzugang und die Gebäudeautomation neben dem Funktionsausfall bei Überlastung auch leichter zu IT-Sicherheitsproblemen führen kann. Ein Security Management soll deshalb beispielsweise die folgenden Vorkehrungen treffen:

- Schutz von Netzwerkkomponenten wie Access Points vor unberechtigtem Zugriff,
- Virtuelle Trennung von Bereichen wie Gebäudeautomation und Internetkommunikation durch VLANs,
- Einrichtung von Gastzugängen mit eingeschränkten Zugriffsmöglichkeiten,
- Einsatz von Netzwerküberwachungssystemen,
- Fernzugriff nur über VPN

6.3.4 ZigBee

ZigBee ist ein drahtloser Kommunikationsstandard, der für die Gebäudeautomation, allgemeine Sensornetzwerke und Lichtsteuerung entwickelt wurde. Es wird der Frequenzbereich bei 2,4 GHz verwendet, wobei in Europa auch 868 MHz und in den USA 915 MHz genutzt werden können. Bei einer Reichweite von 10 bis 100 m lässt sich eine Datenübertragungsrate bis zu 250 kbit/s erzielen. Die Übertragung ist dabei verschlüsselt. ZigBee definiert alle Schichten des OSI-Modells. Schicht 1 und 2 basiert auf dem IEEE Standard 802.15.4. Die Topologie kann entweder als Stern oder vermaschtes Netz ausgeführt sein. Durch ein Mesh-Netz wird die Reichweite vervielfacht. Man unterscheidet Endgeräte, Router und den Koordinator. Der Koordinator übernimmt die Steuerung des Gesamtsystems, während Router die Weiterleitung der Daten übernehmen. Die Endgeräte können in einen Schlafzustand versetzt werden und somit eine sehr lange Batterielaufzeit erreichen. ZigBee beinhaltet verschiedene Anwendungsprofile, insbesondere auch eines für die Heimautomation und Lichtsteuerung. Als Schnittstelle zu anderen Systemen wird eine ZigBee Bridge benötigt. Die Kompatibilität von Geräten wird durch eine Zertifizierung bestätigt und berechtigt zur Verwendung des ZigBee-Logos.

6.3.5 KNX RF

KNX RF erweitert den kabelgebundenen KNX Standard um eine Funkkomponente. Dabei wird der 868 MHz Frequenzbereich verwendet und bei einer Datenübertragungsrate von 16 kbit/s eine Reichweite von 30 m in Gebäuden erzielt, die durch Repeater vergrößert werden kann. Eine sichere Kommunikation ist durch eine Verschlüsselung gewährleistet. KNX RF wird überwiegend als Ergänzung zum kabelbasierten KNX verwendet, wenn in Teilbereichen eine Funkübertragung gefordert ist. Während Aktoren eine bidirektionale Kommunikation erfordern, lassen sich Sensoren und Taster/Schalter unidirektional ausführen und beinhalten nur einen Sender. Weitere Details sind in Abschnitt 3.18.3 zu finden.

6.3.6 LON RF

Die LonWorks-Technologie basiert vorrangig auf den in Abschnitt 4.4.2.6 aufgezeigten Transceivern für kabelgebundene Medien, die von der Firma Echelon entwickelt wurden. Andere Medientypen, zu denen auch die funkbasierte Übertragung LON RF gehört, sind dabei von Drittunternehmen erhältlich. Wie auch KNX RF wird LON RF überwiegend als Ergänzung zur kabelbasierten Lösung dort verwendet, wo in Teilbereichen eine Funkübertragung nötig oder wirtschaftlich gefordert ist. Hierbei wird typischerweise der 433 MHz Frequenzbereich und auch der 868 MHz Frequenzbereich verwendet sowie eine Datenübertragungsrate von bis zu 1 Mbit/s erreicht. In Gebäuden ist dabei eine Reichweite von 30 m möglich. Alternativ sind für den außereuropäischen Raum auch Anwendungen mit leistungsfähigen Antennen für Übertragungen über mehrere Kilometer im Freien entwickelt worden.

6.3.7 EnOcean

EnOcean bietet eine batterielose Funktechnik für Sensoren, die speziell auf die Gebäudeautomation ausgerichtet ist. In Europa wird der 868 MHz Frequenzbereich verwendet und eine Reichweite im Gebäude von bis zu 30 m bei einer Datenübertragungsrate von 125 kbit/s erzielt. Mit Repeatern kann die Reichweite vergrößert werden. Die Kommunikation ist entweder unidirektional oder bidirektional. Über ein Gateway erfolgt die Weiterleitung an andere Systeme der Gebäudeautomation. Die Besonderheit an EnOcean liegt in der ausgereiften Energy-Harvesting-Technologie, mit der auf Batterien verzichtet werden kann. So wird die Bewegungsenergie beim Betätigen von Schaltern mithilfe einer Art Dynamo in elektrische Energie umgewandelt, die für die Aussendung eines Funktelegramms ausreichend ist. Als Alternative können auch innerhalb von Gebäuden Solarzellen eingesetzt werden, die genügend Energie für die besonders stromsparende Funkübertragung von EnOcean liefern. Als wenig gebräuchliche dritte Energiequelle können Temperaturunterschiede dienen, wie sie z. B. zwischen einem Heizkörper und der Umgebung auftreten. Mit einem Peltierelement kann dieser Temperaturunterschied in elektrische Energie umgewandelt werden.

6.3.8 Mobilfunk

Eine Sonderstellung in der Gebäudeautomation nimmt der Mobilfunk ein. Mobilfunk zeichnet sich durch eine Reichweite von vielen Kilometern aus und nutzt die Infrastruktur der Mobilfunkbetreiber. Daher fallen im Gegensatz zu den bisher vorgestellten Funktechnologien Verbindungsgebühren an und es werden für die Endgeräte SIM-Karten benötigt. Für die Kommunikation zwischen Geräten innerhalb eines Gebäudes werden deshalb in der Regel keine Mobilfunksysteme verwendet. Der Haupteinsatzzweck in der Gebäudeautomation ist die Fernwirktechnik und Fernwartung, bei der Außenstellen an eine weit entfernte Zentrale angeschlossen werden sollen oder von außen auf Systeme der Gebäudeautomation zugegriffen werden soll. Verbreitet sind auch Lösungen für spezielle Anwendungen wie z. B. über Mobilfunk gesteuerte Torantriebe, Alarmanlagen oder Notrufeinrichtungen bei Aufzügen. Die Mobilfunkstandards werden in verschiedene Generationen unterteilt, die länderspezifisch verfügbar sind. In Deutschland ist 2G (GSM), 4G (LTE) und 5G im Einsatz, während 3G (UMTS) bereits abgeschaltet ist. Dabei werden Frequenzen ab etwa 700 MHz bis zu mehreren GHz verwendet. Die Gebäudedurchdringung ist deshalb stark unterschiedlich und die erreichbaren Datenraten je nach Generation von einigen Hunderten kbit/s bis zu mehreren Hunderten Mbit/s ebenfalls.

Ein besonderes Anwendungsfeld ist das Smart Metering, bei dem der Wasser-, Wärme-, Gas- und Energieverbrauch überwacht und kontrolliert werden kann. Dazu wurde mit NB-IoT (Narrow Band Internet of Things) eine spezielle Mobilfunktechnologie innerhalb von 4G/5G entwickelt. Sie zeichnet sich durch eine sehr gute Gebäudedurchdringung aus, da vorzugsweise die niedrigen Frequenzbereiche von Mobilfunk und eine geringe Datenübertragungsrate von max. 250 kbit/s verwendet werden. NB-IoT ist für ortsfeste Einrichtungen ausgelegt, da es keinen unterbrechungsfreien Wechsel von Funkzellen (Handover) erlaubt. Die Verbindungskosten sind für typische IoT Anwendungen mir ihren kleinen Datenmengen überschaubar und werden durch spezielle Tarife der Mobilfunkbetreiber bedient. Mit NB-IoT lassen sich Endgeräte in einen stromsparenden Schlafmodus versetzen, ohne dass eine Abmeldung aus dem Mobilfunknetz erfolgt. Beim Aufwachen können Daten deshalb schnell übertragen und dann unmittelbar zurück in den Schlafmodus gewechselt werden. Dadurch sind Batterielaufzeiten von mehreren Jahren möglich, wie sie für Anwendungen im Smart Metering gefordert werden und mit den herkömmlichen Mobilfunktechnologien bei Weitem nicht erreichbar sind. Die über NB-IoT übertragenen Daten landen zuerst beim Mobilfunkbetreiber, der sie über eine Internetverbindung dem Anwender zur Verfügung stellt. Mobilfunk ist grundsätzlich verschlüsselt, sodass die Datensicherheit gewährleistet ist. Auf der Strecke zwischen Mobilfunkbetreiber und Anwender können jedoch auch unverschlüsselte Internetprotokolle wie HTTP oder MQTT (Message Queuing Telemetry Transport) verwendet werden, sodass ggf. eine VPN Verbindung empfohlen wird. MQTT wird dabei als besonders schlankes und flexibles Nachrichtenübertragungsprotokoll gerne eingesetzt. Weitere mögliche Anwendungen für NB-IoT sind z. B. Belegungssensoren für Parkplätze oder die Füllstandsüberwachung von Müllbehältern. Mit LTE-M steht neben NB-IoT noch eine zweite Mobilfunktechnologie zur Verfügung, die mit 1 Mbit/s eine höhere Datenrate und mobile Anwendungen erlaubt, jedoch eine geringere Gebäudedurchdringung erreicht.

6.3.9 LoRa und LoRaWAN

LoRa (Long Range) ist eine drahtlose Kommunikationstechnologie, die speziell für Anwendungen mit niedriger Datenrate und geringer Leistung über große Distanzen entwickelt wurde. Sie eignet sich besonders gut für den Einsatz in IoT-Anwendungen, bei denen es auf Reichweite, geringen Stromverbrauch und robuste Datenübertragung ankommt.

LoRa verwendet vorzugsweise das Sub-GHz-Spektrum (868 MHz in Europa, 915 MHz in den USA). Diese Frequenzen sind für größere Entfernungen und Gebäudedurchdringung besser geeignet als 2,4 GHz und 5 GHz, wie sie z. B. bei WLAN verwendet werden. LoRa wird in der Regel in der Form eines LoRaWAN-Netzes (Long Range Wide Area Network) verwendet, das ein oder mehrere Gateways nutzt, um Daten von mehreren Endgeräten zu empfangen und an Server- und Cloud-Dienste weiterzuleiten (Bild 6.4).

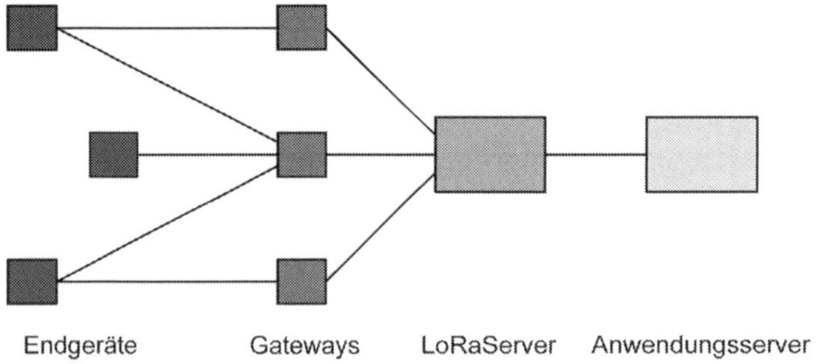

Bild 6.4 LoRaWAN-Architektur

LoRa ist nur die physikalische Funktechnologie, während LoRaWAN das gesamte „Ökosystem“ inklusive Gateways und LoRaServer bezeichnet. Im Folgenden werden deshalb je nach Kontext entweder die Begriffe LoRa oder LoraWAN verwendet. Die aus der Sicht eines Gateways vorhandene Sterntopologie macht LoRaWAN besonders effizient und ermöglicht eine kostengünstige und skalierbare Lösung für IoT-Anwendungen. Wenige Gateways reichen aus, um eine großflächige Abdeckung zu erzielen. Dabei besteht die Möglichkeit, sowohl öffentliche als auch private Netzwerke zu nutzen. Öffentliche LoRaWAN-Netze sind häufig in städtischen Gebieten verfügbar und ermöglichen eine breite Abdeckung für IoT-Geräte. Unternehmen oder Organisationen, die ihre eigenen Netzwerke aufbauen möchten, können auch private LoRaWAN-Netze betreiben, die eine maßgeschneiderte Lösung bieten und die Kontrolle über die Kommunikation und Sicherheit ermöglichen. Diese Flexibilität macht LoRaWAN zu einer attraktiven Technologie. Im Gegensatz zum Mobilfunk fallen bei eigener LoRaWAN Infrastruktur keine Verbindungsgebühren an, jedoch entstehen Kosten durch den Aufbau des Netzes. Öffentliche Anbieter von LoRaWAN Netzen verlangen hingegen in der Regel Verbindungsgebühren. Eine Ausnahme sind Community basierte Netze wie TheThingsNetwork, bei dem jedoch keine flächendeckende Abdeckung und Verfügbarkeit garantiert wird. Über die Webseite *https://ttnmapper.org* kann die Versorgung im gewünschten Gebiet zumindest abgeschätzt werden.

Ein wesentlicher Vorteil von LoRa ist die große Reichweite, aufgrund des besonderen Modulationsverfahrens. In offenen, ungestörten Gebieten kann LoRa eine Reichweite von bis zu 15 Kilometern oder mehr erreichen, je nach den örtlichen Gegebenheiten. Selbst in urbanen Gebieten mit städtischen Hindernissen wie Gebäuden kann LoRa immer noch mehrere Kilometer abdecken. Innerhalb von Gebäuden sind Reichweiten bis zu 500 m möglich und es ist eine sehr gute Durchdringung von Wänden und Decken gegeben. LoRaWAN verwendet zwar eine Sterntopologie mit Gateways als Sternpunkten, seit Kurzem gibt es jedoch aber auch LoRaWAN-Relays, mit denen eine stromsparende und kostengünstige Reichweitenvergrößerung realisiert werden kann.

LoRa zeichnet sich auch durch seinen niedrigen Stromverbrauch aus und ermöglicht damit batteriebetriebene Anwendungen, die eine lange Lebensdauer erfordern. Der geringe Energiebedarf ist ein entscheidender Vorteil im Vergleich zu anderen drahtlosen Technologien wie WLAN oder Mobilfunk, die bis auf NB-IoT und LTE-M in der Regel einen wesentlich höheren Stromverbrauch haben.

Die niedrige Datenrate ist einer der wenigen Nachteile. LoRa eignet sich deshalb vorzugsweise für die periodische Übertragung kleiner und kleinster Datenmengen, wie sie in vielen Sensoren, Messeinrichtungen oder Überwachungsgeräten anfallen. Für Anwendungen, die eine hohe Datenrate benötigen, ist LoRa daher weniger geeignet. Zwei Nachteile von LoRaWAN Systemen gegenüber Mobilfunk sollen nicht unerwähnt bleiben. Üblicherweise arbeitet man bei der Datenübertragung nicht mit Bestätigungen, d. h. vom LoRaWAN Server über die Gateways empfangene Daten werden nicht quittiert. Das verringert den Kommunikationsoverhead, hat aber den Nachteil, dass auf dem Funkweg verloren gegangene oder gestörte Nachrichten nicht wiederholt werden. LoRaWAN eignet sich deshalb primär für Anwendungen, bei denen der zeitweise Verlust von Nachrichten akzeptiert werden kann. Es handelt sich somit weitgehend um eine unidirektionale Kommunikation, die bei Verbindungsaufbau (Join), adaptiver Datenrateneinstellung (ADR), Downlink für Steuerungszwecke oder durch explizite Einstellung einer bestätigten Übertragung auch bidirektionale Funktionalitäten besitzt. Der von LoRa genutzte Frequenzbereich unterliegt einer Allgemeinzuteilung. Das heißt, viele Nutzer können unsynchronisiert den gleichen Frequenzbereich verwenden. Zwar versucht man, durch vorgegebene Einstellungen wie den „Duty Cycle“ eine faire Nutzung zu erreichen, aber gerade in städtischen Gebieten kann man an die Kapazitätsgrenzen gelangen.

6.3.10 Weitere Funktechnologien

Neben den bereits beschriebenen Funktechnologien gibt es noch weitere Standards, die entweder eine geringere Bedeutung in der Gebäudeautomation besitzen, nur spezielle Anwendungen adressieren oder erst in Zukunft wichtiger werden könnten.

- DECT (Digital European Cordless Telephone)

  DECT wurde für schnurlose digitale Telefone entwickelt, aber für Anwendungen in der Gebäudeautomation erweitert. Es wird ein Frequenzbereich um 1,9 GHz verwendet, sodass keine Interferenz mit den auf 2,4 GHz betriebenen Systemen wie WLAN und Bluetooth auftreten kann. Die Reichweite in Gebäuden wird mit bis zu 50 m angegeben und eine Datenrate von etwas über 1 Mbit/s. Eine Verschlüsselung ist integriert und der Stromverbrauch durch einen Schlafmodus sehr gering. Durch die Integration in DSL- und Kabelrouter hat DECT auch für die Heimautomation eine gewisse Bedeutung erhalten. Als Endgeräte werden beispielsweise Funktaster, Schaltsteckdosen, Heizkörperthermostate, LED Lampen oder Türsprechanlagen angeboten. Mit DECT NR+ gibt es bereits einen Nachfolgestandard, der sich durch seine geringe Latenz besonders für Steuerungsaufgaben in der Gebäudeautomation empfiehlt.

- Z-Wave

  Dieser Standard ist insbesondere in den USA stark verbreitet und steht in Konkurrenz zu ZigBee. In Europa wird für Z-Wave der Frequenzbereich um 868 MHz verwendet und dadurch in der Regel eine etwas größere Reichweite als ZigBee auf 2,4 GHz erreicht. Es wird ein vermaschtes Netz aufgebaut und mit Verschlüsselung gearbeitet. Als Datenrate werden bis zu 100 kbit/s erreicht. Durch die Z-Wave Alliance und eine weitgehende Vereinheitlichung der Anwendungsgebiete wird die Kompatibilität der Geräte verschiedener Hersteller untereinander sichergestellt.

- Mioty

  Mioty ist eine Funktechnologie, die im direkten Vergleich zu LoRaWAN steht, den gleichen Frequenzbereich um 868 MHz nutzt und ähnliche Reichweiten erzielt. Durch das Telegramm Splitting soll eine besonders hohe Störsicherheit erreicht werden. Außerdem wird Mioty eine erheblich bessere Skalierbarkeit zugesprochen, sodass bei einer hohen Geräte- und Nachrichtendichte keine Überlastung droht. Die Verbreitung von Mioty ist bisher gering, es sind aber bereits erste Geräte auf dem Markt.

- Wireless M-Bus

  Der Wireless M-Bus wird überwiegend zur Übertragung von Zählerständen und für spezielle Anwendungen in der Automatisierungstechnik verwendet, jedoch nicht für umfassende Aufgaben in der Gebäudeautomation.

6.4 Anwendungsbeispiel

Als Anwendungsbeispiel für Funktechnik in der Gebäudeautomation soll die Schimmelprävention durch Überwachung mit einem LoRaWAN fähigen Temperatur- und Luftfeuchtesensor gezeigt werden, der an der Innenseite der Außenwand eines Einfamiliengebäudes im Dachgeschoss angebracht ist. Damit können der Taupunkt und die Gefahr einer Schimmelbildung eingeschätzt sowie der Heizungs- und Lüftungsbedarf bestimmt werden. Die Daten werden per LoRaWAN an das im Gebäude befindliche Gateway gesendet. Aufgrund der guten Wand- und Deckendurchdringung ist im gesamten Haus eine Funkversorgung gewährleistet. Das Gateway ist über einen DSL-Router mit dem Internet und dem LoRa Server des TheThingsNetwork verbunden. Die Aufgabe des LoRa Servers ist die Verwaltung der Geräte sowie die Dekodierung und Bereitstellung der Daten. Zur Visualisierung der Messwerte gibt es mehrere Möglichkeiten, die TheThingsNetwork als sogenannte Integration unterstützt. Unter Integration versteht man dabei die Datenweiterleitung an eine IoT-Plattform zur Speicherung und Visualisierung.

Technisch basiert die Weiterleitung in der Regel auf Protokollen wie MQTT oder HTTP (Webhook). Grundsätzlich ist es möglich eine IoT-Plattform selbst zu entwickeln oder aus bereits vorhandenen Softwarekomponenten aufzusetzen. Als komplette Open Source Lösung hat sich der sogenannte TIG Stack etabliert. Darunter versteht man die Kombination aus Datenerfassungsmiddleware (Telegraf), einer Datenbank speziell für Zeitreihen (InfluxDB) und einer Visualisierungskomponente (Grafana). Man benötigt dafür jedoch einen eigenen Server oder kostenpflichtige Clouddienste. Telegraf ermöglicht das Einsammeln der Daten über unterschiedlichste Protokolle, die auch klassische kabelgebundene Verfahren wie Modbus RTU oder dateibasierte Eingaben umfassen.

Der Konfigurations- und Pflegeaufwand solcher Systeme ist nicht zu unterschätzen. Außerdem sind Zusatzdienste wie eine Alarmierung prinzipiell möglich, aber umständlich zu konfigurieren. Eine einfachere Lösung ist die Nutzung einer der zahlreichen auf dem Markt befindlichen IoT-Plattformen. In diesem Beispiel wurde Datacake ausgewählt, da es eine leichte Kopplung mit TheThingsNetwork sowie eine intuitive Bedienbarkeit mit Visualisierung und Alarmen bietet. Der gesamte Systemaufbau mit der Datenkette ist in Bild 6.5 gezeigt.

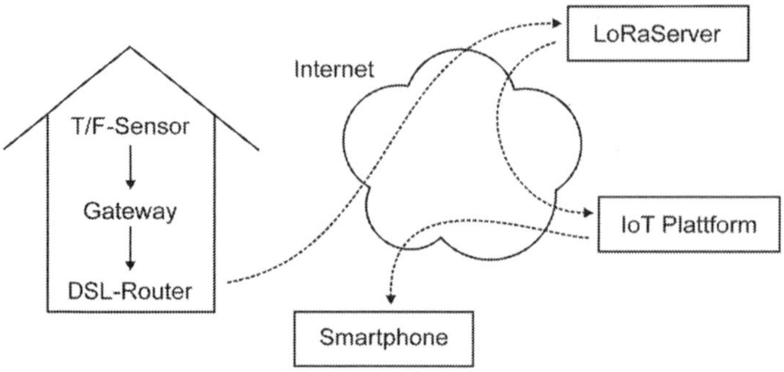

Bild 6.5 Kommunikationsarchitektur Schimmelüberwachung

Die Visualisierung der Messdaten erfolgt über einen Browser oder durch eine App (Bild 6.6). Damit kann man Lüftungs- und Heizzyklen beobachten. Zusätzlich besteht die Möglichkeit, Alarme einzurichten und bei Überschreitung von Grenzwerten eine E-Mail zu versenden. Anstelle von E-Mail-Versand werden zunehmend auch Push-Benachrichtigungen verwendet.

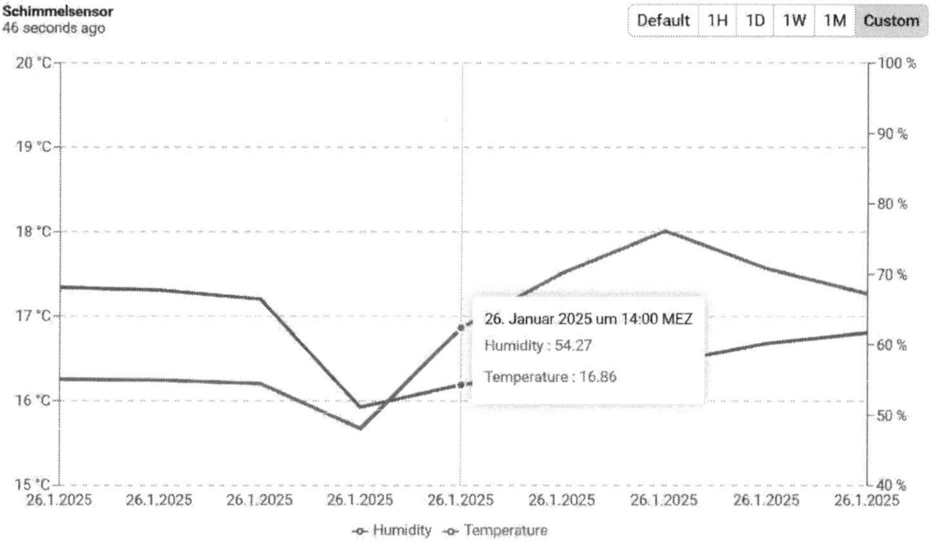

Bild 6.6 Visualisierung in der IoT Plattform Datacake

6.5 Übungsaufgaben

Aufgabe 6.1

Durch welche physikalischen Effekte wird die Übertragung von Funkwellen beeinflusst?

Aufgabe 6.2

Ein Sender hat eine Sendeleistung von 14 dBm. Der dazugehörige Empfänger benötigt mindestens -103 dBm Eingangsleistung für einen fehlerfreien Empfang. Wie groß ist das Linkbudget?

Aufgabe 6.3

Welche Vor- und Nachteile hat eine Sterntopologie gegenüber einem vermaschten Netz?

Aufgabe 6.4

Sortieren Sie die wichtigsten in der Gebäudeautomation eingesetzten Funktechnologien nach aufsteigender Datenrate.

Aufgabe 6.5

Was versteht man unter Energy Harvesting und welche unterschiedlichen physikalischen Effekte werden dafür genutzt?

Aufgabe 6.6

Warum nimmt Mobilfunk unter den in der Gebäudeautomation verwendeten Funktechnologien eine Sonderstellung ein?

Aufgabe 6.7

Was sind die wesentlichen Unterschiede zwischen LoRa und LoRaWAN?

Aufgabe 6.8

Beschreiben Sie, aus welchen typischen Bestandteilen ein komplettes Internet-of-Things-System zum Monitoring von Gebäuden besteht.

Literatur

[GESSLER15] *Gessler, R., Krause, T.*: Wireless-Netzwerke für den Nahbereich. Wiesbaden: Springer Vieweg, 2015

[LOXO23] Loxone: Dokumentation – Modbus Air | Loxone. URL *https://www.loxone.com/dede/kb/modbus-air/*. DEDE Loxone

[WIRE22] Wireless Modbus mit W-Modbus – LumenRadio. URL *https://lumenradio.com/wireless-modbus-mit-w-modbus/*. LumenRadio

[WIRE22B] Wireless BACnet mit W-BACnet – LumenRadio. URL *https://lumenradio.com/wireless-bacnet-mit-w-bacnet/*. LumenfRadio

Index

A

C

D

L

M

Q

R

S